Judith Macheiner
Das grammatische Varieté

SERIE PIPER

Zu diesem Buch

Mit Grammatik verbindet man oft die Erinnerung an langweilige Schulstunden, an lateinische Fachbegriffe und komplizierte Strukturen. Daß Grammatik ganz und gar nichts Trockenes sein muß, zeigt Judith Macheiners einzigartiges und vergnügliches Sprachbuch. Denn Sprache ist für sie nicht nur ein Kommunikationsmittel, sondern auch ein unendliches, äußerst abwechslungsreiches und raffiniertes Spiel. Um auf die verborgenen Voraussetzungen des deutschen Ausdrucks zu stoßen, hat die Sprachwissenschaftlerin Hunderte von gelungenen Sätzen untersucht – von Kleist bis Wittgenstein. Sie spielt mit ihnen und wendet sie so lange hin und her, bis sie ihre Geheimnisse preisgeben. Denn was unterscheidet eigentlich einen grammatisch korrekten von einem »schönen« Satz? Unversehens wird ihr grammatisches Varieté zu einem Handbuch der Stilistik, in dem sie den Spielplan der Syntax und die Rollenpläne deutscher Verben ebenso erklärt wie die Bedeutung des Konjunktivs.

Judith Macheiner, geboren 1939 in München, lehrt Übersetzungswissenschaft am Institut für Anglistik/Amerikanistik der Humboldt-Universität zu Berlin. Neben wissenschaftlichen Publikationen veröffentlichte sie »Das grammatische Varieté oder Die Kunst und das Vergnügen, deutsche Sätze zu bilden«, »Übersetzen. Ein Vademecum« und »Englische Grüße«.

Judith Macheiner

Das grammatische Varieté

oder Die Kunst und das Vergnügen, deutsche Sätze zu bilden

Piper München Zürich

Ungekürzte Taschenbuchausgabe
Piper Verlag GmbH, München
August 2003

Umschlag/Bildredaktion: Büro Hamburg
Isabel Bünermann, Julia Martinez/
Charlotte Wippermann, Kathrin Hilse
Umschlagabbildung: Michael Sowa
Satz: Greno Nördlingen
Druck und Bindung: Clausen & Bosse, Leck
Printed in Germany ISBN 3-492-23845-9

www.piper.de

Einleitung

Denn immer ist der Text, wenn er etwas taugt,
der Forschung und ihrer Methode voraus.

Enzensberger

Pro-Grammatisches

Die Reflexion über die Grammatik unserer eigenen Sprache ist uns an sich kein unmittelbares Bedürfnis, denn die Regeln, nach denen man deutsche Sätze bildet, sind uns schon in den Kinderwagen gelegt worden. Auch von einer Kunst des Sätzebildens würden wir nicht sprechen wollen, jedenfalls nicht, solange es um unsere Muttersprache geht, die wir so selbstverständlich benutzen wie unsere Hände. Natürlich haben manche Leute geschicktere Hände als andere, und es gibt einige, die nicht nur grammatisch richtige, sondern immer wieder besonders wirkungsvolle, »schöne« Sätze bilden. Grammatiken aber beschäftigen sich nur mit dem, was in einer Sprache zulässig ist, »schöne« Sätze werden da höchstens zufällig erfaßt. Eine Grammatik handelt eben nur von Dingen, die man richtig oder falsch machen kann.

Natürlich wissen wir, daß für die »Schönheit« eines Satzes seine Form ebenso entscheidend ist wie sein Inhalt, und zur Form eines Satzes gehört nun einmal neben seinen Wörtern die Grammatik, mit der diese Wörter zu einem Satz zusammengefügt sind: die Reihenfolge, in der sie auftreten, und die syntaktischen Kategorien, durch die sie zueinander in Beziehung gesetzt werden oder durch die sie Bezug nehmen auf die in der Grammatik festgeschriebenen Aspekte der Dinge, von denen die Rede ist.

Bis zu einem gewissen Grad sind wir immer schon durch den Inhalt unserer Sätze auf bestimmte grammatische Formen festgelegt, aber doch nur so, daß wir noch zwischen verschiedenen Möglichkeiten wählen können. Das Geheimnis der »schönen« Sätze wird also, wenigstens teilweise, in diesem grammatischen Spielraum verborgen sein. Wir könnten ihm vielleicht auf die Spur kommen, wenn wir die grammatischen Eigenschaften der »schönen« Sätze mit anderen Varianten vergleichen. Wir fragen uns, warum von alternativen Ausdrucksformen gerade diese gewählt wurde, und warum die Wörter gerade in dieser und nicht in einer anderen Reihenfolge angeordnet sind. Wir drehen und wenden die »schönen« Sätze in ihren grammatischen Scharnieren, wir zerstören ihre prästabilisierte Harmonie und variieren ihre strukturellen Bestandteile mit den Möglichkeiten der deutschen Grammatik, um den großen Zauberern der deutschen Sprache ein wenig in die Karten zu gucken. Wir wissen natürlich, daß wir die perfekte Paßform des Originals nie gegen die biedere Variante eintauschen werden, aber wir wissen nicht, mit welchen grammatischen Tricks der zu erwartende Sieg errungen wird. Wir kennen den Ausgang des Spiels mit den Variationen, aber nicht die Regeln, nach denen es gewonnen wird.

Wenn wir auf diese Weise versuchen, etwas über die Grammatik der »schönen« Sätze herauszufinden, dann ist uns der Weg nicht weniger wichtig als das Ziel, das Spiel mit den Variationen, das *Grammatische Varieté*, das die raffinierten Details zum Vorschein bringt und uns etwas über unser Wissen von der eigenen Sprache verrät, von dem wir bisher noch gar nicht wußten, daß wir es haben.

Auf dem Boden der eigenen Sprache

Wer von uns ist ihnen noch nicht begegnet, den vergnüglichen deutschen Gebrauchsanweisungen, Speisekarten, Reiseführern, Fragebögen und ähnlichen Schriftstücken im und aus dem Ausland, den eigenwilligen Übersetzungen von Texten, ähnlich diesen, die aus einem deutschsprachigen Prospekt über die Alhambra stammen. Der Fluß Darro gibt danach »sein Wasser zugunsten der Bewässerung der Gärten« ab, »der Palast von Karl V. ist ein polemisches, unverstandenes Denkmal. Trotzdem wird er unumgänglich als außergewöhnlich zitiert«; »ein furchtbarer Betonhügel umringt die Stadt« Granada, »die Häuser am Stadtrand verschlingen die Ebene«, ein Hochhaus ist »empor geschossen« und »erinnert uns an den ersten Angriff gegen das Stadtbild«, wir hören »die Geräusche und das Pochen einer lebendigen und pulsierenden Stadt, die weint, lacht und singt und den furchtbaren Lärm des heutigen Verkehrs unterdrückt«, und es strecken sich »Zypressen wie Finger zum Himmel empor und bitten um Ruhe für die Landschaft«. Verstehen können wir das schon irgendwie, es sind ja alles deutsche Wörter, aber so verwendet erinnern sie uns ein wenig an Zirkusclowns auf einem Schlappseil.

Es ist eigentlich erstaunlich, daß wir Stilfigur und Stilblüte so sicher voneinander unterscheiden können. Was macht uns über das »mit der alten Stadt verbundene vage Parfum« lachen, während wir es (im »richtigen« Zusammenhang) schön finden, daß man die »staubige Trockenheit der Kornsäcke« und die »säuerliche Milde der Öltonnen« riechen oder den »kühlen Geruch der irdenen Krüge« einatmen kann, oder daß der Geruch der Menschenmenge von dem »glatten, glitzerigfauligen Gestank der Fischmarktstände« (Broch, *Der Tod des Vergil*) abgelöst wird? Wenn wir einen Geruch staubiger Trockenheit, säuerlicher Milde, einen kühlen Geruch und einen glatten und glitzerigfauligen Gestank in Verbindung mit Kornsäcken, Öltonnen, irdenen Krügen und Fischmarktständen gelten lassen, warum dann nicht auch ein mit einer »alten Stadt« »verbundenes« »vages Parfum«?

Weshalb das eine »geht« und das andere nicht, muß man gar nicht wissen, aber *daß* das eine »geht« und das andere nicht, weiß jeder, der wirklich Deutsch kann, und er braucht dazu gar kein Dichter zu sein. Natürlich gibt es Unterschiede beim Urteilen, doch daß einer ganz ohne Sprachgefühl ist, kommt wohl ebenso selten vor wie totaler Mangel an Musikalität oder das absolute Gehör; was unsere Muttersprache betrifft, sind wir alle, wenigstens bis zu einem bestimmten Grad, »musikalisch«. Wüßte man es nicht besser, so wäre man geneigt zu sagen, Deutsch sei uns eben angeboren. Wie immer wir die Fähigkeit zum Urteilen erworben haben mögen, wir können zwischen »richtig« und »falsch«, zwischen geglückt und mißlungen, zwischen meisterhaft und ungeschickt sehr gut unterscheiden. Und da wir auch alles beurteilen können, was wir zum ersten Mal hören oder lesen, müssen wir wohl über die Bestandteile solcher Verbindungen etwas wissen, woraus wir ihren Wert oder Unwert ableiten.

Es ist schließlich dasselbe Wissen, das uns generell zum Lesen und Schreiben, zum Sprechen und Verstehen des Deutschen befähigt. Worauf dieses Wissen beruhen könnte, darüber hat die Sprachwissenschaft recht genaue Vorstellungen entwickelt. Aber wie in jeder Wissenschaft sind die meisten ihrer feinsinnigen Beobachtungen und klugen Erklärungen für Laien ein Buch mit sieben Siegeln, das die Lust zum Fragen erst gar nicht aufkommen läßt.

Und dann ist da noch die Sache mit den Beispielen. Früher hat man in einer deutschen Grammatik Goethe, Schiller, Hölderlin, Heine und all die anderen Dichterfürsten bemüht, um zu zeigen, wie das ist, wenn einer wirklich Deutsch kann. Heute begnügt man sich mit Selbstgebasteltem, wie

Konrad ist verreist.
Wenn Karl kommt, gehe ich.
Karl bittet Emma, pünktlich zu sein.
Emma hat dem Opa das Auto geliehen.
Hans ist Lehrer.

Bevorzugt werden, wie es scheint, möglichst einfache Sätze, bei denen weder die sprachliche Form noch der Gedanke, der mit ihr ausgedrückt wird, vom jeweiligen grammatischen Problem ablenken können, und das hat durchaus seinen Sinn.

Um die spezifischen Eigenschaften einer sprachlichen Form sichtbar zu machen, braucht man oft ganze Batterien von Beispielen, die das, worum es geht, erst richtig veranschaulichen oder gar beweisen, wenn sie mit jeweils geringfügigen Veränderungen Variationen zu einem Ausgangssatz darstellen:

Helga sieht, daß ihr Sohn raucht.
Helga sieht, wie ihr Sohn raucht.
Helga sieht ihren Sohn rauchen.

Besonders aufschlußreich sind dabei jene Varianten, die durch die Eigenschaft der behandelten sprachlichen Form (in diesem Fall des Infinitivs) ausgeschlossen werden:

**Helga sieht ihren Sohn geraucht haben.*
**Helga hat ihren Sohn geraucht haben gesehen.*

(Eisenberg, *Grundriß der deutschen Grammatik.* — Die Sternchen kennzeichnen grammatisch unzulässige Verbindungen.)

Welcher deutsche Schriftsteller würde schon gerne seine Sätze einem solchen Verfahren unterzogen sehen?

Andererseits, welcher deutsche Schriftsteller hätte etwas gegen den Nachweis, daß die von ihm gewählte sprachliche Form die bestmögliche ist und daß jede Abweichung von ihr eine weniger gute Variante darstellt? Die gelegentliche Demonstration einer unzulässigen Veränderung mag dafür sogar in Kauf genommen werden. Was man da mit Hilfe der guten oder weniger guten, richtigen oder falschen Sätze demonstrieren kann, sind die stilistischen und grammatischen Regularitäten, die die deutsche Sprache, genauer, die Verwendung ihrer Wörter und grammatischen Formen charakterisieren. Die Veränderung, die einen Satz besser oder schlechter macht, zeigt uns, worauf es im jeweiligen Fall ankommt.

Letztlich kommt es auf jedes einzelne Element an, das richtig oder falsch, gut oder schlecht gewählt werden kann, aber für uns, die wir schon Deutsch können, ist nicht jede Demonstration gleich interessant. Wie schwierig es auch immer für einen Fremden sein mag, »der«, »die«, »das« und die verschiedenen Fälle in der Ein- und Mehrzahl richtig anzuwenden, wir haben damit in der Regel keine Probleme mehr. Wir brauchen deshalb auch nicht darauf hingewiesen zu werden, daß es »im Spiegel *des* Meeres« und »in den Tiefen *der* Gewässer« heißt, und daß Gott am Anfang *»den«* Himmel und *»die«* Erde schuf, und daß Abweichungen von diesen Formen grammatisch unzulässig sind. Aber dann gibt es auch andere Fälle, in denen Veränderungen zulässig sind und Eigenschaften des Deutschen zutage fördern, die uns so noch gar nicht aufgefallen waren. Versuchen wir einmal die Wortfolge im ersten Satz der Schöpfungsgeschichte zu verändern. Wir erinnern uns, daß es (in Luthers Übersetzung) heißt:

Am Anfang schuf Gott den Himmel und die Erde.
(1. Mose 1,1.)

Obgleich die Zeitangabe ebenso gut in der Mitte oder am Ende des Satzes stehen könnte, ist nur die Anfangsstellung dem Beginn der Schöpfungsgeschichte wirklich angemessen, also

Am Anfang schuf Gott den Himmel und die Erde.

und nicht

Gott schuf am Anfang den Himmel und die Erde.

oder gar

Gott schuf den Himmel und die Erde am Anfang.

ganz zu schweigen von

Den Himmel und die Erde schuf Gott am Anfang.

Die Veränderungen stellen den Satz jedesmal in einen neuen Zusammenhang, und wenn wir eine Weile darüber nachdenken, fallen uns vielleicht auch die passenden Zusammenhänge zu den einzelnen Varianten ein. Natürlich hätte der Bericht über die Geschichte der Schöpfung mit jeder der vier Varianten beginnen können, aber in der Bibel steht fraglos die bestmögliche Variante. Da sind wir uns ganz sicher. Auf dieselbe geheimnisvolle Weise wissen wir auch, daß die durch »und« verbundenen Wörter im folgenden Satz nur so und nicht anders angeordnet werden müssen:

... denn eine richtige Uniform gibt ihrem Träger eine deutliche Abgrenzung seiner Person gegen die Umwelt; sie ist wie ein hartes Futteral, an dem Welt und Person scharf und deutlich aneinanderstoßen und voneinander sich unterscheiden ...
(Broch, *Schlafwandler*)

also zum Beispiel nicht:

ein hartes Futteral, an dem Person und Welt deutlich und scharf voneinander sich unterscheiden und aneinanderstoßen ...

Da geht es offensichtlich auch um eine angemessene Wortfolge, aber »angemessen« ist doch wieder in einem ganz anderen Sinn zu bestimmen, als im vorigen Beispiel. Das Erstaunliche daran ist nur, daß wir offensichtlich so viel über die deutsche Sprache wissen, ohne uns dieses Wissens bewußt zu sein. Irgend etwas in uns sagt uns, was eine zulässige Wortverbindung oder einer guter Vergleich ist und was nicht, was in einem bestimmten Zusammenhang die bestmögliche Wortfolge ist und was ein möglicher Zusammenhang für eine andere Wortfolge ist. Da ist die Zahl der Sätze und die Art ihrer Verbindungen, die Wahl der Satzglieder, die Form der Hervorhebung, der Gebrauch der näheren Bestimmungen, die Rolle des Betrachters, des Bestimmten oder Unbestimmten, Wirklichen oder Möglichen, das Problem der Wiederholung, des Rhythmus, der Satzmelodie ... Wieviel wir so alles, quasi hinter unserem Rücken wissen, wenn wir Deutsch können, ist schon beeindruckend.

Aber können wir unserer Sache eigentlich wirklich so sicher sein? Selbst wenn wir die Beweisstücke alle gleich beurteilt haben sollten, und das ist vielleicht gar nicht so selbstverständlich, würden wir doch von einem Wissen im eigentlichen Sinn nicht sprechen wollen. Auch finden wir, daß das Urteil über einen grammatisch unzulässigen Satz eine handfeste Sache ist, über einen stilistisch weniger guten Satz aber eine unscharfe und subjektive Angelegenheit, über die man ganz leicht anderer Meinung sein kann.

Einverstanden. Ob wir etwas schön oder nicht schön finden, ist eine Geschmacksache und darüber läßt sich bekanntlich streiten. Nur, ganz so problemlos ist das Urteil über das grammatisch Richtige oder Falsche auch nicht. Es soll zwar bei jeder grammatischen Erscheinung so etwas wie einen scharf umrissenen Kernbereich geben, wo wir mit einiger Sicherheit sagen können, was zulässig ist und was nicht. Doch in vielen Fällen sind wir uns gar nicht sicher. Wir würden es ja vielleicht so sagen, aber schon unser Nachbar sagt es anders. Das könnte zum Beispiel daher kommen, daß unser Nachbar aus Hamburg stammt, wir sind aber aus Augsburg, oder unser Nachbar ist Zahnarzt und wir sind Programmierer, oder unser Nachbar ist erst fünfzehn und wir sind schon fünfzig ... es gibt ja so viele Gründe, warum wir über das grammatisch Zulässige verschiedener Meinung sein können. Letztlich muß sogar jeder sein ganz persönliches Deutsch haben, weil er auch seine ganz persönliche Biographie hat, und wir können froh sein, daß wir uns trotz all dieser Unterschiede immer noch ganz leidlich verstehen.

Verstehen kann man sich auch schon weitgehend ohne Sprache. Doch sicher ist die Sprache eine der größten Erfindungen der Menschheit, ob nun Deutsch, Chinesisch oder Eskimo, und es sind vor allem zwei Eigenschaften, die den Mechanismus Sprache so enorm wirksam machen. Zum einen die Kombinatorik, die es erlaubt, aus einer begrenzten Menge von Grundelementen, den Wörtern einer Sprache, eine unbegrenzte Menge von Aussagen, Sätzen, zu bilden, und zum anderen die Konventionalität der Sprachen, die Tatsache, daß die Zuordnung von sprachlicher Form und Bedeutung eine Verabredung ist, die — wenn nötig — immer wieder verändert werden kann. Beides zusammen macht die Sprache unbegrenzt ausdrucksfähig und wandelbar, facetten-, varianten-, artenreich.

Was nun ein Buch betrifft, dessen Gegenstand die deutsche Sprache ist, so dürfen wir wohl darauf bauen, daß die Einschränkung des Themas auf *eine* Variante des Deutschen die Gemeinsamkeiten zwischen Autor und Leser schon etwas erweitert. Wir wählen eine neutrale, also weder regional noch sozial irgendwie auffällige, schriftliche Form des Hochdeutschen, und wir suchen uns unsere Beispiele vor allem bei den anerkannt »guten« deutschsprachigen Schriftstellern der Gegenwart. Sodann werden wir in unsere Überlegungen alles einbeziehen, was traditionelle und moderne Grammatiken zum Deutschen zu bieten haben. Über eine andere Meinung lassen wir immer mit uns reden.

Und jetzt setzen wir uns in die erste Reihe unseres *Grammatischen Varietés* und lassen uns von den großen Meistern der deutschen Sprache ihr virtuoses Programm zur deutschen Grammatik vorführen. Wir sind so begeisterungsfähig wie neugierig, weshalb wir uns eben nicht mit bloßem Deklamieren der schönen Sätze begnügen, sondern das ganze raffinierte Inventar eines modernen Varietés mit seinen Tricks aus Licht und Farbe, Drehbühne und Projektion, Spiegelung und Hologramm nutzen werden, um das artistische Können unserer Protagonisten voll zur Geltung zu bringen.

Da die Entscheidung über die Reihenfolge keinen Aufschub duldet, beginnen wir am besten gleich mit diesem Aspekt der »schönen« Sätze. Warum, wollen wir jetzt wissen, sind die Wörter in ihnen gerade in dieser und nicht in einer anderen Reihenfolge angeordnet?

Erster Teil

Perspektiven

Alle Sätze haben eine Perspektive. Schnittpunkt für die Perspektive ist das Verb.
Das Verb und das Wichtigste kommen am Ende eines Satzes.
Im Deutschen. Normalerweise. Neutralerweise.
Das jeweils Nächstwichtige kommt davor. Und jeweils davor wieder das Nächstwichtige.
Dafür sorgt der Spielplan der deutschen Syntax.
Und die Rollenpläne deutscher Verben.
Auch Adverbiale.
Perspektivische Ausgrenzungen sind möglich.
Perspektiven sind umkehrbar.

SEQUENZ UND HIERARCHIE

Perspektiven haben einen Inhalt und eine Form.
Der Inhalt ist eine Sache des Mitteilungswertes.
Die Form eine Sache der Wortstellung.
Vor allem.

Die relative Freiheit

Eine der berühmtesten Erzählungen unseres Jahrhunderts beginnt mit den Worten:

> *Vor dem Gesetz steht ein Türhüter. Zu diesem Türhüter kommt ein Mann vom Lande und bittet um Eintritt in das Gesetz.*
> (Kafka, *Vor dem Gesetz*)

Grammatisch gesehen, hätte die Geschichte auch so beginnen können:

Vor dem Gesetz steht ein Türhüter. Ein Mann vom Lande kommt zu diesem Türhüter und bittet ...

oder

Ein Türhüter steht vor dem Gesetz. Zu diesem Türhüter kommt ein Mann vom Lande und bittet ...

oder

Ein Türhüter steht vor dem Gesetz. Ein Mann vom Lande kommt zu diesem Türhüter und bittet ...

Doch keine der drei Varianten ist so gut wie das Original. Nur das Original führt die an dieser Geschichte Beteiligten in der richtigen Reihenfolge ein. Jede der drei Varianten ist genau um so viele Punkte weniger gut als sie Umstellungen gegenüber dem Original enthält. In der ersten Variante ist es der zweite Satz, der nicht so gut ist, in der zweiten Variante der erste, in der letzten sind sie es alle beide. Aber woher wissen wir, was die richtige Reihenfolge ist?

In den Grammatiken heißt es, daß sich Deutsch gegenüber anderen Sprachen, wie zum Beispiel Englisch, durch eine relativ freie Wortstellung auszeichnet. Das heißt: wo die Wörter in einem Satz stehen müssen, ist im Deutschen weniger streng vorgeschrieben als etwa im Englischen. Einige dieser grammatischen Möglichkeiten haben wir schon kennengelernt. Das waren die Variationen zum ersten Satz der Schöpfungsgeschichte, die die Zeitbestimmung vom Anfang des Satzes zu seiner Mitte oder seinem Ende, bzw. das Objekt vom Ende zum Anfang des Satzes verschoben hatten. In der Geschichte vom Gesetz ist es beide Male der Satzgegenstand, das Subjekt, das aus der Mitte nach vorne bewegt wurde.

Zeitbestimmungen, Objekte, Subjekte sind Wörter oder Wortgruppen, die wie viele andere im deutschen Satz an mehr als einer Stelle verwendet werden können. Theoretisch. Denn konkret ist, wie wir gesehen haben, immer nur eine Stelle wirklich gut. Weil sich aber doch schließlich für jede Stellungsmöglichkeit ein Zusammenhang, ein Kontext, finden läßt, für den sie die bestmögliche Variante darstellt, und weil in der Tat andere Sprachen, wie das Englische, für solche kontextbedingten Umgruppierungen viel weniger Möglichkeiten bieten, können wir im Deutschen tatsächlich von einer (relativ) freien Wortstellung reden. Aber eben nur, wenn wir davon absehen, daß wir für jede Wortstellung einen anderen Zusammenhang brauchen und sozusagen alle grammatischen Sternbilder des Deutschen auf einmal betrachten müssen. Das ist aber, besonders für Ungeübte, eine hoffnungslos verwirrende Angelegenheit und man ist fraglos besser beraten, wenn man sich nur mit einzelnen Teilabschnitten befaßt.

Neutral oder markiert

Natürlich werden wir nicht gleich mit dem Schwierigsten beginnen, etwa mit der Wortstellung in einem Satz wie:

Wenn der Erzähler sich zu erinnern vorgibt, wie, genau, der Wind blies um sieben Uhr abends vor einundzwanzig Jahren, warum lächle ich nicht?
(Max Frisch, *Geschichten*)

Die Abfolge der Wörter ist in diesem Satz so ungewöhnlich, daß man mehrere Pausen einlegen muß, um den Gedanken wirklich in allen Einzelheiten zu erfassen. Da ist zum einen der Hauptsatz mit dem Fragewort, der doch gewöhnlich am Anfang einer solchen Frage steht, also:

Warum lächle ich nicht, wenn der Erzähler sich zu erinnern vorgibt ...

bzw. noch neutraler:

Warum lächle ich nicht, wenn der Erzähler vorgibt, sich zu erinnern ...

Selbst die Bestandteile aus der Erinnerung des Erzählers wären in einer weniger auffälligen Reihenfolge wohl eher so angeordnet:

wie vor einundzwanzig Jahren um sieben Uhr abends der Wind blies und schließlich würden wir das Wörtchen »genau« in einem neutralen Satz schon an einer viel früheren Stelle erwarten, nämlich als nähere Bestimmung zu »erinnern«:

wenn der Erzähler vorgibt, sich genau zu erinnern.

Zusammen also:

Warum lächle ich nicht, wenn der Erzähler vorgibt, sich genau zu erinnern, wie vor einundzwanzig Jahren um sieben Uhr abends der Wind blies?

Die Frage, ob beide Sätze dasselbe bedeuten, und ob oder gar warum die Originalfassung stilistisch besser ist, als die neutralisierte Variante, müssen wir uns für später aufheben. Der Vergleich zwischen den beiden Versionen sollte uns nur auf den Unterschied zwischen einer unauffälligen, neutralen und einer auffälligen, »markierten« Wortstellung aufmerksam machen. Was darunter genau zu verstehen ist, ist eine ziemlich schwierige Frage, auf die wir aber vorläufig noch gar keine Antwort brauchen.

Konstituenten

Wenn wir über das einzelne Beispiel hinausgehen und zu Verallgemeinerungen über Stellungsregularitäten im Deutschen gelangen wollen, läßt es sich nicht vermeiden, daß wir die konkreten Wörter und Wortgruppen eines Satzes verlassen und uns mit der abstrakten Struktur befassen, durch die sie miteinander verbunden sind. Die Sprachwissenschaft bietet uns hier das Konzept der *Konstituentenstruktur,* durch die sich die Beziehungen zwischen den Wörtern eines Satzes in einem Stammbaum darstellen lassen, der zum Beispiel für den ersten Satz der Schöpfungsgeschichte so aussieht, wie es die Abbildung auf S. 27 vorführt.

Nur auf den ersten Blick scheinen ja die Wörter eines Satzes wie die Perlen einer Kette gleichmäßig aneinandergereiht, tatsächlich besteht aber zwischen manchen Wörtern ein engerer Zusammenhang als zwischen anderen. So sind in dem Satz

Am Anfang schuf Gott den Himmel und die Erde.

die Wörter »den Himmel« und »die Erde« enger miteinander verbunden als z.B. die Wörter »am Anfang« und »die Erde«, und dies gilt auch für den Fall, in dem die Zeitbestimmung am Ende des Satzes steht, also unmittelbar an »die Erde« anschließt:

Gott schuf den Himmel und die Erde am Anfang.

Obwohl Wörter, die enger zusammengehören, in der Regel nebeneinander stehen, entscheidet, wie man an diesem Beispiel sehen kann, die Abfolge alleine noch nicht über die Zusammengehörigkeit der Wörter.

Wörter, die zusammengehören, bilden Wortgruppen. Ob eine Folge von Wörtern eine Wortgruppe ist, kann man auch daran erkennen, daß sie unverändert an eine andere Position im Satz gestellt werden kann. So bilden nicht nur »den« und »Himmel« bzw. »die« und »Erde« jeweils eine Wortgruppe, sondern beide Wortgruppen zusammen wiederum eine größere, und beide können, zur größeren Wortgruppe zusammengefaßt, vom Satzende an den Anfang des Satzes umgestellt werden. Mitunter bildet die Wortgruppe einen ganzen Satz, der dann zusammen mit anderen Wortgruppen bzw. Sätzen einen komplexen Satz ergibt und in diesem, ebenso wie kleinere Wortgruppen im einfachen Satz, verschiedene Plätze einnehmen kann. Zum Beispiel der Hauptsatz »Warum lächle ich nicht«, der am Anfang oder am Ende des ganzen Fragesatzes stehen konnte.

Natürlich können auch einzelne Wörter unterschiedliche Positionen im Satz einnehmen, wie in unserem Beispiel »genau«, das von einem Nebensatz in den anderen verschoben wurde. Wenn man nun allgemeine Aussagen über die Stellungsmöglichkeiten von Wörtern und Wortgruppen machen will, dann mag ein Ausdruck, der beides zusammenzufassen erlaubt, willkommen sein. In der modernen Sprachwissenschaft verwendet man dafür den Fachausdruck »Konstituenten«.

Da Wörter mit anderen Wörtern Wortgruppen und diese mit anderen Wortgruppen wiederum übergeordnete Wortgruppen bilden, sind Konstituenten nicht einfach mit den Wörtern und Wortgruppen gleichzusetzen, aus denen ein Satz besteht, sondern sie sind die abstrakten Elemente einer abstrakten Struktur, der grammatische Bauplan eines Satzes, den er mit vielen anderen Sätzen teilt.

So haben z.B. die beiden ersten Sätze aus der Erzählung vom Gesetz, abgesehen von der Ergänzung am Ende des zweiten Satzes, dieselbe Konstituentenstruktur:

Vor dem Gesetz steht ein Türhüter.
Zu diesem Türhüter kommt ein Mann (vom Lande) ...

Obwohl beide Sätze unterschiedliche Wörter enthalten, sind die Wortgruppen, zu denen sie sich zusammenfassen lassen, aus denselben Bestandteilen gebildet und auf dieselbe Weise angeordnet.

Wie schon an den wenigen bisher betrachteten Beispielen deutlich wurde, sind die Konstituenten mit verschiedenen Stellungsmöglichkeiten weitaus öfter von der Größe einer Wortgruppe als eines Wortes. Verallgemeinerungen über Stellungsmöglichkeiten werden sich also vorwiegend auf Konstituenten beziehen, die sich aus anderen, kleineren Konstituenten zusammensetzen. Nun ist es für unsere Überlegungen zur deutschen Wortstellung nützlich, wenn die Konstituenten, deren Stellungsmöglichkeiten wir betrachten, einen Namen haben; was wir im allgemeinen brauchen, sind Namen für komplexe Konstituenten, wie »ein Mann«, »am Anfang«, »zu diesem Türhüter«, »den Himmel und die Erde« usw.

Es scheint, daß wir hier auf unser Schulwissen zurückgreifen können. Schließlich handelt es sich ja um Satzglieder und Satzglieder haben Namen wie »Subjekt«, »Objekt« und »Prädikat«. Über eines sollten wir uns aber im klaren sein: Wörter und Wortgruppen sind an sich noch keine Satzglieder, sie können nur unter bestimmten Bedingungen die Funktion von Satzgliedern erfüllen. Für sich allein genommen ist z.B. »die Erde« nichts anderes als eine Wortgruppe aus einem Artikel und einem Substantiv.

Zum Satzglied wird sie erst durch ihr Verhältnis zu den anderen Konstituenten eines Satzes. In »Gott hat die Erde geschaffen« ist sie Objekt, in » . . . größer als der Mensch ist die Erde« Subjekt.

Dieselbe Wortgruppe braucht auch gar keine Satzgliedfunktion zu erfüllen, wie in dem Satz:

Und selbst in dieser Haltung zitterte und schwankte er noch und wollte weitersinken, sich flach auf die Erde legen, in sie hinein, unter sie.
(Süskind, *Das Parfum*)

Erst die mit »auf«, »in« und »unter« gebildeten Konstituenten haben in diesem Satz die Funktion von Adverbialen (Umstandsbestimmungen).

Wenn aber nicht allen Konstituenten eine Satzgliedfunktion zukommt, dann reicht unsere Schulkenntnis über Satzglieder doch nicht aus, um allen Konstituenten einen Namen zu geben. Glücklicherweise bedarf es keiner großen Anstrengung, das Fehlende zu ergänzen, da es üblich ist, den Namen einer komplexen Konstituente von dem einer einfachen Konstituente herzuleiten, und zwar von derjenigen, die der Kern der komplexen Konstituente ist beziehungsweise das für diese Konstituente entscheidende Element. In einer Wortgruppe wie »die Erde« ist der Kern ganz offensichtlich das Substantiv, auch Nomen, weshalb das Ganze als »nominale Wortgruppe« bezeichnet wird. Der Einfachheit halber ersetzt man diesen langen Namen häufig durch die Abkürzung: *NP (noun phrase)*.

Konstituenten mit einem Nomen als Kern können sehr viele verschiedene Formen haben. Sie können z.B. aus mehreren aneinander gereihten oder durch »und« verbundenen NPs bestehen, wie in »den Himmel und die Erde«; sie können durch Adjektive erweitert sein, wie in »eine richtige Uniform«, durch Possessivpronomina (besitzanzeigende Fürwörter), wie in »ihrem Träger«, durch weitere nominale Wortgruppen ergänzt, wie in »eine deutliche Abgrenzung seiner Person gegenüber der Umwelt«, aber auch durch andere, mehr verbale Strukturen, einschließlich ganzer Sätze. In

Darin wurzelt seine Unfähigkeit, auch nur eine einzige der tausend Ideen zu verwirklichen, die in seinem ganz natürlich aufs Universale hin geschulten Kopf ununterbrochen ineinander übergehen.
(Bernhard, *Midland in Stilfs*)

ist die Wortgruppe »seine Unfähigkeit« der nominale Kern der ganzen komplexen Konstituente nach dem ersten Verb. Die Infinitivstruktur mit »zu verwirklichen« ist eine nähere Bestimmung zu diesem Kern und hat ihrerseits einen Nebensatz; dieser enthält (neben anderen) eine weitere umfangreiche nominale Wortgruppe mit einer dem nominalen Kern vorangestellten Partizipialgruppe, die beide wiederum durch die ihnen vorangehende Präposition »in« zu einer präpositionalen Wortgruppe (PP) zusammengefaßt werden. Es handelt sich also bei dem ganzen komplexen Ausdruck von »in« bis »Kopf« um dieselbe Konstituente, wie z.B. bei »am Anfang«, »zu diesem Türhüter«, »in den Tiefen der Gewässer«.

Bilden nominale oder präpositionale Wortgruppen zusammen mit einem Verb eine Konstituente, dann wird das Verb in den meisten Fällen zum entscheidenden und damit namengebenden Bestandteil der Konstituente. »Verbale Wortgruppen« (oder »verbal phrases« oder »VP«) nennt man im Satz also Wortfolgen wie »steht vor dem Gesetz«, »kommt zu diesem Türhüter«, also Fälle, in denen die präpositionale Wortgruppe eine notwendige Ergänzung zum Verb ist, oder Wortfolgen wie »eine einzige der tausend Ideen zu verwirklichen« oder »schuf den Himmel und die Erde«, also Fälle, in denen das Verb von einem Objekt »ergänzt« wird. Zusammen mit einer weiteren nominalen Wortgruppe, der Subjekts-NP, bildet die verbale Wortgruppe den Satz.

So beschrieben scheint die Konstituentenstruktur eines Satzes eine ziemlich unübersichtliche Menge von unterschiedlichen Beziehungen zwischen Wörtern und Wortgruppen zu sein. Wie die Abbildung auf Seite 27 zeigt, kann man sich aber die hierarchische Struktur der Konstituenten eines Satzes, die sich zu immer größeren Konstituenten zusammenfassen, oder — in der entgegengesetzten

Blickrichtung — in immer kleinere Konstituenten zerlegen lassen, mit Hilfe eines Baumdiagramms hübsch durchsichtig machen.

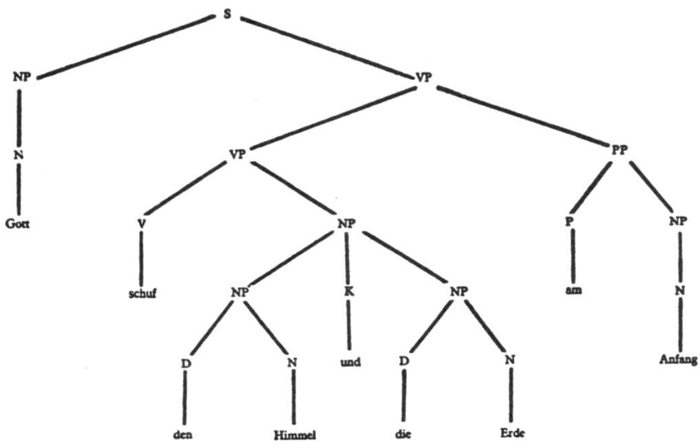

Die Knotenpunkte in einem solchen Baum tragen die Namen der verschiedenen Konstituenten. S steht für Satz, NP für nominale Wortgruppe, VP für verbale Wortgruppe, PP für präpositionale Wortgruppe, V für Verb, P für Präposition, N für Nomen; D steht für Determinator (eine Wortgruppe, die z.B. Artikel und Pronomina einschließt), K für Konnektor (Verknüpfungsmittel, wie »und«). Die Zweige stellen die hierarchischen Beziehungen der Konstituenten dar. Man sagt, daß die größeren Konstituenten den kleineren, aus denen sie zusammengesetzt sind, (direkt oder indirekt) übergeordnet sind, beziehungsweise daß die kleineren Konstituenten von den größeren (direkt oder indirekt) dominiert werden.

Irgendwie ist das Ergebnis schon verblüffend. Was von außen die Geradlinigkeit einer Schnur zu haben scheint, die in einer mehr oder weniger langen Kette aneinander gereihten Wörter eines Satzes, erweist sich bei genauerem Hinsehen als ein mehrfach verästelter Baum, ein komplexes hierarchisches Gebilde, das uns eher an die Baupläne der chemischen Elemente denken läßt als an die Sätze einer Sprache.

Wir haben, wie es scheint, die Frage der Wortstellung inzwischen aus den Augen verloren, gar nicht zu reden davon, daß von der Faszination, die der erste Satz der Schöpfungsgeschichte auf uns ausübt, nichts übrig bleibt, wenn er auf ein strukturelles Skelett reduziert wird, auf einen Bauplan für beliebig viele andere Sätze, die allesamt so belanglos sein könnten wie

Im Mai traf Hans seine Schwester und ihren Mann.

Was wir eigentlich wissen wollten, war doch, warum der Satz

Am Anfang schuf Gott den Himmel und die Erde.

nur mit dieser und keiner anderen Wortstellung für den Beginn der Schöpfungsgeschichte taugt. Auf diese Frage gibt uns die Konstituentenanalyse keine Antwort. Allenfalls läßt sie uns die Frage verallgemeinern: unter welcher Bedingung ist eine Zeitbestimmung am Satzanfang besser als innerhalb der verbalen Konstituente, zu der sie doch, strukturell gesehen, gehört?

Es liegt auf der Hand, daß es nicht genügt, einen strukturellen Unterschied zu beschreiben, wenn man seine Wirkung erklären will. Wenn wir also die deutsche Wortstellung nicht nur formal, sondern auch in ihrer Wirkung beschreiben wollen, und dies war doch von Anfang an unsere Zielstellung, müssen wir unser Beschreibungsinventar um Mittel erweitern, die die Wirkung von Wortstellungsunterschieden zu erfassen erlauben. Und wenn wir unserer ersten Intuition über die Wirkung von Wortstellungen folgen, dann müssen diese Mittel die Beziehung zwischen Wortstellung und Kontext erfassen, jene Zusammenhänge also, in denen ein Satz verwendet wird.

Der Zusammenhang, in dem ein Satz steht, ist oft von seinem Vorgängersatz abzulesen. In der Regel enthält dieser, gegebenenfalls im Zusammenhang mit noch weiter zurückliegenden Sätzen, genügend Anhaltspunkte. Für einen Satz, der am Anfang eines Texts ohne Überschrift steht, entfällt diese Möglichkeit. Der Zusammenhang ist nur indirekt, »implizit«, gegeben. Da das Implizierte aber naturgemäß wesentlich weniger offensichtlich ist als das, was ausdrücklich gesagt wird, sollten wir uns mit unseren Betrachtungen zur angemessenen Wortstellung zunächst an ein Beispiel mit explizitem Kontext halten.

Nehmen wir etwa den zweiten Satz aus der Erzählung *Vor dem Gesetz:*

Zu diesem Türhüter kommt ein Mann vom Lande ...

Wie wir wissen, lautet sein Vorgängersatz

Vor dem Gesetz steht ein Türhüter.

Grammatisch gesehen, erlauben beide Sätze eine andere Wortstellung, würden dann aber weniger gut zusammenpassen. Die Abfolge des Originals:

Vor dem Gesetz steht ein Türhüter. Zu diesem Türhüter kommt ein Mann vom Lande

ist deutlich besser als zum Beispiel:

Vor dem Gesetz steht ein Türhüter. Ein Mann vom Lande kommt zu diesem Türhüter.

Strukturell gesehen, entspricht aber die zweite Version eher dem Bild, das wir uns von der Zusammengehörigkeit der Konstituenten machen. »Zu diesem Türhüter« bildet ja zusammen mit dem Verb »kommt« die verbale Wortgruppe des Satzes, die wir, zumindest in einem Aussagesatz, doch eher nach als vor dem Subjekt erwarten. Wäre in dem Satz kontextlos einfach von irgendeinem Mann und irgendeinem Türhüter die Rede, so würden wir auch nur die Abfolge

Ein Mann vom Lande kommt zu einem Türhüter.

als neutral empfinden, der gegenüber die Abfolge

Zu einem Türhüter kommt ein Mann vom Lande.

deutlich markiert ist. Und die Abfolge

Vor dem Gesetz steht ein Türhüter. Ein Mann vom Lande kommt zu einem Türhüter.

ist überhaupt ausgeschlossen, zumindest wenn wir, was vernünftigerweise zu erwarten ist, vom selben Türhüter sprechen.

Der unbestimmte Artikel eignet sich dazu, eine Person oder eine Sache, die noch nicht bekannt ist, einzuführen. Für eine bereits eingeführte Person oder Sache ist er im allgemeinen ausgeschlossen. Da gebrauchen wir den bestimmten Artikel, oder, wie in unserem Fall, ein demonstratives (hinweisendes) Pronomen. Im Unterschied zum Türhüter, der durch den Vorgängersatz schon eingeführt ist, wird der Mann vom Lande an dieser Stelle zum erstenmal erwähnt und deshalb für ihn, wie für den Türhüter im Satz zuvor, der unbestimmte Artikel verwendet.

Der Unterschied zwischen neu eingeführt und bereits bekannt betrifft eine der verschiedenen Beziehungen, die wir zwischen dem Satz und seinem Kontext ausmachen können. Und sie hat nicht nur etwas mit der Wahl von bestimmten und unbestimmten Artikeln zu tun. Sie hängt, wie unser Beispiel zeigt, auch mit der Wortstellung zusammen. Wir bewerten die Anordnung der beiden nominalen Wortgruppen dann als kontextuell angemessen, wenn — wie im Original — das bereits bekannte Element vor dem neu einzuführenden steht. Da uns der *Türhüter* schon vom Vorgängersatz her bekannt ist, steht er vor dem *Mann vom Lande,* der an dieser Stelle erst eingeführt wird. Die umgekehrte Anordnung, in der das neue Element dem bekannten vorausgehen würde, wäre kontextuell unangemessen. Betrachten wir den ersten Satz der Erzählung, so sehen wir in ihm zwei nominale Wortgruppen auf dieselbe Weise angeordnet wie im zweiten Satz, die NP mit dem bestimmten Artikel, die »definite« NP, geht der NP mit dem unbestimmten Artikel, der »indefiniten« NP voraus. Daß der Türhüter das neue, an dieser Stelle erst eingeführte Element ist, steht außer Zweifel. Weniger offensichtlich ist, daß das Gesetz das bereits bekannte Element ist. Und wir kommen auch nicht weiter, wenn wir den Titel als Vorgängerkontext heranziehen, weil er selbst den bestimmten Artikel enthält. Da es für den Titel keinen expliziten Kontext mehr gibt, muß es den expliziten vergleichbare implizite Zusammenhänge geben, nach denen sich die Wahl des bestimmten Artikels in dem Titel richtet.

Nun sind uns ja tatsächlich bei den meisten Texten viele Elemente schon bekannt, ehe sie erwähnt werden. Das trifft z.B. auf alle nominalen Wortgruppen im ersten Satz der Schöpfungsgeschichte zu. *Der Himmel* und *die Erde* und *Gott* sind uns schon deshalb bekannt, weil sie in unserer Welt sozusagen Einzelstücke darstellen. Und Wortfolge und Wahl des bestimmten Artikels im ersten Satz der Erzählung *Vor dem Gesetz* deuten darauf hin, daß für *das Gesetz* dasselbe gilt. Aber was auch immer Artikelwahl und Wortfolge in diesem Satz begründet, das Beispiel macht uns auf einen wichtigen Gesichtspunkt aufmerksam, den wir bisher nicht berücksichtigt haben. Die Wahl des richtigen Artikels oder der angemessenen Wortstellung kann vom Leser nur nachvollzogen werden, sie ist ausschließlich Sache des Autors, und deshalb ist es auch eine Sache des Autors, was er als bekannt voraussetzen oder als neu einführen möchte. Da ihm in der Regel daran liegen dürfte, verstanden zu werden, wird er sich natürlich nach dem richten, was er über die Kenntnisse des Lesers annehmen kann, er wird also nicht als neu voraussetzen, was dem Leser aus dem expliziten Kontext schon bekannt sein muß. In vielen Fällen setzt der Autor aber als bekannt voraus, was dem Leser möglicherweise oder sogar ganz bestimmt neu ist. Das gilt etwa für Kafkas Geschichte vom *Hungerkünstler*, die mit dem Satz beginnt

> *In den letzten Jahrzehnten ist das Interesse an Hungerkünstlern sehr zurückgegangen.*

Mit der Wahl des bestimmten Artikel für das Subjekt wird vorausgesetzt, daß dem Leser bekannt ist — was bei dem einen oder anderen ja wirklich der Fall sein könnte — es habe früher ein Interesse an Hungerkünstlern gegeben. Oder wenn der Autor seine Geschichte einfach mit dem Namen einer von ihm erfundenen Figur beginnt, wie in der Erzählung *Die Verwandlung:*

> *Als Gregor Samsa eines Morgens aus unruhigen Träumen erwachte ...*

oder auch nur mit der Abkürzung für einen Namen wie in dem Roman *Das Schloß:*

> *Es war spät abend als K. ankam ...*

und dann noch den Schauplatz des Geschehens durchweg mit definiten Artikeln beschreibt:

> *Das Dorf lag in tiefem Schnee. Vom Schloßberg war nichts zu sehen, Nebel und Finsternis umgaben ihn, auch nicht der schwächste Lichtschein deutete das große Schloß an.*

dann überspringt er sozusagen die Zeremonie des Vorstellens, die jedes Märchen so genießerisch zelebriert:

> *Es waren einmal ein König und eine Königin ...*

Wenn wir also die Unterscheidung zwischen bekannt und neu in Sachen Wortstellung gewinnbringend anwenden wollen, dann dürfen wir den doppelten Boden: bekannt ist, was der Autor als dem Leser bekannt voraussetzt, nicht aus den Augen verlieren.

Unterschiede im Mitteilungswert

Für Sätze, die wie der Anfang der Erzählung *Vor dem Gesetz,* bekannte und neue Elemente enthalten, erfordert eine kontextuell angemessene Wortstellung die Abfolge *bekannt vor neu.* Ob dies wirklich für alle Sätze dieser Art gilt, sei zunächst noch dahingestellt. Daß sich die Frage einer angemessenen Wortstellung aber nicht auf die Anordnung von bekannten und neuen Elementen reduzieren läßt, zeigen schon die wenigen Beispiele, die wir bisher betrachtet haben. Der erste Satz der Schöpfungsgeschichte z.B. besteht nur aus bekannten Elementen. Dies gilt nach dem Willen ihres

Autors auch für den Anfang der Geschichte vom Landvermesser K. Die Stellungsregel *bekannt vor neu* kann in solchen Fällen nicht angewandt werden; ebensowenig für Sätze, die nur oder fast nur aus unbekannten Elementen bestehen, wie die Frage aus Brechts Keunergeschichte *Das Horoskop:*

> *Was geschieht aber, wenn ein bestimmter Mensch etwa ein Wassermann ist, aber einen Floh hat, der ein Stier ist ...*

Wir haben die Alternative zwischen bekannt und neu als eine der Beziehungen verstanden, die zwischen den Elementen eines Satzes und seinem Kontext bestehen können. Wir haben damit unsere erste Vermutung, daß eine Wortstellung gut ist, wenn sie in den Zusammenhang »paßt«, in dem der Satz verwendet wird (kontextuell angemessen ist), für eine bestimmte Menge von Sätzen etwas präzisiert. Leider gibt es aber solche klaren und leicht überschaubaren Fälle nur sehr selten. Wenn das Kriterium der kontextuellen Angemessenheit auch für die Wortstellung in allen anderen Sätzen gelten soll, dann müßte es neben dem Gesichtspunkt *bekannt/neu* noch andere Aspekte geben, unter denen sich die Elemente eines Satzes in ihren Beziehungen zum Kontext unterscheiden lassen.

Sehen wir uns noch einmal den Satz aus der Schöpfungsgeschichte an. Er enthält vier nominale Wortgruppen und alle vier sind »definit« — was ihre Nomina bezeichnen (Anfang, Gott, Himmel, Erde) wird als bekannt vorausgesetzt. In drei Fällen wird dies durch den bestimmten Artikel angezeigt, zweimal offen, einmal verdeckt durch die Form der Präposition, im vierten Fall ist es der Eigenname »Gott«. Wenn sich eine gute, kontextuell angemessene Wortstellung nur nach dem Unterschied *bekannt/neu* ausrichten würde, so müßte in einem Satz, in dem alle Elemente als bekannt vorausgesetzt werden, die Wortstellung beliebig sein. Es war aber gerade dieser Satz, der uns, als wir seine Wortstellung mit anderen, grammatisch gleichfalls möglichen Varianten verglichen, die Idee einer kontextuell angemessenen Wortstellung suggeriert hat. Unter dem Aspekt seiner Konstituentenstruktur schien uns dabei ganz besonders die dem Subjekt vorangestellte Zeitbestimmung bemerkenswert. Gibt es einen Gesichtspunkt, unter dem sich dieses bekannte Element von den anderen bekannten Elementen unterscheidet? Da für einen Satz am Textanfang kein expliziter Kontext zur Verfügung steht, müssen wir unsere Vorstellungskraft bemühen. Wir wissen: mit dem ersten Satz der Schöpfungsgeschichte beginnt der Bericht über die Erschaffung der Welt. Wir erwarten uns von ihm eine chronologische Darstellung der Ereignisse und finden es nur normal, wenn der Bericht mit dem Anfang der Ereignisse beginnt. Von allem, was wir zu Beginn der Schöpfungsgeschichte über sie schon wissen können, ist das Nächstliegende, daß es einen Anfang gegeben haben muß. Verglichen damit sind alle anderen Elemente über den Anfang der Geschichte schon etwas spezifischer. Daß die Welt erschaffen wurde, und zwar in Form dieses Himmels und dieser Erde und durch den einen Gott, ist, wenn wir es genau bedenken, lange nicht so selbstverständlich wie die Annahme, daß es für alles, was wir kennen, also auch für unsere Welt, irgendwann einmal einen Anfang gegeben hat — auch wenn wir damit philosophisch in recht nebelige Bereiche geraten. In jedem Fall ist die Zeitbestimmung am Anfang des ersten Satzes der Schöpfungsgeschichte von allen als bekannt vorausgesetzten Elementen des Satzes das bekannteste. Aus der Perspektive desjenigen, der sich mit diesem Satz an uns wendet, muß es das Element sein, für das er von uns die geringste Aufmerksamkeit beansprucht. Läßt man sich von informationstheoretischen Modellen inspirieren und betrachtet den Satz als eine Informationseinheit, dann ist die Zeitbestimmung von allen Elementen dasjenige mit dem geringsten Informationswert. Wenn aber alle übrigen Elemente einen höheren Informationswert haben, dann könnte die kontextuell angemessene Wortstellung auch etwas mit der Anordnung von Informationswerten zu tun haben und z.B. dadurch zu erreichen sein, daß das Element mit dem niedrigsten Informationswert allen anderen vorausgeht. Wenn unsere Überlegungen in die richtige Richtung gehen, dann ließe sich das Kriterium für kontextuell angemessene Wortstellung generalisieren als *niedrigere Informationswerte vor höheren,* was dann in einem Fall als *bekannt vor neu,* im anderen als *mehr bekannt vor weniger bekannt* ausbuchstabiert werden müßte. Wir werden sehen, wie weit sich diese Generalisierung als tragfähig erweist und ob die Gleichsetzung von Informationswerten mit Bekanntheitsgraden schon ausreicht, um alle kontextuell angemessenen Fälle von Wortstellung von allen kontextuell defekten Fällen zu unterscheiden.

Ein Fixpunkt

Daß die Forderung *niedriger Informationswert vor höherem* nicht ausreicht, um alle Fälle von guter und weniger guter Wortstellung zu unterscheiden, zeigt uns die Anordnung der übrigen bekannten Elemente aus dem ersten Satz der Schöpfungsgeschichte, am deutlichsten aber die Stellung des Verbs, des Elements also, das wir aus allen unseren bisherigen Überlegungen ausgeklammert hatten. Was vom Verb bezeichnet wird, ist je nachdem, ob wir eine Geschichte von der *Entstehung* oder der *Erschaffung* der Welt erwarten, eine neue oder eine bekannte Information, ein Element mit höherem oder mit niedrigerem Informationswert. Die Stellung des Verbs im Satz bleibt aber in jedem Fall dieselbe. Das »finite« Verb, also das Verb, das zwischen Personen und Zeiten unterscheidet, nimmt im deutschen Aussagesatz immer die zweite Stelle ein, unabhängig davon, welche Konstituente ihm vorangeht. Also in

Vor dem Gesetz steht ...
Zu diesem Türhüter kommt ...
Am Anfang schuf ...

genauso wie in

Gott schuf *am Anfang* ...
Ein Mann vom Lande kommt *zu diesem Türhüter* ...
Ein Türhüter steht *vor dem Gesetz.*

Die Zweitstellung des finiten Verbs gilt auch, wenn das Verb eine komplexe Form hat, d.h. wenn es aus einem oder mehreren Hilfsverben und einem Hauptverb besteht; in solchen Fällen ist das finite Verb ein Hilfsverb:

Am Anfang hat *Gott den Himmel und die Erde geschaffen.*
Vor dem Gesetz soll *ein Türhüter stehen.*
Zu diesem Türhüter sei *ein Mann vom Lande gekommen.*

Erst wenn wir den Satz in einen anderen Satztyp verwandeln, einen Fragesatz, oder einen Nebensatz, gibt das finite Verb seine Zweitstellung auf und erscheint am Anfang der Frage oder am Ende des Nebensatzes:

Steht *vor dem Gesetz ein Türhüter?*
Weil zu diesem Türhüter ein Mann vom Lande gekommen ist ...
Hat *Gott den Himmel und die Erde geschaffen?*
Wenn vor dem Gesetz ein Türhüter stünde ...
Daß zu diesem Türhüter ein Mann vom Lande gekommen sei ...

Mitunter steht das Verb auch an einer noch anderen Stelle:

... *wie, genau, der Wind* blies *um sieben Uhr abends vor einundzwanzig Jahren.*

Das ist dann aber schon eher als Ausnahme zu betrachten. Wenn die Stellung des Verbs in bestimmten Satztypen immer dieselbe ist, dann muß sie vom Kontext unabhängig sein und damit von den kontextbestimmten Ordnungskriterien *bekannt vor neu* bzw. *niedriger vor höherem Informationswert.* Da die Stellung des Verbs vom Satztyp abhängt, ist das Kriterium, an dem wir eine »gute« Verbstellung messen, grammatischer Natur, weshalb denn auch eine andere Verbstellung, wie etwa des finiten Verbs am Ende eines Hauptsatzes, nicht nur weniger gut, sondern einfach ungrammatisch ist:

**Am Anfang Gott den Himmel und die Erde* schuf.

Regeln, die zwischen grammatischen und ungrammatischen Sätzen unterscheiden, haben für uns keinen besonderen Reiz, weil wir ohnehin nicht in die Versuchung geraten, ungrammatische Sätze zu erzeugen — abgesehen vielleicht von einigen etwas verzwickteren Teilbereichen der Grammatik, wo unsere Intuition nicht ganz so messerscharf ausgebildet ist. Deswegen können wir aber die Tatsache, daß ein Teil der Wortstellung grammatisch reguliert wird, nicht einfach übergehen. Dies umso weniger, als die Grammatik einer Sprache nicht nur festlegt, welche Wortstellungen ausgeschlossen, sondern auch welche möglich sind. Es ist die deutsche Grammatik, die festlegt, daß die Zeitbestimmung am Anfang oder am Ende eines Satzes oder einer verbalen Wortgruppe, die Ergänzung eines Verbs nach diesem oder am Satzanfang, der Hauptsatz vor oder nach dem Nebensatz stehen kann usw. Erst auf diesem Hintergrund entscheidet der Informationswert eines Elements darüber, welche der verschiedenen Möglichkeiten genutzt werden. Das bedeutet aber, daß der Informationswert eines Elements nicht allein, sondern immer nur zusammen mit den grammatischen Vorgaben über die Stellung des Elements im Satz entscheidet.

Wenn die grammatischen Vorgaben zur deutschen Wortstellung das Terrain bestimmen, auf dem Unterschiede zwischen Informationswerten überhaupt erst zur Geltung kommen können, werden wir wohl nicht umhin kommen, diese grammatischen Bedingungen in unsere Überlegungen einzubeziehen. Das ist leichter gesagt als getan, vor allem wenn man die nahezu unbegrenzte Zahl von grammatischen Stellungsmöglichkeiten bedenkt. Wo ist nun der grammatische Ariadnefaden, der uns durch das Labyrinth der deutschen Wortstellung führt?

IM SPIEGELKABINETT VON SYNTAX UND SEMANTIK

Am Anfang war das Wort.
Oder der Satz?
Oder doch das Wort?

Der grammatische Plan für die Wortstellung
ist eine Projektion aus dem Satz
in die syntaktischen Eigenschaften des Wortes.
Und er ist eine Projektion
aus den syntaktischen Eigenschaften des Wortes
in den Satz.

Zu den Eigenschaften, die die Wörter einer Sprache haben, gehören gewisse Vorgaben über die Kombinationsmöglichkeiten der Wörter untereinander. Sie legen fest, welche Wörter mit welchen anderen zu Wortgruppen verbunden werden können. Die allgemeinsten Bedingungen, die für die Verbindbarkeit von Wörtern gelten, charakterisieren ganze Klassen von Wörtern bis hin zu den Wortarten: Artikel oder Adjektive verbinden sich mit Nomen zu nominalen Wortgruppen, Präpositionen mit Nomen zu präpositionalen Wortgruppen, Nomen oder nominale Wortgruppen mit Verben zu verbalen Wortgruppen, Verben bzw. verbale Wortgruppen mit Nomina oder nominalen Gruppen zu Sätzen. Jedes einzelne Wort hat aber noch darüber hinaus ganz spezifische Affinitäten, d.h. es passen ganz bestimmte Nomina nur mit ganz bestimmten Adjektiven zusammen, und ganz bestimmte Verben nur mit ganz bestimmten Nomina bzw. nominalen Wortgruppen. Wenn wir diese Wahlverwandtschaften nicht berücksichtigen, erhalten wir grammatisch oder stilistisch defekte Wortgruppen, von der Art des »Flusses, der sein Wasser zugunsten von Gärten abgibt«.

Natürlich ist jedes Wort in seiner Art einmalig, und die Verfasser von Wörterbüchern haben ihre liebe Mühe, dieser Einmaligkeit gerecht zu werden, ganz besonders, wenn es um die Frage der Kombinierbarkeit geht. Allerdings kann man über die Kombinierbarkeit der Wörter auch in einer ersten Annäherung schon eine ganze Menge wesentlicher Feststellungen treffen, sozusagen Eckdaten auf einem gröberen Raster eintragen, ehe man den subtileren Bedingungen nachspürt.

Für das Problem der grammatisch bestimmten Wortstellung genügt eine Grobauflösung, die das einzelne Wort nach Zahl und Art seiner grammatischen Partner charakterisiert. Die Konturen solcher grammatischer Partnerschaften kommen bei Verben am deutlichsten zum Vorschein. Ein Wort wie »geben« z.B. hat in der Bedeutung, in der wir es meistens verwenden, drei nominale Partner, die sich, wie verschieden sie auch immer im einzelnen ausfallen mögen, auf die Form von indefiniten Pronomen verkürzt, als »jemand gibt jemandem etwas« verallgemeinern lassen. »Etwas« kann eine konkrete Sache wie ein Apfel sein, ein Objekt, das wirklich den Besitzer wechseln kann, aber auch etwas, was in diesem Sinn nicht weggebbar ist, wie die Hand, ein Kuß oder etwas ganz und gar Abstraktes, wie ein Versprechen oder eine Form; unter Umständen kann es sogar ein Mensch sein. Andererseits braucht der Empfänger keine Person zu sein, es kann ebenso gut ein Ding, etwa ein Gemälde, ein Ereignis, wie etwa ein Theaterabend, oder etwas so Abstraktes wie ein Gedanke sein. Ja selbst der »Geber« braucht kein Mensch zu sein, es kann ein Anblick sein, die Sonne, Geld, eine Uniform:

Denn eine richtige Uniform gibt ihrem Träger eine deutliche Abgrenzung seiner Person gegenüber der Umwelt.

Genau genommen müßte es also heißen, »jemand oder etwas gibt jemandem oder etwas etwas oder jemanden« — nur daß die Sache, so präzisiert, ziemlich unübersichtlich wird und wir dann doch lieber bei der ungenaueren, aber besser überschaubaren Angabe bleiben wollen.

Die grammatischen Formen jedenfalls lassen sich von der vereinfachten Struktur leichter ablesen; zumindest wird deutlich, daß eins der beiden Objekte ein Dativobjekt, ein indirektes Objekt ist, eine Unterscheidung, für die ja nur das Pronomen »jemand« aber nicht »etwas« über eine eigene Form verfügt. Unabhängig davon wie die drei Partner von »geben« im einzelnen strukturiert sind, es wird sich immer um ein Subjekt und zwei Objekte, ein Akkusativobjekt und ein Dativobjekt, handeln. In unserem Beispiel ist das Subjekt »eine richtige Uniform«, das Dativobjekt »ihrem Träger« und das Akkusativobjekt »eine deutliche Abgrenzung seiner Person gegenüber der Umwelt«.

Wenn wir sagen, daß ein Verb drei Partner hat, so heißt dies keinesfalls, daß das Verb nur mit diesen drei Satzgliedern kombiniert werden kann. Auch der Satz über die Uniform ließe sich noch um Verschiedenes erweitern, zum Beispiel um Adverbiale der Zeit oder des Ortes:

Eine richtige Uniform gibt ihrem Träger zu jeder Zeit und an jedem Ort *eine deutliche Abgrenzung seiner Person gegenüber der Umwelt.*

oder durch modale Adverbiale:

Eine richtige Uniform gibt ihrem Träger so *eine deutliche Abgrenzung seiner Person gegenüber der Umwelt.*

Im Unterschied zum Subjekt und den beiden Objekten, sind alle anderen Satzglieder, die in einem Satz mit »geben« auftreten, für die Verwendung dieses Verbs nicht unbedingt notwendig. Sie bezeichnen zusätzliche Aspekte aus dem Sachverhalt des Gebens: den Ort, die Zeit, die Art unserer Kenntnisnahme von diesem Sachverhalt, alles Informationen, die für die Kombinatorik des Verbs »geben« von untergeordneter Bedeutung sind. Die Satzglieder, durch die sie ausgedrückt werden, sind auf »geben« bezogen, *freie* Ergänzungen. Für ein anderes Verb können Zeit, Ort oder Modalbestimmung *notwendige* Ergänzungen sein. Zu »stehen« etwa gehört die Lokalangabe, zu »dauern« die Zeitangabe nicht anders als zu »geben« die beiden Objekte.

Wenn wir sagen, daß ein Verb drei (notwendige) Partner hat, so heißt dies aber auch nicht, daß bei jeder Verwendung dieses Verbs alle drei Partner im Satz auftreten müssen. In dem Satz

So wird dem Mann, der des Morgens seine Uniform bis zum letzten Knopf geschlossen hat, tatsächlich eine zweite und dichtere Haut gegeben . . .

wird »geben« in seiner Passivform verwendet und nur noch mit zwei seiner drei Partner verbunden, einem Dativobjekt »dem Mann« und einem Subjekt »eine zweite und dichtere Haut«. Der dritte Partner — es ist, wie der Nebensatz zeigt, immer noch von der Wirkung der Uniform die Rede — könnte, gäbe es den Nebensatz nicht, als Adverbial hinzugefügt werden:

So wird dem Mann durch seine Uniform *tatsächlich eine zweite und dichtere Haut gegeben.*

Er ist aber für die passivische Verwendung von »geben« offensichtlich nicht notwendig.

Wie das Passivbeispiel zeigt, gibt es verschiedene Verwendungen eines Verbs, in denen weder die Zahl noch die Art seiner Partner übereinstimmen. Wenn wir den Aktiv- und den Passivsatz vergleichen, können wir zwar eine gewisse Konstanz des Dativobjekts erkennen — der Mann, der seine Uniform zuknöpft, ist in diesem Kontext kein anderer als der Träger der Uniform aus dem ersten Satz, beide Objekte beziehen sich auf dieselbe wirkliche oder gedachte Person. Aber die Subjekte der beiden Sätze haben verschiedene Inhalte. Dies wird vielleicht deutlicher sichtbar, wenn man das Verhältnis zwischen Uniform und zweiter Haut in einem Aktivsatz ausdrückt:

Eine richtige Uniform gibt ihrem Träger (dem Mann, der sie des Morgens bis zum letzten Knopf geschlossen hat) eine zweite und dichtere Haut.

Was im Passivsatz das Subjekt des Gegebenwerdens ist, ist im Aktivsatz das Objekt des Gebens. Das Subjekt des Aktivsatzes kommt im Passivsatz nicht mehr vor. Die Angabe über Zahl und Art der Partner von »geben«: *jemand ... jemandem etwas,* trifft also auf die passivische Verwendung des Verbs gar nicht zu. Und sicher ist der Passivsatz nicht der einzige Fall, in dem »geben« anders verwendet wird, als in dem von uns zunächst betrachteten Aktivsatz. Heißt dies, daß wir die Partnerbeziehungen eines Verbs in allen ihren Variationsmöglichkeiten angeben müssen?

Nun, glücklicherweise ist das grammatische Multiplizieren und Dividieren, die grammatische Regel, schon erfunden worden, und wir brauchen nicht jeden Fall der Kombinatorik von »geben« einzeln aufzuzählen. Der Zusammenhang zwischen den Satzgliedern von Aktiv- und Passivsätzen, den wir uns eben am Beispiel von »geben« klargemacht haben, gilt nämlich nicht nur für dieses Verb, sondern für alle Verben, die im Passiv verwendet werden, und läßt sich deshalb auch völlig unabhängig von den kombinatorischen Eigenschaften eines einzelnen Verbs als eine grammatische Regel zusammenfassen, die für alle passivierbaren Verben gilt. Es genügt also, die Partnerbeziehungen eines

Verbs in einer Form anzugeben und alle grammatischen Variationen mit Hilfe grammatischer Regeln abzuleiten.

Individuen

Damit wir uns über die Verteilung der Partner eines Verbs im Satz besser verständigen können, machen wir eine terminologische Anleihe bei den Logikern und Mathematikern. Zunächst beschränken wir uns auf den Terminus »Individuum«. Damit wird in der Logik alles bezeichnet, was im weitesten Sinn des Wortes als Ding betrachtet werden kann, abstrakte Dinge eingeschlossen. Jedes Nomen bzw. jede nominale Wortgruppe bezieht sich demnach auf ein Individuum.

Da eine nominale Wortgruppe, je nachdem in welchem Zusammenhang sie verwendet wird, auf beliebige Individuen bezogen werden kann, brauchen wir etwas, womit wir Individuen unterscheiden oder identifizieren können. Die Logik bietet dafür Variable an, in unserem Fall »Individuenvariable«. Mit ihnen können wir Individuen unterscheiden oder identifizieren, ohne uns dabei auf ganz bestimmte Personen oder Dinge festzulegen. Auf dieser obersten Abstraktionsebene lassen sich stellvertretend für die vielen Personen und Dinge, von denen die Rede sein könnte, verschiedene Buchstaben wie *a*, *b*, *c*, verwenden oder auch einfach nur der Buchstabe x kombiniert mit Ziffern — *x1*, *x2*, *x3*. Wir werden der Kombination aus *x* und einer Ziffer den Vorzug geben, weil unsere semantischen Daten (die Individuen) und unsere syntaktischen Daten (die nominalen Wortgruppen) einander über Ziffern leichter zuzuordnen sind.

Mit Hilfe der Individuenvariablen können wir nun, was uns an der Bedeutung der nominalen Partner eines Verbs interessiert, auf einen allgemeinen Nenner bringen. Demnach stellt etwa »geben« eine Beziehung zwischen drei Individuen her, also z.B. zwischen *x1*, *x2*, und *x3*, wobei jede Variable für ein beliebiges, im allgemeinen von den beiden anderen unterschiedenes Individuum steht. Sollte doch einmal ein Individuum zu sich selbst, in Beziehung gesetzt werden, dann wird das — wie in dem Satz, in dem wir uns gerade befinden — durch die Verwendung des Reflexivpronomens angezeigt. Wofür die Individuenvariablen in dem jeweiligen Satz stehen, legen die nominalen Partner des Verbs durch ihre Bedeutung fest.

Am einfachsten ist es, wenn wir für die nominalen Partner zunächst auch nur zwischen NP1, NP2 und NP3 unterscheiden, dann kann NP1 angeben, wofür $x1$ steht; wir sagen »$x1$ wird durch NP1 spezifiziert«, $x2$ entsprechend durch NP2 und $x3$ durch NP3. Wie wir die Zahlen auf die nominalen Wortgruppen im Satz verteilen, ist im Prinzip gleichgültig. Wichtig ist nur, daß wir die Zuordnung, wenn sie einmal getroffen worden ist, auch dann beibehalten, wenn eine NP, der wir eine bestimmte Individuenvariable zugeordnet haben, an einer anderen Stelle oder mit einer anderen grammatischen Funktion im Satz erscheint. Wenn wir z.B. $x1$ mit dem Geber gleichsetzen (in unserem Beispiel also mit der richtigen Uniform), $x2$ mit demjenigen, dem gegeben wird (dem Mann bzw. Träger der Uniform) und $x3$ mit dem, was gegeben wird (die Abgrenzung oder die zweite Haut), dann wird $x3$ im Aktivsatz durch das Akkusativobjekt und im Passivsatz durch das Subjekt spezifiziert, $x2$ in beiden Sätzen durch das Dativobjekt, und $x1$ kommt überhaupt nur im Aktivsatz vor, und zwar als Subjekt.

Manch einem mag diese doppelte und dreifache Charakterisierung der Partnerbeziehung von Verben nicht nur ziemlich verwickelt, sondern auch reichlich überflüssig erscheinen. Sie liefert uns aber den Ariadnefaden, an dem wir uns durch das Labyrinth der Wortstellung finden.

Grundstellung

Nachdem wir die Partner eines Verbs nach ihren grammatischen Formen (als nominale Wortgruppen), grammatischen Funktionen (als Subjekt, Objekt, usw.) und nach ihrer allgemeinen Bedeutung (daß sie sich auf Individuen beziehen) gewissermaßen steckbrieflich fixiert haben, können wir uns fragen, in welcher Reihenfolge diese Elemente in einem deutschen Satz erscheinen. Was unsere Sätze mit »geben« betrifft, so treten die drei nominalen Partner dieses Verbs im Aktivsatz in der Abfolge: Subjekt, Dativobjekt, Akkusativobjekt auf, eine Anordnung, die recht stabil zu sein scheint, da sie auch in anderen Satztypen, wie Nebensatz und Fragesatz erhalten bleibt, also z. B.

Eine Uniform gibt ihrem Träger eine zweite Haut.
Wenn eine Uniform ihrem Träger eine zweite Haut gibt, . . .
Gibt eine Uniform ihrem Träger eine zweite Haut?

Nur ausnahmsweise könnten die nominalen Worgruppen auch anders angeordnet, eines der Objekte an den Satzanfang gestellt sein:

Ihrem Träger gibt eine richtige Uniform eine zweite Haut.
Eine zweite Haut gibt eine richtige Uniform ihrem Träger.

Verglichen mit dem ersten Satz klingen diese Varianten sehr ausgefallen, in jedem Fall sind es markierte Wortstellungen, die jedesmal einen ganz speziellen Kontext erfordern. Eine Umstellung der Objekte innerhalb der verbalen Wortgruppe scheint gänzlich ausgeschlossen:

**Eine Uniform gibt eine zweite Haut ihrem Träger.*

Die Abfolge Subjekt, Dativobjekt, Akkusativobjekt findet sich natürlich nicht nur bei den nominalen Partnern von »geben«; die meisten Verben, die drei Partner von der Art Subjekt, Dativobjekt und Akkusativobjekt haben, ordnen sie auch in dieser Reihenfolge an. »Verleihen« z.B. könnte in dem Satz über die Uniform direkt an die Stelle von »geben« treten:

Eine richtige Uniform verleiht ihrem Träger eine zweite Haut.

Aber auch Verben, deren Bedeutung eine andere Spezifizierung der nominalen Partner erfordert, ordnen ihre Subjekte, Dativ- und Akkusativobjekte auf diese Weise an. Das gilt für die meisten Verben des Wortstellungslabyrinths nebenan. Als Namen für die drei Partner jedes Verbs

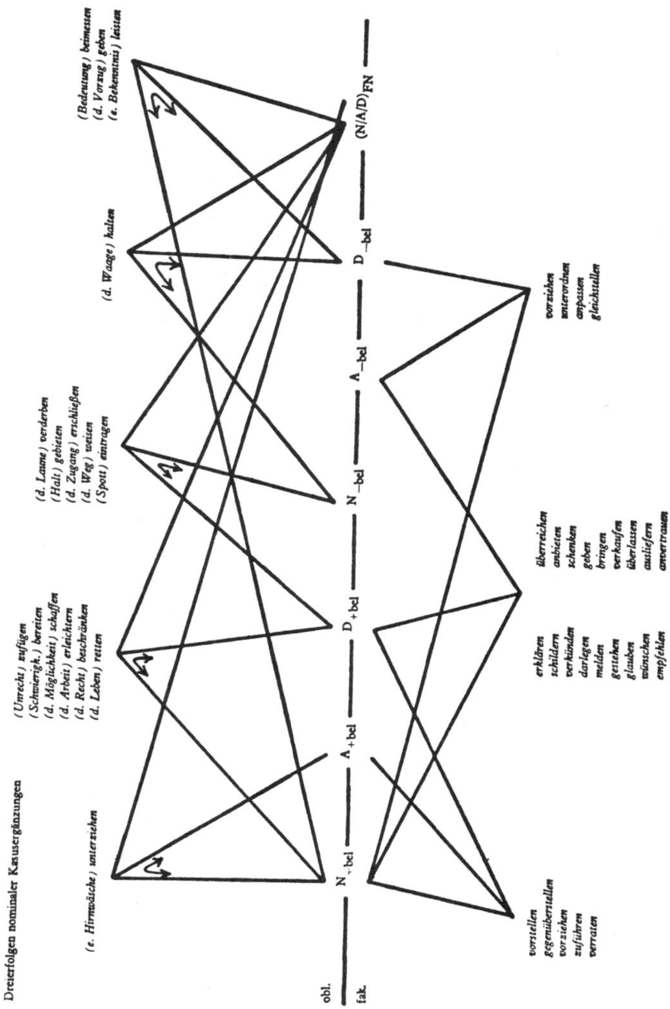

(Nach Ursula Hoberg, *Die Wortstellung der geschriebenen deutschen Gegenwartssprache*)

werden die Abkürzungen für die Fälle (Kasus) benützt, in denen die nominalen Wortgruppen erscheinen. A (Akkusativ) und D (Dativ) identifiziert also die beiden Objekte,

N (Nominativ) das Subjekt. Ihr verwirrendes Aussehen erhält die Graphik durch die zusätzliche Unterscheidungen zwischen belebten (+bel) und unbelebten (—bel) Ergänzungen und obligatorischer (notwendiger) und fakultativer (wahlweiser) Reihenfolge. Die Zuordnung von »geben« zur fakultativen Hälfte, bedeutet also, daß die angegebene Reihenfolge — N, D, A — gegebenenfalls verändert werden kann. Da die kleinen Pfeile im oberen Teil der Graphik auch Umstellungsmöglichkeiten anzeigen, bleibt als wirklich verbindlich nur die Endstellung des dritten Partners der Verben aus der obligatorischen Hälfte; allerdings ist dieser dritte Partner (jeweils in den Klammern genannt) auch gar nicht frei wählbar, sondern fest vorgegeben.

Abgesehen von den zusätzlichen Umstellungsmöglichkeiten gilt für den größeren Teil der Verben die Reihenfolge Subjekt, Dativ-, Akkusativobjekt, auch wenn eine Generalisierung dieser Anordnung für alle Fälle nicht möglich ist, da bei manchen Verben (vor allem in den äußeren unteren Spalten) andere Reihenfolgen gelten, also das Akkusativ- vor dem Dativobjekt steht, gelegentlich sogar das Dativobjekt vor dem Subjekt.

Interessanterweise wird die dominierende Reihenfolge *Subjekt, Dativ-, Akkusativobjekt* auch dann eingehalten, wenn die Zahl der Verbpartner größer als drei ist. In dem Satz

> *Das Scheinbild der Nation stellt jedermann ein präfabriziertes seelisches Möblement zur Verfügung, in dem er sich preiswert einrichten kann.*
> (Enzensberger, *Deutschland, Deutschland u.a.*)

haben wir mit »jemand stellt jemandem etwas zur Verfügung« ein Verb, das neben dem Subjekt, Dativ- und Akkusativobjekt noch einen vierten Partner aufweist. Über dessen grammatische Funktion kann man sich streiten. Da, was zur Verfügung steht, verfügbar ist, wollen wir die präpositionale Wortgruppe als eine notwendige Ergänzung des Prädikats, analog etwa zu »zur Stelle sein«, »da sein« als Prädikativ verstehen. Wie der Satz zeigt, nimmt das Prädikativ unter den vier Partnern die letzte Stelle ein, wenn es auch nicht am Satzende steht — das ist dem nachgestellten Nebensatz zu »Möblement« vorbehalten. Wir sind übrigens einer solchen prädikativen Ergänzung in dem Nebensatz

> . . ., *der des Morgens seine Uniform* bis zum letzten Knopf *geschlossen hat* . . .

schon einmal begegnet. Dieser Satz enthält zwar kein Dativobjekt — seine Stelle nimmt das freie Adverbial »des Morgens« ein — aber die Abfolge von Akkusativobjekt und Prädikativ ist dieselbe. Daß Prädikativa in der Tat normalerweise das Schlußlicht der verschiedenen Partner eines Verbs bilden, ist eigentlich nicht weiter verwunderlich, schließlich sind sie aufs engste mit dem Verb verbunden, und das Verb besetzt in den meisten deutschen Sätzen die letzte Stelle im Satz. Oder nicht?

SOV

Zugegeben, die Feststellung, daß das Verb meist die letzte Stelle im Satz besetzt, steht ganz offensichtlich im Widerspruch zu dem, was wir in den meisten der bisher betrachteten Beispielsätze vorgefunden haben und zu dem früheren Hinweis, daß das *finite Verb* an zweiter Stelle im Satz steht. Für die Annahme, das Deutsche sei dennoch eine Sprache mit Endstellung des Verbs, gibt es aber zwei Begründungen, die tatsächlich die Mehrzahl aller möglichen Sätze erfassen. Die erste bezieht sich auf die Stellung des Verbs im Nebensatz: Ob es sich um eine einfache oder komplexe Verbform handelt, um einen attributiven oder adverbiellen Nebensatz, einen mit »daß«, »ob« oder einem Fragepronomen eingeleiteten Objekt- oder Subjektsatz, das Verb steht im deutschen *Nebensatz* immer am Satzende:

> . . ., *der des Morgens seine Uniform bis zum letzten Knopf* geschlossen hat.
>
> . . ., *in dem er sich preiswert* einrichten kann.
>
> *Als Gregor Samsa eines Morgens aus unruhigen Träumen* erwachte, . . .

Im *Hauptsatz* steht aber das finite Verb immer an zweiter Stelle. Ist es jedoch Teil einer komplexen Verbform, und das ist zweifelsohne in sehr vielen Sätzen der Fall, stehen alle nicht finiten Verbformen am Ende des Satzes. Da die komplexen Verbformen mit Hilfsverben wie »haben« und »sein« oder Modalverben wie »können« und »müssen« gebildet werden, von denen dann eins zum finiten Verb wird, stehen an der *zweiten Stelle* des Satzes immer die *bedeutungsärmeren* Teile einer komplexen Verbform. Das eigentlich *bedeutungstragende Verb* steht auch in diesen Fällen am *Satzende:*

> *So* wird *dem Mann ... tatsächlich eine zweite und dichtere Haut* gegeben.
>
> *In den letzten Jahrzehnten* ist *das Interesse an Hungerkünstlern sehr* zurückgegangen.
>
> *Eher nämlich* wird *ein Gebirge durch eine einzige Ameise* beseitigt, *als durch das Gerücht, es* sei *nicht zu* beseitigen.
> (Brecht, *Keunergeschichten*)

Im Deutschen lassen sich immer wieder ganze Textpassagen zitieren, in denen jedes Verb, zumindest jedes Vollverb am Ende seines (Teil-) Satzes steht:

> *Wenn eine Angelegenheit sehr lange* erwogen worden ist, kann *es, auch ohne daß die Erwägungen schon* beendet wären, geschehen, *daß plötzlich blitzartig an einer unvorhersehbaren auch später nicht mehr auffindbaren Stelle eine Erledigung* hervorkommt, *welche die Angelegenheit wenn auch meist sehr richtig so doch immerhin willkürlich* abschließt. *Es* ist *als* hätte *der behördliche Apparat die Spannung, die jahrelange Aufreizung durch die gleiche vielleicht an sich geringfügige Angelegenheit nicht mehr* ertragen *und aus sich selbst heraus ohne Mithilfe der Beamten die Entscheidung* getroffen.
> (Kafka, *Das Schloß*)

Gerade der Tatsache, daß ein für die Bedeutung des Satzes so wesentliches Element wie das Vollverb in vielen Sätzen erst am Ende steht, ist so manche Besonderheit bei der Verwendung der deutschen Sprache zuzuschreiben. Wir werden deshalb immer wieder darauf zurückkommen. Für die Frage der Wortstellung, die Reihenfolge der Satzglieder, ist die Verbendstellung das Schlüsselkonzept.

Stark vereinfacht nennt man die deutsche Sprache eine »SOV-Sprache« (Subjekt-Objekt-Verb-Sprache), eine Sprache, in der die Objekte dem Verb vorausgehen, im Unterschied etwa zum Englischen, einer »SVO-Sprache«, also einer Sprache, in der das Verb den Objekten vorausgeht.

In welcher Weise wir die Annahme von der Verbendstellung präzisieren müssen, haben wir uns schon in groben Zügen klargemacht. Daß die Objekte von verschiedener Art sein können und zwischen dem Verb und den Objekten noch Prädikativa stehen können, wissen wir auch schon. Aber selbst wenn wir alle diese Präzisierungen zugestanden bekommen — steht nicht die Annahme über eine SOV-Sprache (oder auch Subjekt-Dativobjekt-Akkusativobjekt-Prädikativ-Verb- bzw. SDAPV-Sprache) im glatten Widerspruch zu der eingangs schon akzeptierten Hypothese, daß das Deutsche eine Sprache mit (relativ) freier Wortstellung ist? Haben wir nicht bei allen bisherigen Überlegungen in völlig unzulässiger Weise nur irgendeine der vielen Stellungsvarianten herausgegriffen? Sicher, die freie Wortstellung wird eine ganze Menge mit den bisher ausgeklammerten freien Adverbialen zu tun haben. Aber sie ist doch, wie unsere Umstellproben schon bewiesen haben, keinesfalls darauf beschränkt.

Was wir immer wieder stillschweigend vorausgesetzt haben, wird eigentlich schon am Begriff der »Umstellung« erkennbar. Sie ist für sich genommen noch nicht gerichtet und kann von jeder beliebigen Wortstellung aus vorgenommen werden. Doch in den meisten Fällen, in denen wir es mit Umstellungen versucht haben, sind wir gerade von der Wortstellung ausgegangen, von der wir jetzt erfahren, daß es die für das Deutsche charakteristische Stellung ist. Lediglich der als Beispiel für markierte Wortstellung zitierte Satz aus Max Frischs *Geschichten* (S. 21) und die ersten beiden Sätze aus Franz Kafkas *Vor dem Gesetz*, an denen sich so schön die Kontextabhängigkeit der Wortstellung demonstrieren ließ, wichen von dem charakteristischen Muster ab. Die neutrale, nur grammatisch bestimmte Wortstellung ist die Satzgliedfolge, die sich vereinfacht mit der SOV-Formel beschreiben läßt. Sie gibt die *neutrale, kontextfreie Grundstellung* aller Partner des Verbs an.

Argumentstruktur

In der kombinatorischen Spezifik jedes Verbs finden sich ganz bestimmte Ausschnitte aus der Grundstruktur des deutschen Satzes wieder; sie haften an der Bedeutung des Verbs, besonders an seiner Spezifik, Beziehungen zwischen Individuen wiederzugeben. Die Bedeutung des Verbs ist schließlich nichts anderes als eine semantische Kopie dieser Beziehungen zwischen Individuen. Wenn wir nun die Bedeutung eines Verbs beschreiben wollen, brauchen wir noch einmal neue Namen, da die Elemente einer Kopie natürlich nicht mit dem gleichzusetzen sind, was sie abbilden. Wir werden auch diese Namen bei den Logikern entlehnen. In ihrer Terminologie sind die semantischen Kopien der Individuen »Argumente«, die semantische Kopien der Beziehungen zwischen den Individuen (die relationalen) »Prädikate«. Damit ist nun das Spiegelkabinett vollkommen: Individuen stehen für Personen und Dinge, Individuenvariable für beliebige Individuen dieser abstrakten Spezies, und Argumente für deren semantische Kopie. Nun, ein paar Spiegel werden wir schon zulassen müssen zwischen der Welt und dem, was wir über sie sagen. Und wenn wir einmal den Trick mit der Abstraktion von einem bestimmten Ding auf ein beliebiges Individuum beiseite lassen, dann haben wir es nur noch mit zwei Spiegeln zu tun: Unserer Vorstellung von den Individuen und den Bedeutungen von Wörtern und Sätzen, mit denen wir diese Vorstellungen ausdrücken können.

In diese Spiegelung von Spiegelungen bringen die Termini »Argument« und »Prädikat« eine Art strukturelles Raster, auf dessen Hintergrund man vor allem die Bedeutung von Verben miteinander vergleichen kann. Die Bedeutung eines Verbs mit zwei Partnern hat, so gesehen, die Struktur eines Prädikats mit zwei Argumenten, durch die eine bestimmte Beziehung zwischen zwei Individuen wiedergegeben wird. Je nach der Zahl ihrer Argumente spricht man von zwei-, drei-, vierstelligen Prädikaten. Es gibt auch einstellige Prädikate, also Prädikate mit nur einem Argument. Mit ihrer Hilfe läßt sich die Bedeutung von Verben mit nur einem Partner erfassen oder auch von Adjektiven, die ja in der Regel nur einen Partner haben. Da einstellige Prädikate nur auf ein Individuum Bezug nehmen, geben sie keine Beziehungen zwischen Individuen wieder, sondern Eigenschaften, Zustände eines Individuums.

Mit der Spezifik des Prädikats hängt nicht nur die Zahl der Argumente zusammen, das dreistellige »geben« etwa gegenüber dem vierstelligen »zur Verfügung stellen«, sondern auch, wie dieses Beispiel zeigt, bestimmte Festlegungen über die Art der Argumente. In der Tat sind Argumente zu einem bestimmten Prädikat nur selten ganz frei wählbar. Der Spielraum kann aber doch, wie wir bei »geben« gesehen haben, sehr groß sein — was kann nicht alles von wem alles an wen alles gegeben werden! Trotz der selben Argumentstruktur ist aber z.B. die Möglichkeit, passende Individuen für die drei Argumente aus der Bedeutung von »verleihen« zu finden, viel begrenzter. Wir könnten keinesfalls in allen Sätzen, in denen »geben« vorkommt, »verleihen« an seine Stelle setzen. Im Extremfall ist, wie »zur Verfügung stellen« zeigt, ein Argument auch überhaupt nicht wählbar, sondern von Anfang an festgelegt. Aber auch wenn die Argumente ziemlich frei gewählt werden können, ist ihre grammatische Form, der Kasus oder die Präposition, mit der die jeweilige nominale Wortgruppe verwendet werden kann, vorgegeben und damit dann auch die Reihenfolge, in der diese Elemente im neutralen kontextfreien Satz erscheinen.

Gibt es nun für die Zuordnung der verschiedenen semantischen Argumente zu den verschiedenen grammatischen Formen irgendwelche Regularitäten? Man kann diese Frage auch ein wenig einschränken: Gibt es etwas, was ein Argument für die verbnächste Stelle prädestiniert? Ganz sicher ist das der Fall, wenn die Spezifik der Bedeutung eines Verbs überhaupt erst durch die Verbergänzung gegeben ist, also in allen Fällen, wo wir, wie bei *zur Verfügung stellen,* von »festen Fügungen« sprechen. Das gilt natürlich von Prädikativa ganz allgemein, da sie ja immer die Bedeutung des Prädikats mitspezifizieren. Wir werden also diese Fälle aus den weiteren Überlegungen ausklammern und uns nur mit frei wählbaren Argumenten befassen.

Angenommen, wir haben es mit einem zweistelligen Prädikat zu tun und keins der beiden Argumente ist für die Spezifik der Bedeutung des Verbs unbedingt notwendig, dann wird mit einiger Wahrscheinlichkeit eins der beiden Argumente das Subjekt, das andere das Objekt werden. Wenn es für die Zuordnung semantische Gründe geben sollte, wie könnten die aussehen? So pauschal läßt sich diese Frage gar nicht beantworten. Einerseits ist die Menge der Individuen, die für die Besetzung von Subjekt und Objekt in Betracht kommen, selbst wenn wir sie zu Klassen bündeln, in den meisten Fällen ziemlich unüberschaubar. Andererseits kann man sich schon an einer so einfachen Gegenüberstellung wie »geben« und »nehmen« klarmachen, daß die Besetzung der Argumentstellen mit Individuen noch nicht einmal unbedingt etwas über die semantische Spezifik der Argumente verrät: Die Klassen der Individuen, die für das Dativobjekt von »geben« oder das Subjekt von »nehmen« in Frage kommen, sind zwar wegen des unterschiedlichen Bedeutungsumfangs beider Verben gewiß nicht deckungsgleich, auf dieselbe Situation bezogen handelt es sich aber beim Dativobjekt von »geben« um dasselbe Individuum wie beim Subjekt von »nehmen«. Wenn ich *jemandem* meinen Regenschirm *gegeben* habe, dann hat *er* meinen Regenschirm *genommen,* und es ist klar, daß sich die entsprechenden Argumente der Prädikate »geben« und »nehmen« in diesem Fall nicht durch das Individuum, auf das sie sich mit ihrem Subjekt bzw. Objekt beziehen, unterscheiden lassen — jedenfalls nicht im Hinblick auf die Frage, welche Argumente mit welchen Individuen normalerweise zum Subjekt und welche zum Objekt werden. Auf dieselbe Situation bezogen müßte das im Fall von »geben« und »nehmen« eben dasselbe Individuum sein. Ob er nun als Dativobjekt von »geben« oder als Subjekt von »nehmen« erscheint, der Empfänger des Regenschirms wäre immer derselbe und nichts an ihm könnte uns auf seine wechselnde Eignung für Subjekt oder Objekt hinweisen.

Der Unterschied, den wir zwischen dem Individuum als Subjekt von »nehmen« und dem Individuum als Objekt von »geben« ausmachen können, betrifft nicht das Individuum, sondern die Rolle, die ihm durch das jeweilige Prädikat zugeschrieben wird. Abstrakt gesehen ist es als Subjekt von »nehmen« der *Ausgangspunkt* und als Objekt von »geben« der *Zielpunkt* der Relation. Genau diese beiden Rollen teilt es mit jedem Individuum, das zum Subjekt von »nehmen« oder zum Objekt von »geben« wird. Nicht die Individuen sind es also, durch die sich die Argumente der Prädikate voneinander unterscheiden lassen, sondern die Rollen, die ihnen durch die Prädikate zugeordnet werden.

Rollenpläne

Die Argumentstruktur eines Verbs läßt sich insgesamt mit dem Rollenplan eines Stücks vergleichen. Die Besetzung kann in den verschiedenen Inszenierungen wechseln, die Rollen bleiben immer dieselben. Welche Rollen jeweils zu vergeben sind, hängt von dem Stück ab, das gespielt wird, also von dem Verb, dessen Argumentstruktur zu besetzen ist. Trotz der zahlreichen Varianten, die dabei möglich sind, ist die Zahl der Rollen, wie in der Commedia dell'arte, auf einige wenige Charaktere begrenzt, eben auf die, die im Satz die Funktion des Subjekts, Objekts, Prädikativs oder Adverbials bekommen werden.

Dennoch ist, wie man sich an den vielfältigen Szenarien eines Verbs wie »geben« klarmachen kann, die Palette der Variationen ziemlich groß. Sie korrespondiert direkt mit der Zahl der Bedeutungsvarianten eines Verbs, und diese steht ihrerseits in einem unüberschaubar komplexen Zusammenhang mit den verschiedenen Klassen von Individuen, die für die Besetzung der einzelnen Rolle zur Wahl stehen. Mit der Uniform im Subjekt wird »geben« zweifellos in einer anderen Bedeutungsvariante verwendet als z.B. mit dem Träger der Uniform. Noch größer ist der Unterschied zwischen, sagen wir, einer Katze namens Luisa im Akkusativobjekt von »geben« oder dem Versprechen, bald zu schreiben. Wenn man den Blick auf die Vielfalt der Besetzungsmöglichkeiten richtet, könnte man leicht daran zweifeln, daß es so etwas wie einen einheitlichen Rollenplan überhaupt gibt. Vergegenwärtigt man sich überdies noch die unübersehbare Menge von Beziehungen, die durch die Verben einer Sprache wiedergegeben werden können, dann erscheint einem der Gedanke an eine Handvoll immer wiederkehrender Rollen ganz und gar abwegig.

Es kann uns deshalb auch gar nicht überraschen, daß es über die Zahl und Art semantischer Rollen in der Sprachwissenschaft divergierende Meinungen gibt, auch wenn von niemandem bestritten wird, daß das Rollenkonzept an sich notwendig und gerade für die Beschreibung der grammatisch bestimmten Reihenfolge nützlich ist.

Das Inventar der semantischen Rollen, die angeboten werden, umfaßt im wesentlichen die verschiedenen Aspekte, die man bei der Beschreibung eines Sachverhalts unterscheiden kann. Auf Handlungen bezogen sind das im allgemeinen: der Handlungsträger *(Agens)*, das Objekt der Handlung *(Patiens)*, bei dreistelligen Prädikaten ist als Zielgröße noch so etwas wie der Empfänger *(Recipient)* zu nennen, derjenige, dem das Objekt gegeben, geliehen, verkauft, geschickt, geschrieben, mitgeteilt, versprochen, vorgestellt, unter Umständen auch weggenommen wird, weshalb sich die Rollenbezeichnung »Empfänger« nur bedingt für alle Varianten von Zielgrößen eignet. Wenn die Sachverhalte nicht mehr als Handlungen zu sehen sind, sondern z.B. als Empfindung (wo der *Rezipient* zum *Perzipienten* wird) oder als Verhältnis (wenn z.B. Größen miteinander verglichen werden) oder als Zustand (etwa wenn einem Individuum ein bestimmter Farbwert zugeordnet wird), nehmen die semantischen Rollen jedesmal einen anderen Charakter an, ähnlich dem Chamäleon, das mit jeder Umgebung seine Farbe wechselt.

Eine genaue Buchführung über alle möglichen semantischen Rollen und ihre Varianten wird schließlich auch dadurch erschwert, daß sich an einem Sachverhalt mitunter doch eine ganze Menge von verschiedenen Elementen unterscheiden läßt. Da gibt es das Mittel und den Zweck, die Ursache, den Ort, den Ausgangspunkt, die Richtung, den Zeitpunkt, die Dauer, das Maß und wer weiß was noch alles. Sollen wir denn nun alle möglichen Rollen und alle möglichen Szenarien in unsere Überlegungen zur deutschen Wortstellung einbeziehen? Ist es überhaupt zu erwarten, daß sich nur bestimmte Rollen für bestimmte Argumentstellen bzw. grammatische Funktionen und damit nur für bestimmte (Grund-) Positionen im Satz eignen?

Wenn wir die geringe Zahl der Satzglieder und die unbegrenzte Ausdrucksfähigkeit der Sprachen gegeneinander halten, dann ist klar, daß wir auf diese Frage gar keine positive Antwort erwarten können. Eine Sprache, die den Handlungsträger immer im Subjekt, das Patiens immer im Objekt, den Ort immer im Adverbial aufführen wollte, wäre in ihren Ausdrucksmöglichkeiten extrem beschränkt. Die Einschränkung würde sich vor allem auch in der Wortstellung bemerkbar machen. Dies kann man sich schon an einer Sprache mit relativ fester Wortstellung, wie dem Englischen, klar machen. Während im Deutschen viele Sätze auch mit anderen Satzgliedern beginnen können, steht am Anfang des englischen Satzes fast immer ein Subjekt. Wenn nun das Subjekt nie die semantische Rolle von Patiens, Ziel, Ort oder Zeit bekäme, könnten diese Elemente eines Sachverhalts auch nie am Anfang eines englischen Satzes stehen, auch dann nicht, wenn es der Kontext forderte. Eine Sprache mit freier Wortstellung könnte sich da durch Umstellungen aus der Affäre ziehen — ein Ausweg, der eben für eine Sprache mit fester Wortstellung nicht gegeben ist.

Und in der Tat, zwischen dem Englischen mit seiner relativ festen Wortstellung und dem Deutschen mit seiner relativ freien Wortstellung besteht ein eklatanter Unterschied in bezug auf die semantischen Rollen des Subjekts. Zwar können im Prinzip beide Sprachen alle möglichen Rollen dem Subjekt zuordnen, doch macht das englische Subjekt viel häufiger als das deutsche von nicht agentischen Rollen wie Ort, Zeit, Empfänger Gebrauch. Da klingt manches, was man im Englischen sagt, im Deutschen wie eine ungewollte Personifizierung, etwa wenn das Subjekt den Ort oder die Zeit oder den Empfänger bezeichnet: wenn *die Höhle* Fledermäuse *beherbergt*, oder *der Freitag* die Eröffnung eines neuen Warenhauses *sieht* oder *das Boot* die Segel *zerreißt*.

Aber wenn *der Tag* nicht enden *will*, *eine Dose* Gewürze *enthält*, *die Katze Luisa* ihre Milch *bekommt*, dann sind auch im Deutschen Zeit, Ort und Empfänger dem Subjekt zugeordnet. Im Prinzip kann das deutsche Subjekt ebenso viele Rollen übernehmen wie das englische, doch gibt es viel weniger deutsche Verben, die ihrem Argument im Subjekt eine semantische Rolle zuschreiben, die eigentlich Sache des Objekts oder Adverbials wäre. Der semantische Spiel-Raum des Subjekts ist in beiden Sprachen gleich, aber da der Rollentausch zwischen den verschiedenen Satzgliedern ihre mangelnde Beweglichkeit ausgleichen kann, ist es nur folgerichtig, daß sich das Englische mit seiner relativ festen Wortstellung dieser Möglichkeit häufiger bedient als das Deutsche mit seiner relativ freien Wortstellung.

Der Vergleich zwischen den beiden Sprachen zeigt nicht nur den spezifischen Zusammenhang zwischen Stellung und Rolle von Satzgliedern, er wirft auch ein Licht auf die engen Beziehungen, die zwischen der Grammatik und dem Wortschatz einer Sprache bestehen. Die Stellungsmöglichkeiten der Satzglieder, die durch die Grammatik vorgegeben werden, finden ihre Entsprechungen in den Rollenplänen der einzelnen Verben: je eingeschränkter die grammatische Stellungsfreiheit ist, desto mehr Verben erweitern das Rollenrepertoire ihrer Argumente. Je größer die grammatische Stellungsfreiheit, desto geringer ist der Bedarf an Argumenten mit erweitertem Rollenrepertoire.

Die Tatsache, daß auch ein deutsches Subjekt theoretisch alle Rollen bekommen kann, die ein Verb zu vergeben hat, macht es uns nicht gerade leicht, den Zusammenhang zwischen Rolle und Stellung von Satzgliedern zu formulieren. Wenn wir uns aber mit der Formulierung von Tendenzen begnügen, können wir uns auf die bevorzugten Rollenpläne beschränken, und es kann gar keinen Zweifel geben, daß bestimmte Rollen für ein Satzglied häufiger als für ein anderes in Betracht kommen.

Da uns Rollenpläne im Moment nur unter dem Gesichtspunkt der Wortstellung interessieren, können wir alle einstelligen Prädikate ignorieren, wenn auch ihr Argument in unterschiedlichen Rollen erscheinen kann und sogar verschiedenen Satzgliedern zugeordnet wird. Ob *es regnet* oder *die Sonne lacht*, ob *mich friert* oder *die Welt untergeht*, die Unterschiede zwischen den semantischen und grammatischen Funktionen der verschiedenen Argumente sind die eines Einpersonenstücks, wo sich die Frage nach der Hierarchie der dramatis personae gar nicht erst stellt. Um die Choreographie der Argumente geht es dann aber vom Pas de deux an aufwärts, in Arrangements von Zweier-, Dreier- und Vierergruppen mit wechselnden Rollenplänen. Gibt es, so fragen wir uns jetzt, für jede Rolle in einem Rollenplan, eine bevorzugte grammatische Realisierung und damit eine bevorzugte Reihenfolge, in der die einzelnen Akteure auf der Bühne des deutschen Satzes erscheinen?

Auftrittsordnung

Bestimmte Tendenzen sind unübersehbar. Wenn ein Rollenplan einen Handlungsträger enthält, dann erscheint er in der Regel im Subjekt, ist kein Handlungsträger da, werden dem Subjekt notwendigerweise andere Rollen zugeordnet, eine von denen, die in einem Stück mit Handlungsträger in der zweiten oder dritten Rolle erscheinen würden. Die Umverteilung ist mitunter sogar mit demselben Verb möglich, wenn es über verschiedene Rollenpläne verfügt: *Ich kann ein Glas zerbrechen* oder *jemand anderer kann mir ein Glas zerbrechen.* In beiden Sätzen erscheint das Agens im Subjekt und hat sozusagen die erste Rolle; die zweite Rolle hat in beiden Sätzen das Patiens, zu dem im zweiten Satz noch eine dritte Rolle, der Rezipient, hinzukommt, derjenige, der im positiven oder negativen Sinne von dem betroffen ist, was Monsieur Agens mit Monsieur Patiens treibt. Es ist aber auch möglich, daß *mir ein Glas zerbricht* oder auch ganz einfach, daß *ein Glas zerbricht,* womit (im ersten Fall) die dritte Rolle, der Rezipient, zur ersten avanciert, da der Handlungsträger überhaupt aus dem Stück verschwunden ist, oder (im zweiten Fall) das Patiens die Bühne für sich alleine hat, da schließlich auch der Rezipient nicht mehr mitspielt. Die Numerierung der Rollen entspricht im wesentlichen der Reihenfolge der Auftritte, nur in dem Dreipersonen-Stück erscheint die dritte Rolle, der Rezipient, vor der zweiten. Er ist trotzdem nicht mehr als eine Art Draufgabe in diesem Stück, das — wie der erste Satz zeigt — ganz gut mit zwei Personen auskommen kann. Sogar von den beiden großen Protagonisten, Agens und Patiens, ist unter Umständen noch einer entbehrlich. *Wir* können *eine Zeitung, einen Brief, ein Gedicht lesen; wir* können aber auch einfach nur *lesen.* — Ohne eine erste Rolle geht natürlich kein Stück, zumindest keins, das die Form eines Aussagesatzes hat und zu dem von uns betrachteten Genre des neutralen Schriftdeutsch gehört.

Wie die Beispiele zeigen, gibt es im Deutschen Verben mit Rollenplänen, die die erste Rolle dem Agens, Patiens oder Rezipienten zuordnen, wobei die erste Rolle dem Subjekt aber auch z. B. dem Dativobjekt gehören kann. Das Subjekt muß sich in Fällen wie

jemandem ist etwas zerbrochen

mit der zweiten Rolle begnügen. Wollte man die Reihenfolge der Auftritte umkehren, also

etwas ist jemandem zerbrochen,

würde das Stück als markiert gelten. Auch wenn es in den meisten Rollenplänen des Deutschen normal ist, daß das Subjekt die erste Rolle spielt, sind die Fälle, in denen eins der Objekte, Dativ- oder Akkusativobjekt, die erste Rolle, das Subjekt aber die zweite oder gar die dritte Rolle bekommt, nicht gerade selten. Hier sind besonders jene Stücke zu nennen, die von Gefühlen handeln, seien es körperliche oder seelische. Ob mir der Kopf wehtut, Ino die Nase juckt, der Katze Luisa ihre Milch schmeckt oder dem Oleander die Sonne auf dem Balkon guttut, der Perzipient, derjenige der die Gefühle hat, erscheint als Dativobjekt vor dem Subjekt, das den Ausgangspunkt, die Quelle, der Gefühle lokalisiert.

Der Vielfalt der Rollenpläne deutscher Verben liegt noch ein anderer Faktor zugrunde: viele Verben haben zu ihrem Rollenplan eine alternative Variante, in der dieselbe Zahl und Art von Rollen anderen Satzgliedern (in derselben oder einer anderen Reihenfolge) zugeordnet ist. In einigen Fällen wird dabei nur das Satzglied gewechselt, wie bei dem einstelligen Verb »frieren«, dessen Perzipient im Akkusativ oder Nominativ erscheinen kann: »mich friert«, »ich friere«. Bei den meisten Fällen ist der Wechsel des Satzglieds mit einer Veränderung am Verb verbunden oder mit einer Umstellung der Satzglieder oder mit beidem. Die Reihenfolge von Perzipient und Quelle bleibt meist auch bei veränderter Wortwahl dieselbe:

mir tut der Kopf weh,
ich habe Kopfschmerzen.

Da muß man schon genau hinsehen, um neben der veränderten Wortwahl auch den Unterschied im Rollenplan wahrzunehmen, zu erkennen, daß der Perzipient einmal als Dativobjekt, das andere Mal als Subjekt erscheint und die Lokalisierung der Schmerzen vom Subjekt zum Akkusativobjekt wechselt.

Eine zusätzliche Umstellung fällt zweifelsohne mehr ins Gewicht, auch wenn sie — was meist der Fall ist — nur die Objekte betrifft. Es gibt z.B. zahlreiche Verben, deren Objekte die Form *Dativ, Akkusativ* oder *Akkusativ, Prepositionalphrase* haben können. Die PP kann als Prädikativ (als feste Verbindung mit dem Verb) oder als Präpositionalobjekt interpretiert werden, steht aber auch im zweiten Fall an letzter Stelle, also unmittelbar vor dem Verb. Bei gleicher Reihenfolge scheinen beide Rollenpläne bedeutungsgleich, ob ich nun *jemandem seinen Erfolg neide* oder *ihn um seinen Erfolg beneide;* allenfalls klingt die Form mit dem Dativ stilistisch etwas gewählter als die mit der präpositionalen Wortgruppe. Auf den ersten Blick könnte es auch gleich sein, ob ich *jemandem etwas kaufe* oder *etwas für ihn kaufe.* Daß aber die zusätzliche Änderung der Reihenfolge mehr verändert, als die Rollenpläne, zeigt sich an den unterschiedlichen Möglichkeiten für indefinite Argumente. Wenn z.B. von der Puppe, die ich verschenken will, schon die Rede war, das Kind, dem sie geschenkt werden soll, aber mit diesem Satz erst eingeführt wird, ist der Plan mit der nachgestellten PP dem mit Dativ vor Akkusativ vorzuziehen, also:

ich kaufe die Puppe für ein Kind,

aber nicht:

ich kaufe einem Kind die Puppe.

Natürlich sind beide Sätze grammatisch einwandfrei, aber kontextuell angemessen ist in einem solchen Fall nur der erste.

Einige wenige Verben, wie z. B. »bekommen«, haben den Rezipienten als erste Rolle im Subjekt, das Patiens als zweite im Akkusativobjekt und erst als dritte, häufig sogar entbehrliche Rolle, das Agens in einer präpositionalen Wortgruppe:

das Kind bekommt (von mir) eine Puppe.

Dieser Rollenplan ist nun aber offensichtlich so gefragt, daß er nicht nur als Alternative bei einzelnen Verben angelegt ist, sondern als eigene grammatische Form, *als Passiv,* für das Gros der Verben zur Verfügung steht. Mit dem Wechsel von der aktiven zur passiven Verbform wird genau diese Umverteilung der Rollenpläne bewirkt, die dem Patiens oder Rezipienten die erste Rolle zuordnet, dem Agens aber erst die dritte, die dann überdies noch so entbehrlich ist, daß sie in der Mehrzahl der Stücke überhaupt gestrichen wird. Da *wird dem Kind (von jemandem) eine Puppe geschenkt,* oder *es bekommt (von jemandem) eine Puppe geschenkt,* der edle Spender läßt sich ganz nach Belieben nennen oder verschweigen. Zugleich mit der Umverteilung der Rollen werden dreistellige zu zweistelligen oder zweistellige zu einstelligen Prädikaten. Und das ist unter Umständen eine willkommene Verkürzung, durch die wir schon bekannte oder auch nur vage bestimmbare Handlungsträger unspezifiziert lassen können. Zum Beispiel den *heutigen Sprachbenutzer* bei allen Prädikaten im folgenden Satz:

Wahre Sätze werden heute abgeschabt, ehe sie sich entfalten können, und behandelt wie kurzlebige Kulturgüter, die sich beliebig wegwerfen und durch jüngere Modelle ersetzen lassen. (Enzensberger, *Deutschland, Deutschland u.a.*)

Vermutlich richtet sich die Wahl der grammatischen und semantischen Rollenpläne nicht nur nach der kontextuell angemessenen Auftrittsfolge, sondern auch nach dem Maß der Explizität, das für den jeweiligen Kontext benötigt wird. Diesen zusätzlichen Aspekt heben wir uns aber lieber für den dritten Teil unserer Betrachtungen zum Deutschen auf.

Es sieht so aus, als hielte das Deutsche für jede Verteilung der Rollen eine grammatisch oder lexikalisch neutrale Möglichkeit bereit:

- Agens in der ersten Rolle im Subjekt oder in einer zweiten oder dritten Rolle als Kasus- bzw. Präpositionalobjekt (Verben des Fühlens, Passiv);
- Rezipient als Kasusobjekt in der dritten, aber auch in der ersten Rolle *(ihm fehlt das nötige Kleingeld)*, oder als Subjekt in der ersten Rolle *(er bekommt ...)*;
- Patiens als Akkusativobjekt in der zweiten Rolle oder als Subjekt in der ersten (Verben des Fühlens, Passiv);
- Perzipient als Dativ- oder Akkusativobjekt in der zweiten oder ersten Rolle oder als Subjekt in der ersten.

Sieht man einmal von der Reihenfolge *Perzipient als Dativ- oder Akkusativobjekt vor Quelle als Subjekt ab (mir tut der Kopf weh)* und vom Passiv mit dem *Rezipienten als Dativobjekt vor Patiens als Subjekt,* so wird durch alle diese verschiedenen Rollenpläne immer wieder die Grundwortstellung des Deutschen realisiert: *Subjekt vor Dativ vor Akkusativ vor präpositionaler Wortgruppe.* Da könnte man schon versucht sein, anstatt von einer relativ freien Wortstellung des Deutschen von einer relativ festen Wortstellung zu sprechen. Nur, die Fälle, in denen die Objekte den Subjekten vorangehen, sind eben nicht zu vernachlässigen, und die beweglichsten Satzglieder des Deutschen, die freien Adverbiale müssen überhaupt erst noch in die Rechnung aufgenommen werden.

Ehe wir uns den Adverbialen zuwenden, ist allerdings noch ein Nachtrag zu den Partnern des Verbs notwendig. Als Partner des Verbs kommen nicht nur nominale Wortgruppen in Frage — wie auch nominale Wortgruppen nicht nur Partner des Verbs sondern auch anderer Wortarten sein können. Soweit diese Satzbausteine (z.B. prädikative Adjektive oder nominale Wortgruppen) semantisch als Prädikate mit Argumentenstellen, also wie Verben interpretierbar sind, können wir erwarten, daß sich die Beziehungen zwischen semantischer Rolle, syntaktischer Funktion und Wortstellung ähnlich gestaltet. Was aber die Partner des Verbs betrifft, so gibt es noch zwei Typen von Konstituenten, die ganz offensichtlich für die Wortstellung andere Bedingungen schaffen. Da wird dann gelegentlich bei völlig gleichem Rollenplan, d.h. gleichen semantischen Rollen und grammatischen Funktionen, eine andere Reihenfolge notwendig. Es sind dies die Fälle, in denen das Verb *Pronomina* oder *Sätze* als Partner hat.

Die kleine Ausnahme

Gerade bei den Pronomina, die ja *stellvertretend* für nominale Wortgruppen verwendet werden, sollte man erwarten, daß die Rollenpläne, die für nominale Gruppen gelten, unverändert auf pronominale Konstituenten übertragen werden. Das trifft häufig auch zu, aber eben nicht immer, und die Prädikate, bei denen die Anordnung der Pronomina von der Anordnung der durch sie ersetzten Wortgruppen abweicht, gehören nicht gerade zu den Randgruppen des deutschen Wortschatzes. Ich kann *der Katze Luisa ihre Milch* geben und ich kann *ihr ihre Milch* geben, aber ich kann nicht **der Katze sie* geben, sondern nur *sie der Katze,* und nicht **ihr sie* geben, sondern nur *sie ihr.* Das heißt, in dem Moment, in dem das Akkusativobjekt pronominal ist, muß es vor das Dativobjekt gestellt werden, und dies gilt unabhängig davon, ob das Dativobjekt nominal oder pronominal ist. Da sich die syntaktischen Funktionen der Satzglieder, die Kasus, und die semantischen Rollen von Patiens und Rezipient in der pronominalen Fassung nicht geändert haben, ist die obligatorische Umkehrung der Reihenfolge mit nichts anderem als der »Pronominalisierung« der NPs in Verbindung zu bringen.

Der Grund für die kleine Ausnahme scheint nicht bekannt zu sein. Wir können aber ein bißchen darüber spekulieren. Denkbar wäre zweierlei, zumindest für den Fall, in dem das Akkusativobjekt pronominal ist. Während die nominale Wortgruppe im Dativ auf unterschiedliche Weise spezifiziert sein und auf Individuen Bezug nehmen kann, die dem Adressaten schon bekannt oder noch neu sind, setzt der Gebrauch eines Pronomens immer Bekanntheit voraus. Würde die Abfolge Dativ-Akkusativ beibehalten, so stünde das notwendigerweise bekannte Element nach dem nur möglicherweise bekannten, was unter Umständen eben einen Verstoß gegen das Prinzip der informationellen Hierarchie, der »Hackordnung« der Satzglieder, bedeuten könnte. Nach diesem Prinzip sollte der Bekanntheitsgrad ja zum Ende des Satzes hin abnehmen.

Der andere Grund für die obligatorische Umstellung könnte die unterschiedliche strukturelle Länge von nominalen und pronominalen Konstituenten sein. Nominale Konstituenten sind doch in der Regel länger als pronominale; theoretisch ließen sich die nominalen Konstituenten ja unbegrenzt erweitern, wenn ihre Länge auch immer auf ein stilistisch vernünftiges Maß beschränkt bleiben wird. Würde das pronominale Akkusativobjekt in seiner Position nach dem Dativobjekt bleiben, so stünde eine oft beträchtlich längere Konstituente vor einer kürzeren. Damit wäre ein Stilprinzip verletzt, nach dem, wenn möglich, die kürzeren, gewissermaßen leichteren Glieder den längeren, schwereren vorangehen sollten. In der deutschen Sprachwissenschaft ist das einmal etwas großzügig naturwissenschaftlich das »Gesetz der wachsenden Glieder« genannt worden. Im Englischen, das die Erscheinung auch kennt, ist man etwas zurückhaltender und spricht vom »principle of end-weight«, womit eben gemeint ist, daß die schwereren Gewichte ans Ende des Satzes kommen sollten. Wir werden uns dieses Prinzip vom »dicken Ende« gleich noch einmal etwas gründlicher ansehen können.

Vielleicht ist die Voranstellung des pronominalen Akkusativobjekts auch aus beiden Gründen, wegen »Hackordnung« und »dickem Ende« notwendig geworden. Aber beide Gründe treffen nicht mehr zu, wenn das Dativobjekt ebenfalls pronominal ist. Da die Umstellung für beide Pronomen nicht weniger obligatorisch ist, als für das Akkusativpronomen alleine, könnte man an Analogiebildung denken — dafür gibt es schließlich in der Geschichte der Sprachen eine ganze Menge Beispiele — es könnte aber auch der Hinweis darauf sein, daß die Gründe für die obligatorische Umstellung pronominaler Objekte noch anderweitig zu suchen sind. Wie dem auch sei, selbst wenn die Unterschiede in der Länge bzw. Bekanntheit der pronominalen Wortgruppe die obligatorische Umstellung bewirkt haben sollten, die stilistisch bevorzugte Reihenfolge ist längst zur grammatisch verbindlichen Reihenfolge geworden. Damit gehört die kleine Ausnahme nicht mehr zu den Erscheinungen des Deutschen, die uns eigentlich interessieren. Was nicht heißen soll, daß wir Pronomina überhaupt aus unseren Überlegungen ausklammern werden. Die mangelnde Beweglichkeit pronominaler Objekte ist nämlich durch ihre strukturelle Kürze und Redundanzfreiheit mehr als aufgewogen, weshalb gerade den Pronomina im Deutschen ganz generell eine wesentliche Rolle beim Aufbau von Satz- und Textstrukturen zukommt. Wir werden deshalb noch wiederholt Gelegenheit haben, uns mit diesen strukturellen Kürzeln ausführlich zu beschäftigen.

Das dicke Ende

Im Unterschied zur Umstellung pronominaler Objekte ist die Umstellung von Gliedsätzen häufig stilistischer Natur und läßt sich, da Sätze in der Regel strukturell länger sind als Wortgruppen, tatsächlich mit dem Prinzip vom »dicken Ende« begründen. Da wir es bei Sätzen mit der (im Vergleich zu Pronomina) längeren Struktur bei Umstellungen zu tun haben, sprechen wir nicht mehr von einer »Voranstellung« (z. B. des pronominalen Akkusativobjekts), sondern von einer »Nachstellung«. Im folgenden bedenkenswerten Satz aus Brechts *Keunergeschichten* finden sich gleich mehrere Nachstellungen:

»Ich habe bemerkt«, sagte Herr K., »daß wir viele abschrecken von unserer Lehre dadurch, daß wir auf alles eine Antwort wissen.«

Eine Nachstellung, das Präpositionalobjekt nach »abschrekken«, ist wohl dem persönlichen Stil des Autors zuzurechnen und läßt sich in eine stilistisch neutrale Form zurückbringen:

Ich habe bemerkt, ... daß wir viele von unserer Lehre abschrecken, dadurch, daß wir auf alles eine Antwort wissen.

Das pronominale Adverb »dadurch« könnte auch schon unmittelbar vor oder nach dem Präpositionalobjekt stehen; ebenso könnte der Verweis auf Herrn K., also der Satz, durch den die direkte Rede eingeleitet wird, am Anfang des Zitats stehen. In allen diesen Fällen handelt es sich aber um markierte Umstellungen, über deren Bedingungen wir erst nachdenken werden, wenn wir unsere Überlegungen zur grammatisch determinierten, in der Argumentstruktur der Verben verankerten Grundwortstellung des Deutschen abgeschlossen haben.

Bisher haben wir nur Beispiele betrachtet, in denen die Argumentstruktur der Verben durch nominale (oder pronominale), auf Individuen Bezug nehmende Konstituenten ausgefüllt war. Der erste Satz aus der *Keunergeschichte* illustriert einen Fall, in dem die zweite Argumentstelle eines Verbs »bemerken«, mit einem Objekt-Satz ausgefüllt ist. Sätze beziehen sich an sich nicht auf Individuen, sondern auf Sachverhalte, weshalb mit einem Prädikat wie »bemerken« nicht eine Beziehung zwischen Individuen, sondern zwischen einem Individuum und einem Sachverhalt erfaßt wird. Obwohl Rollenpläne doch nur sehr bedingt auf Sachverhalte übertragbar sein können, ordnen sich solche Objektsätze nach dem bekannten Muster *Dativ, Akkusativ:* Ich

glaube jemandem, daß ...,
erläutere jemandem, wie ...,
sage jemandem, ob ...,

gelegentlich auch *Akkusativ, Akkusativ:*

Ich frage jemanden, wann ...

Allerdings steht auch bei Präpositionalobjekten, die ja sonst erst auf das Akkusativobjekt folgen, der Objektsatz am Satzende:

Ich folgere aus diesen Umständen, daß ...,

weshalb die Ähnlichkeit mit dem nominalen Abfolgemuster vielleicht doch nur eine Koinzidenz ist und der Objektsatz eben eher als ein »dickes Ende« anzusehen ist. Die Endstellung ist aber verbindlich. Anders als bei den nominalen Objekten sind Umstellungen gar nicht möglich, so daß wir es wieder mit einer zur grammatischen Regel geronnenen Erscheinung unseres Stilprinzips zu tun haben.

Das gilt auch für die Herausstellung des Objektsatzes zu »bemerken«. Sie ist verbindlich, obgleich nominale oder pronominale Objekte, wie in allen anderen Fällen, vor dem Verb stehen müßten, also:

Ich habe die Katze bemerkt.

und nicht:

**Ich habe bemerkt die Katze.*

Anders der zweite daß-Satz. Er ließe sich in die Position vor dem Verb zurückbringen, wäre dort nur stilistisch weniger gut:

»Ich habe bemerkt«, sagte Herr K., »daß wir viele dadurch, daß wir auf alles eine Antwort wissen, von unserer Lehre abschrecken.«

Dieser daß-Satz bildet zusammen mit »dadurch« ein Adverbial, das ja kein fester Partner des Verbs ist und deshalb auch nicht an der Choreographie der Argumente teil hat. Umso besser läßt sich mit diesem daß-Satz das Stilprinzip vom »dicken Ende« demonstrieren. Das Original mit seinem nachgestellten (zweiten) daß-Satz ist besser als die Grundstellungsvariante mit dem Verb am Ende des Satzes.

Die Nachstellung von Sätzen oder satzartigen Konstituenten empfiehlt sich auch für solche Partner des Verbs, deren Übergewicht sich durch entsprechende Attribute ergibt.

Die Frage, mit der die *Keunergeschichte* endet, demonstriert eine solche »Entschlackungskur« für das Akkusativobjekt, dessen Relativsatz hinter das Verb geschoben ist:

> *Also könnten wir nicht im Interesse der Propaganda eine Liste der Fragen aufstellen, die uns ganz ungelöst erscheinen?*

In der Tat!

Spielpläne im deutschen Theater

Ehe wir uns nun in das Abenteuer der freien Adverbiale stürzen, sollten wir vielleicht noch einmal einen Blick zurück werfen in das Spiegelkabinett unserer grammatischen Commedia dell'arte mit ihren Aktions- und Rührstücken, Genre- und Vexierbildern. Sie sind, wie wir jetzt wissen, in der Bedeutungsstruktur von Wörtern, im Rollenplan ihrer Argumente vorgezeichnet, in einer Struktur, die trotz aller Variationen in der Zahl und Art der Argumente und ihrer Verteilung auf die Satzglieder garantiert, daß in den meisten Fällen die Grundwortstellung des deutschen Satzes eingehalten wird. Letztlich ist also die Grammatik für die Wörter so etwas wie ein einäugiger Theaterdirektor, der festlegt, daß im deutschen Theater nur Rollenpläne verwirklicht werden, die seiner SOV-Richtung entsprechen. Es gibt zwar auch Rollenpläne, die einer anderen Reihenfolge verbunden sind, doch sind sie eher Relikte aus einer früheren Ära und keineswegs spielplanbestimmend. Allerdings gibt es äußere, von der Argumentstruktur unabhängige Faktoren, wie besonders kleine oder besonders große Mitspieler, die ein Abweichen von der SOV-Richtung erforderlich machen können, nur gehört das schon nicht mehr zu den Stückplänen, sondern zur Aufführungspraxis, und erst die ist aufs Publikum ausgerichtet und muß sicherstellen, daß das Stück auch ankommt.

Wenn wir gesagt haben, daß die Stücke, die auf der Bühne des deutschen Satzes gespielt werden können, in den Rollenplänen von Verben oder anderen Wörtern mit Argumentstrukturen vorgezeichnet sind, so haben wir damit nicht gesagt, daß die Stücke immer in dieser Grundform aufgeführt werden müssen. Wir sind ja ganz gezielt auf die Suche nach der grammatisch determinierten Reihenfolge gegangen und haben bisher alles, was der Kontext an zusätzlichen Bedingungen schafft, aus unseren Überlegungen ausgeklammert. An den Sätzen über den Türhüter hatten wir uns aber schon einen wichtigen, vielleicht den wichtigsten Aspekt der Kontextbedingungen klargemacht: Eine stilistisch gute Reihenfolge verlangt nicht nur eine grammatisch akzeptable, sondern auch eine kontextuell angemessene Wortstellung und die wird durch die Abfolge *bekannt vor neu,* oder, allgemeiner, *niedriger vor höherem Informationswert* erreicht.

Für das Stück mit dem Türhüter sieht der Rollenplan der Verben »stehen« und »kommen« zuerst für das Subjekt die Rolle des Handlungsträgers vor und dann für ein notwendiges Adverbial die Rolle des Ortes bzw. der Richtung, also Rollenpläne, die mit der Grundwortstellung übereinstimmen. Im Interesse der kontextuellen Angemessenheit werden aber die beiden Satzglieder umgestellt, so daß dem notwendigen Adverbial die erste und dem Subjekt die zweite Rolle zukommt, wodurch die Reihenfolge im Gegensatz zur Grundwortstellung steht. Aus

jemand steht vor etwas

und

jemand kommt zu jemandem

wird durch die Dramatik von *bekannt vor unbekannt*

vor dem ... steht ein ...

und

zu dem ... kommt ein ...

Wenn wir annehmen, daß die Rollenpläne der Verben die neutrale Reihenfolge festlegen, dann haben wir es in Fällen wie diesen, in denen die Reihenfolge der realen Auftritte vom Rollenplan abweicht, mit einer markierten Wortstellung zu tun. Da die Umkehrung aber ausschließlich im Interesse kontextueller Angemessenheit erfolgt, kommt uns die Markiertheit gar nicht zu Bewußtsein. Wir nehmen die Wörter eines Satzes ja nicht an sich wahr, mit dem Steckbrief, der ihnen allenfalls im Wörterbuch ausgestellt ist, sondern im gesamten Zusammenhang des jeweiligen Kontexts, also nicht in ihrer potentiellen, sondern in ihrer aktuellen Form. Wenn die Reihenfolge der aktuellen Form dem jeweiligen Kontext angemessen ist, werden wir sie auch dann als ganz normal empfinden, wenn sie nicht mit dem Rollenplan der potentiellen Form übereinstimmt. Dennoch läßt sich nicht bestreiten, daß die Reihenfolge der aktuellen Partner von »stehen« und »kommen« vom Rollenplan dieser Verben abweicht, so daß wir eben doch nicht umhin kommen, von einer vom Neutralen abweichenden, (und in diesem Sinn) markierten Reihenfolge zu sprechen. Dieses Verständnis von Markiertheit ist sicher ziemlich abstrakt und scholastisch. Der Satz über die behauptete Erinnerung des Erzählers an den Wind um sieben Uhr abends vor einundzwanzig Jahren kommt unserer Vorstellung von einer markierten Reihenfolge da doch wesentlich näher. Aber ehe wir uns dem Außergewöhnlichen widmen können, müssen wir unsere Betrachtungen zur grammatisch determinierten Wortstellung noch auf die Satzglieder ausdehnen, die wir bisher mit guten Gründen ausgeklammert haben, das heißt, wir müssen versuchen, etwas über die grammatisch determinierte Stellung der freien Adverbiale herauszufinden.

JENSEITS VON ARGUMENT-STRUKTUR UND ROLLENPLAN

Auch Adverbiale stehen im Bannkreis des Verbs.

Das Satzglied mit den meisten Rollen

Gerade im Deutschen sind die Möglichkeiten, Sätze durch Adverbiale zu erweitern, außerordentlich zahlreich — nicht zuletzt wegen der vielen Adverbien und Partikeln, die sich bei uns so großer Beliebtheit erfreuen. Das folgende Beispiel kontrastiert auf eine vergnügliche Weise die Wortarmut einer Romanfigur mit dem grammatisch-strukturellen Können des Erzählers, der mit einem Adverbialsatz, zwei präpositionalen Wortgruppen, vier Adverbien und fünf Partikeln innerhalb eines Satzes virtuos auf der Klaviatur der deutschen Adverbiale spielt:

> *Bis auf »ja« und »nein« — die er übrigens sehr spät zum ersten Mal aussprach — gab er nur Hauptwörter, ja eigentlich nur Eigennamen von konkreten Dingen, Pflanzen, Tieren und Menschen von sich, und auch nur dann, wenn ihn diese Dinge, Pflanzen, Tiere oder Menschen unversehens geruchlich überwältigten.*
> (Süskind, *Das Parfüm*)

Wir werden später noch öfter Gelegenheit haben, uns mit der ganz offensichtlichen Affinität des Deutschen zu Wörtern wie »übrigens«, »eigentlich«, »auch« oder »nur« zu befassen. Zunächst sind wir an ihnen nur unter dem Gesichtspunkt ihrer grammatisch bestimmten Lokalisierung im Satz interessiert.

Freie Adverbiale sind Satzglieder, die nicht zu den festen Partnern des Verbs gehören und deshalb auch nicht in seinen Rollenplan eingebaut sind. Dennoch oder vielleicht gerade aus diesem Grund spielt das Adverbial so viele semantische Rollen wie kein anderes Satzglied. Sie wurden schon immer dazu genutzt, die Adverbiale in Teilgruppen zusammenzufassen; allerdings hat sich die syntaktische Großfamilie der Adverbiale bis heute noch jedem Versuch einer einheitlichen und übersichtlichen Systematik entzogen. Das ist umso verständlicher, wenn man bedenkt, daß Adverbiale nicht nur Adverbien sind. »Adverb« bezeichnet ja nur eine Wortart, während Adverbiale Satzglieder sind, die auch die Form des Adverbs haben können, aber ebenso gut die einer nominalen oder einer präpositionalen Wortgruppe oder auch die eines Satzes.

Obwohl freie Adverbiale nicht zum Rollenplan der Verben gehören — sobald sie dazu gehören, sind sie ja nicht mehr frei — stehen sie doch in vielen Fällen in Beziehung zum

Verb oder zur verbalen Wortgruppe und ergänzen den Sachverhalt, um eine zusätzliche Bestimmung, deren Bedeutung für das Ganze mitunter gar nicht hoch genug veranschlagt werden kann. »Nicht« ist schließlich auch ein Adverb, und wo es in einem Satz erscheint, verwandelt es immer irgendeine Passage in ein schwarzes Loch. Daß freie Adverbiale nicht in den Rollenplänen der Wörter verankert sind, heißt also nicht, daß sie weniger wichtig sind als die Partner des Verbs, eher schon, daß sie für ein Stück nicht unbedingt notwendig sind. Dennoch sind sie nicht mit den unbesetzten Rollen eines verbalen Rollenplans gleichzusetzen.

Die unbesetzten Rollen werden oft zur Unterscheidung von den »freien Ergänzungen« als »fakultative Ergänzungen« etikettiert. Allerdings werden auch diese Termini in Abhängigkeit vom jeweiligen Puzzle verschieden interpretiert, was nicht weiter verwunderlich ist, wenn man sich klarmacht, daß alle drei Urteile, obligatorisch, fakultativ und frei, Relationen betreffen und sich die Bezugsgrößen für diese Relationen, wenn sie nicht ausdrücklich festgelegt sind, unter der Hand leicht verschieben können.

Wie wir schon gesehen haben, kennt die Aufführungspraxis diverse Formen der Einsparung, wie z.B. im Passiv oder bei »bekommen«, womit sogar so dominierende Rollen wie der Handlungsträger einzusparen sind. Auf den Rollenplan von »bekommen« bezogen, ist der Handlungsträger ein fakultativer Mitspieler. In einer Aufführung des Stücks mit »bekommen« braucht diese Rolle, obwohl sie im Rollenplan des Verbs vorgezeichnet ist, nicht besetzt zu werden. Was nun aber den Ort, die Zeit, den Zweck, das Mittel, den Grund oder gar Urteile über die Nützlichkeit, die Unerwartetheit, die Wahrscheinlichkeit des Ereignisses betrifft, so sind diese Aspekte nicht im Rollenplan von »bekommen« angelegt, können aber sehr wohl zum Repertoire jedes Stücks mit »bekommen« gerechnet werden, unabhängig davon ob sie in einer bestimmten Aufführung besetzt sind oder nicht. Einige dieser Aspekte gehören sogar notwendigerweise zum Repertoire jedes Stücks. Sie sind so unlösbar mit der Bedeutung von Sätzen verbunden, daß sie einen festen Platz in ihrer grammatischen Form einnehmen, in den Kategorien des Verbs, also seinem Tempus (der grammatikalisierten Zeit), seinem Modus (dem grammatikalisierten Urteil über Dichtung und Wahrheit) und in dem Modus des Satzes als Aussagesatz, Fragesatz oder imperativische Aufforderung (dem grammatikalisierten, auf den Adressaten zielenden Zweck der Inszenierung), sowie in der Deixis bestimmter sprachlicher Formen, wie z. B. der Pronomina (ihrer Verankerung im Jetzt und Hier der jeweiligen Aufführung). Demgegenüber bringen freie lokale, temporale, modale Adverbiale nur zusätzliche Spezifizierungen in ein Stück, die jedoch den grammatischen Vorgaben des Verbs nicht widersprechen dürfen. Dies bedeutet aber auch, daß es zwischen der Bedeutung der Verben und der Bedeutung der Adverbiale eine Verbindung gibt, auch wenn das Verhältnis zwischen den semantischen Rollen der Verbpartner und den semantischen Rollen der freien Adverbiale prinzipiell anderer Art ist.

Bisher haben wir die Bedeutung eines Verbs nur als ein Prädikat angesehen mit einer hierarchisch geordneten Argumentstruktur, die bestimmten semantischen Rollen bestimmte syntaktische Funktionen zuordnet. Wir haben dies den »Rollenplan des Verbs« genannt und festgestellt, daß nicht jede Rolle in jeder Aufführung des Stücks besetzt sein muß. Über die Spezifik der Prädikate haben wir uns keine Gedanken gemacht. Die Möglichkeit, daß ein Prädikat noch weiter in kleinere Elemente zerlegt werden kann, ist für die Frage der grammatisch determinierten Wortstellung auch nur von untergeordneter Bedeutung. Für unsere Zwecke genügte ein Grad der semantischen Auflösung, nach der die Bedeutung des Verbs »geben« aus dem Prädikat *geben* und seinen drei Argumenten, *jemand, jemandem, etwas,* besteht. Auf eine differenziertere Sicht, ein feineres Raster, hatten wir verzichtet.

Auch für die Verbindungen der Bedeutungen von Verben und freien Adverbialen brauchen wir keine weitere Information über die Spezifik des jeweiligen Prädikats. Was wir uns aber klarmachen müssen ist, daß die Bedeutung jedes Verbs nicht nur das Abbild einer Relation zwischen Individuen (oder, bei einstelligen Prädikaten, das Abbild einer Eigenschaft eines Individuums) wiedergibt, sondern daß dazu immer auch der Hinweis gehört, daß es sich bei dem, was da wiedergegeben wird, um ein *Ereignis* handelt, um etwas, dessen zeitliche Begrenzung wenn schon nicht in jedem einzelnen Fall in unserer Erfahrung so doch immer in unserer Vorstellung gegeben ist. Ob Gott den Himmel und die Erde schuf, der Erzähler vorgibt sich zu erinnern, das Dorf in tiefem Schnee liegt, vor dem Gesetz ein Türhüter steht, oder viele von unseren Lehren abgeschreckt werden, alles handelt von Ereignissen, die in der Zeit lokalisiert werden können, meist auch mit einem Ort verbunden sind, oft mit einer Ursache, einem Zweck, einem Mittel, kurz mit all dem, was durch die Bedeutung der freien Adverbiale spezifiziert wird. Die Ereigniskomponente der Verbbedeutung ist also das Bindeglied zwischen dem Rollenplan der Verben und den »Rollen« der freien Adverbiale.

Obwohl wir mit dem Element »Ereignis« den Haken gefunden haben, durch den die Bedeutung der Adverbiale an der Bedeutung der Verben festgemacht werden kann, wissen wir immer noch nichts über die Stellungsbedingungen der Adverbiale. Daß aber auch für freie Adverbiale bestimmte Positionen im Satz neutral, andere markiert und bestimmte Stellungen von vornherein ausgeschlossen sind, kann man sich leicht klarmachen, wenn man versucht Adverbiale aus guten Originalsätzen umzustellen.

Ein Karussell als Prüfstand

Bei bestimmten Adverbialen sind die grammatischen Stellungsmöglichkeiten nur wenig oder gar nicht eingeschränkt. Das temporale Adverbial aus dem ersten Satz der Schöpfungsgeschichte etwa kann an drei Stellen im Satz stehen, am Anfang, am Ende und vor der Verbergänzung (bzw. nach dem finiten Verb):

> Am Anfang *schuf Gott den Himmel und die Erde.*
> *Gott schuf den Himmel und die Erde* am Anfang.
> *Gott schuf* am Anfang *den Himmel und die Erde.*

Diese Varianten sind nicht gleichwertig, eben weil das temporale Adverbial durch die Umstellungen in der informationellen Hierarchie des Satzes verschiedene Positionen einnimmt. Dennoch sind alle Stellungsvarianten grammatisch gleich gut.

Bei anderen Adverbialen sind die Stellungsmöglichkeiten wesentlich stärker eingeschränkt. Unter den schon beinahe unüberschaubar vielen theoretisch möglichen Varianten eines Satzes mit drei Adverbialen, deren Stellungen zueinander und zu den Anfangs- Mittel- und Endstellungen im Satz variiert werden können, sind einige stilistisch eindeutig markiert, andere grammatisch einfach inakzeptabel. Der Satz

In seinem Fach durchschaut ein Beamter auf ein Wort hin gleich ganze Gedankenreihen.
(Kafka, *Das Schloß*)

enthält am Anfang ein Lokaladverbial »in seinem Fach« und in der Mitte zwei Temporaladverbiale »auf ein Wort hin« und »gleich« (daß die präpositionale Wortgruppe auch konditional interpretiert werden kann, spielt fürs erste keine Rolle). Alle drei Adverbiale können umgestellt werden, doch sind nicht alle theoretisch denkbaren Positionen wirklich möglich. Man könnte z.B. die beiden PPs gegeneinander austauschen

Auf ein Wort hin durchschaut ein Beamter in seinem Fach gleich ganze Gedankenreihen.

was stilistisch weniger gut ist als das Original, aber grammatisch ebenso akzeptabel. Beide präpositionalen Wortgruppen könnten auch ohne weiteres in der Mitte des Satzes stehen:

Ein Beamter durchschaut in seinem Fach auf ein Wort hin gleich ganze Gedankenreihen.

Am Satzanfang ist aber nur eine der präpositionalen Wortgruppen möglich:

**In seinem Fach auf ein Wort hin durchschaut ein Beamter gleich ganze Gedankenreihen.*

Das könnte daran liegen, daß in diesem Fall die im Hauptsatz obligatorische Zweitstellung des finiten Verbs nicht gegeben ist. Schiebt man das Verb zwischen die beiden präpositionalen Wortgruppen, ist der Satz schon etwas besser, wenn auch deutlich markiert:

In seinem Fach durchschaut auf ein Wort hin ein Beamter gleich ganze Gedankenreihen.

Eine der präpositionalen Wortgruppen kann auch am Satzende stehen:

Ein Beamter durchschaut auf ein Wort hin gleich ganze Gedankenreihen in seinem Fach.

Beide zugleich sind stilistisch defekt

Ein Beamter durchschaut gleich ganze Gedankenreihen auf ein Wort hin in seinem Fach.

obwohl diese Abfolge in der Satzmitte problemlos ist:

Ein Beamter durchschaut auf ein Wort hin in seinem Fach gleich ganze Gedankenreihen.

Wirklich gut ist am Satzende eigentlich nur die lokale Wortgruppe, die temporal-konditionale ist recht merkwürdig in dieser Position

Ein Beamter durchschaut in seinem Fach gleich ganze Gedankenreihen auf ein Wort hin.

und könnte allenfalls als Nachtrag im mündlichen Deutsch durchgehen. »Gleich« ist da aber überhaupt ungrammatisch:

* *In seinem Fach durchschaut ein Beamter auf ein Wort hin ganze Gedankenreihen gleich.*

Wem von dem Karusell noch nicht schwindlig ist, der kann die Runde mit »gleich« noch zu Ende drehen. Das Ergebnis wird über Bedeutungsunterschiede, stilistisch markierte oder defekte Sätze bis zu grammatisch unmöglichen Sätzen reichen. Wenn aber die Abfolge der Adverbiale nicht durch den Rollenplan der Verben vorbestimmt ist, woran können wir uns dann bei unseren Urteilen über markierte oder neutrale akzeptable oder inakzeptable Adverbialstellung halten?

Sieht man einmal von den Adverbialen ab, die sich nur auf ein Wort, ein Verb oder ein Adjektiv beziehen, so sieht die Grammatik des deutschen Satzes für Adverbiale im wesentlichen die drei Positionen vor, durch die sich unser Karussell bewegt hat: den Anfang, das Ende und die Mitte des Satzes, wobei letztere bezogen auf die Grundwortstellung meist die Stelle zwischen dem Subjekt und dem gesamten Prädikatsverband des Verbs mit seinen Ergänzungen bedeutet. Unter welchen Bedingungen aber gehören Adverbiale an den Satzanfang, ans Satzende oder in die Satzmitte, und in welche Reihenfolge sind sie zu bringen, wenn in einer dieser Positionen mehr als ein Adverbial erscheint?

Man könnte zunächst an die auffallenden Strukturunterschiede zwischen Adverbialen als Wörtern, Wortgruppen oder Sätzen denken. Aber sie sind für die Frage der Adverbialstellung von ebenso nachgeordneter Bedeutung wie die Strukturunterschiede zwischen den Verbergänzungen für die Abfolge von Objekten und Prädikativa. Natürlich eignen sich Adverbialsätze auf Grund ihres strukturellen Gewichts mehr für die Außenposten als für die Satzmitte. Allerdings ist da noch das Phänomen der eingeschobenen, parenthetischen Adverbialsätze, die wir jedoch — schon weil sie, verglichen mit anderen Adverbialen, seltener vorkommen — fürs erste einfach ignorieren wollen.

Was Funktion und Inhalt betraf, standen uns für die festen Partner des Verbs mit den semantischen Rollen und den syntaktischen Kasus inhaltliche und formale Gesichtspunkte zur Verfügung. Da bei den freien Adverbialen eine Differenzierung durch Kasus entfällt, lassen sich Stellungsunterschiede bei ihnen nur noch an ihren Inhalten, ihren semantischen Rollen, festmachen. Die Vielfalt der semantischen Rollen wirkt hier aber, ohne das strenge Korsett der Kasusbindung, noch verwirrender als bei den Objekten. Erschwerend kommt hinzu, daß zum Rollenrepertoire der Adverbiale nicht nur Elemente aus dem Ereignis gehören, von dem das Stück handelt, sondern zugleich Urteile des »Stückeschreibers« (z.B. des Sprechers) über das Ereignis in bezug auf seine Glaubwürdigkeit, seine Erwünschtheit, seine moralischen Qualitäten. Dieser Unterschied zwischen den Ereignis- und Autorenrollen von Adverbialen geht auf die zwei grundlegenden Bedeutungskomponenten zurück, die jeden Satz charakterisieren, unabhängig davon, welchem Satztyp er angehört, ob er einfach oder komplex, abhängig oder selbständig ist. Die eine Komponente bezieht sich darauf, was mit einem Satz gesagt wird, die andere auf das Urteil, das der Sprecher über das mit dem Satz Gesagte ausdrückt. Von den verschiedenen Namen, die in der Sprachwissenschaft für diese beiden Bedeutungskomponenten im Umlauf sind, ist keiner ganz ohne Probleme und schon gar nicht ohne zusätzliche Erläuterung verständlich. Wenn man die erstgenannte Bedeutungskomponente als »referentielle Bedeutung« eines Satzes bezeichnet, erfaßt man mit diesem Terminus vielleicht ganz zutreffend den Umstand, daß mit dem, was in einem Satz ausgesagt wird, zugleich auch das zur Verfügung steht, worauf Bezug genommen (wozu eine »Referenz« hergestellt) werden kann. Und wenn man das Urteil des Sprechers darüber, was er als referentielle Bedeutung aussagt, als eine Bewertung (oder »Evaluation«) auffaßt, dann kann man für die zweite Bedeutungskomponente auch die Bezeichnung »evaluative Bedeutung« akzeptieren.

Adverbiale lassen sich also zunächst einmal dadurch unterscheiden, ob sie zur referentiellen oder zur evaluativen Bedeutung des Satzes beitragen. »In seinem Fach«, »auf ein Wort hin« und »gleich« z.B. tragen zur referentiellen Bedeutung des Satzes über den Beamten bei, in dem sie dessen geistige Fähigkeiten lokal und temporal näher bestimmen. Wollte der Sprecher darüber hinaus noch bestimmte Urteile über diesen Sachverhalt ausdrücken, so stünden ihm dafür zahlreiche Adverbiale wie »natürlich«, »zweifelsohne«, »in der Tat«, »erfreulicherweise«, »ja«, »doch«, »wie man weiß« und dergleichen mehr zur Verfügung. Aber er könnte auch diese freien Adverbiale nur in ganz bestimmten Anordnungen und an ganz bestimmten Stellen im Satz verwenden; tatsächlich zeigen gerade die evaluativen Adverbiale am deutlichsten, daß die Stellung der freien Adverbiale trotz ihrer Unabhängigkeit vom Rollenplan des Verbs nicht wirklich frei ist. Die Kombinatorik von Partikeln wie »ja«, »doch«, »wohl« untereinander und mit anderen Adverbialen ist nämlich durch besonders auffallende Einschränkungen charakterisiert.

Eigentlich haben diese Füllwörter so wenig Bedeutung, daß man durch sie fast wie durch Glas die Bedeutung ihrer Umgebung so gut wie unverändert sehen kann. Man beachte den Unterschied, der durch ein Rufzeichen oder Fragezeichen, ein zusätzliches »wahrscheinlich« oder »tatsächlich« in der Bedeutung eines Satzes mit »doch« entsteht:

In seinem Fach durchschaut ein Beamter doch auf ein Wort hin gleich ganze Gedankenreihen!

In seinem Fach durchschaut ein Beamter doch auf ein Wort hin gleich ganze Gedankenreihen?

In seinem Fach durchschaut ein Beamter doch wahrscheinlich auf ein Wort hin gleich ganze Gedankenreihen.

In seinem Fach durchschaut ein Beamter doch tatsächlich auf ein Wort hin gleich ganze Gedankenreihen.

Das Chamäleonhafte an »doch« und ähnlichen Wörtern verführt leicht dazu, ihnen viele verschiedene Bedeutungen zuzuschreiben, statt der einen, die so allgemein ist, daß sie Raum für viele Varianten läßt und doch so spezifisch, daß sie der einzelnen Partikel in der Choreographie der Adverbiale eine ganz bestimmte Position zuschreibt. In Verbindung mit »ja« und »wahrscheinlich« kann »doch« z. B. — solange es *nicht betont* wird — nicht nach und nicht vor, sondern nur *zwischen* den beiden anderen Adverbialen stehen und auch wiederum nur so, daß es »ja« *folgt* und »wahrscheinlich« *vorausgeht:*

In seinem Fach durchschaut ein Beamter ja doch wahrscheinlich *auf ein Wort hin gleich ganze Gedankenreihen.*

und nicht

In seinem Fach durchschaut ein Beamter *doch wahrscheinlich ja *auf ein Wort hin gleich ganze Gedankenreihen.*

In seinem Fach durchschaut ein Beamter *wahrscheinlich doch ja *auf ein Wort hin gleich ganze Gedankenreihen.*

An die Stelle von »wahrscheinlich« könnte »tatsächlich« treten, an die von »doch« »wohl«, und wieder wäre nur eine Reihenfolge akzeptabel:

> *In seinem Fach durchschaut ein Beamter* ja wohl tatsächlich *auf ein Wort hin gleich ganze Gedankenreihen.*

und nicht

> *In seinem Fach durchschaut ein Beamter** ja tatsächlich wohl *auf ein Wort hin gleich ganze Gedankenreihen.*

etc.

Man könnte das Spiel mit den verschiedenen evaluativen Adverbialen eine ganze Weile fortsetzen und würde immer wieder feststellen, daß nur bestimmte Konstellationen akzeptabel sind. Es schadet nichts, wenn wir dabei vorübergehend ein bißchen die Orientierung verlieren, wir können uns so nur noch besser vorstellen, wie mühsam das Geschäft des Sprachwissenschaftlers ist, der sich um eine umfassende Systematik aller Stellungsklassen von Adverbialen bemüht.

Da erstaunt es uns auch nicht mehr besonders, wenn die Vorstellungen darüber, welche Stellungsklassen zu unterscheiden sind und vor allem welche Adverbiale zu welchen Klassen gehören, in allen deutschen Grammatiken etwas skizzenhaft geblieben sind. Klare Zuordnungen werden nicht zuletzt auch dadurch erschwert, daß viele Wörter und damit auch viele Adverbiale mehrdeutig sind und deshalb in verschiedenen Stellungsklassen erscheinen können. Dennoch lassen Umstellungsversuche wie die obigen schon zwei Grundprinzipien der Anordnung bei evaluativen Adverbialen erkennen.

- Erstens: Adverbiale aus verschiedenen Klassen sind nach ihrem Geltungsbereich geordnet. Ein Adverbial wie »wahrscheinlich«, das das Urteil (oder die Einstellung) des Sprechers über die Wahrheit des Ausgesagten ausdrückt, steht nach einer Partikel wie »ja«, weil »ja« diese Sprechereinstellung auf eine vergleichbare Hörereinstellung bezieht, was in den meisten Fällen dem Hinweis gleichkommt, daß das mit dem Satz Ausgesagte bereits bekannt ist.

- Zweitens: Bei Adverbialen aus derselben Klasse folgt die spezifischere Bedeutung nach der allgemeineren. »Doch« ist spezifischer als »ja«, weil es, wenn auch nur implizit, zu der Einstellung, die mit dem Satz ausgedrückt wird, noch eine gegensätzliche Einstellung einführt; »wohl« ist spezifischer als beide, weil es die Einstellung, die mit dem Satz ausgedrückt wird, explizit in eine Hypothese verwandelt.

Daß Adverbiale der gleichen Klasse mit demselben Grad von Spezifik nicht miteinander, sondern nur alternativ, verwendet werden können, ist schon eher eine Sache der allgemeinen logischen Regel, nach der das, was man sagt, weder widersprüchlich noch tautologisch sein sollte. »Wahrscheinlich« und »vermutlich« zum Beispiel drücken Einstellungen vom selben Spezifiziertheitsgrad aus und sind deshalb in keiner Folge miteinander kombinierbar:

In seinem Fach durchschaut ein Beamter *wahrscheinlich vermutlich *auf ein Wort hin gleich ganze Gedankenreihen.*

In seinem Fach durchschaut ein Beamter *vermutlich wahrscheinlich *auf ein Wort hin gleich ganze Gedankenreihen.*

Die Stellungsprinzipien gelten auch für Adverbiale, die einen anderen Typ von Einstellung ausdrücken, wie z.B. »leider«, das den mit dem Satz identifizierten Sachverhalt auf eine bestimmte Weise emotional bewertet. »Leider« steht vor einem Adverbial wie »wahrscheinlich«, dessen Bedeutung in seinen Geltungsbereich fällt; mit

In seinem Fach durchschaut ein Beamter leider wahrscheinlich auf ein Wort hin gleich ganze Gedankenreihen.

drückt der Sprecher sein Bedauern über einen Sachverhalt aus, den er nicht schlechthin behauptet, sondern nur für wahrscheinlich hält.

Die Hierarchie der Geltungsbereiche ist bei den evaluativen Adverbialen grammatisch fixiert, d.h. Abweichungen davon ergeben grammatisch inakzeptable Kombinationen. Bei den temporalen oder lokalen Adverbialen, also bei Adverbialen, die zur referentiellen Bedeutung des Satzes beitragen, lassen sich ähnliche Erscheinungen beobachten, doch wirken sich Abweichungen in der Reihenfolge allenfalls stilistisch aus, wie in dem Satz über die Erinnerung des Erzählers. Zu seiner stilistischen Markierung trägt nicht nur die Nachstellung des Hauptsatzes

Wenn der Erzähler sich zu erinnern vorgibt ..., warum lächle ich nicht?

sondern auch die Abfolge von spezifischer vor allgemeinerer Zeitbestimmung bei, durch die die allgemeinere Zeitbestimmung *vor einundzwanzig Jahren* der spezifischeren *um sieben Uhr* vorausgeht. Es sieht also ganz so aus, als würden sich Zeitbestimmungen auch nach dem Prinzip der zunehmenden Spezifizierung ordnen.

Linkszentriert und rechtszentriert

Daß die Sache aber nicht ganz so einfach ist, wie man sich wünschen könnte, zeigt schon die zweite Adverbialbestimmung

um sieben Uhr abends.

Genau genommen handelt es sich dabei nämlich um zwei Adverbiale, *um sieben Uhr* und *abends,* die auch in der umgekehrten Reihenfolge

abends um sieben Uhr

verwendet werden könnten. Wenn wir beide Reihenfolgen miteinander vergleichen, welche würden wir als stilistisch neutral bewerten? Zweifelsohne doch *um sieben Uhr abends.* Damit haben wir aber gerade die Reihenfolge gewählt, in der das spezifischere Adverbial vor dem allgemeineren steht, und nicht das allgemeinere vor dem spezifischeren, wie es doch das Prinzip einer zunehmenden Spezifizierung verlangen würde. Und überhaupt. Schon jede gewöhnliche Datumsangabe nimmt im Grad ihrer Spezifiziertheit von links nach rechts ab, und es müßten besondere Bedingungen gegeben sein, sollte die Reihenfolge anders aussehen.

Adverbiale, die nach zunehmender oder abnehmender Spezifiziertheit geordnet sind, folgen einander wie die Segmente eines Teleskops, das sich in dem einen Fall nach rechts, in dem anderen nach links verjüngt. Die Umkehrung kann zum Beispiel wie oben ein und dasselbe Segment betreffen, das als Ganzes anders ausgerichtet ist, als in seinen Einzelteilen. Sie kann aber auch fein säuberlich getrennte Segmente betreffen, wie z. B. in dem Satz

> *Am 25. Juni 1767 betrat er die Stadt durch die Rue Saint-Jaques frühmorgens um sechs.*
> (Süskind, *Das Parfum*)

Am Satzanfang verjüngt sich das Zeitteleskop nach links, am Satzende nach rechts. Eine Veränderung der internen Struktur beider Adverbiale müßte demgegenüber als stilistisch markiert gelten:

> *1767, am 25. Juni betrat er die Stadt durch die Rue Saint-Jacques um 6, frühmorgens.*

Daß *um sieben Uhr abends* stilistisch neutral und *abends um 7 Uhr* markiert, *um 6, frühmorgens* markiert und *frühmorgens um 6* neutral ist, scheint nun endgültig so hoffnungslos widersprüchlich zu sein, daß wir über die Sicherheit unserer sprachlichen Intuition nicht genug staunen können. Die Tatsache, daß das Adverbial am Satzanfang und das am Satzende zusammen dann doch wieder dem Prinzip der zunehmenden Spezifiziertheit folgen, da die Uhrzeit natürlich spezifischer ist als die Datumsangabe, kann unserem Glauben an einen Ausweg aus dem Labyrinth auch nicht mehr aufhelfen.

Eine teleskopartige Anordnung von Adverbialen findet sich jedoch auch bei lokalen Adverbialen. Überraschenderweise scheinen die aber nun durchweg nach dem linkszentrierten Teleskop angeordnet, also nach dem Prinzip abnehmender Spezifiziertheit. Eine umgekehrte Anordnung der lokalen Adverbiale in folgendem Beispiel

> *Wir saßen auf den strohgeflochtenen Stühlen im Eßzimmer eines der köstlichen alten Landhäuser in der Umgebung von Paris.*
> (Brecht, *Geschichten*)

wäre grammatisch akzeptabel, aber stilistisch deutlich markiert:

Wir saßen in der Umgebung von Paris, im Eßzimmer eines der köstlichen alten Landhäuser, auf strohgeflochtenen Stühlen.

Die Umkehrung der normalen Abfolge kann mitunter sogar einen ungewollt komischen Effekt erzielen, dann nämlich, wenn die durch die Umkehrung hervorgehobene Konstituente keine kontrastive Gegenüberstellung verträgt. Man vergleiche den Originalsatz

An einem späten Oktobernachmittag saß meine Großmutter Anna Bronski in ihren Röcken am Rande eines Kartoffelackers.
(Grass, *Blechtrommel*)

mit der verkehrten Welt in :

An einem späten Oktobernachmittag saß meine Großmutter Anna Bronski am Rande eines Kartoffelackers, in ihren Röcken.

Genau genommen, ist die Wahl dieser Beispiele für Lokaladverbiale irreführend. Wie suggestiv sie auch immer das Teleskopprinzip bei lokalen Adverbialen illustrieren mögen, beide Sätze sind keine Belege für den Gebrauch von freien Adverbialen, sondern für den Gebrauch von Lokalbestimmungen als *notwendige Verbergänzungen.* Das Verb »sitzen« kann ja nun einmal nicht ohne Ortsbestimmung auskommen. Dennoch könnten uns gerade diese Beispiele verstehen helfen, was hinter den rechts- und linkszentrierten Teleskopen steckt. Die Röcke der Großmutter weisen uns da vielleicht am deutlichsten den Weg. Sie sind komisch in ihrer Position nach dem Kartoffelacker, weil sie auf eine unangemessene Weise hervorgehoben werden, so als wären sie nicht die normale, sondern eine besondere Lokalisierung der Anna Bronski. Die Hervorhebung ist dabei nicht einfach mit der Endposition verbunden, denn schließlich ist der Kartoffelacker in der Endstellung des Originals ja auch nicht besonders hervorgehoben, sie ergibt sich aus dem Zusammenwirken mehrerer Faktoren.

Da ist einerseits die markierte Abfolge *allgemeiner vor spezifischer*, die allerdings in dem Beispiel mit den strohgeflochtenen Stühlen, die einzelnen Adverbiale nur ein wenig mehr herausstellt, als dies ohne einen entsprechenden kontextuellen Zusammenhang angemessen scheint. Daß die Hervorhebung der Röcke überdies ungewollt komisch wirkt, geht auf ihre Besonderheit als Lokaladverbial zu »sitzen« zurück. Läßt man die zweite adverbielle Ergänzung weg, dann zeigt sich nämlich ganz deutlich, daß die Röcke alleine die Bedingung einer Verbergänzung nicht erfüllen können.

Anna Bronski sitzt in ihren Röcken

ist ein Satz, der noch irgendeiner Ergänzung bedarf, etwa einen Vergleich *wie Frau Holle* oder *wie in einem dicken Federbett.* Wenn wir von der Besonderheit der Röcke als Lokalbestimmung einmal absehen, dann hat die Umkehrung der Reihenfolge in beiden Beispielen nur zur Folge, daß die einzelnen Elemente des Teleskops deutlicher herausgestellt werden.

Diese Wirkung läßt sich erklären, wenn man annimmt, daß die syntaktischen Beziehungen zwischen den Gliedern rechts- und linkszentrierter Teleskope von unterschiedlicher Art sind. Da nach der deutschen Grundwortstellung das Verb am Satzende, also rechts von allen anderen Konstituenten steht, ist das rechts-zentrierte Teleskop sozusagen aufs Verb ausgerichtet und verhält sich damit nicht anders als die Partner des Verbs, die in ihren neutralen Positionen im Satz ja auch nach dem Verb hin ausgerichtet sind.

Wenn nun das Zentrum der zunehmenden Spezifizierung bei einem rechtszentrierten Teleskop das Verb ist, wonach richtet sich dann das linkszentrierte Teleskop? Auf diese Frage gibt es nicht nur eine Antwort, sondern so viele, wie es Adverbiale in einem linkszentrierten Teleskop gibt. Jedes davon bezieht sich nämlich auf das ihm unmittelbar vorausgegangene Adverbial. *In der Umgebung von Paris* ist eine nähere Bestimmung zu dem *Eßzimmer eines der köstlichen alten Landhäuser* und diese sind wiederum eine nähere Bestimmung zu den *strohgeflochtenen Stühlen.*

Gerade an diesem Beispiel kann man sich die syntaktischen Beziehungen zwischen den einzelnen Segmenten eines linkszentrierten Teleskops gut verdeutlichen, indem man die Adverbiale in Relativsätze verwandelt, die die jeweilige Form des lokalen Enthaltenseins ausbuchstabieren. Etwa so:

auf den strohgeflochtenen Stühlen, die im Eßzimmer eines der köstlichen alten Landhäuser stehen, welche es in der Umgebung von Paris gibt.

Wie die Umschreibung durch die Relativsätze veranschaulicht, ist jedes Adverbial dem unmittelbar vorangegangenen untergeordnet und nur das erste, das an der Spitze des Teleskops steht, ist dem Verb selbst als notwendige Ergänzung zugeordnet, weshalb es in der Konstituentenstruktur des Satzes eine hierarchisch höhere Position einnimmt, als die ihm untergeordneten Adverbiale.

Die Auswirkung der syntaktischen Unterordnung auf die informationelle Hierarchie des Satzes liegt auf der Hand: während die Informationswerte der Konstituenten sonst zum Satzende hin zunehmen, bleiben die linkszentrierten Adverbiale durch ihre syntaktische Unterordnung aus diesem informationellen Zuwachs ausgespart. Dreht man nun die Reihenfolge der Adverbiale um, dann legt man nicht nur den zentralen Punkt für ihre Ordnung von links nach rechts, sondern hebt zugleich die Beziehung der syntaktischen Unterordnung auf. Rechtszentrierte Adverbiale sind einander nebengeordnet, also syntaktisch gleichrangig. Auf die informationelle Hierarchie des Satzes bezogen bedeutet dies aber, daß die Informationswerte der einzelnen adverbiellen Segmente, wie die aller anderen Partner des Verbs, in Richtung auf das Satzende zunehmen, womit jedem einzelnen Adverbial zumindest potentiell ein höherer Informationswert zukommen kann, als dem ihm unmittelbar vorangegangenen.

Eine solche Hervorhebung kann unter Umständen angemessen sein, z.B. wenn ich mich daran erinnere, wie vor einundzwanzig Jahren der Wind blies, und zwar genau um sieben Uhr abends oder wenn einer frühmorgens, und zwar genau um sechs Uhr, eine Stadt betritt; sie kann aber auch unangemessen sein, wenn ich mich nämlich daran erinnere, wie vor einundzwanzig Jahren am Abend der Wind blies, und zwar genau um sieben Uhr. Die Hervorhebung der Uhrzeit bedürfte schon einer besonderen Begründung. In der stilistisch neutralen Form der Frage

> *Warum lächle ich nicht, wenn der Erzähler sich genau zu erinnern vorgibt, wie der Wind blies vor einundzwanzig Jahren, abends um sieben Uhr?*

ist die Hervorhebung der Uhrzeit unangemessen. Daß ich mich an den Wind von vor einundzwanzig Jahren erinnere, mag erstaunlich sein; daß es der Wind war, der abends blies, mag eine zusätzliche Hervorhebung verdienen; aber wenn ich darüber hinaus auch die Uhrzeit hervorhebe, dann ist die Suppe einfach versalzen.

Im Satz mit den strohgeflochtenen Stühlen fällt unser Urteil weniger dezidiert aus, da der Satz selbst über den Zusammenhang, in dem sie stehen, weniger Vorgaben enthält. Immerhin könnte der weitere Kontext eine solche Hervorhebung, die der Zusammenhang im Satz selbst noch nicht rechtfertigt, plausibel machen. Selbst die hervorgehobenen Röcke der Großmutter ließen sich kontextuell motivieren, allerdings müßte der Kontext da noch dem Satz selbst hinzugefügt werden. »In Röcken« kann man nun einmal nicht ohne eine weitere Ergänzung »sitzen«.

Kein Zufall

Bis jetzt haben wir nur Adverbiale aus derselben semantischen Klasse betrachtet. Das Spezifiziertheitsteleskop betrifft entweder nur temporale oder nur lokale Adverbiale. Anders als bei den evaluativen Adverbialen, die nur in Richtung auf eine zunehmende Spezifiziertheit angeordnet werden können, sind bei den temporalen und lokalen Adverbialen beide Richtungen möglich. Die Wahl der Richtung erfolgt nach dem Kriterium der kontextuellen Angemessenheit. Dieses Kriterium wird aber auf unterschiedliche Weise erfüllt, weil sich ja die syntaktischen Beziehungen zwischen den Konstituenten der temporalen oder lokalen Adverbialen ändern, je nach der Richtung, für die wir uns entscheiden. Linksherum wird syntaktisch untergeordnet, rechtsherum nebengeordnet.

Das klingt vielleicht ein bißchen nach Hokuspokus — denn warum sollten linksherum und rechtsherum überhaupt asymmetrisch verlaufen und wenn schon asymmetrisch, warum dann rechtsherum syntaktisch nebengeordnet und linksherum syntaktisch untergeordnet? Aber nehmen wir einmal an, es wäre so, was besagt dann das Teleskopprinzip schon für das gesamte Kaleidoskop der freien Adverbiale? Schließlich gibt es da doch eine fast unübersehbare Menge von verschiedenen Adverbialen, und der Fall, daß in einem Satz mehrere Adverbiale von derselben Klasse verwendet werden, dürfte wohl eher als Ausnahme zu betrachten sein. Richtig. Schon bei den temporalen Adverbialen kann man verschiedene Teilklassen unterscheiden, solche, die einen Zeitpunkt angeben, eine Zeitdauer, eine Wiederholung, und neben den lokalen und temporalen gibt es die kausalen, konditionalen, konsekutiven, konzessiven, finalen, modalen, instrumentalen Adverbiale, die Maßangaben, Gradpartikel, Negation, ... Und das Ganze ist dann noch mit den strukturellen Unterschieden zwischen Partikeln, Adverbien, nominalen Wortgruppen, präpositionalen Wortgruppen, Infinitiv-, Partizipstrukturen und Adverbialsätzen malzunehmen. Kein Wunder, daß es mancher Sprachwissenschaftler da bis auf fünfzig verschiedene Teilklassen bringt. Unsere Überlegungen zu den festen Verbpartnern erweisen sich demgegenüber im nachhinein als das reinste Kinderspiel. Neben den festen Verbergänzungen und den Prädikativa, deren Stellungen uns ohnehin keine Probleme bereiten konnten, waren gerade einmal drei Objektklassen zu unterscheiden: Dativ-, Akkusativ- und Präpositionalobjekt, deren Grundstellung durch die Rollenpläne des Verbs zuverlässig vorgegeben war. Und jetzt, wo wir keinen dem Verb vergleichbaren Leitstern haben, läßt schon die Vielfalt der Klassifizierungsmöglichkeiten die Suche nach Stellungsregeln aussichtslos erscheinen.

Glücklicherweise bleibt von diesem Dickicht der Adverbiale im wirklichen Leben, also in den Sätzen, an denen wir das Problem der Wortstellung überhaupt nur studieren können, kaum eine Spur. Diese enthalten nämlich nur das eine oder andere evaluative Adverbial, diese oder jene Gradpartikel, gelegentlich auch ein reines Adverb, das ein Verb oder Adjektiv modifiziert, Angaben zur Zeit, zum Ort, zur Häufigkeit und ganz vereinzelt noch zur Ursache, zum Zweck, zum Mittel ... Erstaunlich oft sind die Adverbialbestimmungen überhaupt feste Partner des Verbs und damit nicht ins Kaleidoskop der freien Adverbiale aufzunehmen. Da Adverbiale, die nur ein Wort modifizieren, stellungsmäßig an dieses Wort gebunden sind, fallen auch sie aus dem Problemkreis der freien Adverbiale heraus. Dies gilt mit einer gewissen Einschränkung auch für Gradpartikel, deren Stellung sich nach dem jeweiligen Bezugselement richtet. Wenn wir schließlich noch von den evaluativen Adverbialen absehen, über deren Stellungsbedingungen untereinander und mit anderen Adverbialen wir uns schon eingangs ein Bild gemacht haben, dann bleibt zum Schluß nur noch eine Handvoll referentieller Adverbiale, über deren Reihenfolgebedingungen wir noch nichts wissen. Der Einfachheit halber können wir noch alle Adverbiale, die in irgendeiner Weise auf den Grund eines Ereignisses Bezug nehmen, also kausale, konsekutive, konditionale, konzessive, finale Adverbiale zu einer Klasse, sagen wir, den »Kausaladverbialen« zusammenzufassen, so wie ja auch die temporalen aus verschiedenen Teilklassen zusammengesetzt sind, so daß wir uns am Ende nur noch nach der relativen Ordnung von temporalen, lokalen, kausalen, modalen und instrumentalen Adverbialen zu fragen brauchen.

Schon möglich, daß das gemogelt ist, wenn wir unser Problem durch Teilung, Ausklammerung und Vereinfachung auf ein so überschaubares Format verkleinern, aber schließlich lernt man sich in einer fremden Stadt auch immer nur von einem Punkt zum anderen zurechtzufinden, und wenn wir erst einmal etwas über die Reihenfolgebedingungen von temporalen, lokalen, kausalen und modalen Adverbialbestimmungen wissen, dann können wir unsere Optik auf die verschiedenen Adverbialklassen auch noch etwas schärfer einstellen und sogar den Bedingungen für die Stellung von so merkwürdigen Zwitterwesen, wie sie der Satz über den Beamten enthält, nachspüren.

Beginnen wir also mit etwas Einfachem. Unter den wenigen Sätzen, die mehr als ein Adverbial aus unserer Liste enthalten, sind die noch am häufigsten, die temporale mit lokalen Adverbialen kombinieren, wobei das temporale Adverbial eher vor dem lokalen steht als umgekehrt. Der Satz

Zu jener Zeit gab es in Paris ein gutes Dutzend Parfumeure.

kann hierfür als typisches Beispiel gelten. Auch die Tatsache, daß das temporale Adverbial am Satzanfang steht, ist charakteristisch für die meisten dieser Sätze. Sie ist aber für die Reihenfolge *temporal vor lokal* nicht maßgeblich; auch wenn beide Adverbiale in der Mitte des Satzes stehen, geht normalerweise das temporale dem lokalen voraus:

Alle Erfahrungen der ganzen Zeit sammeln sich vor seinem Tod in seinem Kopf zu einer Frage.
(Kafka, *Vor dem Gesetz*)

Die Reihenfolge ist natürlich nicht obligatorisch und kann, wie sich leicht überprüfen läßt, auch umgekehrt werden. Das Ergebnis der Umkehrung ist sogar weniger auffällig, als dies bei Umkehrungen von Adverbialen derselben Klasse der Fall war. In der Form

Alle Erfahrungen der ganzen Zeit sammeln sich in seinem Kopf vor seinem Tod zu einer Frage.

liest sich der Satz allenfalls etwas weniger flüssig als das Original.

Deutlicher wird der Unterschied vielleicht bei einem Lokaladverbial am Satzanfang:

In Paris gab es zu jener Zeit ein gutes Dutzend Parfumeure.

Zumindest scheint *Paris* in der Anfangsposition etwas stärker hervorgehoben zu sein, als in der Mitte des Satzes. Da *in seinem Kopf* kein ganz gewöhnliches Lokaladverbial ist — Körperteile sind nicht viel anders als Kleidungsstücke als Ortsbestimmungen für ihre Besitzer ein wenig eigen — wirkt die Vorstellung dieses Adverbials sogar deutlich deplaziert:

In seinem Kopf sammeln sich alle Erfahrungen der ganzen Zeit vor seinem Tod zu einer Frage.

und wird nur besser, wenn man auch das Temporaladverbial etwas weiter nach vorne bringt:

In seinem Kopf sammeln sich vor seinem Tod alle Erfahrungen der ganzen Zeit zu einer Frage.

Es kann aber kein Zweifel bestehen, daß auch in dieser Position der Abfolge temporales Adverbial vor lokalem noch der Vorzug zu geben wäre:

Vor seinem Tod sammeln sich in seinem Kopf alle Erfahrungen der ganzen Zeit zu einer Frage.

Generell können wir feststellen, daß die Abfolge temporal vor lokal wirklich nur dann geändert werden sollte, wenn dies im Interesse kontextueller Angemessenheit notwendig wird. Dies ist offensichtlich in folgendem Beispiel der Fall:

Hier nun, am allerstinkendsten Ort des gesamten Königreichs wurde am 17. Juli 1738 Jean-Baptiste Grenouille geboren.
(Süskind, *Das Parfum*)

Auch ohne den vorausgegangenen Kontext zu kennen, wissen wir schon allein aus der sprachlichen Form des Lokaladverbials, daß der Ort, von dem die Rede ist, bereits erwähnt worden sein muß. Und in der Tat ist der ganze vorangegangene Absatz eine grotesk schauerliche Beschreibung eines Viktualienmarkts in Paris, der den wahren Kulminationspunkt einer atemberaubenden Litanei über den Gestank der Städte im 18. Jahrhundert bildet. Natürlich könnte auch in diesem Satz das temporale dem lokalen Adverbial vorausgehen:

Am 17. Juli 1738 wurde nun hier, am allerstinkendsten Ort des gesamten Königreichs Jean-Baptiste Grenouille geboren.

aber selbst ohne den vorangegangenen Kontext vor Augen zu haben, weiß man, daß diese Variante stilistisch weniger gut ist als das Original. Auch in folgendem Beispiel ist der

Grund für die Umkehrung der normalen Reihenfolge offensichtlich. Das lokale Adverbial ist durch sein Attribut, *dieses großen Herrn,* so eng mit dem Vorgängerkontext verknüpft, daß eine Voranstellung des temporalen Adverbials kontextuell unangemessen wäre:

> *In dem schönen hochfenstrigen Arbeitszimmer dieses großen Herrn ... stand zu der Zeit, wo Ulrich seinen Besuch in der Hofburg machte, der Sekretär mit einem Buch in der Hand ...*
> (Musil, *Der Mann ohne Eigenschaften*)

Auch wenn die umgekehrte Reihenfolge zu Beginn noch gleichwertig zu sein scheint, gerät der Satz doch spätestens bei dem letzten Attribut des Lokaladverbials aus dem Takt:

> *Zu der Zeit, wo Ulrich seinen Besuch in der Hofburg machte, stand in dem schönen, hochfenstrigen Arbeitszimmer dieses großen Herrn ...*

Ohne eine solche kontextuelle Vorgabe ist wiederum das temporale Adverbial am Satzanfang dem lokalen vorzuziehen; trotz seiner großen Ähnlichkeit mit dem des Vorgängersatzes hat das Temporaladverbial in

> *Zu der Zeit, von der wir reden, herrschte in den Städten ein für uns moderne Menschen kaum vorstellbarer Gestank.*
> (Süskind, *Das Parfüm*)

den Vorrang vor dem Lokaladverbial.

Daß die Temporaladverbiale normalerweise den lokalen vorausgehen, könnte eine Sache des Zufalls sein, eine willkürliche Festlegung, wie das grammatische Geschlecht in »*der* Löffel« und »*die* Gabel«. Diese Vermutung scheint sich zu bestätigen, wenn man hört, daß zum Beispiel im Englischen lokale Adverbiale vor temporalen stehen. Wenn wir im Deutschen zu diesem Zeitpunkt an diesem Ort geboren sind, sind wir im Englischen an diesem Ort zu diesem Zeitpunkt geboren. Unter Umständen sind auch die temporalen Adverbiale im Englischen untereinander umgekehrt angeordnet. Wenn man sich im Deutschen *am Montag um zwei Uhr* verabredet, dann tut man dies besser im Englischen *at two o'clock on Monday.* Nun wäre das vielleicht gar nicht der Erwähnung wert, wenn nicht der sprachtypologische Unterschied zwischen Englisch und Deutsch bestünde, nach dem das Verb im Deutschen seinen Ergänzungen folgt, im Englischen aber vorausgeht, weshalb das Deutsche als SOV- und das Englische als SVO-Sprache charakterisiert werden kann. Aber wenn die Richtung der Ergänzungen zum Verb entgegengesetzt sind, könnte dann nicht die entgegengesetzte Reihenfolge der Adverbiale damit im Zusammenhang stehen? Die allgemeine Ausrichtung auf das Verb, die sich im Deutschen, zumindest für gleichberechtigte Konstituenten, rechtszentrierend auswirkt, im Englischen linkszentrierend wirken?

Unter Umständen ließe sich sogar das lokale Adverbial als eine Umstandsbestimmung auffassen, der gegenüber dem temporalen Adverbial eine größere Spezifiziertheit zukommt. Da Ort und Zeit für unsere alltäglichen Vorstellungen die Vergleichbarkeit von Äpfeln und Birnen haben, scheint dies zunächst vielleicht etwas fragwürdig. Allenfalls könnten wir der Ortsbestimmung noch eine größere Konkretheit und Vielfalt zugestehen. Ein Vergleich der temporalen und lokalen Bedeutungen von Präpositionen — zum Beispiel — würde dies immerhin nahelegen. Ob es nun »um«, »am« oder »in« ist, immer scheint die temporale Bedeutung eine Übertragung aus dem lokalen Bereich zu sein, immer verdinglichen wir unsere Vorstellung von der Zeit in den Raum hinein, projizieren sie in seinen plastischen Formenreichtum als eine dünne, körperlose Linie. Wenn nun aber das Abstraktere als allgemeiner, das Konkretere als spezifischer anzusehen wäre, dann wäre auch *Zeit vor Ort* eine Folge mit zunehmender Spezifik und *Ort vor Zeit* eine mit abnehmender. Wir hätten damit in der Tat eine Stilregel über die Adverbialstellung, in der sich die einzelsprachliche Spezifik des Deutschen, der Anstieg der informationellen Hierarchie zum Satzende hin ebenso manifestiert, wie sich in der umgekehrten Reihenfolge der englischen Adverbiale die einzelsprachliche Spezifik des Englischen, die Abnahme der informationellen Hierarchie nach dem Verb ausdrückt.

Na ja, auf einer ordentlichen Schulbank wäre uns das wahrscheinlich nicht eingefallen, aber in Gegenwart eines karussellfahrenden Beamten, der unserem Varieté bei aller schwindelerregenden Bewegung ein Moment von Ordnung, fester Verankerung und zuverlässiger Wiederkehr verleiht, scheint uns eine solche höhere Harmonie der grammatischen und stilistischen Regeln zur Wortstellung einzelner Sprachen recht plausibel.

Zeit vor Grund vor Ort vor Art und Weise

Wie werden nun die übrigen Adverbiale aus unserer referentiellen Liste miteinander kombiniert? Wenn wir über die Beziehung der kausalen, modalen, instrumentalen Adverbiale zum Verb nachdenken, dann müßten wir eigentlich schon aufgrund der engeren oder weniger engen semantischen Zusammengehörigkeit mit dem Verb eine Vorhersage über die Reihenfolge wagen können. Der *Grund* für ein Ereignis ist natürlich weniger eng mit ihm verbunden als die *Art und Weise,* in der es verläuft oder gar das *Instrument,* mit der es in Szene gesetzt wird. Wir würden also die Reihenfolge *kausal vor modal vor instrumental* erwarten, eben genau das, was wir dann auch in den Grammatiken beschrieben finden. Von der Richtigkeit dieser Annahme können wir uns aber natürlich wieder am besten anhand von Beispielen überzeugen.

Sieht man von der stilistisch markierten Nachstellung der Adverbialbestimmungen am Satzende ab, dann kann der folgende Satz aus dem ersten Abschnitt der Erzählung über den Hungerkünstler ein einprägsames Demonstrationsbeispiel abgeben:

> *Auch in der Nacht fanden Besichtigungen statt, zur Erhöhung der Wirkung bei Fackelschein.*
> (Kafka, *Der Hungerkünstler*)

Die Reihe der Adverbiale wird durch die Zeitbestimmung am Satzanfang eröffnet, ihm folgt das finale Adverbial *zur Erhöhung der Wirkung,* also ein Element aus einer Teilklasse der kausalen Adverbiale, und diesem schließlich das modale Adverbial *bei Fackelschein,* das die Art und Weise angibt, unter der die Besichtigungen stattfinden. Daß gerade diese Anordnung die neutrale Reihenfolge illustriert, zeigt sich daran, daß ihre Umkehrung eine markierte Reihenfolge ergeben würde, die überdies gar nicht so leicht zu lesen, also zu interpretieren ist — am besten vielleicht noch, wenn das Finaladverbial als Nachtrag verstanden wird:

Auch in der Nacht fanden Besichtigungen statt, bei Fackelschein, zur Erhöhung der Wirkung.

Die Bewertung ist unabhängig von der markierten Endstellung. Auch in der normalen Mittelstellung würden wir die Reihenfolge *kausal, modal* stilistisch neutral, die Reihenfolge *modal, kausal* aber als stilistisch markiert empfinden:

In der Nacht fanden die Besichtigungen zur Erhöhung der Wirkung bei Fackelschein statt.

In der Nacht fanden Besichtigungen bei Fackelschein zur Erhöhung der Wirkung statt. (??)

Da das Finaladverbial im Innern des Satzes nicht mehr einfach als Nachtrag verstanden werden kann, allenfalls noch als Einschub, ist seine Stellung nach dem modalen Adverbial nur noch grammatisch akzeptabel, wenn man es zuwege bringt, das Finaladverbial aus der Melodie des übrigen Satzes klar auszugrenzen. In der Tat machen einige deutsche Grammatiken die Annahme, daß instrumentale und modale Adverbiale viel unmittelbarer zum Verb gehören, als kausale oder temporale Adverbiale. Modale und instrumentale Adverbiale sind danach unmittelbare Konstituenten der verbalen Wortgruppe, während die temporalen und kausalen Adverbiale den ganzen Satz modifizieren, also in der syntaktischen Hierarchie des Satzes auf einer höheren Stufe als die anderen Adverbiale stehen.

Dafür, daß zwischen den temporalen und kausalen Adverbialen auf der einen Seite und den modalen (und instrumentalen) auf der anderen ein größerer Unterschied besteht, würde auch die Tatsache sprechen, daß man zwar die temporalen und kausalen Adverbiale gegeneinander austauschen kann, nicht aber die temporalen und modalen:

Zur Erhöhung der Wirkung fanden in der Nacht Besichtigungen bei Fackelschein statt.

Bei Fackelschein fanden die Besichtigungen in der Nacht zur Erhöhung der Wirkung statt. (??)

Die Bewertungen bleiben dieselben, wenn das finale Adverbial durch ein echt kausales ersetzt wird:

In der Nacht fanden die Besichtigungen aus Sicherheitsgründen bei Fackelschein statt.

In der Nacht fanden Besichtigungen bei Fackelschein aus Sicherheitsgründen statt. (??)

Aus Sicherheitsgründen fanden die Besichtigungen in der Nacht bei Fackelschein statt.

Bei Fackelschein fanden die Besichtigungen in der Nacht aus Sicherheitsgründen statt. (??)

Wem beim Karussellfahren schwindlig wird, sollte vielleicht eine Pause machen, ehe er sich den letzten Satz noch einmal ansieht. — Ist es jetzt eigentlich der Fackelschein, oder ist es die Nacht, was die Sicherheit gewähren soll? Was immer er darüber beschließen mag, im entscheidenden Punkt sind wir uns sicher einig: neutral kann man die Reihenfolge *modal vor kausal* nicht nennen.

Modale und instrumentale Adverbiale sind demgegenüber problemlos umkehrbar. Sicher steht das instrumentale Adverbial in der zweiten verbalen Wortgruppe des folgenden Beispiels wegen des Kontrasts zum Instrumentaladverbial der ersten verbalen Wortgruppe schon vor dem Modaladverbial:

Am nächsten Morgen stand Ulrich mit dem linken Fuß auf und fischte mit dem rechten unentschlossen nach dem Morgenpantoffel.
(Musil, *Der Mann ohne Eigenschaften*)

Ohne den Kontrast scheint aber zwischen der Reihenfolge *instrumental vor modal* und *modal vor instrumental* kaum ein Unterschied zu bestehen:

Ulrich fischte unentschlossen mit dem rechten Fuß nach seinem Morgenpantoffel.

Ulrich fischte mit dem rechten Fuß unentschlossen nach seinem Morgenpantoffel.

Selbst wenn man einem der beiden Sätze den Vorzug geben sollte, dürfte der Unterschied kaum groß genug sein, um den anderen Satz als markiert anzusehen. Möglicherweise hat er auch gar nichts mehr mit den Fragen der grammatischen Wortstellung zu tun, sondern hängt nur noch mit dem individuellen Informationswert der beiden Adverbiale zusammen. Angenommen, es wäre so und wäre nicht nur eine zufällige Eigenschaft dieses Beispiels, müßten wir denn dann nicht die Reihenfolge von modalen und instrumentalen Adverbialen als grammatisch variabel ansehen? Schließlich haben wir es ja mit freien Adverbialen zu tun, deren Beweglichkeit ohnehin schon erstaunlich vielen Beschränkungen unterworfen ist. Da wäre doch ein bißchen grammatische Unentschiedenheit direkt zu begrüßen. Aber natürlich können wir uns auch ein paar weiße Flecken auf unserer Adverbialkarte leisten und die Frage nach der Stellung von Instrumentaladverbialen einfach wieder fallenlassen.

Bleibt noch das Problem der Lokaladverbiale. Daß sie gegenüber temporalen Adverbialen im neutralen Fall nachgestellt sind, haben wir schon gesehen. Ob sie aber nun normalerweise vor oder nach den Kausaladverbialen kommen, darüber ließe sich vielleicht etwas mit Hilfe der Umstellungsbeschränkungen der kausalen Adverbiale herausfinden. Also bitte:

In der Nacht finden die Konzerte wegen der kühlen Witterung im Innern der Kirche statt.

Dieser Satz hat dieselbe Konstituentenstruktur wie der Satz über die Besichtigungen des Hungerkünstlers, nur daß an der Stelle des finalen ein echt kausales Adverbial steht und an der des modalen ein lokales. Da haben wir also die Reihenfolge: *temporal vor kausal vor lokal.* Und jetzt schütteln wir das Adverbialkaleidoskop einmal kräftig durch alle Muster durch:

Wegen der kühlen Witterung finden die Konzerte in der Nacht im Innern der Kirche statt.

In der Nacht finden die Konzerte im Innern der Kirche wegen der kühlen Witterung statt. (?)

Wegen der kühlen Witterung finden die Konzerte im Innern der Kirche in der Nacht statt. (??)

Im Innern der Kirche finden die Konzerte wegen der kühlen Witterung in der Nacht statt. (???)

Wenn der Boden unter den Füßen wieder fest ist, können wir uns sicher darauf einigen, daß die Umstellungen des Lokaladverbials ziemlich ähnlich zu bewerten sind, wie die des Modaladverbials aus dem Originalsatz, nur daß die Auswirkungen deutlich schwächer sind und den Bereich der stilistischen Defekte gewiß nicht überschreiten. Trotzdem würden wir jetzt wohl auch die lokalen Adverbiale erst nach den anderen einordnen und anschließend auf ähnliche Weise versuchen, die Beziehung der lokalen zu den modalen Adverbialen aufzudecken. Da wir aber das Karussellfahren schon leid sind, werden wir uns eine weitere Beweisführung dieser Art schenken und die von den Grammatiken vorgeschlagene Reihenfolge *Zeit vor Grund vor Ort vor Art und Weise* einfach so akzeptieren, auch wenn wir sie eher wie ein Wasserzeichen denn als festes Prinzip durch unsere Beispiele wahrgenommen haben. Mit etwas mehr Geduld ließe sich das Muster sicher noch deutlicher herausarbeiten, aber schließlich finden wir darin doch auch unsere Ausgangsidee von einer zunehmenden semantischen Nähe zum Verb bestätigt. Daß der Teufel im Detail steckt, weiß ohnehin jeder, und warum sollten wir uns auch gleich in alle Probleme auf einmal vertiefen und damit die Sicht auf die großen Zusammenhänge nehmen?

Nach allem, was wir bisher wissen, sind die freien Adverbiale in ihrer Stellung kaum wirklich frei, sondern richten sich, nicht anders als die festen Partner, nach dem Magnetpol des Verbs aus. Nur daß das Kriterium für die Reihenfolge von Adverbialen durchwegs semantischer Natur ist und nicht, wie bei den festen Partnern des Verbs, gegen die etwas härtere Währung der Syntax ausgetauscht wird. Etwas mehr grammatischen Boden unter den Füßen hatten wir hier allenfalls bei den Neben- und Unterordnungen von rechts- und linkszentrierten Teleskopen und in Fragen des Geltungsbereichs von Adverbialen, wie sie auch noch einmal in den Umstellungsbeschränkungen des finalen und modalen Adverbials im Satz über die Besichtigungen des Hungerkünstlers zum Vorschein kamen. Aber war da nicht noch der Satz über den Beamten? *In seinem Fach durchschaut ein Beamter auf ein Wort hin gleich ...?* Steht da nicht Ort vor Zeit? oder Ort vor Grund? Und müßten wir diese Reihenfolge jetzt nicht für markiert halten? Irgend etwas stimmt da nun doch nicht.

Szenarios

In einem französischen Roman aus der Mitte unseres Jahrhunderts ist von einem Mann die Rede, der in sich eine starke Berufung zum Schriftsteller verspürt, aber Zeit seines Lebens nicht über einen ersten Satz hinauskommt, in dem eine Handvoll Satzglieder in immer neuen Variationen einander zugeordnet werden. Die erste Fassung:

> *An einem schönen Morgen des Monats Mai durchritt eine elegante Amazone auf einer wunderbaren Fuchsstute die blühenden Alleen des Bois de Boulogne.*
> (Camus, *Der Fremde*)

änderte er um zu:

> *An einem schönen Maimorgen durchritt eine schlanke Amazone auf einer wunderbaren Fuchsstute die blühenden Alleen des Bois de Boulogne.*

weil, wie er sagt, »des ›Monats Mai‹ den Trab etwas zu lang machte«; später heißt es »er habe daran gedacht, den Bois wegzulassen im Glauben, daß jedermann es verstünde, aber dann schien der zweite Satz das mit ›Blumen‹ zu verbinden, was in Wirklichkeit zu ›Alleen‹ gehörte. Er habe auch die Möglichkeit erwogen, zu schreiben ›die Alleen des Bois voller Blumen‹. Aber die Stellung von ›Bois‹ zwischen einem Hauptwort und einer Eigenschaftsbestimmung, die es willkürlich auseinanderriß, war ihm ein Dorn im Auge.« Und über seinen Nachlaß schließlich lesen wir: »Unaufhörlich traten sich der Monat Mai, die Amazone und die Alleen des Bois gegenüber und ordneten sich auf verschiedene Weise... Darüber stand in bester Schönschrift die letzte Fassung des Satzes ... ›An einem schönen Maimorgen durchritt eine schlanke Amazone auf einer prächtigen Fuchsstute inmitten der Blumen die Alleen des Bois.‹« Auch wenn die aufgeführten Varianten mehr die Qual der Wahl mit den Attributen illustrieren, können wir uns die Krise der Romanfigur vor dem Kaleidoskop der freien Adverbiale lebhaft vorstellen. Der Satz enthält ja neben dem Subjekt fast nur Umstandsbestimmungen und bis auf die festen Verbergänzung »Alleen des Bois de Boulogne« sind alle Satzglieder indefinit, so daß sich ihre Ordnung untereinander nur noch nach den zarten Fäden richtet, über deren Entwirrung einem doch ganz leicht die Geduld reißen kann. Die enervierende Wahrheit ist, daß Adverbiale in wirklichen Sätzen nie anders als in einem feinmaschigen Netz kontextueller Beziehungen stehen, das ihr Verhältnis zueinander und zur informationellen Hierarchie des ganzen Satzes bestimmt. Und das wird, wie wir schon an unseren ersten Beispielen gesehen haben, nur zu einem Teil durch den expliziten Vorgängerkontext bestimmt, der andere Teil — und er ist nicht selten der größere — gründet in unseren Vorstellungen über die Welt im allgemeinen und über die jeweilige Situation, an der der Satz teilhat.

Die Probleme beginnen schon damit, daß sich die semantischen Kriterien, nach denen die Adverbiale angeordnet sein sollen, in vielen Fällen nur mühsam oder auch gar nicht anwenden lassen. Schon die Kunst, Zeit- bzw. Ortsangaben nach ihrer zunehmenden Spezifiziertheit zu ordnen, setzt ein phänomenales Wissen über die relativen Größenverhältnisse aller dieser Elemente untereinander voraus. Aber wenigstens das Kriterium selbst scheint klar und im jeweiligen Zusammenhang ohne große Bedenken anwendbar.

Die schlichte Klassifizierung in temporal, kausal, lokal, modal scheitert jedoch in vielen Fällen schon daran, daß die einzelnen Adverbiale wie in einem Vexierbild zugleich verschiedene Klassifizierungen erlauben. So klare Fälle wie »in Paris«, »im 18. Jahrhundert«, »in der Nacht«, sind keinesfalls die Norm. Vielfach ist die Klassifizierung der Adverbiale abhängig vom weiteren Kontext, in dem sie stehen. Wenn ich »mit dem linken Fuß einen Pantoffel angele« gehört die präpositionale Wortgruppe einer anderen semantischen Klasse an, als wenn ich »mit dem linken Fuß aufstehe«. Aber dann sind da auch die zahlreichen dubiosen Fälle, die allenfalls durch die Übertragung in die eine oder andere Klasse zu ordnen sind, wie »in seinem Fach« oder »auf ein Wort hin« in dem Satz über den Beamten. Und schließlich gibt es sogar Adverbiale, die man ohne Zögern einer bestimmten Klasse zuordnen würde, was sich dann aber als Irrtum erweist. Wo z.B. würde man »plötzlich« einordnen? Sicher doch bei den temporalen Adverbialen und nicht etwa bei den modalen, wo wir dies Adverb dann zu unserer Verblüffung in einer Grammatik neben ähnlichen wie »gleich« und »sofort« aufgeführt finden. Hat man es da vielleicht mit pseudotemporalen Adverbialen zu tun — wie es in anderem Zusammenhang auch pseudolokale Adverbiale geben soll? Schließlich kann ja zum Beispiel »in Paris« ohne weiteres für den Zeitpunkt stehen, zu dem sich jemand in dieser Stadt aufhält.

Was wird aber aus unseren Reihenfolgebedingungen für Adverbiale aus verschiedenen semantischen Klassen, wenn die Klassifizierung der Adverbiale eine so unsichere Angelegenheit ist? Wonach zum Beispiel richtet sich die Reihenfolge in dem Satz über den Beamten, von der wir doch schon immerhin sagen konnten, daß sie zumindest für eine stilistisch neutrale Variante die bestmögliche Reihenfolge ist? Wenn wir aber »in seinem Fach« als lokal und »auf ein Wort hin« beziehungsweise »gleich« als temporal klassifizieren, so müßte nach unseren bisherigen Vorstellungen in diesem Satz eine markierte Reihenfolge vorliegen. Neutralerweise muß doch die temporale der lokalen Bestimmung vorausgehen. Da aber kein Zweifel bestehen kann, daß gerade die Umkehrung dieser Reihenfolge zu einer markierten Variante führt, taugt entweder unsere Klassifizierung der Adverbiale in diesem Beispiel nichts oder unsere Annahme über die Grundwortstellung der Adverbiale aus verschiedenen semantischen Klassen.

Da nehmen wir natürlich lieber erst einmal an, daß der Fehler in der Klassifizierung zu suchen ist. Ohnehin hatten wir bei der Klassifizierung von »in seinem Fach« als lokal und »auf ein Wort hin« als temporal gemischte Gefühle. Wir sind also gern bereit, es nochmal zu versuchen. Aber wie? Vielleicht ist »auf ein Wort hin« doch eher ursächlich als temporal zu verstehen, womit wir es dann mit einem Kausaladverbial zu tun hätten, dessen Verwendung als zweites Adverbial gut möglich wäre, und »gleich« soll ja modal sein und »in seinem Fach« ließe sich als temporal, also als pseudolokal verstehen. Mit etwas gutem Willen könnten wir unsere Annahme über die Grundwortstellung also auch in einem solchen Fall bestätigt sehen. Aber besonders wohl fühlen wir uns bei dieser Auslegungsakrobatik dann doch nicht.

Vielleicht liegt es daran, daß wir zum wirklichen Ordnungsprinzip noch gar nicht vorgedrungen sind, sondern uns bisher immer nur von irgendwelchen Oberflächenerscheinungen haben beeindrucken lassen. Es kann sicher nicht schaden, wenn wir mit unseren Überlegungen nochmals zum Anfang von Himmel und Erde zurückkehren, zu dem, was wir uns am ersten Satz der Schöpfungsgeschichte und den beiden Sätzen aus der Erzählung *Vor dem Gesetz* klargemacht haben, nämlich den Zusammenhang zwischen der Position eines Elements im Satz und dem Informationswert, den ihm der Autor im Hinblick auf den Leser gibt. Wir haben das Ordnungsprinzip *bekannt vor neu* oder *niedriger vor höherem Informationswert* das »Prinzip der zunehmenden informationellen Hierarchie« genannt und waren bei unseren Betrachtungen zur Adverbialstellung schon wiederholt an dieses Prinzip erinnert worden, am merklichsten bei der Frage der rechts- und linkszentrierten Teleskope. Der Informationswert eines Elements ist vom vorangegangenen Kontext abhängig, nämlich davon, ob von diesem Element schon einmal die Rede war und der Autor es deshalb als bekannt voraussetzen kann, oder ob er es aus irgendwelchen anderen allgemeinen oder situationsgebundenen Gründen als bekannt unterstellt. Die Skala reichte vom gerade erwähnten Türhüter, über die allen bekannten Unikate von Gott, Himmel und Erde, bis hin zu der jedermann innewohnenden Überzeugung, daß es für alles einen Anfang gibt.

Dabei braucht das als bekannt Vorausgesetzte gar nicht vollkommen bekannt zu sein; es kann gegenüber einem anderen mehr oder weniger bekannt, also auch mehr oder weniger neu sein — da lassen sich ja ziemlich feine Unterschiede machen, was schließlich sogar für die Adverbiale im Satz über den Beamten zutrifft. Es liegt doch auf der Hand, daß zwischen einem Beamten und seinem Fach ein engerer Zusammenhang besteht als zwischen einem Beamten und der Wirkung eines Wortes oder der Zeitdauer bis zum Ende dieser Wirkung. Natürlich besteht der Zusammenhang nicht zwischen den Bedeutungen der Wörter oder Wortgruppen selbst, sondern ist eine Art sachlicher Zusammenhang, der in unseren Vorstellungen über die Welt begründet ist, deren Dinge sich für uns zu gewissen Szenarios zusammengeordnet haben, so daß wir an einer bestimmten Stelle eine Sorte von Element eher erwarten als eine andere. Die relative Zusammengehörigkeit aller Dinge ist allerdings eine so unfaßlich komplexe Angelegenheit, daß wir uns nicht einmal von Teilen dieses konzeptuellen Systems ein theoretisches Modell machen können. Dennoch trägt jeder von uns ein solches unüberschaubar dichtes Netz aus persönlichen und übermittelten Kenntnissen und Vorstellungen in sich. Damit sind wir aber nun über den Bereich der Sprache — schon gar des Deutschen — hinaus in das Universum des menschlichen Denkens überhaupt geraten und sollten vielleicht lieber schleunigst eine Möglichkeit zum Rückzug finden.

Eigentlich hat uns ja niemand widersprochen, als wir über das Szenario zum Beamten nachgedacht haben. Es gibt also wahrscheinlich so etwas wie eine gemeinsame Durchschnittsmenge unserer Innenwelten, die wir für die Bestimmung des Informationswerts eines Elements im Verhältnis zu seinen Nachbarelementen heranziehen dürfen. Ganz gewiß gehören dazu die Vorstellungen, die wir aus dem expliziten Vorgängerkontext des Elements haben, aber eben auch alle diese unabsehbar vielen und subtilen Vorstellungen über relative Zusammengehörigkeit, die ein ungemein starker geistiger Motor in uns zwischen allem und jedem, was uns begegnet, herstellen kann.

Schön und gut, aber wie finden wir nun von diesen doch eher trivialen Feststellungen zu den Problemen der deutschen Wortstellung im allgemeinen und denen der freien Adverbiale im besonderen zurück? Nun, was die festen Partner des Verbs betrifft, so wissen wir, daß die informationelle Hierarchie der Elemente und ihre Bewertung als mehr oder weniger bekannt, mehr oder weniger neu, eher hinterrücks in die Inszenierungen des deutschen Verbs eingreift. Das Sagen hat da zunächst einmal die deutsche Grammatik. Sie geht gewissermaßen preußisch korrekt vor nach Kasusrängen, *Nominativ vor Dativ vor Akkusativ vor Präpositionalobjekt vor Prädikativ*. Basta. Der Informationswert der einzelnen Elemente hätte dagegen kaum eine Chance, gäbe es nicht die vielen Verben mit ihren verschiedenen Rollenplänen, unter denen sich dann schon auch der für die jeweilige informationelle Hierarchie passende Plan befindet. Der bringt dann die informationell angemessene Abfolge der Elemente durch eine Umverteilung der semantischen Rollen auf die verschiedenen Kasus zustande, ohne daß die grammatisch vorgeschriebene Reihenfolge verändert zu werden braucht.

Dagegen wird bei freien Adverbialen die Reihenfolge offensichtlich direkt durch die informationelle Hierarchie bestimmt. Das klingt nun fast so, als ob die Adverbiale nicht mehr auf dem festen Boden der Grammatik stünden, und die Entscheidung über ihre Abfolge eine ziemlich vage Angelegenheit wäre, über die man am Ende sogar noch geteilter Meinung sein könnte. Denn wann kann man sich bei all den vielen möglichen Beziehungen zwischen den verschiedenen Elementen schon über den Informationswert eines Elements sicher sein? Aber wenn wir einmal von unserer Kenntnis des Deutschen absehen, dann müßte eigentlich die direkte Bestimmung der Reihenfolge durch den Informationswert einfacher sein als die indirekte über den Rollenplan der Verben. Wenn das mit dem Beamten verbundene Szenario eher auf sein Fach als auf die Wirkung eines Wortes schließen läßt, und damit der Informationswert des Adverbials »in seinem Fach« niedriger ist als der des Adverbials »auf ein Wort hin«, dann erfordert das Prinzip der zunehmenden informationellen Hierarchie, daß das Adverbial »in seinem Fach« dem Adverbial »auf ein Wort hin« vorausgeht, ganz unabhängig davon, ob wir »in seinem Fach« als Lokaladverbial oder als pseudolokal, weil temporal oder konditional oder wie immer, klassifizieren. Natürlich ist die Menge möglicher Szenarios unbegrenzt, und verglichen damit sind die kombinatorischen Möglichkeiten für Satzglieder ein Kinderspiel — aber unsere Kenntnis über solche Szenarios haben wir unabhängig vom Deutschen, sozusagen gratis, durch unser Wissen von der Welt. Nur das Prinzip der zunehmenden informationellen Hierarchie, nach dem ein Szenario auf eine bestimmte Reihenfolge von freien Adverbialen projiziert wird, hat wieder etwas mehr mit unserer Sprache zu tun.

Mit Netz und doppeltem Boden

Die einzelnen Bestandteile von Szenarios lassen sich nach den verschiedensten Gesichtspunkten anordnen. Daß sie aber als freie Adverbiale im Deutschen dem Prinzip der zunehmenden informationellen Hierarchie folgen, ist eben kein Zufall. Dies heißt doch nicht weniger, als daß sich auch die freien Adverbiale in Richtung auf das Verb hin anordnen. So wie das Verb in seiner Grundstellung am Ende des deutschen Satzes den strukturellen Magnetpol für die festen Verbpartner bildet, bildet es den Magnetpol für die freien Adverbiale.

Da könnte man nun schon fast versucht sein, die Verbendstellung zusammen mit der Informationshierarchie von Szenarios ganz generell für die Reihenfolgebeziehungen im deutschen Satz verantwortlich zu machen. Sollten die Szenarios auch hinter der Ordnung der festen Verbpartner stecken?

Vielleicht gibt es tatsächlich zwischen der grammatisch bedingten Reihenfolge der festen Verbpartner und den Szenarios einen inneren Zusammenhang, der sich in der Wahrscheinlichkeit äußert, mit der bestimmte semantische Rollen in bestimmten Kasus erscheinen: das Individuum, mit dem etwas geschieht, das *Patiens,* steht in der Regel dem Verb näher, als das durch das etwas geschieht, das *Agens,* und das Individuum, zu dessen Vorteil oder Nachteil etwas geschieht, der *Recipient,* steht dem Verb wiederum näher als das *Patiens* — doch da man beliebig viele Gegenbeispiele anführen kann, ist auf die Abhängigkeit der grammatisch bestimmten Reihenfolge von Szenarios kein Verlaß. Wie reizvoll der Gedanke auch sein mag, daß Grammatik nicht nur dieser hölzern klappernde Regelmechanismus ist, sondern mehr eine Festschreibung von verständlichen, in den praktischen Erfahrungen des Lebens gründenden Organisationsprinzipien, er ginge an der sprachlichen Wirklichkeit vorbei. Wenn sich die grammatische Reihenfolge auf die außersprachlichen Bedingungen von Szenarios reduzieren ließe, so hätten sich ja, da die außersprachlichen Fakten für erfolgreiche Kommunikation für den Menschen im wesentlichen wohl überall die gleichen sind, auch überall dieselben Reihenfolgebedingungen herausbilden müssen. Aber wir wissen ja schon, daß im Deutschen, wo die Ergänzungen dem Verb vorangehen, die Informationshierarchie der Elemente zum Verb hin zunimmt, während sie zum Beispiel im Englischen, wo die Ergänzungen dem Verb folgen, nach dem Verb abnimmt — ganz zu schweigen davon, daß die Rollenpläne der deutschen und englischen Verben selbst da noch unterschiedlich ausfallen können, wo sie mit vergleichbaren Prädikaten verbunden sind. Am Primat der grammatischen Vorgaben für die Reihenfolge der festen Verbpartner ist da bestimmt nicht zu zweifeln.

Wie steht es aber nun mit all den Fällen, in denen die Wortstellung nicht grammatisch, sondern bestenfalls semantisch geregelt erscheint? Ist denn nicht der semantische Bereich schon viel näher am »wirklichen Leben« als der grammatische? Zunächst müssen wir wohl festhalten, daß auch semantische Beziehungen sprachspezifischer Natur sind, da sie zwischen den Bedeutungen der Wörter und Wortgruppen einer Sprache gelten, aber schon in der nächsten Sprache nicht mehr zuzutreffen brauchen. Dennoch spiegeln sich in den semantischen Beziehungen zwischen den sprachlichen Ausdrücken unsere Vorstellungen über die Welt wieder. Auch wenn die Bedeutungen fest ins sprachspezifische Netz der Wörter und ihrer grammatischen Eigenschaften gespannt sind, verweisen sie doch immer deutlich auf die Individuen und Sachverhalte der Welt und sind in der Tat dem »wirklichen Leben« so nahe, daß die Grenzziehung zwischen den sprachlichen Bedeutungen und den außersprachlichen Vorstellungen noch niemandem so recht gelungen ist.

Nun haben wir ja feststellen müssen, daß die semantisch bestimmte Reihenfolge der freien Adverbiale in einzelnen Fällen klar nachzuweisen, in anderen aber nur mit ziemlich spitzfindigen Ausdeutungen der semantischen Klassen aufrechtzuerhalten war. Doch gerade die Elemente, die sich einer klaren semantischen Einordnung entzogen haben, ließen sich unter dem sprachunabhängigen Aspekt ihres Informationswerts in einem bestimmten Kontext mühelos ordnen. Haben wir es also bei den freien Adverbialen mit zwei Ordnungsprinzipien zu tun, einem semantischen und einem außersprachlichen?

Ja und Nein.

Für eine Teilmenge der Adverbiale treffen sogar beide Ordnungsprinzipien zugleich zu. Es ist ja in der Tat wahr, daß temporale Adverbiale normalerweise vor lokalen stehen, es ist aber ebenfalls wahr, daß unsere Vorstellungen von der Zeit eines Ereignisses nicht so komplex sein können wie unsere Vorstellung über den Ort eines Ereignisses und daß deshalb der Informationswert eines temporalen Elements an sich niedriger ist als der eines lokalen. Wenn aber die semantisch bestimmte Reihenfolge *Temporaladverbial vor Lokaladverbial* nichts anderes ergibt als die außersprachlich bestimmte Reihenfolge *Zeit vor Ort*, dann müssen wir uns schon fragen, ob der Semantik hier überhaupt noch eine eigenständige Rolle zukommt. Ist denn die semantische Reihenfolge *temporal vor kausal* nicht auch außersprachlich bestimmt? Oder die Reihenfolge *kausal vor modal?* Und ist nicht überhaupt, was wir intuitiv als semantische Nähe zum Verb verstanden haben, in Wirklichkeit eine Sache unserer Weltsicht? Haben wir nicht gesagt, daß die kausalen Adverbiale vor den modalen stehen, weil die Ursachen eines Ereignisses weniger eng mit ihm verbunden sind, als die Art und Weise, in der es stattfindet? Und was unterscheidet diesen Gedanken von dem, daß das Adverbial »in seinem Fach« dem Adverbial »auf ein Wort hin« vorausgeht, weil das Szenario, das wir mit einem Beamten verbinden, eher sein Fach enthält als die Wirkung eines Wortes? Sind nicht beide Argumente letztlich außersprachlich bestimmt? Und wenn dies so ist, haben wir dann nicht fälschlicherweise von einem semantischen Ordnungsprinzip gesprochen, wo es sich in Wirklichkeit um eine sprachunabhängige Ordnung der Welt handelt?

Die Antwort ist: Nein! Denn im Unterschied zu den Adverbialen im Satz über den Beamten, die sich einer klaren semantischen Klassifizierung entzogen haben, kann kein Zweifel bestehen, daß sich die Adverbiale in dem Satz über die Besichtigungen des Hungerkünstlers — »in der Nacht«, »zur Erhöhung der Wirkung«, »bei Fackelschein« — ganz eindeutig den semantischen Klassen *temporal, kausal* (final) und *modal* zuordnen lassen. Es handelt sich also bei der Reihenfolge *temporal vor kausal vor lokal vor modal* nicht nur um eine außersprachliche, sondern auch um eine sprachlich festgeschriebene, semantische Hierarchie. Daß sich in den semantischen Beziehungen, die zwischen diesen Bedeutungen der Adverbiale und der Ereignisvariable des Prädikats bestehen, die Beziehungen wiederholen, die unser außersprachliches Wissen über Zeit, Zweck und Art und Weise eines Ereignisses ordnet, ist kein Einwand gegen den semantischen Status der Beziehungen zwischen den Bedeutungen der Adverbiale. Überall wo sich die Adverbiale problemlos den semantischen Klassen *Zeit, Ursache, Ort* und *Art und Weise* zuordnen lassen, werden sie von einer grammatisch-semantischen Regel erfaßt, die die Reihenfolgebeziehungen von ganzen Klassen von Elementen bestimmt, unabhängig von den Szenarios, die wir mit einzelnen Wörtern verbinden.

Wieviele semantische Klassen noch auszumachen sind, darüber wollen wir uns aber nun nicht auch noch den Kopf zerbrechen. Einigen Regelanwärtern sind wir auf unserem Weg durch die verschiedenen Beispiele schon begegnet. Adverbiale wie »gleich« zum Beispiel gehören voraussichtlich zu den verschiedenen Teilklassen der Zeitbestimmungen, über deren Position im Verhältnis zu anderen Adverbialen gewiß Genaueres zu sagen ist. Aber es ist doch gut zu wissen, daß wir nicht jedes Adverbial auf Biegen und Brechen einer semantischen Klasse zuordnen müssen, sondern uns in allen Fällen, die keine klare semantische Klassifizierung erlauben, auf den doppelten Boden verlassen können, in dem das etwas weite semantische Netz mit dem dichter gewebten Stoff unserer außersprachlichen Kenntnisse unterfüttert ist.

Mit den Überlegungen zur Reihenfolge deutscher Adverbiale sind wir nun schon zum Teil aus dem sprachlichen Bereich, der grammatisch und semantisch bestimmten Wortstellung, in den außersprachlichen geraten und damit vielleicht sogar wieder zurück ins erste Feld, wo wir einmal kontextuelle Angemessenheit als Maßstab für die stilistische Qualität von Wortstellungen entdeckt hatten. Haben wir denn nicht unter der Hand das Thema gewechselt und sind von der Beschreibung der Grundwortstellung im Deutschen unbemerkt in die Beschreibung der kontextabhängigen Wortstellung geraten? Wenn wir es uns genau überlegen und die wichtigsten Beispiele noch einmal Revue passieren lassen, dann können wir diese Frage getrost verneinen. Dabei kommen wir aber nicht umhin festzustellen, daß die verschiedenen Aspekte, die den Informationswert eines Elements bestimmen, recht unterschiedlicher Natur sind. Für den Wert selbst macht es zwar keinen Unterschied, ob ein Element als bekannt vorausgesetzt ist, weil es schon in irgendeiner Form im Vorgängertext erwähnt wurde, oder weil es in unseren Vorstellungen über die Welt beziehungsweise über das gerade einschlägige Szenario enthalten ist. Für die Frage der Wortstellung ist dies aber ein entscheidender Unterschied. Die Grundwortstellung wird primär durch grammatische und semantische Regeln bestimmt und erst, wenn diese nicht ausreichen, kommen außersprachliche Gesichtspunkte hinzu. Und dann sind es nur diejenigen, die in unseren Vorstellungen über die Welt und ihre Szenarios wurzeln und die neutrale Stellung des Temporaladverbials am Anfang des ersten Satzes der Schöpfungsgeschichte oder die neutrale Reihenfolge der präpositionalen Wortgruppen im Satz über den Beamten bestimmen.

Von ganz anderer Art ist der außersprachliche Gesichtspunkt in den beiden ersten Sätzen der Erzählung *Vor dem Gesetz*, die nicht mit der Grundwortstellung des Deutschen übereinstimmen. Daß die festen Verbergänzungen »vor dem Gesetz« und »zu diesem Türhüter« nicht in ihrer grammatisch bestimmten Stellung am Satzende, sondern am Satzanfang stehen, hatten wir dem niedrigen Informationswert dieser bereits im Kontext eingeführten Elemente zugeschrieben. Hier ist es also gerade die markierte Wortstellung, die durch die kontextuellen Beziehungen bestimmt wird. Allerdings war uns die Markiertheit dieser Sätze neben dem so viel drastischeren Fall über die Erinnerung des Erzählers an den Wind vor einundzwanzig Jahren, enttäuschend blaß vorgekommen. Gut möglich, daß wir jetzt mit schon etwas genaueren Vorstellungen über die Wortfolge in deutschen Sätzen auch zu einer differenzierteren Sicht auf die markierte Stellung fähig sind.

Ehe wir aber nun sozusagen aus der Pflicht über die Grundwortstellung in die Kür der markierten Wortstellung gehen, sollten wir noch einmal einen kurzen Blick auf die Alleen des Bois de Boulogne werfen. Wenn man bedenkt, welche Fülle von sprachlichen und außersprachlichen Kenntnissen schon allein in die Entscheidungen über die kontextuell angemessene Wortstellung eingeht, dann ist die Zeit, die vergeht, bis wir eine uns einigermaßen befriedigende sprachliche Form gefunden haben, wirklich erstaunlich kurz. Da läuft dieser innere Computer eine Zeitlang auf Hochtouren, und wir können eigentlich nur dabei stehen und von Zeit zu Zeit seine Teilergebnisse akzeptieren oder ablehnen und wieder zurückschicken, ehe wir uns mit einer Variante — wenigstens vorläufig — zufrieden geben. Natürlich sind die Maßstäbe, die jeder von uns da anlegen kann oder will, recht unterschiedlich, und Sätze für die Ewigkeit gelingen nur selten. Am Anfang von Thomas Manns Tetralogie *Joseph und seine Brüder* steht ein solcher Satz:

Tief ist der Brunnen der Vergangenheit.

Er soll unser Zielpunkt auf den kommenden Streifzügen durch die verschlungenen Pfade der markierten Wortstellung sein.

Die besondere Reihenfolge ist eine Funktion unserer Erwartungen.

Kaiser, König, Edelmann ...

Es gab und gibt Herrschaftssysteme, in denen die soziale Stellung eines Angehörigen direkt von dem Platz abgelesen werden kann, den er in einem Gruppenbild einnimmt. In einer solchen Ikonographie der Mächtigen steht der Kaiser, sagen wir, rechts, links von ihm der König, links vom König der Edelmann usw., abwärts in der Hierarchie bis zum Geringsten der Würdenträger. Ebenso könnten wir uns in einer schematisierten Form die Hierarchie der Informationswerte in einem Satz mit neutraler Wortstellung denken. Wenn wir nun mit diesem gewohnten Bild im Kopf plötzlich mit einer anderen Reihenfolge konfrontiert werden, dann werden wir wohl annehmen, daß sich etwas in den Machtverhältnissen geändert hat. Wenn etwa der Edelmann und der Bürger ihre Plätze getauscht haben, so werden wir dies beim Bürger als Machtzuwachs, beim Edelmann als Machtverlust verstehen. So ähnlich können wir uns die Wirkung vorstellen, die mit einer Änderung der neutralen Wortstellung verbunden ist. Wenn ein Satzglied A, das wir normalerweise vor dem Satzglied B erwarten, plötzlich nach diesem erscheint, können wir annehmen, daß die Umstellung einer Änderung in den Informationswerten von A und B Rechnung trägt. Die Veränderungen können natürlich unterschiedlich gravierend sein, je nachdem welche Position sie betreffen. Und ganz so einfach, wie es das Bild von Kaiser, König, Edelmann suggeriert, ist es dann natürlich doch nicht. Einige Veränderungen gehen sozusagen über den Rahmen dieses Bildes hinaus und bewirken für bestimmte Positionen in der Hierarchie so etwas wie eine Gewaltenteilung. Da sie nicht nur leicht erkennbare, sondern auch leicht erklärbare Besonderheiten in der Perspektive deutscher Sätze darstellen, wollen wir mit zwei solchen Phänomenen beginnen: der Parenthese und der Nachstellung.

Parenthesen

Parenthesen sind die erste große Klasse von Stellungsmöglichkeiten, die nicht direkt in unser Bild von Kaiser, König, Edelmann passen. Daß unter den Parenthesen wieder besonders häufig Adverbiale vertreten sind, ist nicht weiter verwunderlich, stehen die Parenthesen doch meistens zwischen Subjekt und verbaler Wortgruppe, also eben genau da, wo auch die meisten Adverbiale stehen. Was ist dann aber eigentlich der Unterschied zwischen einem Adverbial, das normalerweise in Mittelstellung stehen würde, und einem parenthetisch verwendeten Adverbial? Wenn wir diese Frage anhand eines schriftlichen Beispiels beantworten, dann können wir immerhin auf Kommata oder Gedankenstriche verweisen, von denen ja bekanntlich die Parenthese eingeschlossen wird. Parenthesen sind auch oft ganze oder verkürzte Sätze und gehören meistens zu einer der vielen Teilklassen der kausalen Adverbiale. Sie können selbst von ziemlich unterschiedlicher Länge sein, angefangen von einem Wort, wie zum Beispiel das eingeschobene Adverb »genau« im Satz über den Erzähler:

wie, genau, der Wind blies ...

über eine Wortgruppe, wie im folgenden Beispiel, in das ein verkürzter Konzessivsatz eingeschoben ist:

Madam Gaillard, obwohl noch keine dreißig Jahre alt, hatte das Leben schon hinter sich.
(Süskind, *Das Parfum*)

bis hin zu ganzen Sätzen

Jeder Mensch, auch wenn er kein Schriftsteller ist, erfindet seine Geschichte.
(Frisch, *Geschichten*)

die überdies auch noch erstaunlich lang sein können, wie der Einschub in den Objektsatz des folgenden Beispiels zeigt:

An sich ist es merkwürdig, daß das Altwerden, sofern es sich auf den Verlust eines früheren, eines mit Recht oder Unrecht als schöner empfundenen Zustands bezieht, erst um die Fünfzig herum so recht empfunden wird.
(Bloch, *Prinzip Hoffnung*)

Wenn Satzglieder den Status von ganzen Sätzen haben, kommt ihnen informationell ein ganz schönes Gewicht zu, und die Stellung in der Mitte ist sicher für einen Adverbialsatz die markierte Stellung. Natürlich, wenn er, wie hier, noch in einem Nebensatz untergebracht werden soll, dann bleibt kaum eine andere Wahl, und sei es nur wegen der unschönen Häufung von Konnektoren (Satzverknüpfungsmitteln), die mit einem Platzwechsel von Nebensatzsubjekt und parenthetischem Adverbial verbunden wäre:

An sich ist es merkwürdig, daß, sofern es sich ...

Übrigens findet das Englische eine solche Konnektorengruppe nicht besonders schlimm, ja es verlangt sogar den Platzwechsel zwischen Subjekt und Parenthese im Nebensatz und damit eine Umkehrung der normalen Reihenfolge aus dem Hauptsatz. Ganz offensichtlich vermeidet das Englische die Unterteilung des Nebensatzes durch ein so informationsträchtiges Element, wie es ein Satz nun einmal darstellt, und wie es eben vielleicht gerade noch im Hauptsatz zu verkraften ist. Daß das Deutsche vor der Unterteilung des Nebensatzes nicht zurückschreckt, könnte doch vielleicht gewichtigere Gründe haben, als die Konnektorenhäufung, die aus der Vorstellung der Parenthese folgt.

Eigentlich können wir auch mit unserem bisherigen Wissen schon sehen, daß wir durch die Vorstellung des Adverbialsatzes vor das Subjekt des Nebensatzes in ein Dilemma geraten, das die Stellung des finiten Verbs betrifft. Wenn wir nämlich zwischen dem Konnektor und dem Nebensatzsubjekt einen weiteren Satz einschieben, dann könnte es schon passieren, daß wir auf der Höhe des Nebensatzsubjekts nicht mehr wissen, ob wir uns in einem Nebensatz oder einem Hauptsatz befinden und ob wir nun das ganze Gebilde mit einer Zweitstellung oder mit einer Endstellung des finiten Verbs beenden sollen. In die Versuchung, die Struktur als Hauptsatz zu interpretieren, kommen wir natürlich nicht, wenn das Subjekt des Nebensatzes nicht mehr zur Verfügung steht, weil wir es schon vor der Parenthese mit dem Nebensatzkonnektor verbunden haben:

... daß das Altwerden, sofern es sich ...

Obwohl uns diese Erklärung reichlich spitzfindig scheint, würden wir sie ja vielleicht für so komplizierte Parenthesefälle gelten lassen. Aber warum verwendet man denn auch im Hauptsatz, wo die Anfangsstellung möglich wäre, Parenthesen? Was käme heraus, wenn wir die Reihenfolge in dem Satz über Madame Gaillard einfach umdrehen? Das scheint an sich ja doch keinen großen Unterschied zu machen:

Obwohl noch keine dreißig Jahre alt, hatte Madame Gaillard das Leben schon hinter sich.

Wenn wir aber den vorangegangenen Kontext zu diesem Satz betrachten, stellen wir fest, daß der Originalsatz einen ganzen Abschnitt über Madame Gaillard einleitet, und in diesem Zusammenhang empfinden wir die zusätzliche Information über ihr Alter am Anfang des Satzes deutlich als deplaziert. Hier würden wir uns doch lieber die ganz gewöhnliche Reihenfolge wünschen, in der das Element mit dem niedrigeren Informationswert vor dem Element mit dem höheren Informationswert steht.

Nicht anders ergeht es uns mit der Variante

Auch wenn er kein Schriftsteller ist, erfindet jeder Mensch seine Geschichte.

Der konzessive Adverbialsatz hat deutlich einen höheren Informationswert als das folgende Subjekt, und ordnet sich zweifelsohne besser nach als vor diesem in die gesamte Informationseinheit ein. Auch in dem Satz

Das Gespräch drehte sich, angesichts des großen, fetttriefenden Rinderstücks, um den Materialismus in der deutschen Philosophie.
(Brecht, *Geschichten*)

steht das Kausaladverbial nicht am Anfang, und hier sogar obwohl es auf einen Gegenstand Bezug nimmt, von dem im vorangegangenen Satz gerade die Rede gewesen war, während das Gespräch an dieser Stelle zum erstenmal erwähnt wird. Stellt man das Kausaladverbial an den Anfang, so nimmt das Gespräch eine etwas merkwürdige Wendung:

Angesichts des großen, fetttriefenden Rinderstücks drehte sich das Gespräch um ...

In dieser Reihenfolge kann das Gespräch nämlich als eine Art Verbindungsglied zwischen Ursache und Wirkung verstanden werden, so als ob es das Rinderstück wahrnehmen und sich deshalb zu diesem Thema entschließen könnte. Für eine solche Verbindungsrolle eignen sich natürlich nur persönliche Subjekte, weshalb denn auch bei einer entsprechenden Umformulierung des Satzes das vorangestellte Kausaladverbial stilistisch eher akzeptabel wird.

Angesichts des großen, fetttriefenden Rinderstücks, unterhielten wir uns über den Materialismus in der deutschen Philosophie.

Daß der Originalsatz, in dem das Adverbial als Parenthese nach dem Subjekt verwendet wird, ganz offensichtlich keinen ungewollten Personifizierungseffekt hat, könnte darauf hindeuten, daß die semantischen Beziehungen zwischen Adverbial und Subjekt in dieser Form weniger eng sind. Es handelt sich hier ja eben nicht um eine normale Mittelstellung, sondern um eine Parenthese, einen durch Interpunktionszeichen deutlich markierten Einschub.

Das Beispiel mit dem Rinderstück macht den Unterschied zwischen normaler Adverbialstellung und Parenthese ziemlich augenfällig. Wenn die Möglichkeit einer personifizierenden Interpretation bei der parenthetischen Verwendung nicht mehr auftritt, so kann dies eigentlich nur heißen, daß die Information der Parenthese nicht direkt mit der des übrigen Satzes verrechnet wird. Und dann ist natürlich auch keine Frage, was die Kommata und Gedankenstriche, die die Parenthese vom übrigen Satz abtrennen, andeuten.

Sie sollen den von ihnen umschlossenen Abschnitt aus der Hierarchie der übrigen Informationselemente aussondern. Es ist quasi so, als wäre in unserem Bild von den Würdenträgern eine Figur außerhalb der offiziellen Reihenfolge aufgestellt. Die Parenthese ist ein Mittel, mit dem das Prinzip der aufsteigenden Hierarchie durchbrochen werden kann, allerdings ohne ganz außer Kraft gesetzt zu werden. Wir kommen nicht umhin, uns zu fragen, was der hierarchische Rang der Parenthese in bezug auf die sie umgebenden Konstituenten ist. In irgendeiner Form müßte sie dem Satz, in den sie eingeschoben ist, zuzurechnen sein, andernfalls hätte man ihrer Information ja einen eigenen Satz widmen können.

Zweifelsohne partizipiert die Parenthese an der Bedeutung des Satzes, zu dem sie gehört. Sie formuliert — so kann man sagen — eine Art Nebengedanken zu dem Hauptgedanken, der mit diesem Satz ausgedrückt wird. Das ist ein entscheidender Unterschied zu einem normal verwendeten Adverbial, das selbst wenn es die Form eines Satzes hat, immer noch direkt zum Hauptgedanken gehört. Die Parenthese unterbricht die zunehmende informationelle Hierarchie eines Satzes durch einen Nebengedanken. Sein gesamter Informationswert ist niedriger als der des Satzes, in den er eingeschoben ist.

Die Elemente der Parenthese selbst sind aber wieder nach dem Prinzip der zunehmenden informationellen Hierarchie angeordnet, ja die Parenthese hat an sich, informationell, ein ziemlich großes Eigengewicht. Eine Parenthese am Satzbeginn vor dem Subjekt, das semantisch in der Regel weniger differenziert und oft schon aus dem Kontext bekannt ist, ordnet deshalb der Anfangsstellung einen ungewöhnlich hohen Informationswert zu. Genau das war der Eindruck, den uns die Umstellung der Parenthesen an den Anfang der Sätze vermittelt hatte.

Aber auch die informationell starke Endposition des deutschen Satzes eignet sich nicht für einen Nebengedanken:

Jeder Mensch erfindet seine Geschichte — auch wenn er kein Schriftsteller ist.

Selbst in der Form eines normalen Adverbialsatzes am Satzende würde der Hinweis auf den Schriftsteller einen zu hohen Informationswert zugeordnet bekommen, der den eigentlichen Höhepunkt des Satzes deutlich schwächt:

Jeder Mensch erfindet seine Geschichte, auch wenn er kein Schriftsteller ist.

Bildlich gesprochen, befinden wir uns mit der Parenthese in einer Nebenlinie unseres Herrscherhauses. Diese Beziehung kann nur die Parenthese anzeigen, da jede normale Position im Satz immer in gerader Linie auf den informationellen Höhepunkt bezogen wird.

Dennoch kann die Parenthese etwas vom Glanz der Stelle abbekommen, in die sie eingeschoben wird, dann nämlich, wenn der übergeordnete Satz selbst wieder Teil eines Satzgefüges ist, in dem ihm insgesamt ein höherer Informationswert zukommt. Dies ist zum Beispiel der Fall mit dem parenthetisch verwendeten Adverb »genau« im Satz über die Erinnerung des Erzählers. Verglichen mit der neutralen Stellungsvariante

Wenn der Erzähler vorgibt, sich genau zu erinnern, wie der Wind blies ...

erhält »genau« im Original durch seinen Einschub in den informationell höherwertigen Objektsatz selbst auch einen höheren Informationswert

Wenn der Erzähler sich zu erinnern vorgibt, wie, genau, der Wind blies ...

Nachstellungen

Diese stellungsabhängige Bewertung, der unterschiedlich starke Glanz, der vom Herrscherhaus auf den Außenseiter fällt, ist auch genau das, was den Unterschied zwischen einer Parenthese und einer Nachstellung ausmacht. Womit wir bei der zweiten Form von markierter Wortstellung angelangt sind. Sie betrifft Konstituenten, die ans Satzende, noch hinter die Grundposition des Verbs, verschoben sind.

Der größte Teil dieser Fälle geht aufs Konto vom dicken Ende, ob sich dies nun nur stilistisch auswirkt, wie in dem Satz

Unrecht gewinnt oft Rechtscharakter einfach dadurch, daß es häufig vorkommt.
(Brecht, *Geschichten*)

oder ob es zu einer grammatischen Regel verfestigt ist, wie bei dem obligatorischen Wechsel zwischen Dativ- und Akkusativobjekt in Verbindung mit Objektsätzen.

Es gibt auch Fälle, in denen die Nachstellung aus semantischen Gründen notwendig ist, wenn sie zum Beispiel den Satz, zu dem sie gehört, wie in dem folgenden Zitat, inhaltlich voraussetzt:

Gott soll die Welt nicht in sieben Tagen erschaffen haben, sondern in Jahrmillionen, wenn er es überhaupt war.
(Süskind, *Das Parfum*)

Aber wir sind auch schon anderen Fällen begegnet, die sich nicht unter das Prinzip vom dicken Ende subsumieren lassen, wie zum Beispiel die Adverbiale am Ende des Satzes über die Besichtigungen des Hungerkünstlers:

Auch in der Nacht fanden Besichtigungen statt, zur Erhöhung der Wirkung bei Fackelschein.

Nun ist »auch« eines dieser merkwürdigen kleinen Wörter, die höchst empfindlich auf Veränderungen in ihrem Hoheitsgebiet reagieren, und wenn man die Adverbiale aus ihrer Nachstellung herausnehmen und in den Satz einbeziehen wollte, dann würden sie in dieses Hoheitsgebiet geraten und der ganze Satz nähme einen anderen Sinn an:

Auch in der Nacht fanden Besichtigungen zur Erhöhung der Wirkung bei Fackelschein statt.

Da wir uns jetzt nicht für die Eigenschaften von »auch« interessieren, sondern für den Unterschied zwischen Adverbialen in Mittel- oder Endstellung, könnten wir die beiden Sätze natürlich noch einmal ohne die Partikel vergleichen — was wir übrigens schon einmal gemacht haben, um etwas über die Reihenfolgebedingungen für Kausal- und Modaladverbiale herauszufinden. Aber diesmal kann uns die merkwürdige Eigenschaft des »auch« eigentlich nur willkommen sein, zeigt sie uns doch ziemlich deutlich, daß die Adverbiale am Ende des Satzes, genauer müßte man sagen, *nach* dem Ende des Satzes, wieder außerhalb der offiziellen Reihenfolge plaziert sind.

In diesem Punkt gleicht die Nachstellung der Parenthese. Auch bei ihr weisen, wie bei den Parenthesen, Kommata oder Gedankenstriche, die sie vom übrigen Satz abtrennen, auf die Sonderstellung hin. Dennoch ist die Sonderstellung am Satzende nicht mit der Sonderstellung in der Satzmitte gleichzusetzen. Das Prinzip der zunehmenden informationellen Hierarchie wirft sein Licht auch auf die Elemente, die sich außerhalb der offiziellen Reihenfolge befinden. Wir werden gleich darauf zurückkommen.

Zunächst müssen wir uns erst noch Klarheit über den Unterschied zwischen der Endstellung durch Umstellung und der Endstellung durch Nachstellung verschaffen. Stünde ein Adverbial am Satzende nicht außerhalb der offiziellen Reihenfolge, so müßte ihm nach dem Prinzip der zunehmenden informationellen Hierarchie der höchste Informationswert zukommen. Dies sollte beispielsweise für das Kausaladverbial am Ende des folgenden Satzes gelten

Er entschied sich für das Leben aus reinem Trotz und aus reiner Bosheit.
(Süskind, *Das Parfum*)

da das Adverbial nach dem Präpositionalobjekt steht und ihm informationell entsprechend übergeordnet ist. Wir sind uns aber nicht ganz so sicher. Hätte der Satz eine komplexe Verbform, dann könnte uns die Position des nichtfiniten Verbs am Satzende verraten, ob wir es bei dem Kausaladverbial mit einer Umstellung oder mit einer Nachstellung zu tun haben. Wenn an der Stelle der einfachen Vergangenheitsform die Vorvergangenheit, das Plusquamperfekt, stünde, dann könnten wir wählen zwischen

Er hatte sich für das Leben aus reinem Trotz und aus reiner Bosheit entschieden.

und

Er hatte sich für das Leben entschieden, aus reinem Trotz und aus reiner Bosheit.

Vermutlich läßt der Originalsatz beide Interpretationsmöglichkeiten offen. Aber aus dem Vergleich der beiden Sätze mit dem Plusquamperfekt können wir nun ganz gut ablesen, was der Unterschied zwischen dem Satz mit der Umstellung und dem mit der Nachstellung des Adverbials ist. Das zeigt sich am deutlichsten am Informationswert des vorangehenden Präpositionalobjekts, der im Fall der Umstellung doch um ein gutes Stück niedriger ist als im Fall der Nachstellung. Ist das Adverbial nur umgestellt, so sind wir eher bereit, die Entscheidung für das Leben als vorausgesetzt zu verstehen und in den Beweggründen für die Entscheidung die eigentlich neue Information zu sehen. Ist das Adverbial dagegen nachgestellt, dann ist die Information über die Entscheidung für das Leben sozusagen der Hauptgedanke, dem erst im nachhinein noch ein Nachtrag hinzugefügt wird. Die Umstellung bedeutet eine Veränderung der Reihenfolge innerhalb derselben Informationseinheit, also noch im Rahmen der zunehmenden informationellen Hierarchie, die Nachstellung aber eine Plazierung außerhalb dieses Rahmens, der dann natürlich seinen eigenen Höhepunkt schon in sich trägt.

Da das Verb die Begrenzung dieses Rahmens angibt, spricht man bezüglich der komplexen Verbform traditionell auch vom »verbalen Rahmen« und bezeichnet die Nachstellung als »Ausrahmung«, was recht gut auf unsere ikonographische Metapher paßt, wenn es auch in den regulären Grammatiken nicht auf die informationelle Hierarchie eines Satzes, sondern auf den von den Verbformen umgrenzten Teil des Satzes Bezug nimmt.

Die Ausrahmung nimmt also, wie die Parenthese, ein Segment aus der informationellen Hierarchie heraus und macht es zu einer separaten Einheit; beide sind natürlich immer noch auf den Satz bezogen, zu dem sie gehören. Das heißt, es handelt sich bei diesen gesondert zu verrechnenden Einheiten nicht um selbständige Sätze, die gleichrangig neben anderen selbständigen Sätzen bestehen können, sondern nur um eine Klasse von Satzteilen, die aus der informationellen Interpretation der Wortfolge ihres Satzes ausgenommen sind. Daß sie aber trotz ihrer Sonderstellung von der zunehmenden informationellen Hierarchie des Satzes betroffen sind, zeigt sich vielleicht am deutlichsten, wenn man Ausrahmung und Parenthese am selben Adverbial miteinander vergleicht:

Er hatte sich für das Leben entschieden, aus reinem Trotz und aus reiner Bosheit.

Er hatte sich, aus reinem Trotz und aus reiner Bosheit, für das Leben entschieden.

Als Nachtrag hat die Begründung der Entscheidung für das Leben deutlich mehr Gewicht. An dieser Stelle mißt man dem Grund für die Entscheidung letztlich nicht weniger Bedeutung bei als der Entscheidung selbst. Es sieht ganz so aus, als ob die Ausrahmung dem Adverbial denselben Rang zuweist, der dem letzten und damit wichtigsten Element des Satzes innerhalb der informationellen Hierarchie gebührt. Demgegenüber ist die Begründung der Entscheidung als Parenthese nur ein Nebengedanke, der die Wichtigkeit der Entscheidung selbst eher noch unterstreicht als relativiert.

Wie immer ist es natürlich ins Belieben des Autors gestellt, in welcher Form er seine Gedanken einander zuordnen möchte, und ob er ihnen nun gerade den Platz zukommen lassen will, den sie im »gewöhnlichen Leben« einnehmen würden, oder ob er mit ihnen Bedeutungsvolleres vorhat und dann zum Beispiel ein Temporaladverbial, das ganz unauffällig seinen Platz in der Satzmitte finden könnte, nicht etwa, um den Hauptgedanken noch glänzender hervortreten zu lassen, als Parenthese verwendet, sondern als Nachtrag, mit dem Anspruch des Gegenkaisers sozusagen:

Das Sammeln ist eine besonders vertrackte Art abzureisen, seit je.
(Bloch, *Prinzip Hoffnung*)

Wenn man da richtig hinhört, wächst das Fernweh und die Sehnsucht auch nach Vergangenem ... Aber derlei Strukturen verpflichten natürlich, und wieviele Autoren könnten oder wollten sich schon längere Zeit in solchen Höhen aufhalten?

Wir haben gesehen, daß die Parenthese ein Mittel ist, durch das der Autor einen zusätzlichen Gesichtspunkt in einen Gedanken einbringen kann, ohne das informationelle Profil dieses Gedankens zu ändern, und daß der Nachtrag eine informationelle Gegenüberstellung inhaltlicher Schwerpunkte ermöglicht, die so, obgleich sie aufeinander folgen, nicht in einem informationellen Rahmen miteinander verrechnet zu werden brauchen. Die Komplexität solcher doch recht effektvoll nutzbarer Gebilde kann aber, wie das folgende Beispiel zeigt, noch weit über das hinausgehen, was wir bisher betrachtet haben:

> *Eine vieltausendköpfige Menge, welche sowohl auf der Brücke als auch auf den Quais zu beiden Seiten des Flusses versammelt war, begleitete das Spektakel mit begeisterten Ahs und Ohs und Bravos und sogar mit Vivats — obwohl der König seinen Thron schon vor achtunddreißig Jahren bestiegen und den Höhepunkt seiner Beliebtheit längst überschritten hatte.*
> (Süskind, *Das Parfum*)

Solange der Adverbialsatz in keiner syntaktischen Beziehung zu seinem Bezugssatz steht, steht er auch außerhalb der informationellen Hierarchie des ganzen Satzes. Wäre aber der Konzessivsatz über den König nur durch ein Komma von seinem Bezugssatz getrennt, so würde dies die Begeisterung der vieltausendköpfigen Menge doch gleich sehr dämpfen, der Informationsschwerpunkt des Hauptsatzes würde durch den nachgestellten Adverbialsatz deutlich relativiert:

> *Eine vieltausendköpfige Menge, welche sowohl auf der Brücke als auch auf den Quais zu beiden Seiten des Flusses versammelt war, begleitete das Spektakel mit begeisterten Ahs und Ohs und Bravos und sogar mit Vivats, obwohl der König seinen Thron schon vor achtunddreißig Jahren bestiegen und den Höhepunkt seiner Beliebtheit längst überschritten hatte.*

Stünde der Adverbialsatz gar vor seinem Bezugssatz, so hätte er natürlich wegen der Menge seiner Informationselemente noch ein beträchtliches Eigengewicht, würde aber an Bedeutung deutlich hinter dem informationellen Schwerpunkt des Bezugssatzes zurücktreten:

Obwohl der König seinen Thron schon vor achtunddreißig Jahren bestiegen und den Höhepunkt seiner Beliebtheit längst überschritten hatte, begleitete eine vieltausendköpfige Menge, welche sowohl auf der Brücke als auch auf den Quais zu beiden Seiten des Flusses versammelt war, das Spektakel mit begeisterten Ahs und Ohs und Bravos und sogar mit Vivats.

Als ein gleichwertiger Schwerpunkt gegenüber dem Bezugssatz präsentiert sich die Anti-Klimax über die Beliebtheit des Monarchen nur in der Nachstellung des Originals.

Was wir uns bisher unter dem Gesichtspunkt der markierten Wortstellung angesehen haben, Parenthese und Nachstellung, waren alles Abweichungen von der neutralen Grundwortstellung, die eigentlich kaum verdienen, markiert genannt zu werden. Sie sichern ja nur den Elementen, die sie aus der informationellen Hierarchie ihres Satzes herausnehmen, eine Außenseiterstellung. Die grundlegenden Machtverhältnisse werden von keinem dieser Fälle ernsthaft in Frage gestellt. Wer nun einmal Kaiser ist, bleibt es, auch wenn er neben einem Gegenkaiser etwas an Glanz verlieren kann. Kaiser ist, wer von der Grundwortstellung dafür vorgesehen ist, seine kontextuelle Angemessenheit sichert die Wahl des richtigen Rollenplans. Und die sichert auch, daß am Anfang der ganzen Reihe immer die niedrigste Charge steht. Oder?

Links außen

Nach der Grundwortstellung sollten Sätze im Deutschen mit dem Subjekt beginnen, und wie man von Leuten hört, die das schon einmal in vielen verschiedenen Texten ausgezählt haben, trifft das auch auf eine ziemlich große Zahl von

Sätzen zu — wenn man von Textverknüpfungsmitteln wie »aber«, »jedoch«, »allerdings«, »immerhin« u.ä. absieht, sogar auf die meisten. Dann gibt es aber auch immer wieder Sätze, die mit anderen Satzgliedern beginnen, am ehesten noch mit freien Adverbialen, für die die Stellung am Satzanfang ohnehin eine der Positionen ist, die ihnen von der deutschen Grundwortstellung eingeräumt wird. Aber es gibt auch Sätze, die mit festen Partnern des Verbs beginnen, mit Adverbialen etwa, die notwendige Verbergänzungen sind, aber auch Prädikativa oder Objekte. Welches Satzglied nun für den Anfang gewählt wird, und ob die Wahl der neutralen Grundwortstellung entspricht oder von ihr abweicht, richtet sich im Normalfall nach dem Prinzip der zunehmenden informationellen Hierarchie, das die niedrigeren vor den höheren Informationswerten verlangt, also für den Anfang des Satzes das Element mit dem niedrigsten Informationswert vorsieht. Das kann ein freies Adverbial sein, eine Zeitbestimmung etwa, die wir schon aufgrund unserer allgemeinen Vorstellungen von der Welt erwarten, oder eine Ortsbestimmung, die an den vorangegangenen Kontext anknüpft, aber auch eine feste Verbergänzung, mit der ein gerade eingeführtes Element wieder aufgegriffen wird. Solche szenarisch oder kontextuell niedrigen Informationswerte hatte das freie Zeitadverbial im ersten Satz aus der Schöpfungsgeschichte, der Geburtsort von Grenouille, das Gesetz und der Türhüter als Objekt und Richtungsbestimmung in den beiden ersten Sätzen in der Erzählung *Vor dem Gesetz*.

Am Satzanfang stehen jedoch auch nicht selten Elemente, deren Bekanntheit nicht vorausgesetzt werden kann, die aber zu einer Klasse von Elementen gehören, von denen das eine oder andere schon im Vorgängerkontext erwähnt worden war. Der einfachste und zugleich häufigste Fall dieser Art von Klassenbekanntschaft sind die freien Zeitadverbiale, durch die mehrere Sätze eines Abschnitts aneinandergefädelt sind. Der Anfang der Erzählung über den Hungerkünstler zum Beispiel wird durch ein solches Netz von Temporaladverbialen zusammengehalten; das sieht dann, wenn man sich auf die Satzanfänge konzentriert, so aus:

In den letzten Jahrzehnten ... Während es sich früher ... ist dies heute ... Es waren andere Zeiten. Damals ...; von Hungertag zu Hungertag ..., jeder wollte an den späteren Tagen ...; auch in der Nacht ...; an schönen Tagen ... und nun waren es ...

Abgesehen von dem Satz über die anderen Zeiten gibt es nur einen Hauptsatz, der nicht mit einem Temporaladverbial beginnt. Schon diese Gegenüberstellung von Zeitbestimmungen bewirkt eine Erhöhung ihres Informationswerts, so daß die informationelle Hierarchie in diesen Sätzen gar nicht unbedingt am niedrigsten Punkt beginnt.

Dies trifft aber auch oft noch aus einem anderen Grund zu. Abgesehen vom finiten Verb, für das wir in der Grundwortstellung ohnehin das Satzende vorgesehen haben, folgt auf das Temporaladverbial am Satzanfang ja meist das Subjekt, aber dieses ist keinesfalls in allen Sätzen semantisch gehaltvoll wie etwa im ersten Satz der Schöpfungsgeschichte. Vielfach sind es solche nichtssagenden oder vagen Pronomina wie »es« oder »man«. So allgemein kann ein Zeitadverbial dann gar nicht sein, daß sein Informationswert noch unter dem eines solchen Subjekts läge. Wenn wir also zum Beispiel lesen

Jetzt, im ersten Siegesjubel, dachte man natürlich nicht an den, der das Verdienst hatte. Morgen oder übermorgen aber würde jeder sehen, daß sein Kollege allen Ruhm für sich in Anspruch nahm.
(Brecht, *Sokrates*)

dann müssen wir einräumen, daß das Bild von der zunehmenden informationellen Hierarchie auf diese Sätze bestimmt nicht zutrifft. Es kann keine Frage sein, daß der Informationswert der beiden Adverbiale höher ist, als der der Subjekte, die auf sie folgen, daß also in den unteren Rängen unserer Würdenträger etwas durcheinander geraten ist. Natürlich kann uns das nicht wirklich überraschen. Schließlich hatten wir ja zu Anfang den Eindruck eines ganzen Sternenhimmels und jetzt soll das alles plötzlich zu einer geradlinigen Aufstellung nach Rangabzeichen zusammenschrumpfen. Da kann uns so ein kleiner hierarchischer Wechsel am Anfang eigentlich nur willkommen sein.

Dabei kommt einem die Stellung solcher Temporaladverbiale am Satzanfang in den meisten Fällen sogar so normal vor, daß man gerne bereit ist, sie für die Grundstellung des freien Temporaladverbials zu halten; dagegen wirkt ja die Mittelstellung schon eher wie eine Ableitung:

Zu jener Zeit gab es in Paris ein gutes Dutzend Parfumeure

klingt deutlich flüssiger als

Es gab zu jener Zeit in Paris ein gutes Dutzend Parfumeure

und es scheint eher so, als bedürfe es für die Mittelstellung eigener kontextueller Bedingungen. In dem Satz

Das Kind hatte zu diesem Zeitpunkt bereits das drittemal die Amme gewechselt.
(Süskind, *Das Parfum*)

zum Beispiel, steht das Zeitadverbial nach dem Subjekt »Kind« am Anfang eines Absatzes, dem ein längerer Abschnitt über die Mutter des Kindes vorausgegangen war. Auch in diesem Satz steht mit dem Kind vor dem Zeitadverbial ein höherer Informationswert am Satzanfang, da das Adverbial auf eine gerade erst fixierte Zeitbestimmung Bezug nimmt und dementsprechend von niedrigerem Informationswert ist, als das Kind, von dem schon eine ganze Weile nicht mehr die Rede war. Wie es aussieht, sind Sätze, in denen die niedrigste Charge nicht am äußersten Bildrand steht, sondern dort gewissermaßen Seiten- oder Rückendeckung von einem etwas kräftigeren Mitspieler erhält, gar nicht so selten. Dürfen wir also dahinter vielleicht sogar einen tieferen Zusammenhang vermuten?

Blicken wir wieder einmal ein bißchen zu unseren englischen Nachbarn hinüber, dann stellen wir fest, daß sich adverbielle Satzanfänge im Englischen keinesfalls einer solchen Beliebtheit erfreuen wie im Deutschen, ja man kann es schon fast als eine Regel ansehen, daß die Temporaladverbiale im Englischen nicht am Satzanfang, sondern am Satzende stehen. Da beginnt zum Beispiel ein Roman im englischen Original mit dem Satz

The boy was there again this evening.

also mit:

Der Junge war wieder da an diesem Abend.

und nicht, wie seine deutsche Übersetzung mit

An diesem Abend war der Junge wieder da.
(Murdoch, *The Sacred and Profane Love Machine*)

Das paßt ja, wie wir jetzt schon wissen, ganz gut mit dem sprachtypologischen Muster einer SVO-Sprache zusammen, in dem die Ergänzungen rechts vom Verb stehen und die freien Adverbiale ganz rechts außen. Daß die freien Adverbiale im Deutschen links außen stehen, paßt ja ebenso gut ins Muster einer SOV-Sprache, daß sie aber dann am äußersten linken Rand des Satzes, also noch vor dem Subjekt stehen, läßt sich nun nicht mehr als Parallele zu den Verbergänzungen auffassen. Wenn sich diese Anfangsstellung von Temporaladverbialen im Deutschen weder sprachtypologisch durch die SOV-Struktur, noch informationell durch das Prinzip der zunehmenden informationellen Hierarchie erklären läßt, sollten wir uns dann nicht lieber einfach mit der Feststellung begnügen, daß es eben solche, gewissermaßen aus der Reihe tanzenden Satzanfänge gibt? Ein ordentlicher Deutschlehrer würde das jetzt sicher tun, aber uns macht es ja gerade Spaß, den Eigenschaften des Deutschen nachzuspüren, die erst jenseits der harten grammatischen Fakten beginnen.

Da Satzanfänge, durch die einem niederen Informationswert ein höherer vorangestellt wird, nicht in unser Bild von Kaiser, König, Edelmann passen, sollten wir uns vielleicht fragen, ob es nicht Gründe gibt, das Prinzip von der kontinuierlichen Zunahme der Informationswerte gelegentlich einzuschränken. Wenn man es sich genau überlegt, so hat eine Sprache, in der das wichtigste Informationselement immer erst gegen Ende des Satzes erscheint — zumindest aus der Sicht desjenigen, dem etwas mitgeteilt werden soll, gewisse Nachteile. Mark Twain hat sich über dieses »Spannungselement« des Deutschen, daß der Leser besonders bei komplexen Sätzen oft lange auf das erlösende Wort warten muß, gebührend lustig gemacht.

> An average sentence, in a German newspaper, is a sublime and impressive curiosity; it occupies a quarter of a column; ... it treats of fourteen or fifteen different subjects, each enclosed in a parenthesis of its own ... finally, all the parentheses and reparentheses are massed together between a couple of king parentheses, one of which is placed in the first line of the majestic sentence and the other in the middle of the last line of it — *after which comes the* VERB, and you find out for the first time what the man has been talking about; and after the verb — merely by way of ornament, as far as I can make out — the writer shovels in *haben sind gewesen gehabt haben geworden sein,* or words to that effect, and the monument is finished.
> (Mark Twain, *The Awful German Language*)

Ganz so schlimm ist es natürlich normalerweise nicht, aber daß das Prinzip der zunehmenden informationellen Hierarchie, das aus der Verbendstellung herrührt, Ergebnisse zeitigen kann, die nicht immer ganz leserfreundlich sind, ist wahr. Was Herr K. entdeckte, läßt zum Beispiel in dem folgenden Satz ziemlich lange auf sich warten:

> *Eines Tages, zu Gast bei einigermaßen fremden Leuten, entdeckte Herr K., daß seine Wirte auf einem kleinen Tisch in der Ecke des Schlafzimmers vom Bett aus sichtbar schon das Geschirr für das Frühstück niedergestellt hatten.*
> (Brecht, *Geschichten*)

Dennoch ist dieser Satz, da er all die vielen Adverbiale in der semantisch vorgeschriebenen Reihenfolge präsentiert, relativ leicht durchschaubar. Das kann man von dem folgenden Satz nicht sagen, der — Mark Twain hätte seine Freude daran gehabt — aus der Verbendstellung stilistisch Kapital schlägt:

> *Er hatte mir mehrere Male sehr eindringlich das Ereignis, daß er nämlich an diesem bestimmten, für ihn und seine Physiognomik entscheidenden Tag im Wertheimsteinpark, in welchen ich ihn im letzten Jahr sehr oft begleitet hatte, weil mein Interesse an seinen Beobachtungen immer größer*

gewesen war, anstatt zur alten Esche zur alten Eiche gegangen war, auseinandergesetzt ...
(Bernhard, *Billigesser*)

Natürlich sind die Adverbiale und Attribute in diesem Satz vorschriftsmäßig angeordnet, aber selbst wenn wir uns noch die Mühe machen würden, etwas über die Informationswerte der einzelnen Konstituenten herauszufinden und feststellen müßten, daß der Satz letztlich auch dem Prinzip der zunehmenden informationellen Hierarchie folgt, so zeigt das Beispiel doch deutlich, daß die grammatisch-semantischen Regeln und das Prinzip der zunehmenden informationellen Hierarchie alleine noch keine ausgewogene Sprachverwendung garantieren können. Dabei sind die Grenzen, die in diesem Beispiel überschritten wurden, nicht einfach quantitativer Natur, denn es gibt noch viel längere Sätze, die den grammatisch-stilistischen Rahmen des Deutschen nicht sprengen. Natürlich wissen wir auch schon, wie man diesen Satz stilistisch neutralisieren könnte, aber das Problem der langen und komplexen Sätze werden wir uns für später aufheben, wenn wir uns noch ganz ausführlich mit der Frage der Informationsdichte, dem quantitativen Verhältnis zwischen Inhalt und sprachlicher Form, beschäftigen wollen.

Wofür wir jetzt eine Erklärung suchen, das ist diese informationelle Verdickung links außen, die ja schon bei so kurzen Sätzen wie

Zu jener Zeit gab es in Paris ein gutes Dutzend Parfumeure.

auftritt. Auch in dem beträchtlich längeren Satz über das Frühstücksgeschirr steht das Temporaladverbial am Anfang des Satzes. Es könnte ja auch in der Mitte des Satzes stehen, vor dem Objektsatz mit den vielen anderen Adverbialen

Herr K. entdeckte eines Tages, zu Gast bei einigermaßen fremden Leuten, daß seine Wirte auf einem kleinen Tisch in der Ecke des Schlafzimmers, vom Bett aus sichtbar, schon das Geschirr für das Frühstück niedergestellt hatten.

aber sicher gefällt jedem von uns das Temporaladverbial in der Anfangsstellung besser. Irgendwie ist der Satz lockerer, die einzelnen Teile der Information scheinen besser abgepackt, das Subjekt mit dem niedrigen Informationswert wirkt quasi als Zäsur zwischen den informationell anspruchsvolleren Satzgliedern, von denen es umgeben ist. Steht aber das Temporaladverbial in der Satzmitte, dann gibt es nach dem Subjekt für die gesamte Menge von doch überwiegend neuer Information, abgesehen von ein paar Kommata, nichts mehr, was den Prozeß der Informationsbearbeitung erleichtern könnte. Und da sind, wie wir schon festgestellt haben, eine ganze Menge von Informationselementen zur Gesamtbedeutung des Satzes zusammenzurechnen.

Nun könnte der ungünstige Eindruck von Informationsmassierung auch durch die Komplexität des Temporaladverbials, das ja aus einer nominalen Wortgruppe und einem verkürzten Satz besteht, hervorgerufen werden. Aber selbst in Sätzen mit weniger komplexen Adverbialen scheint die Mittelstellung weniger günstig als die Anfangsstellung. Auch der Originalsatz

Am 21. Juni 1767 betrat er die Stadt durch die Rue Saint-Jacques frühmorgens um sechs.

ist besser als eine Variante, in der das Zeitadverbial nach dem Subjekt steht

Er betrat am 21. Juni 1767 die Stadt durch die Rue Saint-Jacques frühmorgens um sechs.

oder nach dem Objekt

Er betrat die Stadt am 21. Juni 1767 durch die Rue Saint-Jacques frühmorgens um sechs.

obwohl beide Varianten grammatisch ebenso akzeptabel sind und das Prinzip der zunehmenden informationellen Hierarchie erst in der zweiten Variante vollkommen verwirklicht ist. Die Trennung von Datum und Tageszeit erfolgt übrigens auch im Interesse dieses Prinzips; wir werden darauf zurückkommen.

Der Platzwechsel in den unteren Rängen unserer Würdenträger scheint also zu einer besseren Verteilung der gesamten Informationsmenge beizutragen. Man könnte sagen, daß er dem Prinzip der zunehmenden informationellen Hierarchie so etwas wie ein Prinzip des informationellen Gleichgewichts entgegensetzt. Natürlich ist das hierarchische Prinzip weiterhin dominierend, aber wenigstens ein Teil der gesamten Informationsmenge ist schon vorweggenommen, ehe man beim informationell schwächsten Element, dem Subjekt, angelangt, sozusagen noch einmal tief Luft holt, um sich durch die zunehmend wichtigeren Elemente zum wichtigsten durchzuarbeiten.

Die häufige Anfangsstellung der Adverbiale, die ja grammatisch nicht notwendig ist, und die dem Prinzip der zunehmenden Hierarchie meist widerspricht, ließe sich so als ein stilistisches Mittel verstehen, durch das der sprachtypologische Spielraum des Deutschen im Interesse eines besseren informationellen Gleichgewichts genutzt wird. Das mit der Verbendstellung verbundene hierarchische Prinzip wird wenigstens in einem Teilbereich des Satzes aufgehoben und umgekehrt. Mit dem höheren Informationswert des Zeitadverbials vor dem niedrigeren Informationswert des Subjekts wird die informationelle Anstiegslinie gewissermaßen wie durch einen Knick um ein ganzes Segment verkürzt. In SVO-Sprachen, wie dem Englischen, deren informationeller Höhepunkt mit der Mittelstellung des Verbs viel früher im Satz liegt, kann es zu keiner so langen informationellen Anstiegslinie kommen, womit ihr auch kein Prinzip des informationellen Gleichgewichts entgegenzuwirken braucht. Jedenfalls nicht, solange die Menge der Informationen, deren Werte ja nach dem Höhepunkt wieder abnehmen, noch einigermaßen überschaubar bleibt. Es wäre sicherlich interessant festzustellen, welche Stilregeln das Englische für den Fall bereithält, daß die Menge der abnehmenden Information für das Verständnis der Gesamtbedeutung eines Satzes zum Problem wird.

Gegen die Erwartung

Alle Formen von markierter Wortstellung, die wir bisher betrachtet haben, sind geradezu staatserhaltend verglichen mit den Reihenfolgeänderungen im Satz über den Brunnen der Vergangenheit oder gar in dem über die Erinnerung des Erzählers. Was ist es, das Sätze wie diese so auffällig von allen anderen Beispielen unterscheidet? Beginnen wir mit einem kleinen Ausschnitt aus dem Satz über den Erzähler. Angaben über die Zeit eines Ereignisses, so hatten wir festgestellt, ordnen sich nach dem Grad ihrer Spezifiziertheit, je spezifischer die Angabe, um so höher der Informationswert: *Frühmorgens um sechs Uhr, vor einundzwanzig Jahren, um sieben Uhr abends.* Daß die interne Struktur des letzten Adverbials, *um sieben Uhr abends,* von diesem Prinzip abweicht und das spezifischere vor das weniger spezifische Element setzt, hat uns zum erstenmal auf die Möglichkeit aufmerksam gemacht, einzelne Elemente aus der zunehmenden informationellen Hierarchie eines Satzes herauszunehmen. In diesem Fall mittels syntaktischer Unterordnung, durch die das untergeordnete Element auf das Satzganze bezogen nicht mehr einzeln, sondern nur zusammen mit seinem übergeordneten Element informationell verrechnet wird. Ein solches adverbiales Sammelpaket ist in allen Fällen, in denen, wie etwa bei Datumsangaben, die Bestandteile einer Zeitangabe nicht von zunehmend größerer Bedeutung sein sollen, das Normale. Auch bei Ortsangaben, besonders bei jenen, die eine feste Ergänzung zum Verb darstellen, scheint die syntaktische Unterordnung mehrerer Adverbiale, also die Anordnung nach abnehmender Spezifiziertheit, der Normalfall zu sein. Der Bekanntheitsgrad der einzelnen Elemente kann aber dann wiederum eine Anordnung nach zunehmender Spezifiziertheit erfordern, so daß es mitunter in einem einzelnen Satz zu einem recht bunten Hin und Her von Abfolgebedingungen kommt, ohne daß dabei irgendwo der Rahmen unserer informationellen Erwartungen gesprengt würde. Wem würde schon an dem Satz

> *Am 25. Juni 1767 betrat er die Stadt durch die Rue Saint-Jacques frühmorgens um sechs.*

irgend etwas außergewöhnlich vorkommen? Und doch ist das Spezifiziertheitsteleskop schon in diesem kurzen Satz einmal links- und zweimal rechtsherum angeordnet, ja selbst die Tatsache, daß die Richtungsangabe nicht als

Adverbial, sondern als Objekt erscheint, steht mit diesen Reihenfolgebedingungen, nach dem ein schon bekannter Zielpunkt noch vor einem neuen Durchgangspunkt anzugeben ist, in Zusammenhang. Ein noch unbekannter Stadtteil müßte in umgekehrter Reihenfolge eingeführt werden und dementsprechend auch durch ein Verb mit einem anderen Rollenplan, etwa so:

Durch die Rue Saint-Jacques gelangte er zu einem großen Platz . . .

Wenn man überdies bedenkt, daß einerseits »um sechs Uhr morgens« andererseits »Morgens um sechs« als die jeweils normale Reihenfolge gilt, dann hat man einen ganz guten Vorgeschmack von dem, was es heißt herauszufinden, ob etwas noch als neutrale oder schon als markierte Wortstellung zu gelten hat. Daran gemessen, arbeitet unser innerer Computer wieder einmal erstaunlich schnell und präzise, denn wir wissen doch zum Beispiel sofort, daß »um sieben Uhr abends vor einundzwanzig Jahren« in dem Satz über den Erzähler eine markierte Reihenfolge ist.

Und wir wissen natürlich auch genau, warum die Reihenfolge markiert ist, und daß dies, wenn der Vergleich erlaubt ist, etwas mit dem Brunnen der Vergangenheit und seiner Tiefe zu tun hat. Was wir uns nämlich vom Erinnern erwarten würden, stammt wohl direkt aus der Erfahrung mit unserem eigenen Gedächtnis, für das eben in der Regel das, was weiter zurückliegt, weniger zugänglich ist als das, was zu unserer jüngeren oder jüngsten Vergangenheit gehört. Natürlich wissen wir jetzt, da der Wind durch die Bäume weht, am besten, wie stark er bläst, und wie etwas gestern abend war oder vor einer Woche, mag uns immerhin auch noch weitgehend gegenwärtig sein, aber was den Wind betrifft, so muß da schon etwas Besonderes gewesen sein, daß wir uns überhaupt daran erinnern, wie er blies oder gar wie, genau, er blies.

Wenn sich nun »sieben Uhr abends« nicht auf gestern oder vorige Woche bezieht, sondern auf eine Zeit vor einundzwanzig Jahren, dann ist der Höhepunkt der Unwahrscheinlichkeit erreicht. Genau diese Steigerung aber hin zum Unwahrscheinlichen ist es, die der Autor mit seiner

Anordnung der Adverbiale bezweckt hat, denn es soll ja mit diesem Satz die vorgetäuschte oder eingebildete Sicherheit des Erzählers, überhaupt eines jeden, der eine Geschichte und sei es seine eigene erfindet, und die Selbstverständlichkeit, mit der wir dieser Geschichte zu folgen bereit sind, in Frage gestellt werden. Wenn also die einundzwanzig Jahre innerhalb des Objekts der Erinnerung den informationellen Spitzenplatz einnehmen, so spiegelt sich in dieser, unserer Erwartung zuwider laufenden Anordnung eben die Hierarchie des Erstaunlichen wieder. Kaiser ist nicht, wem es von Haus aus zukäme, sondern der, der uns am meisten in Erstaunen versetzen kann. Die Machtverhältnisse bleiben dieselben, aber ihre Besetzung ändert sich.

Wie sehr unsere Vorstellungen über die informationelle Hierarchie außersprachlich bestimmt werden, demonstriert eine Keunergeschichte über das Warten, in der die Zeitangaben, die sich auf das Warten beziehen, immer größer, aber jene, die sich auf das Nicht-Warten-Können beziehen, immer kleiner werden — werden sollten, denken wir, denn der Autor kommt unseren Erwartungen in diesem Punkt aus einem nicht durchschaubaren Grund nicht entgegen:

Herr K. wartete auf etwas einen Tag, dann eine Woche, dann noch einen Monat. Am Schluß sagte er: »Einen Monat hätte ich gut warten können, aber nicht diesen Tag und diese Woche.«

Unsere Fähigkeit, zwischen normalen und markierten Reihenfolgen zu unterscheiden, kann sich auf die verschiedenartigsten Sachverhalte beziehen, auch auf solche, von denen man meinen müßte, sie seien eigentlich in keine hierarchische Ordnung zu bringen. Die Komik des folgenden Beispiels beruht doch ganz offensichtlich darauf, daß Gedanken und Geld gegen die Erwartung angeordnet sind:

Man hörte ihm gerne zu, weil es schön war, daß ein Mann, der so viele Gedanken hatte, auch Geld besaß.
(Musil, *Der Mann ohne Eigenschaften*)

Nun ist der Satz über den Erzähler nach den einundzwanzig Jahren noch nicht zuende, denn da folgt ja dann erst noch der Hauptsatz, zu dem alles Vorausgegangene sich nur zu einem konditionalen Nebensatz zusammenfügt.

Wenn der Erzähler sich zu erinnern vorgibt, wie, genau der Wind blies um sieben Uhr abends, vor einundzwanzig Jahren, warum lächle ich nicht?

Und in diesem Fall ist auch die Reihenfolge konditionaler Nebensatz vor Hauptsatz, die in anderem Zusammenhang ganz gewöhnlich wäre, außergewöhnlich, denn der Hauptsatz eröffnet eine Frage und wäre deshalb neutralerweise vor seinem Nebensatz zu erwarten.

Über mögliche Anfangsstellungen von Elementen mit höherem Informationswert haben wir zwar schon einmal gesprochen, doch hatte es sich dabei immer um Adverbiale gehandelt, deren Stellung vor dem Subjekt nichts Wesentliches an der informationell zunehmenden Hierarchie des ganzen Satzes zu ändern schien. Verglichen mit dem vorangestellten Temporaladverbial im Beispiel mit der Rue Saint-Jacques, scheint das vorangestellte Konditionaladverbial den Satz über den Erzähler geradezu auf den Kopf zu stellen. Wenn wir von der grammatisch-semantischen Spezifik dieser festen Verbergänzung absehen, dann sind wir solchen auf den Kopf gestellten Sätzen sogar schon einmal in anderem Zusammenhang begegnet und zwar in unserem besten Demonstrationsstück für die Veränderung der Grundreihenfolge im Interesse kontextueller Angemessenheit. Wenn vor dem Gesetz ein Türhüter steht und zu diesem Türhüter ein Mann vom Lande kommt, dann verstößt die Reihenfolge *feste Verbergänzung vor Subjekt* gegen die grammatisch bestimmte Reihenfolge, die ja die feste Verbergänzung nach dem Subjekt erfordern würde. Dennoch finden wir diese Sätze gar nicht auf den Kopf gestellt, sondern so normal, daß wir schon unser ganzes abstraktes Wissen aufbieten müssen, um uns die Umstellung überhaupt bewußt zu machen. Das haben wir im Satz über den Erzähler nicht nötig; sobald wir beim Hauptsatz angelangt sind, können wir die Außergewöhnlichkeit der Reihenfolge beim besten Willen nicht mehr übersehen.

Jetzt könnte man einwenden, daß es sich ja im Satz über den Erzähler um ein Satzgefüge handelt, und daß da unser

Eindruck schon wegen der Struktur und der Menge der Informationselemente nicht mit dem zu vergleichen ist, den ein einfacher, kurzer Satz auf uns macht. Einverstanden. Aber wir können den Unterschied zwischen einer solchen offensichtlich normalen Umstellung einerseits und einer deutlich markierten Umstellung andererseits auch schon an kürzeren Sätzen studieren. An einer etwas späteren Stelle in der Erzählung *Vor dem Gesetz* findet sich der Satz:

Solche Schwierigkeiten hat der Mann vom Lande nicht erwartet.

Da steht also ein Objekt am Satzanfang und nicht an seiner grammatisch vorgeschriebenen Stelle im Prädikat:

Der Mann vom Lande hat solche Schwierigkeiten nicht erwartet.

Da sowohl Subjekt wie Objekt Elemente bezeichnen, die schon bekannt sind — vom Objekt weiß man das, auch ohne die Geschichte zu kennen, durch das Demonstrativpronomen »solche« — kann die Umstellung nicht im Interesse der kontextuellen Angemessenheit notwendig gewesen sein. Die Markiertheit der Reihenfolge ist eindeutig. Eine Begründung, wie sie sich für die einundzwanzig Jahre anbot, ist nicht in Sicht. Dennoch wissen wir, daß solche Sätze nicht gerade selten sind. Aber was ist das Besondere an ihnen und warum verwendet man sie?

Eigentlich können wir die erste Frage jetzt schon beantworten, auch wenn damit vielleicht die Dringlichkeit der zweiten nur noch unterstrichen wird. Wir haben alle von der Grundwortstellung abweichenden Sätze als normal empfunden, bei denen der Kontext oder auch nur unsere außersprachliche Erwartung einen Grund für die Umstellung erkennen ließ. Im Interesse der kontextuellen Angemessenheit können dabei nicht nur freie Adverbiale gegeneinander oder gegen andere Satzglieder ausgetauscht werden, es können auch feste Verbergänzungen den Platz wechseln oder sogar an den Anfang des Satzes rücken. Gemessen an der syntaktischen Hierarchie eines Satzes ist dieser Schritt zweifelsohne der größte, doch wenn das vorangegangene Element bekannt ist, dann finden wir auch an dieser Veränderung der Reihenfolge nichts Besonderes. Wir bewerten die Abfolge der Elemente als normal, wie in den ersten Sätzen aus der Erzählung *Vor dem Gesetz,* allerdings nur — und das zeigt uns eben der Satz über die unerwarteten Schwierigkeiten für den Mann vom Lande — wenn die Vorstellung zugunsten der zunehmenden informationellen Hierarchie erfolgt ist, das heißt, wenn das folgende Element einen höheren Informationswert hat, weil es zum Beispiel an dieser Stelle des Texts erst eingeführt wird. Andernfalls bewerten wir eine solche Anordnung als markiert.

Im Spiegel der Frage

Es gibt aber auch Kontexte, in denen ein neues Element am Satzanfang normal wirkt und das auch dann noch, wenn ihm ein bekanntes Element folgt, Sätze also, in denen die Informationswerte entgegen dem Prinzip der zunehmenden informationellen Hierarchie angeordnet sind. Eine solche Konstellation tritt zum Beispiel immer dann auf, wenn ein Satz als Antwort auf eine Ergänzungsfrage zu verstehen ist. Obwohl in der folgenden Sequenz alle Gegenstände zum erstenmal erwähnt werden und das Prädikat nur die Ergänzungsfrage wieder aufnimmt, ist die Wortstellung in den Sätzen über die gut riechenden Dinge normal, aber in dem Satz, der die Antwort eröffnet, markiert, obwohl hier das bekannte vor dem neuen Element steht und damit also das Prinzip der zunehmenden informationellen Hierarchie erfüllt ist:

> *»Was heißt gut?« brüllte Terrier sie an. »Gut riecht vieles. Ein Bund Lavendel riecht gut. Suppenfleisch riecht gut. Die Gärten Arabiens riechen gut.«*
> (Süskind, *Das Parfum*)

Da haben wir es nun plötzlich mit einer Art verkehrter Welt zu tun, in der sich die Grundwortstellung und das Prinzip der zunehmenden informationellen Hierarchie nicht mehr decken. Der erste Satz, mit dem Pater Terrier seine

Frage beantwortet, hat seinen Informationsschwerpunkt am Satzende, verläuft aber entgegen der Grundwortstellung; die übrigen Sätze entsprechen der Grundwortstellung, haben aber ihren Informationsschwerpunkt am Satzanfang. Natürlich empfinden wir die Sätze mit dem Schwerpunkt am Anfang als etwas Besonderes, doch da ihre Reihenfolge der grammatisch bestimmten Grundwortstellung entspricht, kommt uns die verkehrte Welt eigentlich gar nicht so richtig zum Bewußtsein.

Demgegenüber empfinden wir das Abweichen von der grammatisch bedingten Reihenfolge im ersten Satz der Antwort als deutlich markiert, obwohl der Informationsschwerpunkt ordnungsgemäß am Satzende steht. Sogar ohne die vorangegangene Frage würden wir die Reihenfolge

vieles riecht gut

als normal und die Reihenfolge

gut riecht vieles

als markiert bewerten. Ohne den Kontext einer Ergänzungsfrage wäre dies aber nur natürlich, da wir es ja mit einer Umkehrung der grammatisch bestimmten Wortstellung zu tun haben, für die es in jedem Fall eine kontextuelle Begründung geben müßte. Daß die Umkehrung aber auch mit Kontext als markiert bewertet wird, widerspricht unserer bisherigen Annahme, nach der eine Reihenfolge, die an den grammatischen Vorschriften gemessen als markiert bewertet werden müßte, durch einen entsprechenden Kontext neutralisiert werden kann.

Allerdings fragt es sich natürlich, was für ein Kontext mit einer Ergänzungsfrage überhaupt vorliegt. Der Verdacht, daß sie eine andere Art von Kontext darstellt, als alles, was wir bisher betrachtet haben, ist ja, wenn wir die übrigen Sätze der Sequenz betrachten, nicht von der Hand zu weisen. Die Antwort auf eine Ergänzungsfrage erfordert anscheinend, wie in einem Spiegel, das erfragte Element und damit den Informationsschwerpunkt am Satzanfang. Diese Forderung wird von »Lavendel«, »Suppenfleisch« und den »Gärten Arabiens« gleichermaßen erfüllt. Sie wird nicht erfüllt durch das unspezifische »vieles«, das, indem es den Informationsschwerpunkt ans Ende seines Satzes setzt, diesen Satz unmißverständlich aus der Menge der möglichen Antworten herausnimmt.

Wie es so Spiegelart ist, sieht man auch dem Frage-Spiegel seine seitenvertauschende Wirkung auf die Informationshierarchie von Antworten nicht so leicht an. Zumindest ihrer grammatischen Form nach wirken die Antworten des Paters ganz unproblematisch. Selbst der eine markierte Satz scheint dies einfach nur wegen der grammatischen Umkehrung von Subjekt und Prädikat zu sein. Aber dann steht da links mit dem Prädikat das schon eingeführte Element und rechts mit dem Subjekt das neue, was ja die neutrale Reihenfolge wäre, die es aber eben doch nicht ist, weil wir das Ganze nicht direkt, sondern in einem Spiegel vorgehalten bekommen.

Wie man sieht, kann sich kontextuelle Angemessenheit in verschiedenen Kontexten unterschiedlich definieren. Der Spiegel-Kontext einer Ergänzungsfrage kann sogar zu dem Paradox führen, daß das Prinzip der zunehmenden informationellen Hierarchie im Interesse der kontextuellen Angemessenheit aufgehoben wird.

Schwerpunkte

Bei dem Satz über die une warteten Schwierigkeiten für den Mann vom Lande haben wir es aber mit einem Fall zu tun, dessen Kontextbedingungen das gewohnte Bild ergeben. Der ganze diesem Satz vorangegangenen Abschnitt zählt die Hindernisse auf, die dem Mann vom Lande in Form von vielen Türen und immer mächtiger werdenden Türhütern den Eintritt zum Gesetz verwehren. Ihre Zusammenfassung als »solche Schwierigkeiten« dürfte wohl im Interesse der kontextuellen Angemessenheit eine Anfangsstellung im Satz beanspruchen. Daß diese dennoch als markiert bewertet wird, kann eigentlich nur noch heißen, daß die Informationswerte von Subjekt und Objekt nicht wirklich gleich sind, daß — obwohl beide Elemente schon bekannt sind — das Subjekt doch noch einen niedrigeren Informationswert hat, als das Objekt und ihm deshalb in einer neutralen Reihenfolge vorangehen müßte. Genau genommen ist der Informationswert des Objekts nicht nur höher als der des Subjekts, er kann sogar ohne weiteres einen Vergleich mit dem Informationsschwerpunkt am Ende des Satzes, mit dem negierten Prädikat aushalten. Mit anderen Worten, der Satz über die Schwierigkeiten hat zwei Informationsschwerpunkte, einen am Ende und einen am Anfang. Die markierte Reihenfolge sorgt für die gleichmäßige Verteilung der beiden Schwerpunkte. Ohne die Umstellung von Subjekt und Objekt stünden beide Schwerpunkte hintereinander am Ende des Satzes, und vermutlich würden wir sie da gar nicht auseinanderhalten können.

Die Möglichkeit von zwei oder mehreren Informationsschwerpunkten innerhalb derselben Informationseinheit haben wir noch gar nicht in Betracht gezogen. Der Gegenkaiser war ja erst im Nachtrag, also außerhalb der informationellen Hierarchie einer Einheit, aufgetaucht. Aber warum soll es nicht Sätze mit mehreren Schwerpunkten geben? In komplexen Sätzen muß dies ja ohnehin möglich sein, und dann gibt es doch auch koordinierte Konstituenten, bei denen mit oder ohne Konjunktion eine ganze Reihe gleichwertiger Elemente aufgelistet werden kann, eine Möglichkeit, die schließlich auch für den Informationsschwerpunkt in Frage kommt.

Wenn wir unsere Beispiele noch einmal unter diesem Gesichtspunkt Revue passieren lassen, entdecken wir sogar verschiedene sprachliche Mittel, durch die Informationsschwerpunkte im Satz sichtbar gemacht werden, die nicht schon automatisch durch ihre Endstellung als Schwerpunkt zu erkennen sind. Da stand zum Beispiel im Satz über das Altwerden noch vor dem Informationsschwerpunkt am Satzende ein Temporaladverbial, dem die Partikel »erst« denselben informationellen Rang zuweist:

An sich ist es merkwürdig, daß das Altwerden . . . erst um die Fünfzig herum so recht empfunden wird.

Im Satz über die Besichtigungen des Hungerkünstlers war es das »auch«, das das Temporaladverbial am Satzanfang zum Schwerpunkt macht — in diesem Fall ist es sogar der einzige Schwerpunkt, denn der nächste folgt ja erst im Nachtrag. Im folgenden Satz macht »selbst« das Subjekt zum zweiten Informationsschwerpunkt neben dem Prädikat:

> *Und selbst der König ließ sich irgendeinen neumodischen Unsinn vorführen, eine Art künstliches Gewitter namens Elektrizität.*
> (Süskind, *Das Parfum*)

— auf die Raffinesse des dritten Schwerpunkts im Nachtrag sei nur nebenbei hingewiesen.

Neben den lexikalischen Mitteln gibt es sogar ganze syntaktische Konstruktionen, die Informationsschwerpunkte markieren:

> *Was er aber am entschiedensten bekämpfte, waren die abergläubischen Vorstellungen des einfachen Volkes.*
> (Süskind, *Das Parfum*)

Diese Spalt- oder Pseudospaltsätze verdeutlichen Schwerpunkte auf eine Weise, mit der eine Markierung nur durch Umstellung gar nicht konkurrieren kann. Die Hervorhebung des Objekts durch Vorstellung nimmt sich dagegen doch viel bescheidener aus:

> *Aber die abergläubischen Vorstellungen des einfachen Volkes bekämpfte er am entschiedensten.*

Daß diese Variante soviel weniger überzeugend klingt als das Original, hat sicher auch etwas mit dem Proporz zwischen den beiden Schwerpunkten zu tun. Dem strukturell gewichtigen Auftakt steht so am Ende trotz des Superlativs nicht mehr allzu viel entgegen. Da verschafft die strukturelle Erweiterung den abergläubischen Vorstellungen im Original ein ganz anderes Gewicht.

Überhaupt sind Umstellungen zur Markierung von Schwerpunkten eine sehr subtile Angelegenheit, verglichen mit der eigene lexikalische Elemente oder gar syntaktische Konstruktionen geradezu grobe Lesehilfen sind. Dennoch. Umstellungen zum Zweck der Hervorhebung erreichen ihr Ziel auf eine sehr ökonomische Weise, eben ohne noch zusätzliche Wörter gebrauchen zu müssen. Sie sind sicher gerade deshalb besonders effektiv in kürzeren Sätzen anwendbar, deren Eindringlichkeit durch kein zusätzliches Dekor abgeschwächt werden soll. Der Wohlklang des Satzes

Tief ist der Brunnen der Vergangenheit.

beruht zu einem großen Teil auf der Umstellung, der aus einem gewöhnlichen Satz mit einem Informationsschwerpunkt am Ende

Der Brunnen der Vergangenheit ist tief.

gewissermaßen im Handumdrehen einen magischen Satz macht, der, weil er eigentlich nur aus zwei Informationsschwerpunkten besteht, fast schon wie ein schwerer Bronzegong klingt.

Natürlich hängt der Ton, der da entsteht, vom Material ab. Ein anderer Inhalt macht eine andere Musik. Mit anderen Worten und in einem anderen Kontext kann dieselbe Struktur ganz anders klingen. Auf die zornige Frage, »Was heißt ›gut‹?« hört sich der doppelte Schwerpunkt der Antwort

Gut riecht vieles.

kürzer, schärfer an und kann eben genau damit so gut anzeigen, daß da jemandem endgültig die Geduld gerissen ist.

Aber markierte Wortstellungen sind nicht auf kurze Sätze beschränkt. Im Gegenteil, sie erfreuen sich besonderer Beliebtheit bei Objektsätzen, da durch sie das Prädikat des Satzes, das ja wegen der obligatorischen Ausrahmung des Objektsatzes informationell benachteiligt ist, noch aufgewertet werden kann. Wie das folgende, etwas makabre Beispiel zeigt, kann das vorangestellte Element dabei erstaunlich lang sein:

Daß einer auf den Stuhl steigt und seine Hosenträger am Deckenbalken befestigt und sich aufhängt, um seine eigenen Schritte nicht mehr zu hören, kann Herr Geiser sich vorstellen.
(Frisch, *Geschichten*)

Der Objektsatz am Anfang bezieht sich nicht, wie man, ohne den Kontext zu kennen, annehmen möchte, auf einen Sachverhalt, von dem im Vorangegangenen schon die Rede gewesen wäre, sondern allenfalls auf eine Situation, bei der einem solche Gedanken schon kommen können. Im Vergleich zu den übrigen Elementen des Satzes hat der Objektsatz, der selbst noch aus einer Reihe von koordinierten Prädikaten und einer finalen Infinitivgruppe besteht, einen außerordentlich hohen Informationswert, weshalb wir seine Anfangsstellung auch als besonders markiert empfinden. Durch die Voranstellung des Objektsatzes ist aber auch das restliche Prädikat des Satzes informationell aufgewertet, dem man andernfalls ja nicht gerade viel Bedeutung beimessen würde. Herrn Geisers Fähigkeit, sich eine solche aus Langeweile, Einsamkeit und Furcht geborene Verzweiflungstat vorstellen zu können, nimmt auf diese Weise einen geradezu bedrohlichen Charakter an. Das Element des Sich-Vorstellen-Könnens steht ja wegen der Voranstellung des Objektsatzes am Satzende und ist damit als neues Element informationell gleichrangig mit dem vorangestellten Element am Anfang, und da gleichen wir dann eben den beträchtlichen Unterschied zwischen der Informationsmenge des Objektsatzes und des restlichen Prädikats aus, indem wir uns zum Beispiel ausmalen, was Herrn Geisers düstere Vorstellung für ihn selbst bedeuten könnte.

Nun würde uns Herrn Geisers Gedankengang auch dann nichts Gutes ahnen lassen, wenn man ihn uns in der sprachlich neutralen Form vorgeführt hätte:

> *Herr Geiser kann sich vorstellen, daß einer auf den Stuhl steigt und seine Hosenträger am Deckenbalken befestigt und sich aufhängt, um seine eigenen Schritte nicht mehr zu hören.*

Durch die Voranstellung des Objektsatzes bekommt aber Herrn Geisers Gemütszustand ein viel größeres Gewicht, während der vorgestellte Sachverhalt selbst eher ein bißchen heruntergespielt wird. Natürlich kann kein Zweifel bestehen, daß der Objektsatz, grammatisch und semantisch gesehen, ein Infomationsschwerpunkt des Satzes ist, auch wenn er durch seine Anfangsstellung noch einem zweiten Schwerpunkt Platz gemacht hat. Dennoch wird er in der

Anfangsstellung, zumindest dem Anschein nach, zu einem Gedanken, der zwar Herrn Geiser jetzt erst in den Sinn kommt, mit dem der Leser aber schon vertraut sein könnte. Dies geht bestimmt darauf zurück, daß der Objektsatz in der Anfangsstellung nicht mehr so deutlich im Geltungsbereich des übergeordneten Satzes steht, der auf diese Weise den Gedanken an Selbstmord eben nicht von vornherein, sondern sozusagen erst im nachhinein Herrn Geiser zuschreibt. Der erwartungsvollen Spannung, die sich beim Leser mit der zunehmenden Dramatik der Ereignisse aus dem Objektsatz entwickelt, geht durch die abschließende Lokalisierung dieser Ereignisse in dem, was sich Herr Geiser vorstellen kann, regelrecht die Luft aus.

Auch in dem Satz über den Erzähler (vgl. S. 134) trägt die Voranstellung des Konditionalsatzes dazu bei, daß sich beim Leser eine bestimmte Haltung herausbildet, die dann durch die Bedeutung des übergeordneten Satzes wieder zurückgenommen wird. In diesem Fall geht es um die kritische Haltung zum Erzähler. Die Distanz des Autors gegenüber den Ansprüchen des Erzählers zeigt sich schon an der Wahl des Prädikats »vorgibt«, dem durch einen Platzwechsel mit dem Infinitiv überdies eine informationell höhere Stelle eingeräumt wird; danach tragen die gleichfalls markierte Stellung des Modaladverbials, »genau«, und die besondere Reihenfolge der Temporaladverbiale das ihrige zu dem zunehmend deutlicheren Eindruck von ironischer Distanziertheit bei. Aber mit dem Abschluß des Satzes, der ja durch die Voranstellung des Konditionalsatzes auch zu einem Informationsschwerpunkt geworden ist, löst sich die ironische Zuspitzung des Nebensatzes wieder auf, denn jetzt stellt sich heraus, daß das Ganze nur eine freundlich nachdenkliche Frage war.

Pauke oder Kastagnetten

Wenn wir von dieser Stelle aus zurückblicken, können wir erfreut feststellen, daß die Pfade der markierten Wortstellung gar nicht so verschlungen sind, wie wir das am Anfang unserer Wanderung erwartet hatten. Natürlich ist der Überblick, den wir über das ganze Gebiet haben, noch lange nicht vollständig, aber so gänzlich ohne Orientierung wie zu Beginn sind wir nun wirklich nicht mehr. Und wenn wir einmal davon absehen, wie schwer es für jeden noch so tüchtigen Computer wäre, mit diesem Faktor zu rechnen, so haben wir doch inzwischen einen Wegweiser für markierte Reihenfolge, dem wir leicht folgen können, da er sich in uns ja ganz von selbst einstellt: unsere Erwartung. Damit ist nicht unsere private Erwartung gemeint, der Telefonanruf etwa, auf den wir schon seit vorgestern warten, oder der nächste Regenschauer, der jeden Moment kommen wird. Diese Erwartungen werden erst dann für die Frage der Wortstellung interessant, wenn wir sie mit anderen teilen. Wenn wir uns mit ihnen unterhalten, oder uns auch nur von ihnen unterhalten lassen, kann das, worüber wir sprechen, eben mit oder gegen die Erwartung angeordnet sein. Entspricht die Reihenfolge der Wörter unserer Erwartung, ist sie neutral, verläuft sie gegen unsere Erwartung, ist sie markiert.

Damit diese Feststellung nicht einfach zu einer Tautologie zusammenschrumpft, darf man natürlich den Unterschied zwischen der außersprachlichen Natur der Erwartung und der innersprachlichen Natur von Wörtern und Wortstellung nicht aus den Augen verlieren. Die Unterscheidung ist allerdings manchmal gar nicht so leicht aufrecht zu halten, besonders, weil außersprachliche Erwartungen schon in verschiedenerlei Form in den grammatisch-semantischen Regeln der Sprache festgeschrieben sind. Selbst bei der grammatisch bestimmten Reihenfolge der festen Verbpartner war ein gewisser Zusammenhang zwischen der grammatisch-strukturellen und der semantischen Nähe der Partner zum Verb erkennbar gewesen. Dennoch ist die grammatisch bestimmte Reihenfolge relativ starr und muß durch das im Wortschatz verankerte vielgestaltige Repertoire unterschiedlicher Rollenpläne erweitert werden, um allen Möglichkeiten außersprachlicher Erwartungen ordnungsgemäß nachkommen zu können. Bei den Reihenfolgebedingungen der freien Adverbiale, die — innersprachlich gesehen — bestenfalls semantisch geregelt sind, kommt das Kriterium der Erwartung schon viel deutlicher zum

Vorschein. Die semantisch bestimmte Reihenfolge selbst richtet sich danach, und wo sich die Adverbiale einer semantischen Klassifizierung entziehen, folgt ihre Anordnung direkt dem Kriterium der Erwartung.

Daß sich unsere außersprachliche Erwartung so direkt in den grammatisch-semantischen Reihenfolgebedingungen widerspiegelt, ist nicht für jeden Sprachtyp selbstverständlich. In einer Sprache wie dem Englischen, wo das Verb nicht am Ende, sondern in der Mitte des Satzes steht, gibt es keine geradlinige Hierarchie, während im Deutschen das, was wir am ehesten erwarten, normalerweise am Satzanfang und das, was wir am wenigsten erwarten, am Satzende steht. Dem entspricht die Anordnung nach dem Grad der Spezifiziertheit, die in der Regel sozusagen umgekehrt proportional dazu verläuft: je allgemeiner ein Informationselement ist, umso früher wird es erwartet, je spezifischer, umso später.

Nun ist aber das, was man im allgemeinen erwartet, nicht unbedingt auch das, was man in einer bestimmten Situation erwartet. Ja, was andernfalls normal wäre, kann sich in einer bestimmten Situation geradezu umkehren. Da sich die Wortstellung aber generell nach dem Kompaß der Erwartungen richtet, muß sie eben in einem solchen Fall von dem grammatisch-semantisch vorgesehenen Verlauf abweichen. Allerdings gibt es, wie wir am Beispiel der Ergänzungsfrage (S. 136) gesehen haben, auch sprachlich festgeschriebene Abweichungen, bei denen unter Umständen eben gerade die umgekehrte Reihenfolge die sprachlich neutrale ist.

Wir hatten aber auch an all den Beispielen, die eine von der sprachlich neutralen Wortstellung abweichende Anordnung aufwiesen, nichts besonderes gefunden, solange sie nur mit ihrer Reihenfolge der außersprachlichen Erwartung entsprachen. Vielleicht können wir unsere Überlegungen an dieser Stelle noch ein wenig übersichtlicher gestalten, indem wir die Wortstellung, die den grammatisch-semantischen Regeln folgt, »neutral« und die, die der Erwartung folgt, »normal« nennen. Die *neutrale Wortstellung* fällt dann, abgesehen von Spiegel-Kontexten, meist mit der normalen Wortstellung zusammen, während die *normale*

Wortstellung keinesfalls neutral zu sein braucht. Und eine Wortstellung, die weder neutral noch normal ist, die ist nun eben im wahrsten Sinn des Wortes markiert. Mit einer solchen wirklich *markierten Reihenfolge* haben wir es danach immer da zu tun, wo die Anordnung der Satzglieder *gegen unsere Erwartung* verläuft. — Wie wir gesehen haben, wird uns die Abweichung von der grammatisch-semantischen Reihenfolge überhaupt erst bewußt, wenn sie nicht in unserer Erwartung begründet ist.

Mit diesen Festlegungen dürften wir die wesentlichsten Prinzipien der Perspektive erfaßt haben. Parenthesen und Nachträge lassen sich da mühelos einordnen. Sie sind trotz ihrer Rolle als Außenseiter im normalen Bereich der Wortstellung angesiedelt und passen sich auf ihre Weise der neutralen Wortstellung an.

Aber da ist noch die Voranstellung der freien Adverbiale, die, wenn sie nicht in unserer Erwartung begründet ist, als markiert anzusehen wäre. Mit diesem Fall haben wir nun zum Schluß scheinbar doch noch einen Fehler in der Rechnung, ein Abweichen von der neutralen Wortstellung, das zu unseren Kriterien für und gegen die Erwartung nicht paßt. Denn unter den vielen Sätzen, die wir in diese Klasse einreihen können, findet sich eigentlich kein einziger, den wir wegen des vorangestellten Adverbials als markiert bewerten würden; zumindest nicht, wenn wir ihn mit den Fällen von markierter Wortstellung vergleichen, in denen der Informationsschwerpunkt am Satzanfang steht. Das waren die Beispiele, über die wir links außen (vgl. S. 81 f.) gestolpert sind und die wir dann, sozusagen auf den Spuren von Mark Twain, als Ausgleich gewisser Nachteile einer SOV-Sprache gedeutet haben. Ihretwegen hatten wir dem Prinzip der zunehmenden informationellen Hierarchie das des informationellen Gleichgewichts gegenübergestellt und waren so bei zwei informationellen Ordnungsprinzipien angekommen, von denen wir vermuten können, daß sich das eine aus der typologischen Charakteristik des deutschen Sprachsystems und das andere einfach dagegen entwickelt hat.

Wenn wir es recht bedenken, dann schränkt aber der Fall einer markierten Reihenfolge, durch die schon der Anfang des Satzes zum Informationsschwerpunkt wird, die zunehmende informationelle Hierarchie nicht weniger ein, als der Fall, der nur einen etwas höheren Informationswert an den Anfang setzt. In der Tat bieten doch die Sätze mit je einem Schwerpunkt am Satzanfang und Satzende ein geradezu klassisches Bild von informationellem Gleichgewicht. Wenn wir die beiden Fälle von kontextuell unbegründeter, nicht neutraler Reihenfolge unter diesem Gesichtspunkt miteinander vergleichen, scheint der Unterschied zwischen ihnen schließlich doch nur ein Unterschied im Grad der Markierung zu sein. Sätze, in denen ein Element mit geringfügig höherem Informationswert vorangestellt ist, sind schwach, Sätze mit einem Informationsschwerpunkt am Anfang stark markiert. Daß uns nur die stark markierte Reihenfolge markiert zu sein scheint, die schwach markierte aber kaum zu Bewußtsein kommt, hängt ganz bestimmt damit zusammen, daß der Kaiser nicht einfach der nächsthöhere Würdenträger ist, sondern der höchste, so daß wir es eben nicht nur mit einem quantitativen, sondern zugleich mit einem qualitativen Unterschied zu tun haben. Der Platzwechsel in den unteren Rängen kann einem leicht entgehen, aber wenn der Kaiser plötzlich am unteren Ende steht und der Thron von einem anderen besetzt ist, hat sich das Bild doch gravierend, eben in Richtung auf Gewaltenteilung hin, geändert.

Als Pragmatiker könnte man das auch so sehen: Zwar bieten uns beide Formen der markierten Reihenfolge nicht das, was wir an einer bestimmten Stelle von der Welt erwarten würden, aber in dem einen Fall geschieht dies sozusagen zu unserer Schonung, damit wir nicht mit zu viel Neuem auf einmal fertig werden müssen, während es der andere Fall von vornherein auf Überraschungen und Sensationen anlegt, gleich zu Beginn mit Schwergewichten aufwartet, die dem Leser vor dem nächsten Höhepunkt oft kaum Zeit zum Luftholen lassen. Da dieser aber, wenn man seinen Erwartungen zu sehr entgegenkommt, ohnehin oft gegen seinen Willen über der Lektüre einschläft, sind die Paukenschläge der stark markierten Reihenfolge bei Autor und Leser verständlicherweise nicht weniger beliebt als die Kastagnetten der schwach markierten Reihenfolge.

Da haben wir nun mit Spiegel und Drehbühne den Protagonisten unseres Varietés Auskünfte über die grammatischen und stilistischen Regularitäten der deutschen Wortstellung entlockt, die uns auf einen erfolgreichen Umgang mit der Perspektive deutscher Sätze hoffen lassen. Die Freiheit, zwischen verschiedenen Reihenfolgen zu wählen, besteht — wie wir jetzt wissen — vor allem bezüglich der Wahl zwischen neutraler und markierter Reihenfolge. Ansonsten wird sie durch unsere kontextuelle Erwartung so stark eingeschränkt, daß wir eigentlich kaum mehr von einer freien Wahl in bezug auf die Reihenfolge sprechen können. Statt dessen haben wir die Wahl des Rollenplans, der uns die kontextuell angemessenste Reihenfolge sichern hilft.

Das Verb als grammatischer Fixpunkt und informationelles Gravitationszentrum für lexikalische Rollenpläne und pragmatische Szenarios hat das Vexierbild der grammatischen Sternbilder des Deutschen soweit stabilisiert, daß wir ihre spezifischen Konstellationen in einiger Ruhe betrachten können. Trotzdem sind wir nun, am Ende des ersten Teils, nach dem ganzen anstrengenden Vorstellen, Umstellen, Nachstellen, Hinsehen, Hinhören, Hinfühlen, Vergleichen, Abwägen, Bewerten, Erkennen, Verallgemeinern, Bezweifeln, Einräumen, Zuordnen, Einordnen, Voraussetzen, Annehmen, Schlußfolgern schon etwas außer Atem und haben uns eine längere Pause vor dem zweiten Teil wirklich verdient.

Zweiter Teil

Mögliche Welten

Auf dem Programm stehen jetzt
Benjamin, Bernhardt, Bloch, Brecht, die Bibel,
Enzensberger, Frisch, die Gebrüder Grimm,
Handke, Kafka, Lichtenberg, Musil, Valentin,
Wittgenstein, ein Bettler, Kain und Abel,
das Rumpelstilzchen
und eine ganze Gesellschaft von Niemand, bereit,
uns die wichtigsten Bestandteile des Universums
nach den Regeln der deutschen Grammatik vorzuführen.

Jede Sprache hat ihren Zugang zur Welt.
Mit jedem Wort.
Über jedes lexikalische Paradigma.
Durch jede grammatische Kategorie.

TRENDSETTER

Nominativ, Dativ, Akkusativ, Genitiv.
Femininum, Maskulinum, Neutrum.

Zwischen Konfiguration und Kasus

Als ich dieser Tage bei der Lektüre des Descartes diesen erörtern sah, daß er an allem, was er einst für wahr hielt, zweifeln könne, und ihm nun folgte, bis er als einziges Unbezweifelbares fand, er sei, da er doch denke, lehnte ich mich zurück und dachte nach darüber, was er da gemacht hatte ...
(Brecht, *Politische Schriften*)

Zwischen dem Zeitpunkt, zu dem wir diesen Satz lesen, und dem, zu dem er zitiert wird, und dem, an dem Brecht ihn niedergeschrieben hat, und dem, an dem er Descartes gelesen hat, und dem, an dem Descartes sein berühmtes »Cogito, ergo sum« aufgeschrieben hat, liegen so viele Welten, daß wir uns schon fragen müssen, ob die Größenordnung unserer Milchstraße dem Vergleich noch standhalten würde, ganz besonders wenn wir bedenken, daß es sich, wie das Zitat in mehr als nur einer Hinsicht demonstriert, nicht nur um das handelt, was den Zeitpunkt der Lektüre von dem der Descartesschen Niederschrift historisch gesehen trennt, sondern auch um die unbegrenzte Menge von Welten, die sich die Menschen im Umgang mit der wirklichen Welt als mehr oder weniger ähnliche Projektionen aus dem jeweiligen Hier und Jetzt in alle temporalen, lokalen und modalen Himmelsrichtungen machen. Und das will ja dann auch noch alles irgendwie ausgedrückt sein.

Daß uns mit der Sprache, mit jeder Sprache, im Prinzip die Gabe der unbegrenzten Ausdrucksfähigkeit in die Wiege gelegt worden ist, darüber haben wir uns schon einmal verständigt. Da sind nicht nur die fast unüberschaubar vielen Wörter einer Sprache, von denen doch jedem von uns eine ganz ordentliche Portion zur Verfügung steht, da ist auch die Möglichkeit, jederzeit neue Wörter zu bilden oder die schon vorhandenen mit neuen Bedeutungen auszustatten, und dann sind da die Konstituenten-Babuschkas, die sich zu immer neuen und immer größeren Ausdrucksformen zusammenstecken lassen. Damit können wir uns nun nicht auf nur alle Sachverhalte aller möglichen Welten und auf alle möglichen Eigenschaften von und Beziehungen zwischen allen Individuen, die diese Welten bevölkern, beziehen, sondern sie auch noch direkt oder indirekt auf uns, unsere Zeit, unseren Ort und unsere Meinung über sie in Bezug setzen. Und dann haben wir überdies noch die Wahl zwischen verschiedenen sprachlichen Mitteln, die sich alle in einem bestimmten Kontext zur gleichen Gesamtbedeutung zusammensetzen lassen. Doch gibt es auch, wie wir jetzt schon wissen, übergeordnete Stilprinzipien, um deretwillen wir schließlich der einen oder anderen Variante den Vorzug geben werden.

Wie wir an der Wortstellung gesehen haben, tragen diese Prinzipien ganz allgemein dazu bei, daß wir, wenn wir ihnen nachkommen, darauf hoffen können, besser verstanden zu werden. Sie sind von ebenso allgemeiner, sprachenübergreifender Natur wie das Baukastenprinzip der Syntax und der konventionelle Charakter der Wörter und gehören nicht weniger als diese etwas handfesteren Bestandteile zur Grundausstattung des Zauberkastens Sprache. Natürlich haben auch die Stilprinzipien einzelsprachlich spezifische Ausführungen, in denen sich die typologische Charakteristik einer Sprache mit den allgemeinen Zielstellungen sprachlicher Verständigung zu erfolgversprechenden Gebrauchsanweisungen verrechnet.

Daß der Informationsschwerpunkt eines Satzes normalerweise beim Prädikat liegt, dürfte eine solche ganz allgemeine Eigenschaft von Sprache sein, die mit der besonderen Funktion des Prädikats verbunden ist, dem allein die Kraft zukommt, die Bezugnahme auf Individuen, Eigenschaften und Relationen in Aussagen zu verwandeln. Daß der Informationsschwerpunkt im Englischen normalerweise mehr in der Mitte des Satzes und im Deutschen eher am Ende des Satzes liegt, sind demgegenüber die einzelsprachlich spezifischen Verwirklichungen dieser Eigenschaft in einer SVO- beziehungsweise einer SOV-Sprache. Natürlich sind diese Verteilungen nicht die einzige Möglichkeit und es gibt, wie wir gesehen haben, diverse sprachliche Mittel, um auch an anderen Stellen des Satzes Informationsschwerpunkte unterzubringen. Dennoch ist seine Stellung am Satzende eben der Normalfall im Deutschen, der sich dann aufs Ganze gesehen zum Stilprinzip der zunehmenden informationellen Hierarchie auswächst. In vielen Fällen stellt dieses ein ganz funktionstüchtiges Prinzip der Informationsverarbeitung dar, mitunter kommt aber die Auflösung des Rätsels Satzbedeutung doch ein wenig spät, so daß man dankbar auch noch nach den Mitteln einer etwas ausgeglicheneren Informationsverteilung greift und von Umstellungen zum Beispiel nicht nur im Interesse kontextueller Angemessenheit, sondern auch im Interesse eines informationellen Gleichgewichts Gebrauch macht.

Andere sprachtypologische Charakteristika zeitigen andere Stilprinzipien. Nehmen wir zum Beispiel die Beweglichkeit der Konstituenten im Satz. Obwohl der Spielraum im

Deutschen und Englischen ziemlich ähnlich ist, wird er im Deutschen weitaus stärker ausgeschöpft als im Englischen. Auch dies hat einen tieferen Grund, der mit dem Unterschied in der formalen Kennzeichnung von Satzgliedern zusammenhängt. Einer der Punkte, die jedem Ausländer, der Deutsch lernt, immer wieder die größten Schwierigkeiten bereiten, ist die Tatsache, daß die syntaktischen Beziehungen von nominalen Wortgruppen untereinander und zu den anderen Gliedern ihres Satzes in wichtigen Fällen durch Kasus ausgedrückt werden, wobei jeder Kasus bestimmte Veränderungen an den Formen der Wörter in einer NP erfordert. Besonders die Artikel tragen dazu bei, daß in der Regel die Form einer nominalen Wortgruppe insgesamt eindeutig einem bestimmten Kasus zugeordnet werden kann. Dies könnte wiederum die Beliebtheit des Artikels im Deutschen erklären, der auch dann gern verwendet wird, wenn er nicht unbedingt erforderlich ist; im Englischen, wo ihm keine kasusdifferenzierende Funktion zukommt, ist man in der Tat mit dem Weglassen von Artikeln viel schneller bei der Hand.

Nicht jede Sprache stellt dem, der sie lernen will, Kasusfallen. Das Englische zum Beispiel kennt keine formale Kennzeichnung der Kasus von nominalen Wortgruppen, ausgenommen sind Personalpronomina und ein kleiner Restbestand des Genitivs in seiner possessiven (besitzanzeigenden) Funktion bei belebten Nomina. Was die deutschen Kasusformen für einen Ausländer so besonders enervierend macht, ist die Tatsache, daß sie auch dem Unterschied im grammatischen Geschlecht der Wörter, dem Genus, Rechnung tragen, und dieses bietet nun eben eine so willkürliche Einteilung der Welt, daß es eigentlich schon jedes deutsche Kind als eine Zumutung ansehen könnte, wenn es zusammen mit den Namen für die Dinge, wie »Löffel«, »Gabel«, »Messer« auch noch ihr Geschlecht, »*der* Löffel«, »*die* Gabel«, »*das* Messer«, lernen muß. Daß mit diesem, an einem ganzen Wortschatz gemessen ungeheuren Aufwand noch so etwas wie ein Vorteil, nämlich die Beweglichkeit der deutschen Satzglieder im Satz, verbunden sein soll, wird wohl keinem, der Deutsch lernt, in den Sinn kommen, und trösten kann es ihn ohnehin nicht, denn was ist das schon für ein Vorteil, wenn ich einen Satz nicht nur mit einem Subjekt, sondern auch mit einem Objekt oder einem Adverbial beginnen kann? Überdies besteht dieselbe Möglichkeit auch in einer Sprache wie dem Englischen, die ihren Sprechern so gut wie keinen Kasus und überhaupt kein grammatisches Geschlecht abverlangt.

In der englischen Grammatik dürfen die Dinge so unbelebt bleiben, wie sie nun einmal sind, und nur da, wo ein natürlicher Unterschied zwischen den Geschlechtern auszumachen ist, wird er auch sprachlich anerkannt. Allerdings hat dies auch zur Folge, daß eine nominale Wortgruppe als Subjekt genauso aussieht wie als Objekt, da es ja nun einmal keine spezifischen Formen für Nominativ, Dativ oder Akkusativ gibt. Für einen Teil der grammatischen Beziehungen, die durch Kasus ausgedrückt werden, kommen Präpositionen auf, aber wenn wir nun einmal feststellen wollen, ob der Hahn die Gans liebt oder die Gans den Hahn — was ja bekanntlich keineswegs immer auf Gegensätzlichkeit beruht — dann kann man den Unterschied zwischen dem Hahn als Subjekt und dem Hahn als Objekt an der entsprechenden NP im Englischen nicht erkennen.

Wie »die Gans« zeigt, ist der Unterschied auch im Deutschen nicht an allen nominalen Wortgruppen erkennbar. In einem Satz mit einem femininen Subjekt und einem femininen Objekt ist die Sache »Wer wen« auch im Deutschen nicht mehr so klar. Wenn zum Beispiel die Kuh die Ziege liebt, dann können wir uns nur noch an die normale Wortstellung halten, was aber nicht mehr als eine Art Wahrscheinlichkeitsrechnung ergibt, weil ja das Objekt auch, zum Beispiel aus Gründen der kontextuellen Angemessenheit, am Satzanfang stehen kann. Wem es da auf Eindeutigkeit ankommt, der wird solche Ambiguitäten natürlich zu umgehen wissen. Dank des gesamten Formenbestands der verschiedenen Wörter, die eine nominale Wortgruppe konstituieren können, wird er aber ohnehin nicht allzu oft in eine solche Verlegenheit kommen.

Was im Deutschen eher die Ausnahme ist, ist im Englischen eher die Regel; da sich die Kasusformen von Subjekt- und Objekts-NPs nicht unterscheiden, muß die grammatische Differenzierung auf anderem Wege gewährleistet werden. Und das ist dann eben der Grund, warum die Wortstellung im Englischen letztlich weniger variabel ist als im Deutschen. Als Subjekt gilt die NP, die vor dem Verb, als Objekt, die danach steht. Satzglieder sind eine Sache bestimmter struktureller Konfigurationen. Theoretisch kann zwar auch im Englischen das Objekt am Satzanfang erscheinen, aber von dieser Möglichkeit wird viel seltener Gebrauch gemacht, da man sich ja nicht dauernd der Gefahr aussetzen möchte, mißverstanden zu werden. Daß dafür das englische Subjekt öfters die semantische Rolle übernimmt, die im Deutschen einem Objekt oder Adverbial zukommen würde, haben wir uns schon einmal vor Augen geführt. Die relative Unbeweglichkeit der Satzglieder, die auf den Mangel an formalen Kasusdifferenzierungen zurückzuführen ist, wird durch das größere Repertoire an semantischen Rollen ausgeglichen, die die Rollenpläne der Verben dem englischen Subjekt einräumen.

Auf dem Hintergrund einer anderen Sprache wird man mitunter auf Zusammenhänge aufmerksam, die einem ohne die vergleichende Gegenüberstellung kaum bewußt werden können. In einer Sprache, in der der Unterschied zwischen Subjekt und Objekt nicht am Wort selbst, also morphologisch, sondern durch die Position im Satzzusammenhang, also strukturell, ausgedrückt wird, kommt dem Verb als einer Art Wetterscheide zwischen den beiden Satzgliedern gewiß noch mehr Bedeutung zu als in einer Sprache, in der der Unterschied auch ohne den Bezug zum Verb deutlich gemacht werden kann. Es ist also gar nicht verwunderlich, daß sich in englischen Texten Verben einer größeren Beliebtheit erfreuen als in deutschen Texten. Natürlich braucht jeder Satz ein Verb, um überhaupt zu einem Satz zu werden, aber in einer Sprache, in der sich Satzglieder auch ganz leicht ohne ihre strukturelle Position gegenüber dem Verb voneinander unterscheiden lassen, kann man vielleicht einige nicht-verbale Wortgruppen mehr im Satz unterbringen, ohne daß man sich bei der grammatischen Differenzierung der verschiedenen Wortgruppen gleich zu verheddern braucht. Wo wir also im englischen Satz immer mal wieder ein Verb und sei es auch nur ein nicht-finites

Verb verwendet finden — Infinitiv- und Partizipstrukturen bieten ja in ökonomischer Form zusätzliche verbale Bezugspunkte — können wir im deutschen Satz immer noch eine nominale Wortgruppe einbauen, auch wenn sie selbst nicht mehr durch eine Kasusform gekennzeichnet sein sollte, der Unterschied zwischen Subjekt und Objekt ist ja immer schon gewährleistet und braucht nicht erst aus irgendwelchen Konfigurationen erschlossen zu werden.

Im Magnetfeld einer Sprache

Die Sätze eines Texts sind durch ihre nominalen Wortgruppen wie durch Fäden miteinander verbunden, jedenfalls überall da, wo sich eine NP auf ein Individuum bezieht, von dem in einem vorangegangenen Satz schon einmal die Rede war. Damit man für ein bestimmtes Individuum nicht immer dieselbe nominale Wortgruppe verwenden muß, kann man es natürlich auch noch durch andere Eigenschaften, das heißt durch andere NPs charakterisieren, aber die Variationsmöglichkeiten sind begrenzt, und man möchte auch nicht immer noch zusätzliche Aspekte ins Bild bringen. Pronomina machen einem die Sache leicht, da sie außer ihrer Funktion auf ein Individuum Bezug zu nehmen, zu »referieren«, kaum eine andere Bedeutung haben, abgesehen natürlich von den grammatischen Bedeutungen — Genus, Kasus, Numerus und Person. Gerade für die Pronomina erweist sich nun aber die Genusdifferenzierung des Deutschen wiederum als Vorteil, da sie die nominalen Fäden, die durch eine Satzfolge laufen, gewissermaßen rot, grün und blau einfärbt, und wir uns so selbst bei den vielen Dingen, denen kein natürliches Geschlecht zukommt und die im Englischen allesamt grün sind, immer wieder auch an die rote oder blaue Farbe halten können. Auf diese Weise lassen sich dann Nomina und Pronomina einander schon durch ihre Farben relativ eindeutig zuordnen, was eben in einer Sprache wie dem Englischen nur im Hinblick auf belebte Individuen möglich ist. Es sollte uns also gar nicht wundern, wenn Pronomina im Deutschen häufiger verwendet werden, als im Englischen, was sich möglicherweise besonders im Bereich der komplexen Sätze, bei Sätzen also, die ihrerseits wieder Sätze enthalten, bemerkbar macht. Insbesondere bei den Attributsätzen, aber auch bei allen anderen Teilsätzen, spielen Pronomina eine wichtige Rolle, so daß die Kasusdifferenzierung letztlich sogar für die Verwendung von komplexen Sätzen unterschiedliche Bedingungen schafft.

So wie die Kasusmorphologie nominalen Wortgruppen einschließlich Pronomina gegenüber dem Verb gewissermaßen den Rücken stärkt, scheint sie auch die Chancen von Adverbien gegenüber Adjektiven ein wenig aufzubessern. Das klingt nun fast paradox, denn das Adjektiv ist ja größtenteils ein Bestandteil nominaler Wortgruppen und das Adverb hat, wie schon sein Name sagt, doch mehr mit dem Verb zu tun; aber dann ist das Verhältnis zwischen Nomina und Adjektiven einerseits und Verben und Adverbien andererseits ziemlich unterschiedlich, und die für sich betrachtet rätselhafte Tatsache, daß ein deutsches Adverb im Englischen oft als Adjektiv wiedergegeben wird, könnte sich damit erklären lassen, daß Adjektive in nominalen Wortgruppen ganz gut aufgehoben sind, während Adverbien als Adverbiale die Menge der Planeten im Sonnensystem des Verbs nur noch vergrößern. Und da jedes Element, das zusätzlich verarbeitet werden muß, die Schwierigkeiten der syntaktischen Interpretation in einer konfigurationellen Sprache erhöht, in der alle Satzglieder auch ohne morphologisches Namensschild erkannt werden müssen, ist es nur verständlich, wenn man versucht, die Zahl der Planeten etwas kleiner zu halten, und mehr auf Adjektive setzt, deren Identifizierung als Attribut in nominalen Wortgruppen wenig Schwierigkeiten bereitet.

Wenn man sieht, wie die Kasusdifferenzierung das nominale und adverbiale Potential des deutschen Satzes vergrößert, indem sie die verbale Wetterscheide überflüssig macht, dann könnte man sich schon fragen, ob nun die Kasusdifferenzierung die Verbendstellung ermöglicht hat oder ob die Verbendstellung die Kasusmorphologie hervorgebracht hat. Aber das klingt schon ein bißchen nach der Frage, ob die Henne oder das Ei zuerst da war, und auf die gibt es ja bekanntlich keine Antwort. Wie immer der Zusammenhang zustande gekommen sein mag, er wirkt auf viele Elemente des Deutschen wie ein grammatisches Magnetfeld, in dem sich ganz bestimmte grammatisch-stilistische Muster herausbilden, die anders sind als die Muster einer Sprache, in der mit einer anderen Polarisierung ein anderes Magnetfeld wirksam wird.

Der Vergleich zwischen so unterschiedlich ausgerichteten Sprachen wie Deutsch und Englisch, der nicht beim Systemunterschied stehen bleibt, sondern die Verwendung der Sprachen einbezieht, läßt uns ahnen, daß viel mehr Erscheinungen einer Sprache miteinander zusammenhängen, als man so obenhin annehmen würde. Und dazu gehören nicht nur zusätzliche stilistische Möglichkeiten, die durch eine bestimmte Form der Polarisierung eröffnet werden, wie eine größere Beweglichkeit von Konstituenten oder der größere Spielraum eines Satzglieds beziehungsweise einer bestimmten Wortart, dazu gehören auch stilistische »Pflichten«, etwaigen Nachteilen, die mit dieser Form der Polarisierung verbunden sein könnten, entgegenzuwirken.

Grammatisch gesehen ist das Verb als kasusdifferenzierendes Element in einer Sprache mit Kasusmorphologie nicht mehr unbedingt im Satzinnern notwendig, informationell gesehen ist seine Endstellung aber unter Umständen mit Nachteilen verbunden, die im Interesse erfolgreicher Kommunikation ausgeglichen werden sollten. Es ist noch nicht lange her, daß wir bei unseren Überlegungen zur deutschen Wortstellung auf einen solchen Fall gestoßen waren, wo Umstellungen darauf abzielten, den Nachteil eines späten Informationsschwerpunkts durch eine leser- beziehungsweise hörerfreundlichere Portionierung der gesamten Informationsmenge auszugleichen.

Aber auch auf anderen Gebieten, außerhalb des Bereichs der Wortstellung, entdeckt man im Deutschen besondere Formen der Sprachverwendung, die die Verbendstellung informationell auszugleichen helfen. Eine gegenüber dem Englischen besonders auffällige Erscheinung betrifft die Verwendung von Adverbien oder Partikeln als Textverknüpfungselementen, die — wenn sie an einer relativ frühen Stelle im Satz stehen — als eine Art pragmatischer

Wegweiser gelesen werden können, insofern sie in der Regel das, was gerade gesagt wird, zu dem, was vorher gesagt wurde, in Beziehung setzen. Nicht anders als die Konnektoren, durch die Sätze miteinander verknüpft werden, geben Adverbien und Partikeln wie »aber«, »immerhin«, »auch«, »eben«, »also«, »allerdings«, »außerdem«, kausale, konzessive, alternative, explikative, additive Beziehungen an zwischen dem Satz, in dem sie verwendet werden, und seinem Vorgängerkontext. Obgleich es diese Ausdrucksmittel, mit Ausnahme einer Handvoll von Partikeln, auch im Englischen gibt, erfreuen sie sich im Deutschen viel größerer Beliebtheit, was eben ganz gut damit zusammenhängen könnte, daß sie den Nachteil des späten Informationsschwerpunkts kompensieren helfen, indem sie der Interpretation eines Satzes schon relativ früh eine bestimmte Richtung geben können. Wenn einige dieser Wörter gleichzeitig dazu dienen, Informationsschwerpunkte anzuzeigen, so werden sie natürlich in einer Sprache mit Verbendstellung auch aus diesem Grund besonders gern als zusätzliche Interpretationshilfe in Anspruch genommen.

Schließlich kann auch die Verwendung bestimmter verbaler Elemente die grundlegende Verbendstellung abmildern, zumindest im Hauptsatz, denn hier muß ja das finite Verb schon an zweiter Stelle stehen, womit verschiedene Möglichkeiten einer »Voranzeige« gegeben sind. Bei einfachen Verbformen ist es natürlich das bedeutungstragende Element selbst, das, wenn es nicht ohnehin Träger des Informationsschwerpunkts ist, den strukturellen Weg zum Schwerpunkt in den Ergänzungen weist. Aber auch bei komplexen Verbformen können mit dem finiten Verb gewisse Anhaltspunkte gesetzt werden, dann nämlich, wenn dies zur Klasse der Modalverben gehört und damit schon einmal bestimmte Hinweise gegeben sind über die Art der möglichen Welt, von der die Rede ist. Sogar die Wahl zwischen einer einfachen oder einer komplexen Verbform kann als eine stilistische Entscheidung in Bezug zum Informationsschwerpunkt gesehen werden.

Wenn wir sagen, daß im Deutschen mehr Nomina, im Englischen mehr Verben, im Deutschen mehr Adverbien und im Englischen mehr Adjektive verwendet werden, und daß im Deutschen weniger Artikel wegfallen, aber im Englischen weniger NPs pronominalisiert werden, weil das Deutsche über eine Kasusmorphologie verfügt, die es im Englischen nicht gibt, und daß im Deutschen mehr von textverknüpfenden Adverbien und Partikeln, unter Umständen sogar mehr von Modalverben und komplexen Verbformen Gebrauch gemacht wird als im Englischen, weil das Verb normalerweise im Deutschen erst am Ende, im Englischen aber schon in der Mitte des Satzes steht, so sind dies alles natürlich starke Vereinfachungen von überaus komplexen Zusammenhängen, die sich vor dem Bilderbogenprospekt unseres grammatischen Varietés ganz hübsch anhören, in der kühlen Abgeschlossenheit sprachwissenschaftlicher Studierstuben aber, neben den vielen schwerwiegenden Folianten mehr wie Abzählreime für Kinder ausnehmen. Und natürlich gibt es, solange man nur von Tendenzen sprechen kann, für jedes Beispiel auch ein Gegenbeispiel, und da man es immer nur mit einem Ausschnitt aller möglichen Welten zu tun hat, haben derlei Generalisierungen vielleicht zu kurze Beine. Nun sind wir aber, in unserem Varieté, in der glücklichen Lage nicht recht haben zu müssen und können uns für irgendeine mögliche Welt einfach schon deswegen entscheiden, weil sie uns gefällt. Und es ist doch sehr verführerisch, wenn man glauben kann, hinter all den willkürlich anmutenden Erscheinungen von Sprachverwendung so etwas wie sinnvolle Kräfte entdecken zu können, die das ganze formale Räderwerk immer von neuem davor bewahren, seinem eigentlichen Zweck, der Verständigung zwischen den Menschen, davonzulaufen.

Ob wir damit den wirklichen Welten von Deutsch (und Englisch) auf der Spur sind, oder doch nur über denkbare Zusammenhänge spekuliert haben, das wird sich leider auch dann nicht entscheiden, wenn wir unseren Scheinwerfer jetzt der Reihe nach auf die einzelnen Kontinente richten. Global gesehen, haben wir es mit drei Erdteilen zu tun: mit dem der Nomina, dem der Verben und dem aller übrigen Wortarten, von denen wiederum ein Teil, wie Artikel und Pronomina, im Umfeld der Nomina beheimatet ist, andere, wie zum Beispiel die Partikeln, in Bezug zum ganzen Satz zu sehen sind. Wenn wir uns dazu noch die wichtigsten grammatischen Kategorien der Nomina (Kasus, Numerus) und der Verben (Tempus, Modus) vornehmen, dann müßten wir — natürlich mit der Hilfe von erfahrenen Kartographen — einen ganz brauchbaren Atlas zusammenstellen können über das, was wir intuitiv ohnehin schon wissen: wie man nämlich in stilistisch gutem Deutsch von allen möglichen Standpunkten aus über möglichst alle Sachverhalte aller möglichen Welten reden kann.

Der sparsame Dativ

Verglichen mit dem Kontinent russischer Nomina, der uns mit sechs Kasusunterschieden, drei Genera und diversen morphologischen Teilklassen wie eine zerklüftete, unzugängliche Hochgebirgsregion anmutet, ist der Kontinent der deutschen Nomina schon auf das Format eines Mittelgebirges abgetragen, während die kasuslosen englischen Nomina das Profil von Marschwiesen aufweisen. Das ist natürlich eine recht einseitige Sicht auf nominale Landschaften, eben nur unter dem Aspekt grammatisch unterscheidbarer Wortformen; und wer nun etwa glaubt, das flache Land sei leichter zu erobern, vergißt, daß die grammatischen Leistungen der Kasus auf irgendeine Weise in jeder Sprache erbracht werden müssen, und stolpert dann auch prompt in jede präpositionale Fallgrube, stellt die NPs auf der falschen Seite des Verbs auf und färbt den ganzen Bestand von unbelebten Nomen so rot und blau und grün ein, wie ihm das nach seinem heimischen Farbsinn richtig erscheint, was sich aber andernorts eben wie »der Messer« und »die Topf« anhört. Da wäre nun einmal etwas wirklich leichter zu haben, aber wir sind an unser dreifarbiges Weltbild gewöhnt und haben sehr viel Mühe, das Rot und das Blau wieder von den Dingen herunterzukriegen.

Im Deutschen wissen wir gleich, wenn ein Nomen rot ist, dann ist es wie »der Mann« und »des Mannes«, »dem Mann« und »den Mann«. Zugegeben, mit dem Kasusunterschied des Nomens ist es gar nicht so weit her. Gerade mal der Genitiv läßt sich am »Mann« erkennen; allenfalls zu besonderen Gelegenheiten kann sich der deutsche Mann noch eine Art Chrysantheme ins Knopfloch stecken: »dem Manne«. Im übrigen muß er sich halt auf die Kasusunterschiede des Artikels stützen, mit diesem vereint, gibt es ihn tatsächlich in vierfacher Ausfertigung und das ist mehr, als das grüne oder gar das blaue Geschlecht im Deutschen für sich beanspruchen können. Beim Kind kann nämlich auch der Artikel nicht mehr zwischen Nominativ und Akkusativ unterscheiden, und wenn das Fräulein erst einmal verheiratet ist, dann ist nicht nur der Nominativ und Akkusativ in eine Form zusammengefallen, sondern auch der Genitiv und Dativ. Dies könnte natürlich denjenigen, der erst noch deutsch lernen muß, dazu verführen, Frauen und Kinder zu bevorzugen, aber da Maskulina, Feminina und Neutra nun einmal nur ganz wenig mit dem natürlichen Geschlecht zu tun haben, würde sein deutsches Weltbild mit der Zeit ziemlich löchrig aussehen. Na ja, wir haben uns diese ganzen Ungereimtheiten schon im zarten Kindesalter einverleibt, und daß die Kasusformen zum Beispiel beim »Menschen« etwas anders und im Plural bei allen wieder anders ausfallen und bei jedem Adjektiv, à la »der arme Mann«, »ein armer Mann« gleich zwei morphologische Strickmuster unterschieden werden müssen, all dem läßt sich beim besten Willen kein bißchen Interesse mehr abgewinnen. Was aber kann uns, wenn wir ihre grammatischen Formen als gegeben annehmen, der Kontinent der deutschen Nomina noch bieten?

In den Grammatiken finden wir unter den verschiedenen Kasus reihenweise überaus klangvolle Namen aufgeführt:

> Dativ *Ethicus, Iudicantis, Auctoris, Commodi, Incommodi, Sympathicus;*
> Genitiv *Subjectivus, Objectivus, Possessivus, Expletivus, Partitivus* ...

Nur, die Abenteuer, die da winken, sind doch von gänzlich anderer Art, als die von Pisa und Pompeji, Athen und Alexandria. Was kann man sich denn auch schon von einem Genitiv oder Dativ erwarten? Im besten Fall sind sie so spannend oder witzig, wie die verschiedenen Teile eines

Spielzeugbaukastens, die nach Größe sortiert auf den warten, der mit ihnen einen Satz bauen will. Hierfür hat er dann eben, selbst wenn er schon einen bestimmten Satz im Sinn hat, in der Regel auch die Wahl zwischen verschiedenen Kasus. Für eine kontextuell angemessene Reihenfolge im Deutschen stehen ihm, wie wir wissen, nicht nur diverse Umstellungsmöglichkeiten zur Verfügung, sondern auch verschiedene Rollenpläne von Verben, die in bestimmten Kontexten gegeneinander austauschbar sind. Wir könnten ja einmal überprüfen, ob es zwischen der Austauschbarkeit von Rollenplänen und den verschiedenen Teilklassen der Kasus irgendwelche Zusammenhänge gibt. Wenn dies so wäre und sei es auch nur bei einem Teil der Kasusklassen, dann hätten die klangvollen Namen auch für uns einen gewissen Abenteuerreiz, denn dann könnten wir vielleicht auf unserer Suche nach den besonderen Bedingungen für stilistisch gutes Deutsch wieder fündig werden.

Wenn wir uns einmal nicht von der Häufigkeit leiten lassen, mit der die verschiedenen Kasus verwendet werden und die sich schon allein aus dem Umstand ergibt, daß es fast in jedem Satz mit einem Dativ einen Akkusativ und einen Nominativ und fast in jedem Satz mit einem Akkusativ einen Nominativ gibt, sondern von der Lust am Ausgefallenen, dann verspricht besonders der Dativ mit seinen esoterischen Namen aus dem Bereich von Moral und Rechtsprechung interessante Konstellationen. Auch wenn er den Genitiv diesbezüglich vielleicht nur um Nasenlänge übertrifft, verdient er unsere Aufmerksamkeit schon deshalb zuerst, weil er doch ein Verhältnis zum ganzen Satz hat und nicht, wie der Genitiv, der in den meisten Fällen ins Attribut weggepackt ist, nur in Nebenrollen auftritt. Kommt noch dazu, daß er auch in allen präpositionalen Wortgruppen eine Hauptrolle spielt, so sehr, daß er damit sogar den Akkusativ überrundet. Die klangvollen Namen nehmen übrigens die Rolle des Dativs in PPs nicht zur Kenntnis. Aber auch wir können den Dativ in PPs eigentlich ausklammern, denn die Alternative, die viele Präpositionen zwischen Dativ und Akkusativ bieten, ist rein semantisch und läßt uns keine stilistische Wahl. Es ist eben nun einmal keine Frage des Stils, sondern einfach ein anderer Sachverhalt, wenn die Katze *auf der Straße* oder wenn sie *auf die Straße* läuft.

Der Dativ ist nicht nur ein Partner des Verbs, wobei für ihn, als Dritten im Bunde, oft eine Doppelabhängigkeit von Verben und anderen NPs charakteristisch ist, es gibt ihn auch in gewissen relativ stereotypen Strukturen als eine vom Verb unabhängige Satzergänzung, als sogenannten »freien Dativ«, und schließlich drängt er sich auch noch an Stellen auf, denen das Recht auf einen eigenen Kasus eigentlich gar nicht zugebilligt wird. Gemeint sind Appositionen, die als eine besonders bescheidene Form von Attributen mit dem Kasus ihres Bezugswortes übereinstimmen sollten, aber trotz aller Verdikte normativer Grammatiker, die mißbilligend vom »wuchernden« und vom »falschen Dativ« sprechen, ganz offensichtlich nach mehr Selbständigkeit streben; besonders nach »als« würde manch einer von uns vielleicht doch der Apposition einen Dativ gönnen, also statt *für ihn, als den Dritten im Bunde* eventuell *für ihn, als dem Dritten im Bunde?* Aber dann beugen wir uns natürlich auch gerne den wahren Meistern ihres Fachs und dementsprechend dem jeweiligen Kasus des Bezugswortes, welches nun einmal hier, nach »für«, im Akkusativ steht.

Die klangvollsten Namen: *Ethicus* und *Iudicantis,* gehören dem *freien Dativ;* aber gerade er ist nicht wirklich frei, sondern an ganz bestimmte Satzformen gebunden. Beide Formen sind offensichtlich dazu da, Bewertungen auszudrücken, der *Iudicantis* aus der Sicht desjenigen, der im Dativ erwähnt wird, im Hinblick auf eine vorausgesetzte Norm, die mit »zu« oder »nicht genug« über- oder unterschritten wird: »Sie redet *ihm* zu viel«; der *Ethicus* aus der Sicht des Sprechers, der sich hierfür sogar der zweiten Person bedienen kann: »Der ißt *dir* ohne weiteres fünfunddreißig Zwetschgenknödel.«

Über stilistische Alternativen zu diesen beiden Teilklassen des Dativ nachzudenken, scheint ungefähr so aussichtsreich, wie über Alternativen zu Sprichwörtern. Sicher kann man, was da ausgedrückt ist, auch anders sagen, umschreiben, und wo solche farbigen Tupfer nicht angebracht sind, wird einem zumindest der *Ethicus,* so umgangssprachlich wie er nun einmal ist, gar nicht erst in den Sinn kommen. Für den *Iudicantis* könnte man schon eher an eine echte Alternative denken, mit der Präposition »für« und dem Akkusativ: »Sie redet *für ihn* zu viel«. Als Nachtrag oder als Parenthese zum Beispiel wäre überhaupt nur die Form mit der PP möglich: »Sie redet zu viel — *für ihn.*« »Sie redet — *für ihn* — zu viel.« Der Dativ läßt sich nicht so — als Nachtrag oder Parenthese — aus dem Satz herauslösen. Aber ohne solche zusätzlichen Gründe für eine Außenseiterstellung würden wir doch dem Dativ vor der präpositionalen Wortgruppe den Vorzug geben, und sei es nur, weil die kompakten Formen, die ohne ein zusätzliches Wort auskommen, direkter und weniger umständlich wirken. Dies hat sicher etwas mit der Ökonomie der Mittel zu tun, und daß das Haushalten auch in diesem Bereich eine erstrebenswerte Kunst ist, die, wenn sie in angemessener Weise praktiziert wird, zumindest im Interesse des Sprechers, wahrscheinlich aber auch in dem des Hörers liegt — wer wird das schon bestreiten wollen?

Für die Wahl zwischen alternativen Ausdrucksmitteln wäre doch überhaupt ein Stilprinzip der Sprachökonomie denkbar, demzufolge wir — sofern alle syntaktischen oder semantischen Bedingungen erfüllt sind — einer Variante mit weniger Wörtern vor einer Variante mit mehr Wörtern den Vorzug geben würden. Vor der Wahl zwischen einer präpositionalen Wortgruppe und einem (morphologisch realisierten) Kasus, müßten wir uns aus Gründen der Sprachökonomie für den Kasus entscheiden. Das Kriterium würde natürlich nicht nur auf alternative Ausdrucksmittel im Kasusbereich zutreffen; es müßte überall Anwendung finden, wo grammatische Funktionen von einfachen oder von komplexen sprachlichen Mitteln getragen werden: also durch *synthetische Bildung* — das heißt durch Veränderungen am Wort selbst — oder *analytisch* — durch zusätzliche Wörter. Und natürlich wäre das Prinzip der Sprachökonomie nicht auf grammatische Mittel eingeschränkt, sondern käme ebenfalls bei allen lexikalischen Alternativen in Betracht, also zum Beispiel auch für die Wahl zwischen einem einfachen Verb wie »fragen« und der in vielen Kontexten gleichbedeutenden Streckform »eine Frage stellen«. Daß aber die stilistische Wahl zwischen einfachen oder komplexen Formen nicht nur vom Prinzip der Sprachökonomie abhängen kann, liegt auf der Hand.

Einen Gesichtspunkt, unter dem die analytischen den synthetischen Formen vorgezogen werden sollten, kennen wir schon. Von zwei Rollenplänen eines Verbs mit Akkusativ und Dativ — übrigens Dativ *Commodi* oder *Incommodi:* im Dativ steht der Gewinner oder der Verlierer — beziehungsweise Akkusativ und Präpositionalobjekt wäre, sprachökonomisch gesehen, der erste zu bevorzugen. Es wird aber immer der Rollenplan gewählt, der die kontextuell angemessene Reihenfolge der Mitspieler sichert. Im Normalfall also zum Beispiel

Sie kauft ihrer Nichte *eine Puppe.*

oder

Sie kauft diese *Puppe* für ihre Nichte.

Natürlich kann ich auch, wenn die Puppe noch nicht eingeführt ist, sagen:

Sie kauft für ihre Nichte *eine Puppe.*

Aber nach dem Prinzip der Sprachökonomie müßte die Variante mit dem Dativ bevorzugt werden. Allerdings könnte auch die Nichte noch nicht eingeführt sein oder im Kontrast zu anderen potentiellen Empfängern stehen, kurz, im Informationswert mit der Puppe konkurrieren. Da würde man dann vielleicht doch lieber weniger ökonomisch sein und der Nichte durch die Präposition ein wenig mehr Gewicht verleihen wollen. Da der Zweck der Informationsübermittlung ja nicht durch unangemessene Sparsamkeit verfehlt werden darf, muß natürlich das Prinzip der Sprachökonomie in jedem Fall hinter dem der angemessenen Informationsverteilung zurücktreten.

Möglichst einfach

Bei einer Reihe von Verben bestehen Alternativen zwischen einem Präpositionalobjekt und einem Akkusativobjekt, meist in Verbindung mit geringfügigen Veränderungen am Verb selbst, wie etwa der Erweiterung des Worts um ein *Präfix* (einer Vorsilbe), die sogenannte Präfigierung: »etwas beklagen« oder »über etwas klagen« oder, mit einem Wechsel von Präfixen: »in ein Zimmer eintreten«, »ein Zimmer betreten«. Es mag Kontexte geben, in denen frei zwischen diesen Alternativen gewählt werden kann, und wenn mit der Variantenwahl keine Änderung der Reihenfolge verbunden ist, entfällt der informationelle Gesichtspunkt, so daß das Kriterium der Sprachökonomie voll wirksam werden könnte. Nur, angesichts der vielen feinen Unterschiede zwischen den kontextuellen Eigenschaften solcher Alternativen besteht leicht die Gefahr, daß man mit der einfacheren Variante im grammatischen Abseits landet. Der Satz

> *Wenig Mut ist dazu nötig, über die Schlechtigkeit der Welt und den Triumph der Roheit im allgemeinen zu klagen.* (Brecht, *Politische Schriften*)

müßte, ökonomisch gesehen, durch die Verwendung des präfigierten Verbs mit dem Akkusativobjekt noch zu verbessern sein. Dies ist aber nicht der Fall. Die Variante

> *Wenig Mut ist dazu nötig, die Schlechtigkeit der Welt und den Triumph der Roheit im allgemeinen zu beklagen.*

ist schwächer als das Original. Der Grund hierfür ist semantischer Natur. In Wirklichkeit sind nämlich die beiden Verben »klagen« und »beklagen« gar nicht bedeutungsgleich, und gerade in diesem Kontext spielt der Unterschied eine Rolle. In vielen Fällen bezieht sich ein mit »be-« präfigiertes Verb mehr auf ein Ergebnis als auf einen andauernden Zustand. Ich kann deswegen über schlechtes Wetter oder Kopfschmerzen klagen, aber ich kann nur sehr bedingt das schlechte Wetter beklagen, die Kopfschmerzen ganz und gar nicht. Auch die Schlechtigkeit der Welt ist für den, der über sie klagt, keine abgeschlossene Sache, und der Triumph der Roheit wird, nicht zuletzt durch den Hinweis »im allgemeinen« gleichfalls als dauerhaftes Übel betrachtet.

Auf der anderen Seite können in einer bestimmten Situation mitunter Verben mit allgemeineren oder spezifischeren Bedeutungen trotz ihres semantischen Unterschieds füreinander verwendet werden; dann nämlich, wenn unsere Kenntnisse und Vorstellungen zum jeweiligen Szenario das ergänzen können, was die Differenz zwischen der allgemeineren und der spezifischeren Bedeutung ausmacht, kurz, wenn der semantische Unterschied außersprachlich ausgeglichen wird. So könnte zum Beispiel bei dem Satz

Den Ruhm bei den Mächtigen ausschlagen heißt oft, Ruhm überhaupt ausschlagen.
(Brecht, *Politische Schriften*)

das spezifischere »ausschlagen«, das immer schon ein Angebot voraussetzt, durch das allgemeinere »verzichten« ersetzt werden, da »ausschlagen« und »verzichten« im Kontext des Angebots der Mächtigen sehr nahe aneinanderrücken. Natürlich stellt »verzichten« eine etwas weniger gewählte Ausdruckform dar als »ausschlagen«, und wem es um eine etwas weniger gewählte Ausdrucksform zu tun ist, der wird vielleicht »verzichten« bevorzugen. Doch der Wechsel von »ausschlagen« zu »verzichten« erfordert ein Präpositionalobjekt anstelle des Dativobjekts in beiden Prädikaten:

Auf den Ruhm bei den Mächtigen verzichten heißt oft, überhaupt auf Ruhm verzichten.

Das heißt, durch das anspruchlosere Verb handelt man sich eine zweite präpositionale Wortgruppe ein und zwar als Bezugselement für die schon vorhandene PP, die hierzu das Attribut bildet: *auf den Ruhm bei den Mächtigen.* Natürlich sind solche strukturellen Wiederholungen gang und gäbe, und ohne unsere ökonomische Brille wäre sie uns auch in diesem Beispiel nicht aufgefallen, aber selbst wer die weniger ausgefallene Form bevorzugt, müßte zugeben, daß die konzisere Form des Originals stilistisch eleganter ist.

Mitunter können sogar Verben mit unterschiedlicher Spezifizierung alternative Formulierungsmöglichkeiten eröffnen. Vorausgesetzt, daß jemand schon berühmt ist, könnte er jedes weitere Angebot von Ruhm ausschlagen: er könnte dem Ruhm überhaupt entsagen. Wenn man einmal davon absieht, daß »entsagen« fast noch gewählter ist als »ausschlagen«, so müßte es aber seine Vorzüge gegenüber dem allgemeinen Verb »verzichten« teilen, da das Dativobjekt von »entsagen« nicht weniger konzis ist, als das Akkusativobjekt von »ausschlagen«, und es ebenso wie dieses die Dopplung der PP vermeiden hilft. Die Variante: »Dem Ruhm bei den Mächtigen entsagen«, sollte aus diesen Gründen stilistisch ähnlich bewertet werden, wie »den Ruhm bei den Mächtigen ausschlagen«. Oder würden wir vielleicht doch wieder dem Original den Vorzug geben wollen? Und wie ist das, wenn wir nun »entsagen« auch noch ins zweite Prädikat nehmen:

Dem Ruhm bei den Mächtigen entsagen heißt oft, überhaupt Ruhm entsagen?

Hier kann nun schon gar kein Zweifel mehr bestehen, daß die Variante mit dem Dativobjekt dem Original mit dem Akkusativobjekt stilistisch unterlegen ist. Nur läßt sich das jetzt nicht mehr mit dem Prinzip der Sprachökonomie erklären.

Natürlich ist uns nicht entgangen, daß der Unterschied zwischen beiden Varianten überhaupt nur an der Form des definiten Artikels im ersten Objekt sichtbar wird: »den Ruhm ausschlagen«, »dem Ruhm entsagen«. Im zweiten Objekt entfällt diese Kennzeichnung mangels Artikel: »Ruhm ausschlagen«, »Ruhm entsagen«. Genau hier könnte aber nun der Grund für die stilistische Schwäche des Dativobjekts gegenüber dem Akkusativobjekt liegen. Von allen Kasus, die Veränderungen an der Form eines Nomens erforderlich machen, von allen »obliquen Kasus«, scheint der Akkusativ noch am ehesten ohne eigene Kennzeichnung auszukommen. Darauf weist schon der Formenbestand der Feminina und Neutra hin, deren Akkusativ im Unterschied zu den Maskulina mit dem Nominativ zusammenfällt, sich also formal nicht von dem Kasus unterscheidet, der die syntaktische Grundform bildet.

Ohne entsprechende strukturelle Anhaltspunkte aus dem Satz weiß eben niemand, ob »die Frau« und »die Frauen«, »das Kind« und »die Kinder« im Nominativ oder im Akkusativ stehen. Daß es sich bei »der Frau« und »den Frauen«, »dem Kind« und »den Kindern« in jedem Fall um einen obliquen Kasus handelt, steht demgegenüber außer Frage, auch wenn es bei »der Frau« sowohl der Dativ wie der Genitiv sein könnte. Wenn wir eine morphologisch unmarkierte Form vor uns haben, werden wir also voraussichtlich an den Nominativ, allenfalls an den Akkusativ denken und erst dann an den Dativ.

Nun hat zwar bei den Maskulina der Akkusativ eine eigene Form, doch läßt sich diese, zumindest im Singular, wieder nur an einem Artikel oder Adjektiv festmachen, so daß wir auch den Kasus der artikellosen Maskulina nach Wahrscheinlichkeit interpretierten werden. Wenn uns das Nomen als Objekt begegnet, werden wir dem Akkusativ eine höhere Wahrscheinlickeit einräumen als dem Dativ. In dieser Hinsicht kommt »Ruhm ausschlagen« mit dem Akkusativobjekt unserer Erwartung mehr entgegen als »Ruhm entsagen« mit dem Dativobjekt. Auch hier dürften wir das, was unserer Erwartung eher entspricht, als stilistisch neutral empfinden. Aber das, was uns zu einer Uminterpretation zwingt, empfinden wir nicht als etwas Besonderes, sondern eher als einen Störfaktor. Grammatische Relationen, die nicht unserer Erwartung entsprechen, sind wie Zuckerdosen, die nicht am gewohnten Platz stehen. Solche Veränderungen begrüßt man in der Regel auch nicht als belebende Abwechslung.

Merkwürdigerweise scheint auch im Urteil über den formal erkennbaren Unterschied zwischen Akkusativ- und Dativobjekt noch ein wenig von dieser Neigung zum Wahrscheinlichen zu stecken. Würden wir nicht »den Ruhm ausschlagen« für grammatisch leichter interpretierbar halten als »dem Ruhm entsagen«? Und würden wir nicht der aktiven Form von »geschenkt bekommen« mit dem Rollenplan *Nomen plus Akkusativ* dem passiven Rollenplan *Dativ plus Nominativ* vorziehen?

Das Kind bekam eine Puppe geschenkt.

statt

Dem Kind wurde eine Puppe geschenkt.

Vorausgesetzt ist natürlich wie immer, daß die Veränderung keinen Bedeutungsunterschied bewirkt. Der Dativ Auctoris zum Beispiel realisiert seinen Rollenplan auch durch Dativ plus Nominaitv: »Dem Kind ist eine Tasse zerbrochen«, doch würde seine Umformung als Nominativ plus Akkusativ: »Das Kind hat eine Tasse zerbrochen« die semantische Rolle des Kindes ändern, von einem, dem ein Unglück widerfahren ist, zu einem, dem die Schuld gegeben wird.

Aber wenn wir schon einmal die Wahl haben, dann bevorzugen wir den Kasus, der uns am einfachsten scheint. Wir sind nun einmal von Natur aus mit einer gesunden Portion Trägheit ausgestattet, und die verschiedenen Kasus dürften uns tatsächlich ein unterschiedliches Maß an Verarbeitungsaufwand abverlangen: der Akkusativ mehr als der Nominativ, der Dativ noch mehr als der Akkusativ und der Genitiv mehr als alle anderen. Kein Wunder also, daß uns die Historiker unter den Germanisten berichten, der Genitiv werde heutzutage zunehmend vom Dativ verdrängt. Wohin man schließlich kommt, wenn man immer weiter eine Kasusform will, die noch weniger aufwendig ist, als die vorangegangene, kann man an einer Sprache wie dem Englischen sehen. Da muß man dann zu guter Letzt einen viel größeren Aufwand mit den Präpositionen treiben und auf ein gut Teil der Beweglichkeit von Satzgliedern verzichten, damit man das, was die verschiedenen Kasus grammatisch unterscheidet, mit anderen Mitteln ins richtige Verhältnis bringen kann.

Natürlich lassen uns die grammatischen, semantischen und stilistischen Eigenschaften des Deutschen ohnehin keinen allzu großen Spielraum für den einfachen Kasus. Irgendwie ist ja das meiste immer noch in einen größeren Kontext eingebettet, und der schafft dann seine eigenen klimatischen Bedingungen. Kehren wir noch einmal zu unserem Beispiel über den Ruhm zurück. Nachdem wir vorhin sozusagen mit der stilistischen Lupe herausgefunden haben, daß der Originalsatz mit seinem Akkusativobjekt besser ist als vergleichbare Sätze mit Präpositional- oder Dativobjekt, müssen wir bei einem Blick auf den Vorgängerkontext erkennen, daß es Zusammenhänge gibt, in denen gerade die Formen, die wir eben als weniger gut eingestuft haben, die einzig möglichen sind:

Den Besitzenden mißfallen heißt dem Besitz entsagen. Auf die Bezahlung für geleistete Arbeit verzichten heißt unter unter Umständen, auf das Arbeiten verzichten und den Ruhm bei den Mächtigen ausschlagen heißt oft, überhaupt Ruhm ausschlagen.

Auch im ersten Satz könnte man wieder an die Stelle von »entsagen« »verzichten« setzen:

Den Besitzenden mißfallen heißt auf den Besitz verzichten.

und auch hier würde die profanere Form des Verbs auf Kosten der synthetischen Kasusform, also auf Kosten der Sprachökonomie gehen; aber sie würde überdies noch die fein austarierte syntaktische Parallele der Subjekt- und Objektkonstituenten zerstören. Und schließlich müßte auch das Verb im zweiten Satz gegen ein anderes ausgetauscht werden, da Wiederholungen zwar stilistisch gut sein können, aber doch nur, wenn sie wie die jeweilige Parallele im zweiten und dritten Satz, als Stilfigur aufzufassen sind. Gerade das Deutsche mit seinen morphologischen Kasusdifferenzierungen kann der stilistischen Forderung, Wiederholungen zu vermeiden, noch mehr Nachdruck verleihen, als zum Beispiel das Englische, wo Subjekt und Objekt strukturell bestimmt werden müssen.

Dasselbe Problem würde entstehen, wenn man das Verb im zweiten Satz gegen »entsagen« oder »ausschlagen« austauschen wollte. Aber damit befänden wir uns schon wieder aus semantischen Gründen im Aus. *Besitz* kann man nicht *ausschlagen,* da man nur ausschlagen kann, was angeboten wird. *Bezahlung* und *Arbeit* könnte man *ausschlagen,* aber das *Arbeiten* nicht, da einem ja nur Arbeit aber nicht das Arbeiten angeboten werden kann. Und man kann zwar dem *Geld entsagen* und dem *Wohlstand,* eben allem, was als Besitz anzusehen wäre, aber der *Bezahlung* und dem *Arbeiten,* die beide keinen Besitz darstellen, kann man nicht *entsagen.* Wirklich, es läßt sich nicht bestreiten: unserer Neigung zum einfachen Kasus sind in mehr als einer Hinsicht enge Grenzen gesetzt.

Kasusschätze

Im Zusammenheng mit den semantischen Rollen gibt es im Deutschen noch eine besondere Sorte von Bedingungen, durch die einfache Kasusformen leicht in ein schiefes Licht geraten. Bleiben sie unberücksichtigt, kommt es zu einer ungewollten Personifizierung ähnlich der des Kasusadverbials mit dem fetttriefenden Rinderstück, das in der Stellung am Satzanfang dem Gespräch über den Materialismus eine Agensrolle zuzuordnen schien.

Das Phänomen der ungewollten Personifizierung liegt irgendwo im Grenzbereich zwischen konkreter und figurativer Bedeutung und entsteht immer, wenn man einem unbelebten Ding ein Verhalten oder eine Eigenschaft zuschreibt, die eigentlich ein willensbegabtes Subjekt voraussetzen. In der poetischen Sprache sind solche Personifizierungen beabsichtigt: da *lacht* und *weint der Himmel* und *singt der Wind, der Wald schweigt* und *eine Quelle plaudert;* aber im gewöhnlichen Leben kann zwar ein *Gespräch verstummen,* ohne daß es dadurch gleich zu einem beseelten Ding würde, nur, es kann sich eben nicht von einem Rinderstück zum Thema Materialismus in der deutschen Philosophie animieren lassen. Eine *Pflanze* kann in einem bestimmten Gebiet ihren *Standort haben,* sie kann dort *beheimatet sein,* aber natürlich kann sie dort nicht *hausen* oder *wohnen.* Ein *Stein* kann jemanden *erschlagen,* aber nicht *ermorden.*

Die Grenzziehungen scheinen ziemlich willkürlich und fallen möglicherweise individuell unterschiedlich aus. Kann *ein Unfall* Menschen *töten?* Oder würde nicht die Passivvariante, bei der Menschen *durch einen Unfall getötet worden sind,* angemessener erscheinen? Oder noch besser in der Form »ums Leben kommen«? Aber heutzutage hört man immer häufiger, daß »Unfälle töten«, und da dürfte dann wohl das Prinzip der Sprachökonomie im Spiel sein. Konziser ist die Aktivvariante mit der Ursache im Subjekt auf jeden Fall — es braucht ja nur noch den Nominativ, die Grundform des Nomen, mit einer einfachen Verbform im Prädikat, gegenüber den präpositionalen Wortgruppen der Adverbiale und der komplexen Verbform des Passivs beziehungsweise der verbalen Fügung mit einer weiteren PP in den alternativen Sätzen. Wer es eilig hat, wie Nachrichtensprecher, die mit ihrer Zeit ökonomisch umgehen müssen, wird sicher bereit sein, den semantischen Spielraum für die Partner von »töten« ein wenig auszuweiten, wenn er dadurch eine umso viel kürzere Ausdrucksform erhält. Und je öfter man diesen Ausdruck hört, umso mehr verliert sich der Eindruck einer ungewollten Personifizierung. Wem würde es heute schon in den Sinn kommen, dem *Ziegelstein,* der einen Menschen *erschlagen* kann, eine willentliche Handlung zuzuschreiben. Und wenn Kain seinen Bruder Abel mit einem Stein erschlagen haben sollte, dann wurde Abel mit einem Stein erschlagen, und der Weg ist nicht mehr weit über den, der von einem Stein erschlagen wurde, zu dem, den ein Stein erschlagen hat.

Trotzdem sind noch sehr viele Dinge gewissermaßen im Stande der Unschuld, und sowohl die Kasusdifferenzierungen als auch die relative Beweglichkeit der Satzglieder im Deutschen erlauben es uns, sie dort zu belassen, selbst auf Kosten der Sprachökonomie. Es ist aber etwas anderes, ob man aus verschiedenen, schon vorhandenen Möglichkeiten die auswählt, die den rationelleren Umgang mit den sprachlichen Mitteln gestattet, oder ob man die Möglichkeiten der eigenen Sprache im Interesse der Ökonomie noch etwas erweitert, sozusagen die Grundelemente des Baukastens verändert. Wie der kontinuierliche Wandel jeder Sprache zeigt, kann das bewußte oder unbewußte Verändern so selten nicht sein, aber ein gewisses Beharrungsvermögen wird wohl auch im Interesse der Verständigung liegen und dies könnte eben ganz gut erklären, warum wir immer wieder auch umständlicheren Formen vor einfachen den Vorzug geben.

Im folgenden Beispiel

Tatsächlich kann ein hohes literarisches Niveau einer Aussage als Schutz dienen.
(Brecht, *Politische Schriften*)

ist anstelle der verbalen Fügung mit dem Dativobjekt ebenso gut ein transitives Verb mit einem Akkusativobjekt möglich:

Tatsächlich kann ein hohes literarisches Niveau eine Aussage schützen.

Aber wir würden doch die längere Form der kürzeren vorziehen, obwohl wir dafür nicht nur mehr Wörter, sondern auch einen anspruchsvolleren Kasus benötigen. »Etwas als Schutz dienen« und »etwas beschützen« mögen semantisch zum Verwechseln ähnlich sein, dennoch könnte mit dem transitiven Verb, das direkt auf sein Objekt zielt, die Assoziation zum bewußten Handeln näher liegen, als bei der Streckform mit dem Dativobjekt. Der Dativ bezieht sich ja in der Regel nicht auf das von der Handlung direkt betroffene Objekt, sondern eher auf denjenigen, für oder gegen den die Handlung abläuft. Wenn die Variante mit dem transitiven Verb als stilistisch schwächer empfunden wird, als die mit der Streckform, so könnte dies auf eine ungewollte Personifizierung zurückgehen, die aus einer Projektion des Akkusativobjekts auf das Subjekt zustandekommt. Der Eindruck einer ungewollten Personifizierung ist allerdings noch schwächer, als wenn er durch das Subjekt selbst entsteht.

Bemerkenswert ist, daß bei dem Verb »schützen« ein solcher Effekt auch bei einem unbelebten Subjekt nicht zustandekommt, jedenfalls nicht, solange das Dativobjekt belebt ist. Das *Haus* kann *uns* ohne weiteres vor den Unbilden der Witterung schützen, aber schon die *Garage* kann eigentlich nicht das *Auto* vor dem Regen schützen, und die *Scheune* schützt auch im Winter das *Heu* nicht vor dem Schnee. Die Grenzen sind allerdings oft so willkürlich, wie die der Wiesen und Äcker auf dem Land, und die *Sonnen-*

brille kann *meine Augen* tatsächlich, wenn ich Glück habe, vor den ultravioletten Strahlen schützen, aber ob nun das *literarische Niveau* eine *Aussage* schützen kann, das ist schon einer dieser Grenzfälle, in dem sich unser Gefühl für das, was geht und das, was nicht geht, auflöst. Sicher sind wir eigentlich nur in unserem Urteil, daß die Variante mit der Streckform und dem Dativobjekt stilistisch besser ist, als die mit dem einfachen Verb und dem Akkusativobjekt. Und mit dieser Variante — das steht nun doch außer Frage — ist auch nicht der Schatten einer ungewollten Personifizierung verbunden.

Zwischen der Möglichkeit eines *Steins,* einen Menschen zu *erschlagen* und seiner Unmöglichkeit, einen Menschen zu *ermorden,* zwischen zwei klaren semantischen Urteilen über die Elemente, die im Subjekt der Verben »erschlagen« und »ermorden« erscheinen können, gibt es vermutlich einen großen Bereich, in dem wir über die kombinatorischen Eigenschaften von Verben wesentlich weniger entschieden urteilen, und in allen diesen Fällen wird dann doch — wenn kein dringender Grund für Neulandgewinnung besteht — die Form mit den semantisch klaren Verhältnissen der oszillierenden Form vorgezogen werden, auch dann, wenn dabei das Prinzip der Sprachökonomie etwas zu kurz kommen sollte.

Da das Prinzip der Sprachökonomie allgemeinster Natur ist, müßte es auch in allen Sprachen angewandt werden, wegen der besonderen Eigenschaften der einzelnen Sprachen aber in jeder Sprache anders ausfallen, wie das Prinzip einer angemessenen Informationsverteilung. Wo kein morphologischer Kasus unterschieden wird, kann auch nicht der einfachste Kasus bevorzugt werden, und wo die Satzglieder weniger beweglich sind, müssen sie mehrere semantische Rollen übernehmen. In der Tat kann im Englischen nicht nur »ein Unfall Menschen töten«, »der Juli die Unfälle zunehmen sehen«, »ein Mann sein Bein brechen«, sondern sogar »ein Auto seinen Reifen platzen«. Wir könnten im Deutschen noch nicht einmal mit dem sogenannten *Pertinenzdativ* auskommen, bei dem der Rezipient zugleich der Besitzer des Objekts ist, denn auch in der Form »dem Auto platzte sein Reifen« wird das Auto zur

Person erhoben. Da muß man schon zu etwas weniger ökonomischen Mitteln, zu Adverbialen oder Attributen greifen, wenn *an einem Auto ein Reifen geplatzt* ist, oder *ein Reifen des Autos geplatzt* ist. So bringt der Vorteil der beweglichen Satzglieder eben auch Nachteile mit sich. Wenn das Subjekt und die Objekte ausreichend etikettiert sind, können sie ziemlich problemlos hierhin und dorthin geschoben werden, aber dann kleben diese Etiketten offensichtlich auch an den semantischen Rollen viel fester und erschweren, im Rollenplan der Verben festgeschrieben, den Rollentausch, versperren uns den Weg zum einfachen Kasus.

Natürlich kann man das alles auch ganz anders sehen. Hinter den Etiketten »Dativ« und »Genitiv« liegen ja ganze Archive von Rollenplänen, ein erheblicher Teil der Schätze des Deutschen. Aber die Dinge der Sprache haben die merkwürdige Eigenschaft, sich in Nichts aufzulösen, wenn sie nicht mehr gebraucht werden, eine Eigenschaft, die man sich für alte Hemden, Schuhe und Kochtöpfe manchmal wünschte, die aber bei Dingen, die nicht nur nützlich, sondern auch schön sind, eher traurig macht. Nun ist der Verlust von bestimmten Ausdrucksmöglichkeiten nie wirklich ein Verlust an sprachlicher Substanz, da ja, wie wir wissen, ihre Funktion von anderen übernommen werden muß. Aber gerade wie man eine Sache sagen kann, trägt oft viel zu ihrer Einmaligkeit bei: *dem Besitz entsagen, auf das Arbeiten verzichten, Ruhm ausschlagen; der Mythos vom goldenen Zeitalter, der Mythos des Prometheus, im Dunkeln des gelebten Augenblicks* ... Jeder, der einmal versucht hat, solche prägnanten Formulierungen mit anderen Mitteln, in einer anderen Sprache zu erreichen, weiß, daß es nicht wenig gibt, was dem Deutschen sozusagen auf den Leib geschrieben ist und andernorts viel von seinem Glanz verliert. Das gilt natürlich für jede Sprache, und so gesehen war die Verwirrung der Zungen beim Turmbau zu Babel auch ein Gewinn für die Menschheit, und es ist um jede Nuance von Ausdrucksmöglichkeiten schade, die ungenutzt verfällt.

Gerade die Ausdrucksvielfalt einer Sprache ist es, die der einzelnen Möglichkeit ihre besondere Wirkung sichert, und man muß sie auch zu nutzen verstehen. Einige der allgemeinen Gesichtspunkte, nach denen wir uns richten können, haben wir schon herauspräpariert, und dazu gehören die aus dem deutschen Kasussystem erwachsenden Möglichkeiten für eine konzisere Ausdrucksweise, aber auch die Forderung nach klaren Verhältnissen in den Rollenplänen, die auf ihre Weise die Vielfalt der Mittel vor zu viel Sparsamkeit und Einfachheit schützt.

Die nominale Verführung

Bei all diesen Kasusschätzen ist es nicht verwunderlich, daß man der deutschen Sprache einen Hang zur nominalen Ausdrucksweise nachsagt. Wenn man davon ausgeht, daß sich die primären Satzglieder — Subjekt, Objekt, Prädikativ — doch nur sehr bedingt durch andere Wortarten verwirklichen lassen, und allein deshalb schon immer mit einer gewissen Zahl von nominalen Wortgruppen im Satz zu rechnen ist, kann es natürlich nicht die absolute Menge der Nomina in einem Satz sein, die ihn nominal überladen erscheinen läßt. Nomina können nur da zum Gegenstand stilistischer Einwände werden, wo sie in einer Funktion verwendet werden, die noch eine alternative Wortart zuläßt.

Hierfür kommen nun vor allem Adverbiale und Attribute in Frage, die wir doch primär mit Adverbien und Adjektiven assoziieren würden. Und in der Tat sind es gerade die Attribute, die zur nominalen Überfrachtung von Sätzen beitragen. Der Anteil der nominalen Wortgruppen bei den Adverbialen ist, verglichen mit den Möglichkeiten der Attribute, eher bescheiden. Attribute können schließlich an jede nominale Wortgruppe gehängt werden, also nicht nur an Subjekte und Objekte, nominale Prädikativa und andere nominale Ergänzungen des Verbs, sondern auch an Adverbiale und Attribute. Und wenn dann zum Beispiel ein Genitivattribut von einem Verb abgeleitet ist, das seinerseits von einer präpositionalen Wortgruppe ergänzt wird, dann erhalten wir nominale Ketten von der Art »bis zur aktiven Konfrontation der eigenen Reflexion mit einem

Vorgegebenen« oder »die Art und Weise der Auseinandersetzung mit Sprache«, für die es, meinen wir, schon einen besonderen Grund geben müßte.

Dieser Grund könnte außersprachlicher Natur sein, etwa wenn nicht genügend Platz da ist, um NPs zu ganzen Sätzen auszuformulieren. Solche Bedingungen manifestieren sich bekanntlich in den sprachlichen Eigenschaften bestimmter Texttypen. Aber die Frage nach gut geschriebenen Gebrauchsanweisungen, Fragebögen, Telegrammen, Schlagzeilen und dergleichen dürfen wir vernachlässigen, da wir uns ja auf den Texttyp des neutralen Schriftdeutsch beschränken wollten. Für den neutralen Text kann man jedoch sicher sagen, daß solche nominalen Wortketten besser nicht verwendet werden sollten. Reine Aufzählungen von NPs können zwar außerordentlich lang sein, ohne daß dies ihre Verständlichkeit einschränken würde, nicht aber nominale Wortgruppen, deren syntaktische Verhältnisse zueinander erst mit Hilfe von Kasusmorphologie und Präpositionen dechiffriert werden müssen.

Wenn wir solche nominalen Ungetüme vermeiden wollen, kann das eigentlich nur heißen, daß wir, sobald alle grammatischen und semantischen Bedingungen erfüllt sind, immer die einfachste Wortart wählen sollten, die uns für eine bestimmte syntaktische Funktion zur Verfügung steht. Der Ökonomie des einfachen Kasus entspräche damit auf dem Gebiet der Wortarten die Ökonomie der einfachen Wortart.

Aber wie dem einfachen Kasus enge Grenzen gesetzt sind, ist auch die einfache Wortart nur bedingt zu haben. Ein adjektivisches Attribut wäre an sich einfacher als ein nominales, aber die Rückzugsmöglichkeiten vom nominalen zum adjektivischen Attribut sind schon durch die vielen verschiedenen Relationen begrenzt, die eine Präposition oder ein Genitiv zwischen dem nominalen Attribut und seinem Bezugselement etablieren kann. Die eindrucksvollen Namen des Genitivs legen davon ein beredtes Zeugnis ab. Der Genitiv *Subjectivus* nennt im Bezugselement das Subjekt des Sachverhalts, der im Genitiv steht:

die gedichteten Figuren menschlicher Grenzüberschreitung (Bloch, *Prinzip Hoffnung*) sind jene fiktiven Figuren, welche die dem Menschen gesetzten Grenzen überschreiten; der Genitiv *Objectivus* nennt im Genitiv das Objekt:

> *Träume* eines besseren Lebens
> (Bloch, *ebd.*)

träumt man von einem besseren Leben; der Genitiv *Possessivus* nennt im Genitiv den konkreten oder abstrakten »Besitzer«; die Metapher

> *im Keller* des Bewußtseins
> (Bloch, *ebd.*)

schreibt dem Bewußtsein einen Keller zu; der Genitiv *Expletivus* klassifiziert das Bezugselement durch den Genitiv:

> *die Kategorie* des Utopischen
> (Bloch, *ebd.*)

klassifiziert das Utopische als Kategorie; und der Genitiv *Partitivus* identifiziert das Bezugselement als Teil einer Menge:

> *Die schwindelhafte Hoffnung ist einer* der größten Übeltäter *des Menschengeschlechts*
> (Bloch, *ebd.*)

aber es gibt mehr als einen Übeltäter.

Schon wegen der Menge der unterschiedlichen Präpositionen kann die Vielfalt der semantischen Beziehungen zwischen Bezugselement und Präpositionalattribut nicht geringer sein als die der Genitivattribute, und die Chancen für einen stilistischen Rückzug auf einfache Wortarten, wie Adjektive, sind auf keinen Fall besser.

Es sollte vielleicht nicht ungesagt bleiben, daß alternativen Kompositabildungen für beide Arten von Attributen eine weitaus größere Bedeutung zukommt als dem Adjektiv. Zwischen den einzelnen Bestandteilen der zusammengesetzten Nomina können ja ebenso viele semantische Beziehungen bestehen wie zwischen dem Bezugselement und seinem Attribut. Da wir uns aber nicht gleichzeitig mit Fragen der Grammatik und der Lexik beschäftigen können und die Komposita nun einmal in den Bereich der Wortbildung und des Wortschatzes gehören, müssen wir diese im Deutschen so ergiebige Möglichkeit der nominalen Entlastung hier ausklammern.

Aber dann gibt es natürlich doch Fälle, in denen Nomina durch Adjektive ersetzt werden könnten. In dem Satz

> *Die Geschichte des menschlichen Denkvermögens weist große Perioden teilweiser oder völliger Unfruchtbarkeit, Beispiele erschreckender Rückbildungen und Verkümmerungen auf.*
> (Brecht, *Politische Schriften*)

könnte man zum Beispiel den zweiten Genitiv durch die Verwendung des Adjektivs »unfruchtbar« anstelle des Nomens »Unfruchtbarkeit« eliminieren. Das sähe dann so aus:

> *Die Geschichte des menschlichen Denkvermögens weist große, teilweise oder völlig unfruchtbare Perioden, Beispiele erschreckender Rückbildungen und Verkümmerungen auf.*

Die Verkürzung wäre immerhin im Interesse des Prinzips der Sprachökonomie: zumindest sollte ein Adjektiv anstelle eines Nomens, das überdies für jedermann deutlich sichtbar von diesem Adjektiv abgeleitet ist, weniger schwerfällig wirken. Dennoch ist das Original viel besser, und das hängt zweifelsohne mit dem relativ hohen Eigengewicht von »teilweise oder völlig« zusammen, die als Modifikation (Beifügung) zu »unfruchtbar« überproportional wuchtig wirken. Ohne sie würde sich die Variante mit dem adjektivischen Attribut schon besser lesen:

> *Die Geschichte des menschlichen Denkvermögens weist große unfruchtbare Perioden, Beispiele erschreckender Rückbildungen und Verkümmerungen auf.*

Syntaktisch gesehen, stehen diese Konstituenten als Modifikatoren des Nomens auf der zweiten Rangstufe, als Modifikatoren des Adjektivs, das selbst nur zur zweiten Garde der Wortarten gehört, aber erst auf der dritten. Gemessen an ihrem relativ hohen Informationswert verdienen sie offensichtlich einen höheren Platz in der Hierarchie der syntaktischen Konstituenten.

Aber auch ohne die zusätzliche Modifikation wäre die Variante mit dem Adjektiv stilistisch weniger gut als die nominale Variante:

Die Geschichte des menschlichen Denkvermögens weist große Perioden der Unfruchtbarkeit, Beispiele erschreckender Rückbildungen und Verkümmerungen auf.

Im gesamten Satzzusammenhang wird nämlich durch die Wahl des Adjektivs die strukturelle Parallele, die zwischen den beiden Objekten mit ihren nominalen Attributen besteht, eingeschränkt und damit etwas aufgegeben, was man eine Stilfigur nennen könnte. Strukturelle Parallelen als nicht zuletzt verständniserleichternde Stilfiguren, oder strukturelle Parallelen als einschläfende Wiederholungen — das ist ein spannendes Thema, dessen spezifische Bedingungen unsere ungeteilte Aufmerksamkeit verdienen. Da es aber nur unter anderem mit der Frage der nominalen Wortgruppen und ihrer Alternativen zusammenhängt, werden wir es uns jetzt nur für später vormerken.

Man könnte trotz allem der Meinung sein, daß das Original etwas zu nominal ist, mit einem Verb und sechs nominalen Wortgruppen zu insgesamt sieben Nomina, von denen allein drei deutlich sichtbar aus anderen Wortarten abgeleitet sind: so wie das Adjektiv »unfruchtbar« in »Unfruchtbarkeit« steckt, erkennt man in »Rückbildungen« und »Verkümmerungen« die solchermaßen nominalisierten Verben »zurückbilden« und »verkümmern«. Sollte denn da nicht überhaupt die Alternative einer einfachen Wortart in Richtung einer mehr verbalen Variante zu suchen sein?

Mit ein bißchen Geduld läßt sich in der Tat eine Formulierung finden, die dem Original inhaltlich ganz nahe kommt, ohne von seinen Nominalisierungen Gebrauch zu machen:

Die Geschichte zeigt, daß das menschliche Denkvermögen über große Perioden teilweise oder völlig unfruchtbar, erschreckend zurückgebildet oder verkümmert war.

Die Variante ist gar nicht so übel und bis zum prädikativ gebrauchten Adjektiv könnte sie fast mit dem Original konkurrieren, aber dann wirkt sie auch da schon, verglichen mit der Prägnanz der nominalen Ausdrucksformen, ein wenig geschwätzig und am Schluß paßt überhaupt nichts mehr so recht zusammen. Zwischen »unfruchtbar«, »zurückgebildet« und »verkümmert« sind Dissonanzen entstanden, die zwischen »Unfruchtbarkeit«, »Rückbildung« und »Verkümmerung« nicht bestehen. Da sie offensichtlich aufs Konto der Verben gehen, kann es uns hier, auf dem Kontinent der Nomina, zunächst genügen, wenn wir feststellen, daß bestimmte Aspekte verbaler Ausdrucksmittel durch Nomina eingeebnet werden. Während die Wahl eines Nomens anstelle eines Adjektivs unter Umständen bessere Anschlußstellen für Modifikationen bietet, erleichtert demnach die Wahl von Nomina anstelle von Verben unter Umständen die Zusammenfassung verschiedener Sachverhalte. So, zu nominalen Individuen verdichtet, lassen sich ganz beträchtliche Mengen von Sachverhalten problemlos in anderen Sachverhalten unterbringen.

Die Metamorphose der Sachverhalte mit den Eigenschaften (Adjektive, Adverbien, Adverbiale) oder Beziehungen zwischen Individuen (Verben) zu neuen Individuen (Nomina) schafft großen Denkern magische Möglichkeiten:

der Horizont alles Gemeinsamen,
der Begriff des Noch-Nicht,
von allen Seltsamkeiten des Nicht-Wissens.
(Bloch, *ebd.*)

Für die Erschaffung neuer Individuen ist keine Wortart zu unbedeutend:

Vom Das des Drängens kommt kein Lebender los, so müde er auch davon geworden sein mag.
(Bloch, *ebd.*)

Da braucht es aber auch schon das Werk eines Philosophen oder Dichters, um eine diesen Individuen gemäße Welt zu schaffen. In einer alltäglichen Welt können Nomina leicht das Märchen von des Kaisers neuen Kleidern ins Gegenteil verkehren und reihenweise Kleider ohne den Kaiser auf die Straße schicken:

> *Die Art und Weise der Auseinandersetzung mit Sprache hat jedoch durchaus unterschiedliche Schichten des Problems im Blick; vom bloßen Rückzug auf einen selbstverantworteten Umgang mit ihr bis zur aktiven Konfrontation der eigenen Reflexion mit einem Vorgegebenen, an dem sich die Autoren abarbeiten, und auch das wieder auf mindestens zweierlei Weise: in kritischer Distanz (gegen die Perversionen der Sprache bei »anderen«) und/oder in der Begegnung mit dem Fremden, das den alltäglichen Sprachgebrauch aus seiner Gewöhnlichkeit reißen, die eigene Sprachgestaltung im Licht dieser Fremdheit zu neuen Zielen führen soll.*

Na denn.

Spielräume für Stellvertreter

> *Da stellte es sich wieder zu den Hühnern und dachte: »Der eine Flügel verbrennt. Besser ist's ich eß ihn weg.« Also schnitt es ihn ab und aß ihn auf und er schmeckte ihm.*
> (Grimm, *Das kluge Gretel*)

Was da auch schon für deutsche Ohren ein wenig befremdlich, um nicht zu sagen kannibalisch anmutet, ist nicht etwa mit der veralteten Form des neutralen Genus für eine weibliche Person namens Gretel verbunden — »es« könnte ja zum Beispiel für ein Mädchen oder ein Kind stehen — und das kannibalische Element kommt ohnehin weniger durch den Handlungsträger als durch den Leidtragenden ins Bild, durch die Verwendung von »er« und »ihn« für den Flügel eines Hühnchens. Weil überdies die Objektform von »er« und »es« »ihm« ist und das Verb »schmecken« den Handelnden im Dativobjekt und das betroffene Objekt im

Subjekt zu sich nimmt, wird die Verteilung von »er« und »ihm« am Ende der Geschichte schließlich eine Art Vexierbild. Allerdings spielt dabei die Entfernung zwischen der nominalen Wortgruppe »der eine Flügel« und dem pronominalen Subjekt des letzten Satzes, das darauf Bezug nimmt, noch eine gewisse Rolle. Zumindest für deutsche Ohren wäre nämlich an der direkten Abfolge »Er aß den Flügel auf und er schmeckte ihm« kaum etwas Außergewöhnliches festzustellen.

Aus der Sicht einer Sprache mit natürlichem Genus aber, wie zum Beispiel des Englischen, muß das grammatische Genus immer merkwürdig bleiben. Mark Twain hat dies genüßlich in seiner Parabel vom Fischweib demonstriert, das in einem schrecklichen Unwetter vom Blitz getroffen und vom großen Zeh (er!) bis zur Nase (sie!) stückchenweise eingeäschert wird. Die kleine Episode vom klugen Gretel läßt uns ahnen, wie grotesk sich für den Engländer die Geschichte vom Fischweib anhören muß. Für diesen »Blick von außen über den Zaun«, für die Verfremdung des grammatischen Genus als natürliches Geschlecht bedarf es im Deutschen verständlicherweise besonderer Bedingungen; im allgemeinen sind wir gegen diese Art Belebung unserer Bilderwelt immun. Dabei gehen wir allerdings schon intuitiv gewissen Merkwürdigkeiten einfach aus dem Wege. Normalerweise fällt uns eben nicht auf, daß wir zwar sagen können

Das ist mein Bruder und das seine Frau. Sie ist viel größer als er.

aber nicht:

Das ist ein Ahornbaum und das eine Linde. Sie ist viel größer als er.

An dieser Verteilung ändert sich auch nichts, wenn wir den zweiten Satz in einen Relativsatz verwandeln:

Das ist mein Bruder und das seine Frau, die viel größer ist als er.

Das ist ein Ahornbaum und das eine Linde, die viel größer ist als er.

Natürlich würden wir gar nicht erst auf den Gedanken kommen, uns eine solche abwegige Verwendung für Personalpronomina einfallen zu lassen, aber ein bißchen nachdenklich könnten wir angesichts solcher Beispiele schon werden. Immerhin fällt nur in den guten, nicht in den schlechten Sätzen das grammatische Genus mit dem natürlichen zusammen. Ganz so unberührt, wie es den Anschein haben könnte, läßt den Deutschen das natürliche Geschlecht eben doch nicht. Dazu, daß die mit dem grammatischen Genus erworbene Immunität gegen das natürliche Geschlecht wenigstens teilweise aufgehoben wird, kann es schon, wie der Hühnerflügel gezeigt hat, durch eine gewisse Entfernung zwischen Bezugsnomen und Pronomen kommen. Anders beim Ahornbaum und der Linde, wo das maskuline und feminine Pronomen trotz unmittelbarer Nähe zwischen Bezugsnomen und Pronomen »personifizierend« wirkt. Hier könnte unter anderem die kontrastive Betonung der Gegenüberstellung eine Rolle spielen. Ohne die Gegenüberstellung ist nämlich gegen die Abfolge

Das ist ein Ahornbaum und das ist eine Linde. Sie ist schon sehr alt.

nichts einzuwenden.

Möglicherweise ist ganz allgemein die Schwierigkeit der Interpretation von Pronomina umso größer, je mehr Pronomina es zugleich zuzuordnen gilt. Dies könnte erklären, warum die direkte Abfolge

Das Mädchen aß den Flügel und er schmeckte ihm.

— wenn man einmal von den besonderen sprachlichen Bedingungen eines Märchens absieht — stilistisch gar nicht besonders geglückt ist und durch die Wahl eines Prädikats, das den ganzen Sachverhalt in einem Rollenplan erfaßt, wirklich zu verbessern wäre:

Das Mädchen ließ sich den Flügel schmecken.

Natürlich erfüllt die Verkürzung auch ganz allgemein das Ökonomieprinzip, denn schließlich kommt die Formulierung sich »etwas schmecken lassen«, womit der Prozeß des Essens selbst nur noch impliziert wird, mit einem Satz weniger aus.

Pronomina werden, wie schon ihr Name andeutet, stellvertretend für Nomina beziehungsweise nominale Wortgruppen verwendet. Mitunter stehen sie auch für ganze Sätze. Über diese nominalen Wortgruppen oder Sätze beziehen sie sich auf die Individuen oder Sachverhalte, auf die sich auch die nominalen Wortgruppen oder Sätze beziehen. Sie können sich auch ohne den Umweg über andere nominalen Wortgruppen oder Sätze auf Individuen oder Sachverhalte beziehen. Obwohl sie dann eigentlich nicht mehr als Stellvertreter anzusehen sind, sondern selbständig wie Nomina verwendet werden, beschränkt sich ihre Bedeutung auch in diesem Fall im wesentlichen auf das Referieren, weshalb sie eben nicht *als* Nomina sondern nur *wie* Nomina verwendet werden. Nomina und Pronomina, die in einem Text auf dieselben Individuen oder Sachverhalte referieren, koreferieren, was aber — wie man gleich sehen wird — nicht allzu streng zu verstehen ist.

In *Nachdenken über Descartes* heißt es an einer Stelle:

Während dieser Descartes und manch einer seiner Art und seiner Zeit ihre Angelegenheiten geordnet sahen, als sie zu denken begannen, beginne ich damit oder nehme mir vor damit zu beginnen zu einer Zeit, wo sie ganz und gar ungeordnet sind und: um sie zu ordnen.
(Brecht, *Politische Schriften*)

Sollte nur dieser Satz des Deutschen der Nachwelt überliefert werden, so blieben ihr damit, wie in einer Arche Noah, fast alle Arten deutscher Pronomina erhalten: *Demonstrativ-* (dieser), *Indefinit-* (mancher, einer), *Possessiv-* (ihre, meine), *Personal-* (sie, ich) *Reflexivpronomina* (mir) *Pronominaladverb* (damit) und das *Relativpronomen* (wo), dessen Form mit der eines *Interrogativpronomens* zusammenfällt.

Klare Fälle von Koreferenz liegen vor zwischen dem Pronomen »sie« und der Aufzählung von Descartes und seinen Zeitgenossen, zwischen dem Possessivpronomen »ihre« und denselben Personen als »Besitzer« ihrer eigenen Angelegenheiten, zwischen dem Reflexivpronomen »mir« und dem Personalpronomen »ich«, die beide auf den Autor referieren. Auch die Referenz des Pronominaladverbs scheint eindeutig zu sein; zumindest ist offensichtlich, daß »damit« den Infinitiv »zu denken« ersetzt, wenn auch der Sachverhalt, zu dem dieser gehört, der Beginn des Denkens von Descartes und seinen Zeitgenossen nicht insgesamt, sondern nur in dem mit dem Infinitiv bezeichneten Prozeß wieder aufgegriffen wird. »Sie«, schließlich, in der zweiten und dritten Instanz, koreferiert mit »ihren Angelegenheiten«, bezieht sich aber unter der Hand nicht mehr auf die Angelegenheiten Descartes' und seiner Zeitgenossen, sondern auf die von Brecht. Ein Deutschlehrer würde seinen Schülern bestimmt diese etwas großzügige Handhabung von Koreferenz nicht durchgehen lassen; aber die Eleganz der Formulierung würde beträchtlich darunter leiden, wollte man anstelle des Pronomens die nominale Wortgruppe verwenden, die es vertritt, noch dazu, wo das Possessivpronomen »meine« dann eine besondere, kontrastive Betonung erhalten müßte:

> *Während dieser Descartes und manch einer seiner Art und seiner Zeit ihre Angelegenheiten geordnet sahen ... beginne ich damit ... zu einer Zeit, wo meine Angelegenheiten ganz und gar ungeordnet sind ...*

Daß es sich insgesamt um eine Gegenüberstellung von Descartes und Brecht handelt, ist schon durch die Wahl der Satzverknüpfung »während« deutlich genug angezeigt, und es hieße, den Schwerpunkt der Gegenüberstellung, nämlich »denken, um zu handeln« abschwächen, wenn man zugunsten der referentiellen Eindeutigkeit auf die pronominale Verkürzung verzichten wollte.

Viel erstaunlicher ist aber eigentlich, daß man in ein und demselben Satz das Pronomen »sie« mit unterschiedlichen Bedeutungen hintereinander verwenden kann, ohne daß dies als stilistisch, geschweige denn grammatisch mißlungen anzusehen wäre. Während sich das »sie« im Relativsatz auf die Angelegenheiten Brechts bezieht, also auf eine Variante des Subjekts des ersten Teilsatzes, bezieht sich das »sie« aus dem Temporalsatz auf Descartes und seine Zeitgenossen. Es liegt auf der Hand, daß die Zuordnung den Rollenplänen der jeweiligen Prädikate folgt. Als Subjekt zu »denken« kommen Personen, aber keine Angelegenheiten in Frage, und umgekehrt kommt die Eigenschaft, ungeordnet zu sein oder geordnet zu werden, doch eher Angelegenheiten als Personen zu.

Weil in den meisten Sätzen mehr als eine nominale Wortgruppe Verwendung findet, wird auch bei *einem* Pronomen oft ein wenig detektivische Arbeit notwendig sein, um die richtige Zuordnung treffen zu können. Da kann mitunter schon ein relativ kurzer Satz eine ganze Menge Denkarbeit erfordern. Wofür zum Beispiel steht »es« in dem Satz:

Ein Kind greift nach allem, um zu finden, was es meint. (Bloch, *Prinzip Hoffnung*)

Aufgrund des neutralen Genus und des Singulars käme doch sowohl das Kind wie »alles« in Frage, wobei der Rollenplan des Prädikats »meinen« eher an das Kind denken läßt, was aber im Gesamtzusammenhang wenig Sinn macht. Bezieht man »es« auf »alles«, dann läßt sich »meint« als »bedeutet« uminterpretieren, was — weil es kaum mehr auf das Kind bezogen werden kann — die Verhältnisse eindeutig machen würde:

Ein Kind greift nach allem, um zu finden, was es bedeutet.

Dennoch verliert der Satz dadurch schon etwas von seiner Faszination. Korrigiert man noch »finden« zu »herausfinden«, was wohl normalerweise in diesem Kontext verwendet würde, dann hat man schließlich den magisch dichten Satz eines Philosophen in den alltäglichen Satz eines Erziehers verwandelt:

Ein Kind greift nach allem, um herauszufinden, was es bedeutet.

Die Mehrdeutigkeit von Pronomina kann in vielen Fällen einfach dadurch vermieden werden, daß man anstelle des Pronomens die nominale Wortgruppe benützt, die sie vertritt. Allerdings ist auch das nicht immer möglich. Nehmen wir zum Beispiel die nachträgliche Präzisierung des Possessivpronomens im zweiten Satz:

Gott schuf den Menschen nach seinem Bilde. Nach dem Bilde Gottes schuf er ihn.

Außerhalb des biblischen Kontexts müßte das Personalpronomen »er« eigentlich anders als gedacht interpretiert werden. Ohne das Possessivpronomen bezieht sich das pronominale Subjekt im zweiten Satz nämlich gar nicht mehr auf Gott; wäre es anders, dann müßte, grammatisch gesehen, das Pronomen vor »Bild« beibehalten werden:

nach seinem Bilde schuf er ihn.

Der Versuch, die referentielle Beziehung eindeutig zu machen, führt streng genommen dazu, daß im zweiten Satz das Gegenteil vom ersten behauptet wird. Aber wer will schon an die Bibel solch kleinmütigen grammatischen Maßstab anlegen.

Mitunter ist die Schwierigkeit, Pronomina richtig zuzuordnen, aber auch dann nicht zu beheben, wenn man sie gegen die nominale Gruppe, die sie vertreten, austauscht:

Alte Bücher, zu Klassikern verzaubert, geben der Nachwelt manches Rätsel auf. Nicht das geringste sind die Bewunderer, die sie finden.
(Enzensberger, *Deutschland, Deutschland usw.*)

Obwohl es keinen Zweifel geben kann, daß »sie« für alte Bücher steht, läßt sich der abschließende Relativsatz auf zweierlei Weise verstehen, da »sie« sowohl das Objekt als auch das Subjekt des Satzes sein könnte: die Bewunderer finden Bücher oder die Bücher finden Bewunderer. Da es aber mehr Sinn macht, sich über die Bewunderer als über die Entdecker alter Bücher zu wundern, wird es wohl niemandem schwer fallen, die Mehrdeutigkeit aufzulösen, auch wenn er beim ersten Lesen zunächst daran hängengeblieben sein sollte. Aber nachdenklich werden kann man schon auch über diesen Fall, der, wie es den Anschein hat, eine syntaktische Mehrdeutigkeit in Kauf nimmt, die sich doch durch die Verwendung eines Possessivpronomens anstelle des Relativsatzes problemlos vermeiden ließe:

Alte Bücher ... geben der Nachwelt manches Rätsel auf. Nicht das geringste sind ihre Bewunderer.

Nun ja, irgendwie fällt auch in diesem Fall die eindeutige Variante zugleich simpler aus, und das wiederum könnte ganz gut mit der Frage des Schwerpunkts zusammenhängen, der durch die Wahl des eindeutigen aber kurzen Possessivpronomens (anstelle des mehrdeutigen, aber längeren Relativsatzes) deutlich an Gewicht verlieren würde.

Pronominale Stellvertreter können also sprachliche Strukturen nicht nur da entlasten, wo nominale Wortgruppen oder Sätze in einem fortlaufenden Text wiederholt werden, sie können auch dazu beitragen, die informationellle Hierarchie eines Textes deutlicher zu machen, indem sie die weniger wichtigen Elemente eines Textes strukturell zurücktreten und dadurch die wichtigeren besser zur Geltung kommen lassen.

Eine mehr systematische Betrachtung der Zusammenhänge zwischen strukturellen Verkürzungsmöglichkeiten und der informationellen Hierarchie von Sätzen würde den Rahmen des Mögliche-Welten-Kabinetts sprengen, wir werden aber auf die Besonderheiten pronominaler Verkürzungsmöglichkeiten im dritten Teil des Buchs wieder zurückkommen. An dieser Stelle können wir uns mit der Entdeckung begnügen, daß die strukturellen Vorteile von Pronomina unter Umständen die Nachteile referentieller Vagheit oder syntaktischer Mehrdeutigkeit überwiegen können. Dies ist, zumindest was die referentielle Vagheit betrifft, so überraschend nun auch wieder nicht. Schließlich ist die referentielle Identität der Individuen selbst eine Sache, über die man leicht ins Grübeln geraten kann —, wenn schon nicht in bezug auf das Jetzt und Hier des eigenen Ichs, wie die kluge Else im Grimmschen Märchen, die nicht mehr weiß, ob sie es selbst ist oder nicht und deshalb beschließt, sich darüber Klarheit bei ihrem Mann zu verschaffen

Ich will nachhause gehen und fragen, ob ich's bin oder nicht bin. Die werden's ja wissen.

sondern eher schon in Richtung der zwei oder auch mehr Seelen in einer Brust, wie zum Beispiel bei der nicht ganz gewöhnlichen Besetzung des Rollenplans von »sich etwas leisten« in:

Indem ich mir mich selbst leiste, existiere ich längst über meine Verhältnisse.
(Bernhard, *Billigesser*)

Mit dem Blick auf den Fluß der Dinge, die verlorene Zeit und das prekäre Gleichgewicht in den zwischenmenschlichen Beziehungen läßt sich die Frage nach der Identität des Individuums erst recht in so mancherlei Hinsicht stellen, wofür dann natürlich eine entsprechend vage Koreferenz der Pronomina Voraussetzung ist:

Wenn einer den anderen verrät, hat er denselben verraten, dem er versprochen hat?
(Brecht, *Geschichten*)

Da wir es eben auch in dieser Hinsicht mit einer unüberschaubaren Zahl von möglichen Welten zu tun haben, und die Konstanz des Individuums beileibe nicht so selbstverständlich ist, wie wir das gerne sähen, ist es nur recht und billig, daß die Pronomina auch als Stellvertreter über einen gewissen referentiellen Spielraum verfügen und daß die Individuen, die sie vertreten, unter Umständen auch unter der Hand gegen benachbarte Individuen aus derselben Klasse ausgetauscht werden können.

Je mehr Individuen in die Betrachtung aufgenommen werden, umso größer kann der referentielle Spielraum werden. Um die Potenzen des indefiniten Pronomens »jeder« erweitert, kann schließlich sogar ein definites Pronomen zugleich auf alle Individuen einer möglichen Welt referieren:

Als der und jener ist zwar jeder schon da.
(Bloch, *Spuren*)

Daß sich »der und jener« nicht nur auf ein bestimmtes, sondern zugleich auf alle Individuen bezieht, von denen es jedem die Eigenschaft »ein Bestimmter zu sein« zuschreibt, macht es dem Philosophen möglich, die Frage nach der Identität des Individuums, in diesem Fall zwischen seinen Möglichkeiten und seiner Wirklichkeit, in eine sprachlich so beeindruckend dichte Form zu bringen.

Außerhalb des philosophischen, logischen oder auch linguistischen Kontextes verliert der referentielle Spielraum viel von seiner Faszination, und daß Pronomina die Trapezstangen für allerlei Gedankenakrobatik bieten, ist natürlich keine spezifisch deutsche Angelegenheit, sondern gilt von den Pronomina aller Sprachen, auch wenn die selbständige Verwendung von Demonstrativpronomina wie »dieser und jener« oder gar »der und jener« auf eine andere Sprache, wie zum Beispiel das Englische, nicht ohne weiteres übertragbar sein muß und selbst innerhalb des Deutschen gewiß als nicht ganz alltäglicher Fall von Sprachverwendung gelten wird.

Die selbständige Verwendung von Pronomina nun, der Fall also, in dem sie sich direkt und ohne den Umweg über andere Nomina auf Individuen oder Sachverhalte beziehen, kann, so sollte man meinen, nichts mit dem Problem der referentiellen Identität zu tun haben, da sie ja nicht unter dem Diktat der Koreferenz zwischen Stellvertreter und Bezugsnomen steht. Während die Pronomina der dritten Person, deren Bedeutung durch entsprechende nominale Wortgruppen festgelegt ist, von Haus aus semantisch variabel sind, sind die Pronomina der ersten und zweiten Person in der Regel vom sprachlichen Kontext unabhängig und tragen ihre Kennmarke gewissermaßen schon um den Hals: »ich« ist der Sprecher, »du« der Angesprochene, »wir« eine Gruppe von Individuen, die den Sprecher einschließt ... Die Wahl zwischen diesen Pronomina ist durch die Situation bestimmt, in der sie verwendet werden. Man spricht von einer »deiktischen« Verwendung.

Doch die selbständigen Pronomina lassen auch eine andere Verwendung zu, eine verallgemeinernde, in der von der jeweiligen Sprechsituation abgesehen wird. In solchen Fällen bietet sich im Deutschen zwar das im allgemeinen so beliebte indefinite Pronomen »man« an, für das dann aber unter Umständen doch ein Personalpronomen der ersten oder zweiten Person verwendet werden kann oder muß. Wovon die Wahl eines Personalpronomens in allgemeinen Sätzen abhängt, kann alles mögliche sein.

Die Eindringlichkeit der Warnung

Je länger man vor der Tür zögert, desto fremder wird man.
(Kafka, *Heimkehr*)

wird wohl kaum geschmälert, wenn anstelle des »man« ein »wir« oder »du« stünde:

Je länger wir vor der Tür zögern, desto fremder werden wir.
Je länger du vor der Tür zögerst, desto fremder wirst du.

Es gehört schon ein sehr feines Ohr dazu herauszuhören, was den Autor dennoch zur Wahl von »man« bewogen haben könnte: daß nämlich »du« und »wir« von ihrer Grundbedeutung her als Element einer Gruppe von zwei oder mehreren Individuen verstanden werden, was ihnen noch anhängen könnte, auch wenn sie ins Beliebige verallgemeinert werden, während »man« sich auch auf das einzelne Individuum allein bezieht und so tatsächlich ein besserer Ausdruck für die zunehmende Vereinsamung ist, die ja das Thema dieses Satzes ist.

Aber auch bei einem Autor, der die Vereinsamung zu einem Grundmotiv seines Lebenswerks gemacht hat, finden sich Sätze, in denen dem »man« das »du« oder »wir« vorgezogen wird, und dies, so darf man annehmen, nicht aus semantischen, sondern aus paradigmatischen Gründen. »Man« ist nur als Subjekt zu verwenden, als Objekt hat es die Form des indefiniten Pronomens »ein«, als Possessiv »sein«, deren Ersatzcharakter in einer anspruchsvolleren Umgebung nur zu deutlich zum Vorschein kommt.

Die dir zugemessene Zeit ist so kurz, daß du, wenn du nur eine Sekunde verlierst, schon dein ganzes Leben verloren hast, denn es ist nicht länger, es ist immer nur so lang, wie die Zeit, die du verlierst.
(Kafka, *Fürsprecher*)

Würde hier das indefinite Pronomen an die Stelle von »du« gesetzt, so käme man schon am Anfang des Satzes ins Stocken.

Die einem zugemessene Zeit ...

klingt gegenüber dem freien Atem des Originals wie eine vom Schnupfen angeschwollene und verstopfte Nase.

Unter Umständen lassen sich auch die paradigmatischen Lücken von »man« durch keine Ersatzform schließen:

Solange du nicht zu steigen aufhörst, hören die Stufen nicht auf, unter deinen steigenden Füßen wachsen sie aufwärts.
(Kafka, *ebd.*)

Während sich im vorigen Satz »dein ganzes Leben« auf »man« bezogen als »sein ganzes Leben« umformen ließe, gäbe es für diesen Satz keine vergleichbare Möglichkeit:

Solange man nicht ... hören die Stufen nicht auf, unter seinen steigenden Füßen ...

wäre falsch. Anstelle des »du« wäre in beiden Sätzen auch »wir« zu verwenden, müßte aber einen kollektiven Besitz an »Leben« und »Füßen« verantworten.

Die uns zugemessene Zeit ist so kurz, daß wir ... schon unser ganzes Leben verloren haben ...

mag ja noch angehen, aber

Solange wir nicht zu steigen aufhören ... unter unseren steigenden Füßen wachsen sie aufwärts.

könnte schon unangenehme Vorstellungen von einer Massenbewegung heraufbeschwören.

Natürlich gibt es Kontexte, in denen der Plural des »wir« dem Sachverhalt angemessener ist, als der Singular von »du« und »man«. Grammatisch gesehen, ließe sich die Metapher

Denn wir sind wie Baumstämme im Schnee. Scheinbar liegen sie glatt auf und mit kleiner Anstrengung sollte man sie wegschieben können.
(Kafka, *Die Bäume*)

auch im Singular ausdrücken, aber die damit assoziierte Gleichsetzung zwischen einem Baumstamm und dem Angesprochenen ist im Ganzen gesehen weitaus weniger tragfähig:

Denn du bist wie ein Baumstamm im Schnee. ... und mit kleiner Anstrengung sollte man ihn wegschieben können.

und die Gleichsetzung zwischen einem Baumstamm und einem spezifischen Subjekt verheddert sich nicht nur am Ende mit dem indefiniten Pronomen des Originalsatzes, sondern liegt von Anfang an schief:

Denn man ist wie ein Baumstamm im Schnee ...

Im allgemeinen wird aber »man« in Sätzen, die nicht auf die unmittelbare Gegenwart beschränkt sind, den Personalpronomina vorgezogen, und das ist nicht verwunderlich, sind doch die Personalpronomina der ersten und zweiten Person im Jetzt und Hier der Sprechzeit verankert und müssen für eine allgemeine Aussage eigens uminterpretiert werden. »Man« könnte so als das neutrale Pronomen für allgemeine Aussagen angesehen werden, dem gegenüber die Personalpronomina der ersten und zweiten Person besondere Bedingungen verlangen. Und zu diesen besonderen Bedingungen können neben den schon illustrierten paradigmatischen Lücken auch die verschiedenen Stilebenen und -regeln kommen. »Wir« und »du« sind familiärer, »man« hält Distanz zum Angesprochenen, auch wenn dies gegebenenfalls ironisch umkehrbar ist und im Frontalangriff oder in der Kolportage über den Freund, das Kind, die Gattin oder den Chef gesagt werden kann:

Man ist heute mit dem linken Fuß aufgestanden.

Wenn wir von solchen markierten Verwendungen eines auf die Sprechsitiutation bezogenen »man« absehen, dann scheint dieses Allerweltspronomen so unauffällig mausgrau nützlich, daß man ganz überrascht ist, wenn man entdeckt, daß das entsprechende Pronomen »one« im Englischen auffallend oft erst hinter den Personalpronomina der ersten und zweiten Person rangiert — vorausgesetzt der unspezifizierte Handlungs- oder Einstellungsträger solcher allgemeingültigen Aussagen wird überhaupt der Erwähnung für wert erachtet. In vielen Fällen, in denen das Deutsche einen Aktivsatz mit »man« ganz unbedenklich findet, verwendet das Englische nämlich lieber einen Passivsatz, in dem das unspezifizierte Subjekt des Aktivsatzes in der Tat oft verlustlos gestrichen werden kann — eine Möglichkeit, der sich natürlich auch das Deutsche bedienen kann.

Die subjektlose Form des daß-Satzes in

Es ist ein Arbeitsgrundsatz der Behörde, daß mit Fehlermöglichkeiten überhaupt nicht gerechnet wird.
(Kafka, *Das Schloß*)

führt uns die Einsparmöglichkeit bei redundanten Subjekten eindringlich vor Augen. Die Verwendung von »man« anstelle des definiten Pronomens

Es ist ein Arbeitsgrundsatz der Behörden, daß man mit Fehlermöglichkeiten überhaupt nicht rechnet.

würde wegen des inhaltlichen Zusammenhangs zur Behörde, der, wenn schon ein Pronomen, dann ein Stellvertreterpronomen erwarten läßt, befremden. Auf der anderen Seite würde das grammatisch angemessene Stellvertreterpronomen »sie« den Singular und das feminine Genus des Bezugsnomens aufgreifen und ihm damit unnötig viel Gewicht einräumen:

Es ist ein Arbeitsgrundsatz der Behörde, daß sie mit Fehlermöglichkeiten überhaupt nicht rechnet.

Aber auch ohne solche sprachlichen Kontextbedingungen können Passivsätze Aktivsätzen mit »man« vorgezogen werden, wenn zum Beispiel neben dem persönlichen Subjekt noch andere Verursacher, die ja dann nicht unter »man« subsumiert werden können, mitgedacht werden. Die Feststellung

Tatsächlich kann das menschliche Denkvermögen in erstaunlicher Weise beschädigt werden.
(Brecht, *Politische Schriften*)

würde in einer Aktivversion mit »man« einiges von ihrer bitteren Schärfe einbüßen:

Tatsächlich kann man das menschliche Denkvermögen in erstaunlicher Weise beschädigen.

Und sogar ohne besondere syntaktische oder semantische Bedingungen mag die Eliminierung des unspezifischen Handlungsträgers in allgemeinen Sätzen durch eine Passivierung dem Aktivsatz mit »man« vorgezogen werden. So würde verglichen mit

fast jedes Ziel kann, wenn zu lange, zu vergebens, oder eben auf zu gewohnte Weise dahin gestartet wird, langweilig werden
(Bloch, *Prinzip Hoffnung*)

eine Aktivvariante mit »man« einiges von der Konzentration auf das Ziel nehmen:

fast jedes Ziel kann, wenn man zu lange, zu vergebens, oder eben auf zu gewohnte Weise dahin startet, langweilig werden.

Selbst wenn noch viele Fälle anzuführen wären, in denen auch das Deutsche Passivsätze Aktivsätzen mit »man« vorzieht, ist die Zahl der Fälle, in denen das Englische Passivsätze Aktivsätzen vorzieht, weitaus größer. Eingeschränkt wird sie eigentlich nur durch Aktivsätze, in denen nicht das indefinite »one« sondern ein definites »you« oder »we« verwendet wird. Die Vorliebe für definite Pronomina und die Abneigung gegenüber »one« könnte in dem noch lückenhaften Formenbestand von »one« begründet liegen, das nur im Subjekt (und Possessiv) verwendet werden kann. Dagegen hebt sich der relative Formenreichtum der definiten Personalpronomina, besonders auf dem Hintergrund der fehlenden Kasusmorphologie englischer Nomina, vorteilhaft ab. Die Bevorzugung der definiten Personalpronomina kann uns aber ganz allgemein nicht überraschen in einer Sprache, die keine grammatische Genusdifferenz kennt und sich deshalb ohnehin mit der eindeutigen Referenz pronominaler Ausdrucksformen schwerer tut, als eine Sprache mit grammatischem Genus. Im Englischen hat das indefinite Pronomen dem kasus- und genuslosen Einerlei seines Kontexts nichts entgegenzusetzen. Da hat es das deutsche »man« in dem bunten Fleckenteppich seines genus- und kasusdifferenzierenden Umfelds fraglos besser.

Artikel und Numerus demonstrieren
unser Verständnis von den Dingen.
Und damit seine Sprachabhängigkeit.
Besonders in den allgemeinen Sätzen.

Eine Bestandsaufnahme

Ein paar Dutzend Millionen Minuten machen ein Leben von 45 Jahren und etwas darüber.

sagt Lichtenberg und macht damit auf eine überraschende Weise deutlich, wie kurz das Ganze ist, auch wenn es sich in Millionen Einzelteile zerlegen läßt. *Ein paar Dutzend* Elemente sind nun einmal nicht viel, selbst wenn es *ein paar Dutzend* Millionen Elemente sind. Wenn die Teile klein genug sind oder das Ganze groß genug, werden die Mengen, mit denen wir es zu tun haben, ohnehin leicht unüberschaubar. Aber da fassen wir eben zusammen oder klettern einfach auf unserer begrifflichen Leiter ein paar Sprossen hinauf oder hinunter und schon haben wir wieder den nötigen Überblick: Sechzig Minuten sind *eine Stunde,* vierundzwanzig Stunden gehen in *einen Tag,* sieben Tage machen *eine Woche,* Vater und Mutter ergeben *Eltern,* mit ihrem Kind bilden sie eine *Familie,* eine *Stadt* besteht aus Straßen, Plätzen und Häusern; und Gott schied das Licht von der Finsternis und das Wasser vom trockenen Land, die samentragenden Kräuter von den früchtetragenden Bäumen, Fische, Vögel, Wild, Vieh und alles, was auf dem Erdboden kriecht und er schuf den Mensch als Mann und Weib und vollendete so den *Himmel und die Erde »mit ihrem ganzen Heer«.* Und dabei gehören zu den Bestandteilen des Ganzen keinesfalls nur die Dinge und die Substanzen, die uns, wie begrenzt sie auch in der Zeit sein mögen, vor allem im Raum gegeben sind. Es gehören dazu auch Zustände, Vorgänge und Ereignisse, die den Dingen in der Zeit zukommen, denn:

Die Welt ist die Gesamtheit der Tatsachen, nicht der Dinge.
(Wittgenstein, *Tractatus logico-philosophicus*)

Auf Dinge, so scheint es, nehmen wir in erster Linie mit Nomina Bezug, doch lassen sich ganz leicht auch alle anderen Aspekte der Welt nominal ausdrücken, und die meisten dieser so geschaffenen Individuen mit ihresgleichen wieder zu einem höheren Ganzen aufaddieren, mit dem wir dann irgendeine unserer möglichen Welten bevölkern können. Im Englischen kann dabei der Artikel, der in vielen Fällen das einzige formale Kennzeichen eines Nomens ist, öfter wegfallen als im Deutschen, wo man die Nomina ja immerhin noch an ihrer Großschreibung erkennen kann. Im Deutschen kommt ihm auch schon ohne das Problem der Nominalisierung anderer Wortarten eine ziemlich große Bedeutung zu, weil die Kasus und Genusunterschiede ja weniger an den Nomina als an ihren Artikeln festgemacht sind.

Der Artikel ist sozusagen die Standarte, die Geschlecht und Stellung des Nomens anzeigt. Zusammen mit dem Numerus greift er aus der Menge der Möglichkeiten jenen Teil heraus, über den etwas gesagt werden soll: *einer, einige, alle.* Mit dem indefiniten Artikel wird dieser Teil in die Geschichte eingeführt, mit dem definiten ist er schon vorausgesetzt: *der* Türhüter vor *dem* Gesetz, zu dem *ein* Mann vom Lande kommt. Viel Wahl bleibt uns nicht, allenfalls können wir die Zeremonie des Einführens überspringen, aber keine ausgeführte oder vorausgesetzte Einführung läßt sich rückgängig machen. *Ein* Türhüter und *ein* Türhüter sind schon immer *zwei* und nur »*ein* Türhüter« und »*der* Türhüter« können sich auf *denselben* Mann beziehen.

Aber dann braucht sich »ein Türhüter« gar nicht nur auf *einen* ganz bestimmten Türhüter beziehen, und wenn von »einem Beamten« gesagt wird, daß er in seinem Fach auf ein Wort hin gleich ganze Gedankenreihen durchschaut, so können damit, wie wir wissen, alle Beamten zugleich gemeint sein. Allerdings könnte das vielleicht ebenso gut mit dem definiten Artikel gesagt werden:

> *In seinem Fach durchschaut der Beamte auf ein Wort hin gleich ganze Gedankenreihen.*

oder mit dem indefiniten beziehungsweise dem definiten Plural:

In ihrem Fach durchschauen Beamte auf ein Wort hin ...
In ihrem Fach durchschauen die Beamten auf ein Wort hin ...

Einer für alle

Sätze wie diese, sogenannte *generische Sätze,* machen Aussagen über alle Elemente einer Klasse, und auf den ersten Blick scheint es, daß wir hier zwischen definitem und indefinitem Singular und Plural frei wählen können. Dennoch sollten wir uns fragen, warum der Originalsatz über den Beamten die indefinite Singularvariante und keine der anderen verwendet, und wenn wir uns die Zeit nehmen und die verschiedenen Varianten sorgfältig gegeneinander abwägen, dann scheint diese Variante auch tatsächlich die beste zu sein. Ganz gewiß ist der indefinite Singular in solchen Sätzen die Variante mit dem geringsten konzeptuellen Aufwand, da sie den Leser nur auffordert, sich irgendeinen Beamten vorzustellen und nicht gleich viele oder alle oder gar den, der für alle typisch wäre, den Prototyp des Beamten. Der indefinite Singular ist für generische Aussagen sicher das konzeptuell sparsamste Mittel und wenn wir ihn da bevorzugen, dann im Interesse der Sprachökonomie, jenem stilistischen Kriterium, das ja immer angewendet werden kann, wenn es nicht durch spezifischere Bedingungen außer Kraft gesetzt wird.

Natürlich kann die Wahl des indefiniten Singulars auch semantisch obligatorisch sein, wie zum Beispiel in der Verwendung »auf ein Wort hin«, wo der indefinite Artikel in Wirklichkeit ein Zahlwort darstellt und deshalb weder gegen den definiten Singular noch gegen eine der beiden Pluralformen ausgetauscht werden kann. Die Zahl Eins braucht übrigens in diesem Beispiel nicht wörtlich genommen zu werden. Die Aussage würde doch schon zutreffen, wenn es sich um nicht viele Worte handelt. Anderswo kann der indefinite Singular aber natürlich auch genau ein Element bezeichnen, wie zum Beispiel in dem beherzigenswerten Spruch aus der Bibel:

Besser eine Hand voll Ruhe als beide Hände voll Mühe und Haschen nach Wind.
(Prediger 4, 6.)

Die Zahl Eins ist hier so suggestiv, daß man leicht dazu verführt wird, der einen Hand zwei Hände gegenüber zu stellen, wenn man versucht, den Spruch aus dem Kopf zu zitieren.

Wenn auch die Verallgemeinerung über den Beamten in der indefiniten Singularform am besten sein mag, so ist sie doch in jeder Kombination von Artikel und Numerus möglich. Wie wir gesehen haben, gilt dies nicht für Fälle, in denen der indefinite Artikel als Zahlwort zu verstehen ist. Aber da gibt es noch andere Einschränkungen.

In einer seiner vertrackten Unterhaltungen macht Karl Valentin auf die Frage, ob die Hörer von Rundfunksendungen trotz einer Pause weiter zuhören oder das Radio abschalten würden, die tiefsinnige Feststellung:

Eine Pause kann man doch nicht hören.

Auch für diesen Satz stellen die definiten und indefiniten Pluralformen zumindest semantisch akzeptable Varianten dar:

Pausen kann man doch nicht hören.
Die Pausen kann man doch nicht hören.

Sie wären allerdings beide, wie die entsprechenden Varianten über den Beamten, wieder als weniger ökonomisch und deshalb als stilistisch weniger gut zu bewerten. Dagegen würde aber die Variante mit dem definiten Singular kaum als allgemeine Aussage verstanden werden können. Mit dem Satz

Die Pause kann man doch nicht hören.

meint man am ehesten eine bestimmte Pause, weshalb er für die Überlegungen Valentins nicht in Betracht käme.

Warum ist denn aber nun hier der definite Singular nicht mehr so recht allgemein interpretierbar? Eigentlich müßte man doch erwarten, daß er sich gerade besonders gut für einen Satz eignet, in dem es um eine der wesentlichen Eigenschaften eines Individuums geht. Es mag ja trivial sein, daß man eine Pause nicht hören kann, aber gerade darum ist es eben typisch, was auch mit allen anderen drei Varianten gesagt wird. Warum also kein definiter Singular?

Prototypen

Überraschenderweise gibt es Fälle, in denen der definite Singular sogar die stilistisch beste Ausdrucksform darstellt, und in denen der indefinite Singular inakzeptabel ist. In den Grammatiken finden sich dazu Sätze wie:

Das Fahrrad wurde im vorigen Jahrhundert erfunden.

Die Pluralform wäre hier weitaus weniger geeignet; der indefinite Plural mag noch angehen:

Fahrräder wurden im vorigen Jahrhundert erfunden.

Der definite Plural scheint demgegenüber schon überaus nachlässig formuliert; er ist aber immerhin noch verstehbar:

Die Fahrräder wurden im vorigen Jahrhundert erfunden.

Der indefinite Singular ist eindeutig falsch:

Ein Fahrrad wurde im vorigen Jahrhundert erfunden.

Wie man daraus entnehmen kann, darf der indefinite Singular nicht in Verallgemeinerungen verwendet werden, die nicht auch für ein einzelnes Element der Klasse zutreffen würden. Das ist nur verständlich, denn schließlich wird mit dem indefiniten Singular ja explizit nur auf ein Element Bezug genommen, das dann eben bei allgemeinen Aussagen als Stellvertreter für das Ganze verstanden wird.

Daß nun gerade hier der indefinite Singular als unmöglich, der definite Singular aber als besonders geeignet empfunden wird, ist jedoch verwunderlich, denn die Eigenschaft, sich auf ein Element zu beziehen, müßte doch dem Singular in beiden Formen zuzuschreiben sein. Der Unterschied kann also nur in der Determiniertheit des Elements liegen, darin daß es sich beim indefiniten Singular um ein *beliebiges* Element, beim definiten um ein *bestimmtes* Element handelt.

Wenn wir uns vergegenwärtigen, daß durch ein Nomen schon immer eine bestimmte Klasse gesetzt ist, so ergeben sich hieraus in der Tat ziemlich unterschiedliche Anwendungsbedingungen für die beiden Artikelformen. »Beliebig« läßt sich — auf eine bestimmte Klasse bezogen — nur noch auf die Elemente innerhalb dieser Klasse verteilen, die Klasse selbst kann nicht beliebig sein. Mit »bestimmt« ist das anders, da ja hierfür nicht nur die einzelnen Elemente innerhalb einer bestimmten Klasse in Frage kommen, sondern auch die Klasse selbst. Von den einzelnen Fahrrädern zum Fahrrad als Klasse ist es nur ein Schritt auf unserer Begriffsleiter, und schon stehen wir zwischen den verschiedenen technischen Mitteln der Fortbewegung, der Eisenbahn, dem Auto, dem Flugzeug . . ., von denen das Fahrrad nur ein Element ist, wenn auch natürlich kein beliebiges, sondern ein bestimmtes. Eine Aussage, die also nicht von einem beliebigen Element der Klasse, sondern von der Klasse selbst gemacht wird, findet auf einer begrifflichen Stufe statt, für die der indefinite Singular nicht mehr taugt, der definite Singular dagegen das ökonomischste Mittel darstellt.

Wenn wir uns von dieser Stufe nun nochmal nach dem Pausenbeispiel umsehen, dann verstehen wir allmählich, warum sich

Die Pause kann man doch nicht hören.

einer generischen Interpretation entzieht. Während wir uns nämlich von *dem* Fahrrad, Auto, Flugzeug, oder *dem* Beamten, Künstler, Arbeiter ein bestimmtes, wenn vielleicht auch falsches Bild machen, und zwar gerade im Vergleich zu den anderen Elementen, mit denen das Fahrrad oder der Beamte zu einer nächsthöheren Klasse zusammenzufassen sind, läßt uns *die* Pause auf der Suche nach vergleichbaren Elementen eher ratlos. Zumindest gibt es nichts, was sich uns da so deutlich aufdrängen würde, wie die verschiedenen Verkehrsmittel beim Fahrrad oder die verschiedenen Berufsgruppen beim Beamten. Sicher gibt es Zusammenhänge, in denen Pausen anderen Dinge gegenüber gestellt werden können, die Pause etwa als Strukturelement in der Musik oder als Kunstgriff eines Redners oder Schauspielers, aber keines dieser Dinge ließe sich in der Aussage

Eine Pause kann man nicht hören

an die Stelle dieser Pause setzen. Und die Aussage bestimmt nun einmal die Stufe, auf der die Elemente miteinander vergleichbar sein müssen, wenn sie mit dem definiten Singular akzeptabel sein sollen. Sind sie es nicht, so werden die Sätze mit dem definiten Singular als spezifisch uminterpretiert, weshalb sie als Bibelsprüche oder ähnliches dann nicht mehr taugen, aber auch nie ganz so ins Abseits führen, wie der Satz über das Fahrrad, das im vorigen Jahrhundert erfunden wurde.

Es scheint übrigens, daß die höherstufige Verallgemeinerung mit dem definiten Singular, mit dem nie ein beliebiges Element verallgemeinert, sondern immer eine ganze Klasse zu einem Typ zusammengefaßt wird, auch leichter zum Klischee wird. Die Rückkehr zum indefiniten Singular, so sie möglich ist, bricht dieses Klischee auf, indem sie die semantischen Einzelbestandteile einer Verbindung wieder auffrischt. Der Vergleich in

Es geht in der Wissenschaft so stark und unbekümmert und herrlich zu, wie in einem Märchen.
(Musil, *Der Mann ohne Eigenschaften*)

ließe sich auch mit dem definiten Singular formulieren

Es geht in der Wissenschaft so stark ... zu wie im Märchen.

wobei der Artikel allerdings nur noch im »m« der Präposition zu erkennen ist. In einer spezifischen Verwendung müßte er wieder ganz zum Vorschein kommen:

in dem Märchen, das ich gerade lese ...

und nicht:

im Märchen, das ich gerade lese ...

Da sich der definite Singular auf den Typ Märchen als ein Element der Klasse möglicher Welten bezieht, kommt ihm jedoch etwas von der Farbe des Geheimnisvollen abhanden, die jedem beliebigen Märchen anhaftet, und die das ungetrübte Bild über die Wissenschaft im Original so heiter strahlend vollendet.

In den bisher betrachteten Verallgemeinerungen war der indefinite Singular uneingeschränkter König. Ausgenommen war nur der Satz über die Erfindung des Fahrrads, wo die Einschränkung gegen den indefiniten Singular semantischer Natur ist, da derlei allgemeingültige Aussagen nur für die ganze Klasse, nicht aber für ihre einzelnen Elemente gelten. Der indefinite Singular kann aber auch aus rein stilistischen Gründen verworfen werden. Die Festlegung

Weltanschauungen sind Arbeitshypothesen.
(Brecht, *Politische Schriften*)

zum Beispiel würde im Singular den indefiniten Artikel in beiden nominalen Wortgruppen erfordern

Eine Weltanschauung ist eine Arbeitshypothese.

was wegen der kurzfristigen Wiederholung desselben Elements kaum als gelungene Formulierung gelten kann. Das Urteil dürfte auf alle allgemeinen Aussagen dieser Form zutreffen; allerdings ist nicht gesagt, daß der indefinite Plural dann immer die bevorzugte Alternative darstellt, obwohl das im vorliegenden Beispiel zweifelsohne der Fall ist. Der definite Singular

Die Weltanschauung ist eine Arbeitshypothese

scheint wiederum nur spezifisch, nicht allgemein verstehbar. Auch der definite Plural

Die Weltanschauungen sind Arbeitshypothesen.

suggeriert bestimmte Weltanschauungen, was der Allgemeingültigkeit dieser Aussage nicht entspricht. Wahrscheinlich ist *die* Weltanschauung ein ebenso wenig gängiges Konzept wie *die* Pause, zumindest ist uns im allgemeinen die Verschiedenartigkeit von Weltanschauungen stärker gegenwärtig als die Gemeinsamkeiten, unter denen sie sich zu einem Prototyp vereinen ließen.

Gelegentlich ist der definite Singular auch schon lexikalisch anders belegt. Für den Satz

Geschichten sind Entwürfe in die Vergangenheit zurück. (Frisch, *Geschichten*)

ist wiederum der indefinite Plural die einzig wirklich gute Form. Im definiten Singular stört die Wiederholung

Eine Geschichte ist ein Entwurf in die Vergangenheit zurück.

Der definite Plural taugt, nur wenn wir wissen, welche Geschichten:

Die Geschichten sind Entwürfe in die Vergangenheit zurück.

Der definite Singular schließlich

Die Geschichte ist ein Entwurf in die Vergangenheit zurück.

ergibt einen dem Original ebenbürtigen generischen Satz, hat aber nicht den Prototyp von Geschichten, sondern ihre historische Variante zum Gegenstand, also überhaupt eine andere Bedeutung.

Da wir nun immerhin schon drei der vier möglichen Formen für allgemeine Aussagen miteinander verglichen haben, sollten wir der besseren Übersicht halber hier vielleicht einmal eine Art Zwischenbilanz versuchen. Allen voran, so scheint es, rangiert der indefinite Singular, der die anspruchsloseste Form der Verallgemeinerung bietet. Stilistisch könnte er nur durch den Umstand der kurzfristigen Wiederholung ausgebootet werden. Semantisch scheidet er in Aussagen über einen Prototyp aus, wenn sich diese auf die ganze Klasse, aber nicht auf beliebige Elemente aus dieser Klasse bezieht. Den Prototyp beherrscht der definite Singular. Für den stilistisch defekten indefiniten Singular bietet, wie es scheint, der indefinite Plural den besten Ersatz.

Existentielles

Die Briefe eines klugen Mannes enthalten immer den Charakter der Leute, an die er schreibt.
(Lichtenberg, *Gedankenbücher*)

Das wäre weder im definiten Singular, noch im indefiniten Plural oder Singular so gut auszudrücken; der indefinite Singular entfällt, wie schon des öfteren, wegen der unschönen Verdoppelung des Artikels:

Ein Brief eines klugen Mannes enthält immer den Charakter der Leute, an die er schreibt.

Der definite Singular entfällt, weil er den Prototyp des Briefs eines klugen Mannes kreiert und damit gerade die Vielfalt der einzelnen Elemente dieser Klasse verfehlt, die der eigentliche Gegenstand dieser Aussage ist:

Der Brief eines klugen Mannes enthält immer den Charakter der Leute, an die er schreibt.

Die Variante ist doch stilistisch weniger gut als das Original, obwohl sie als Verallgemeinerung immerhin in Betracht käme.

Der indefinite Plural schließlich scheint sich einer Interpretation überhaupt zu entziehen. Der Satz

Briefe eines klugen Mannes enthalten immer den Charakter der Leute, an die er schreibt.

wirkt schon fast ungrammatisch. Dies könnte nun etwas mit dem Attribut zu tun haben, denn ohne den »klugen Mann« ist der Satz tadellos:

Briefe sollten immer den Charakter der Leute enthalten, an die sie geschrieben werden.

Ganz so einfach ist es dann aber doch auch wieder nicht. Zumindest gibt es Attribute, für die der indefinite Plural gut möglich, unter Umständen sogar notwendig ist. So wäre zum Beispiel die einem ganzen philosophischen Gebäude zugrunde liegende Behauptung

Wir machen uns Bilder der Tatsachen.
(Wittgenstein, *Tractatus logico-philosophicus*)

in der Form

Wir machen uns die Bilder der Tatsachen.

einfach unsinnig.

Ganz bestimmt spielt die Art des Attributs für die Wahl der definiten Form eines Bezugsnomens eine Rolle. Im Satz über die Briefe eines klugen Mannes wäre zum Beispiel der indefinite Plural der Briefe ganz passabel, wenn auch das Attribut im Plural verwendet würde:

Briefe kluger Männer enthalten immer den Charakter der Leute, ...

Denkbar ist, daß der Einzelne, und wäre er auch ein beliebiger Mann, das, was ihm zugeschrieben wird, definit macht, einfach weil die Dinge schon durch die Zugehörigkeit zu einem Einzelnen zu bestimmten Dingen werden. Wenn *ein beliebiger* Mann Briefe schreibt, so ist die Identität dieser Briefe *nicht* mehr beliebig, sondern fest mit diesem Mann verbunden. Wenn aber *beliebige* Männer Briefe schreiben, dann sind es auch *beliebige* Briefe, weil uns die Zuordnung zwischen den Männern und ihren Briefen in dieser Form verborgen bleibt. — Daß uns der beliebige Einzelne auf bestimmte Briefe festlegt, trifft natürlich nur für den Plural der Briefe zu. Innerhalb der Klasse der Briefe eines Mannes bleibt die Wahl frei.

Die Definitheit einer nominalen Wortgruppe läßt sich also unter Umständen aus bestimmten Elementen des Kontexts herauspräparieren. Ohne solche kontextuellen Einschränkungen sollten wir zwischen dem indefiniten und definiten Plural frei wählen können, was uns dann aus Gründen der Sprachökonomie die indefinite Form, die konzeptuell sparsamere Form, bevorzugen lassen müßte. Doch gibt es auch dann noch Fälle von Verallgemeinerungen, wo der definite Plural besser ist als der indefinite. Da ist zum Beispiel diese philosophisch feinsinnige Verallgemeinerung über unser Reklamezeitalter:

> *Die Dinge dürfen nicht wie gemalt sein, sonst halten sie im Leben nicht.*
> (Bloch, *Spuren*)

Hier wäre der indefinite Plural grammatisch und semantisch auch möglich; die Variante

> *Dinge dürfen nicht wie gemalt sein, sonst halten sie im Leben nicht.*

würde aber den Vergleich mit dem Original stilistisch nicht bestehen. Mit unseren bisherigen Überlegungen läßt sich dieser Unterschied nicht erklären.

Genau genommen haben wir uns auch noch gar nicht klargemacht, was für ein Unterschied zwischen definiten und indefiniten Pluralen in generischen Sätzen besteht. Wir wissen eigentlich nur, daß sich eine Aussage über alle Katzen an einer beliebigen Katze festmachen läßt und uns dies der Notwendigkeit enthebt, an alle Katzen zugleich denken zu müssen. Und dann wissen wir auch, daß die Katze schon einen festen Platz auf der nächst höheren Stufe der Begriffsleiter hat, wo sie der Maus, dem Hund, dem Löwen ... gegenüber steht und sich damit auch für Aussagen über den Prototyp, also für den definiten Singular gut eignet. Natürlich werden wir uns in bestimmten allgemeinen Aussagen auch die Mühe machen müssen, an beliebig viele Katzen, möglicherweise sogar an alle Katzen zu denken. Ja wir kennen schon einige stilistische Bedingungen, unter denen wir den Plural der Katzen in generischen Aussagen dem Singular vorziehen, wie die kurzfristige Wiederholung des indefiniten Artikels, oder die Möglichkeit, den indefiniten Artikel als Zahlwort zu verstehen. Wenn uns da der Schritt auf die nächsthöhere Stufe der Begriffsleiter verwehrt bleibt, kommen wir um den Plural nicht mehr herum.

Fast möchte man meinen, daß es allgemeine Sätze über *das* Ding überhaupt nicht geben kann, aber bezogen auf Sachverhalte, Zeit und Raum kann auch das Ding selbst als Prototyp erscheinen:

> *Es ist dem Ding wesentlich, der Bestandteil eines Sachverhalts sein zu können.*
> (Wittgenstein, *Tractatus logico-philosophicus*)

Es ist klar, daß der Satz über die gemalten Dinge nicht auf diese Abstraktionshöhe zielt.

> *Das Ding darf nicht wie gemalt sein ...*

suggeriert allenfalls ein bestimmtes Ding, nicht aber den Prototyp aller Dinge. Der indefinite Singular käme uns da weit mehr entgegen:

> *Ein Ding darf nicht wie gemalt sein ...*

ist eine akzeptable Variante des Originals, wenn auch stilistisch weniger gelungen. Der Plural gesteht den Dingen noch ihre Vielfalt zu, das Ganze ist die Summe seiner Teile, wie unterschiedlich diese auch sein mögen. Nicht so der indefinite Singular in generischen Sätzen, bei dem man sich die Generalisierung eher wie die Replikation eines Gens in zahllose Tochterzellen, gewissermaßen als konzeptuelle Klonierung vorzustellen hat. Indem jedes Kind nach allem greift, ist auch ein Kind wie das andere; in seinem Fach ist ein Beamter wie der andere ... Unterschiede werden einfach ignoriert. Gerade dies muß aber die stilistische Schwäche des indefiniten Singulars in einer Aussage sein, in der es ja um die Abweichung von der Norm geht, vom Idealbild, um das Besondere, das jeden einzelnen Teil des Ganzen von allen anderen trennt, um das, was einen bestimmten Gegenstand zu einem einzigartigen, nämlich wirklich existierenden Ding macht.

Wenn die Art der Aussage die Verschiedenartigkeit der Elemente voraussetzt, so mag dies erklären, warum wir den Plural dem Singular vorziehen; es erklärt noch nicht, warum wir die definite Form der indefiniten vorziehen. Nun könnte es sich bei den Dingen um eine so allgegenwärtige

Klasse von Elementen handeln, daß sie sich für eine Gegenüberstellung von indefinitem und definitem Plural ohnehin nicht besonders gut eignen. Unsere Welt ist so randvoll mit Dingen, daß es schon einer ziemlich hohen Abstraktionsstufe bedarf, um sie nicht immer als gegeben vorauszusetzen. Aber in so allgemeinen Aussagen wie »Dinge sind im Raum begrenzt, Ereignisse in der Zeit« sind sie mit dem indefiniten Plural ebenso gut wie »Weltanschauungen sind Arbeitshypothesen«, »Blumen machen Freude«, »Steine schweigen« — halt, es muß ja heißen, »*die* Steine schweigen« — und »Schaben können zur Plage werden«, aber »die Schaben werden uns überleben«. Darauf soll sich einer einen Reim machen.

Das Erstaunlichste ist, daß wir auch in diesen Fällen immer schon wissen, was geht und was nicht, was besser und was schlechter ist. Auch wenn wir eine Aussage wie »Schaben werden uns noch überleben« zum erstenmal hören, wissen wir, daß sich die indefinite Form des Plurals für sie weniger gut eignet als die definite. Es muß etwas in solchen generischen Sätzen geben, was unser innerer Computer erkennt, ohne daß uns bewußt wird, was es ist. Und in irgendeiner Weise muß dies etwas mit der Idee der Definitheit oder Indefinitheit zu tun haben. Das Definite ist das, was als bekannt vorausgesetzt wird, ist, was uns — durch welche Umstände auch immer — schon gegeben ist.

Die Umstände, die etwas als gegeben voraussetzen, können recht unterschiedlicher Art sein. Es kann, wie der Türhüter in der Erzählung *Vor dem Gesetz* gerade eingeführt worden sein, es kann aber auch, wie der Himmel und die Erde, das einzige Element seiner Klasse sein oder ihr Prototyp, wie das Fahrrad, das im vorigen Jahrhundert erfunden wurde, und es kann, wie die Briefe eines klugen Mannes, durch die Implikation eines Attributs vorausgesetzt sein. Könnte es dann nicht auch einfach durch die Art eines Prädikats gegeben sein? Und zwar so, daß der von ihm bezeichnete Sachverhalt erst dann zutrifft, wenn das Element, um das es geht, als existent vorausgesetzt ist? Wenn Schaben uns überleben sollen, dann muß es sie doch erst einmal geben. Auch Dinge, die nicht wie gemalt sein sollen, damit sie im Leben halten, müssen schon da sein, ehe sie »wie gemalt« sein können. Das Nachdenken darüber, ob Dinge wie gemalt sind oder nicht wie gemalt sind, rückt erst dann in den Bereich des Vorstellbaren, wenn wir die Existenz dieser Dinge voraussetzen und sei es auch nur in irgendeiner der vielen verschiedenen möglichen Welten, die wir mit diesen Elementen bevölkern wollen.

Für die Existenzvoraussetzung gibt es mitunter doch noch weitere sprachliche Anhaltspunkte im Kontext einer nominalen Wortgruppe. Ob es in einer Aussage um bestimmte schon existierende Elemente geht oder nicht, wird zum Beispiel durch die Wahl der Tempusform des Verbs beeinflußt. Der Satz

> *Zu sagen, daß die Guten nicht besiegt wurden, weil sie gut sondern weil sie schwach waren, dazu ist Mut nötig.*
> (Brecht, *Politische Schriften*)

zum Beispiel wäre mit dem indefiniten Subjekt

> *... daß Gute nicht besiegt wurden, weil sie gut ... waren*

nicht akzeptabel. Im Präsens wäre der indefinite Plural aber immerhin möglich

> *... daß Gute nicht besiegt werden, weil sie gut ... sind.*

Daß die indefinite Variante auch jetzt stilistisch nicht so gut ist, wie die definite Variante, nimmt uns nun schon nicht mehr Wunder. Heißt es nicht, die Nürnberger hängten keinen, sie hätten ihn denn? Unabhängig davon, ob einer nur gut oder auch schwach ist, besiegt werden kann er nur, wenn es ihn schon gibt, in welcher der möglichen Welten wir ihn immer ansiedeln wollen.

Wenn wir aber sagen, daß Weltanschauungen Arbeitshypothesen sind, dann trifft dies auch dann zu, wenn wir ihre Existenz nicht voraussetzen. Auch wenn wir davon sprechen, daß Schaben zur Plage werden, braucht dies die Existenz bestimmter Schaben nicht voraussetzen, genügt doch schon die Möglichkeit des Schabeseins, das die Möglichkeit der Plage bereits in sich trägt. Demgegenüber müssen Schaben schon existieren, um bekämpft werden zu können, weshalb wir eher »die Schaben werden bekämpft« als »Schaben werden bekämpft« sagen.

Jetzt können wir uns auch erklären, warum es heißt »die Steine schweigen« und nicht »Steine schweigen«. Gemeint ist doch, daß sie »schweigen« über das, was sie »miterlebt« haben, daß sie also schon dagewesen sind, als es geschah.

Daß der definite Plural die Individuen als bereits existent voraussetzt, der indefinite die Individuen aber nur als Möglichkeit behandelt, könnte schließlich sogar erklären, warum in einem Satz wie dem folgenden, in dem beide Formen gleich gut möglich wären, der definite Plural gewählt wurde:

> *Wir haben heute in den meisten Ländern der Erde gesellschaftliche Zustände, in denen die Verbrechen aller Art hoch prämiert werden und die Tugenden viel kosten.*
> (Brecht, *Politische Schriften*)

Die indefinite Variante

> *Wir haben heute in den meisten Ländern der Erde gesellschaftliche Zustände, in denen Verbrechen aller Art hoch prämiert werden und Tugenden viel kosten.*

mag manchem nicht nur stilistisch ebenso gut erscheinen wie das Original, sondern angesichts der Beliebigkeit des Attributs »aller Art« sogar besser. Nur daß er dann damit eben nicht Verbrechen aller Art als bereits existent vorausgesetzt hätte, wie das der Autor durch die Wahl des definiten Plurals und ganz bestimmt nicht aus Zufall getan hat.

Da die Existenz der Dinge vor allem in der Verallgemeinerung oft eher eine Sache der Auffassung ist, kann die Grenze zwischen den bestimmten und den beliebigen Elementen ganz leicht auch anders ausfallen, ja es kann sogar die Grenze zwischen den allgemeinen und den spezifischen Aussagen noch unterschiedlich gezogen werden. Im Englischen kann zum Beispiel der indefinite Plural auch für Fälle verwendet werden, in denen es ganz offensichtlich nicht um alle Elemente einer Klasse, sondern nur um Teilmengen geht. In Abhandlungen über wissenschaftliche Themen erfreuen sich zum Beispiel Satzeinleitungen wie »Astronomen vermuten schon seit langem ...«, »Klimatologen sind sich darüber einig ...« großer Beliebtheit. Im Deutschen finden wir in der Regel die Herren nicht der Erwähnung wert, am ehesten noch das Wissensgebiet, sollten aber die Wissenschaftler wirklich einmal kontextuell unentbehrlich sein, so würden wir uns auf sie in solchen Sätzen ganz gewiß mit dem definiten Plural beziehen wollen: »Die Astronomen sind sich schon seit langem darüber einig, daß ...«

Obwohl es sich ja offensichtlich nicht um Aussagen über eine bestimmte Situation handelt, an der verschiedene, nicht näher bekannte Astronomen beteiligt sind, sondern um Aussagen über verschiedene Zeiten und von beliebigen Astronomen, sind sie doch weniger allgemein als alle die anderen Beispiele, die wir bisher betrachtet haben. Und das wird wohl auch der Grund sein, warum wir nun plötzlich den definiten Plural dem indefiniten vorziehen. Ginge es nämlich um eine Aussage über Astronomen, die so allgemeingültig wäre wie die über die Weltanschauungen, dann würden wir auch im Deutschen den indefiniten Plural wählen:

Astronomen sind Leute, die an rote Riesen, weiße Zwerge und schwarze Löcher glauben.

Obwohl der definite Plural hier auch möglich ist

Die Astronomen sind Leute, die an rote Riesen, weiße Zwerge und schwarze Löcher glauben.

empfinden wir ihn als eine unnötige Spezifizierung und den Satz dementsprechend nachlässig formuliert. Die Definitheit scheint uns erst dann angebracht, wenn nicht von allen Elementen, sondern nur noch von einer Teilmenge der Klasse die Rede ist.

Was aber die ganze Klasse und was nur eine Teilmenge daraus ist, ist doch ziemlich beliebig, denn schließlich gilt die obige Beschreibung nur den Astronomen unserer Zeit; ihren Vorgängern waren weder rote Riesen, noch weiße Zwerge, noch schwarze Löcher bekannt. Die deutsche Grenzziehung ist da nicht weniger eine Sache der Konvention als die englische. Dennoch hat die Willkür in beiden Sprachen System. Die Entscheidungen fallen nämlich im Englischen bemerkenswert oft zugunsten der indefiniten, im Deutschen zugunsten der definiten Form aus.

Mehr oder weniger dingfest

Eine besondere Form von Dingen sind alle Substanzen, die nur durch die sie begrenzenden Dinge zu Individuen werden und das Konzept der Mehrzahl nie erreichen, auch wenn man sie mit Hilfe irgendwelcher Maßangaben zählbar macht — ob es sich nun um ein paar Tropfen oder um ganze Ozeane handelt: Wasser ist eine Flüssigkeit, die sich nicht in den Plural bringen läßt.

Bei solchen Dingen ist unsere Wahl auf die Möglichkeit des Singulars eingeschränkt. Aber der indefinite Singular kann seine Verwandtschaft mit dem Zahlwort Eins angesichts solcher gestaltloser Dinge nicht verleugnen, weswegen wir eben »ein Mann vom Lande« aber nicht »ein Wasser aus der Leitung« sagen. Und da wird nun die Bezugnahme auf das Ganze und seine Teile noch um eine Drehung verwickelter, denn die Standarte des indefiniten Singulars bei nicht zählbaren Dingen ist diesselbe wie die des indefiniten Plurals der zählbaren Dinge: die artikellose Form. Wir stehen also vor der Wahl zwischen einem artikellosen und einem definiten Wasser, und stilistisch ist auch hier meist nur eine Form wirklich gut. So würden wir im allgemeinen wohl eher sagen »Wasser ist durchsichtig« und nur, wenn wir ein ganz bestimmtes Wasser meinen »das Wasser ist durchsichtig«. Doch wäre der Trost für das Altwerden

> *Die Welt wird am Abend dunkel, aber das Wasser wird hell.*
> (Bloch, *Prinzip Hoffnung*)

mit der artikellosen Form

Die Welt wird am Abend dunkel, aber Wasser wird hell.

recht merkwürdig. Das könnte natürlich an der Parallelität der Struktur liegen, aber auch ohne sie wäre die Aussage »Am Abend wird Wasser hell« etwas rätselhaft. In der artikellosen Form wird das Wasser nämlich nicht erst durch das Prädikat hell, es ist schon an sich verblaßt bis zur Unkenntlichkeit als Ding, zu einem abstrakten Konzept, von dem wir wissen, daß es bei 0° gefriert und bei 100° zu Dampf wird. Wir wissen natürlich auch, daß Wasser, obwohl es an sich farblos ist, an seiner Oberfläche die Farben seiner Umgebung annimmt. Aber wenn wir uns zum Beispiel vorstellen, wie am Abend vor dem Hintergrund einer Kette von Bergen und einem von innen erleuchteten Himmel das verchromte Blau des Meeres immer hellere Töne annimmt, dann haben wir uns das Konzept Wasser in der Situation verdinglicht, auch wenn es eine Situation ist, die an jedem schönen Abend in dieser Bucht wiederkehrt. Das Wasser ist so auch in dem Satz über die Welt am Abend eingebunden ins Konkrete, wir sehen, wie es hell wird und gegen die Dunkelheit magische Kräfte entwickelt; wir denken es uns als gegeben, als existent, nicht anders als die Dinge, die nicht gemalt sein dürfen, wenn sie im Leben halten sollen.

Der Boden von Anschaulichkeit und Voraussetzung kann allerdings trügerisch sein und den, der des Deutschen nicht wirklich kundig ist, schon an der nächsten Stelle wieder stolpern lassen.

Der Satz

Es ist eine Sonne in diesen Dingen, die Wasser zieht.
(Bloch, *Spuren*)

scheint doch wirklich anschaulich genug, um nicht nur die Sonne und die Dinge, sondern auch das Wasser der konkreten Situation teilhaftig werden zu lassen. Aber eine Sonne, die *das* Wasser zieht, ist unmöglich. Andererseits ist *eine Sonne, die das Wasser aus den Sümpfen zieht,* grammatisch einwandfrei. Verglichen mit ihr ist *eine Sonne, die Wasser aus den Sümpfen zieht* zwar auch noch möglich, aber um vieles schwächer; schließlich trifft die Beschreibung ja auch schon dann zu, wenn die Sonne nur einen Teil des Wassers aus den Sümpfen zieht. Da das *Wasser* durch die *Sümpfe* in eine bestimmte Situation eingebunden ist, kann es selbst nicht mehr gut als ein beliebiges Wasser interpretiert werden. Aber weil es mengenmäßig frei variierbar ist, läßt sich die Vorstellung des Beliebigen immerhin noch an der Quantität des Wassers festmachen. Natürlich kann auch das situativ gebundene Wasser seinen quantitativen Aspekt nicht verleugnen. Die Sonne, die das Wasser aus den Sümpfen zieht, legt die Sümpfe trocken. Das bestimmte Wasser ist auch das ganze Wasser, das mit dieser Bestimmung verbunden ist. Das unbestimmte Wasser ist irgendein Wasser oder irgendein Teil von Wasser.

Auch eine Sonne in Dingen, die Wasser zieht, zieht nur irgendeinen Teil des Wassers, das mit dieser Situation gegeben ist. Anders als das Wasser aus den Sümpfen oder das Wasser am Abend läßt sich aber das Wasser um die sonnigen Dinge selbst nicht dingfest machen. Trotz der Anschaulichkeit der Situation bleibt es diffus, im Hintergrund, eine Substanz, die keine festen Umrisse annimmt.

Im Vergleich zu den Dingen, die schon aus sich selbst heraus begrenzt sind, haben die gestaltlosen Dinge einen Januskopf, der sie uns einmal als Ding unter Dingen, ein anderes mal als ungeformte Masse erscheinen läßt. Die Seite mit dem Profil ist mit dem definiten Artikel verbunden, die ungeformte Seite ist artikellos. Dieses konzeptionelle Zwitterding, dessen Einzelteile so verschieden sein können, wie Wassertröpfchen und Ozeane, läßt sich unter Umständen noch mit Hilfe des indefiniten Artikels in verschiedene Sorten zerlegen. Da stehen wir dann zur Abwechslung einmal auf der Begriffsleiter eine Stufe weiter unten und ordnen unsere *Weine* nach Jahrgang, wählen zwischen verschiedenen *Hölzern,* lassen uns von lauen *Lüften* umspielen und sehen alles schon wieder in *einem* ganz anderen *Licht,* denn auf der Sortenstufe werden die Zwitterdinge zählbar, wenn auch nur in dem Maße, in dem sie sich in verschiedene Sorten aufteilen lassen. Was dem Wein ein leichtes ist, bleibt dem Wasser so gut wie verwehrt. Mit den richtigen zählbaren Dingen können aber selbst die üppigsten Sorten nicht wirklich konkurrieren, dazu sind ihre Umrisse auch auf dieser Stufe noch nicht klar genug ausgeprägt.

Wenn wir einmal von den Sorten absehen, so scheint die Welt der zählbaren Dinge von der der nicht zählbaren klar unterschieden, aber wir haben in unserer Sprache viele Wörter, die in beiden Welten gleichermaßen zu Hause sind. Am Grunde der Moldau wandern *die Steine,* aber das gefühllose Herz ist aus *Stein* und eine Mauer kann gar aus *Stein* oder aus *Steinen* sein. Wir sehen den Stein einmal als zählbares, ein andermal als nicht zählbares Ding. Die konzeptuelle Metamorphose vom zählbaren zum nicht zählbaren Ding verläuft allerdings selten so ohne jeglichen Rest wie vom *Stein* zu den *Steinen.* Der Unterschied zwischen *Haar* und *Haaren, Licht* und *Lichtern, Gras* und *Gräsern, Horn* und *Hörnern* ist nicht auf den zwischen Substanz und Ding begrenzt. Und für den, der Deutsch erst noch lernen muß, mag dies mitunter recht verwirrend sein, denn trotz der Anschaulichkeit der Dinge lassen sich die Eigenschaften der Nomina, mit denen wir auf sie Bezug nehmen, nicht aus den Dingen ableiten. Da entwickelt jede Sprache ihre eigene Sicht auf die Welt und ihre Einteilung in zählbare und nicht zählbare Dinge. Einer fremden Sprache wird man da wohl kaum je hinter alle Feinheiten ihrer »Weltanschauung« kommen.

Wenn wir die konkreten Dinge verlassen und uns den abstrakten Dingen zuwenden, wird das alles noch viel weniger vorhersagbar. Die abstrakten Dinge sind, wie die konkreten, zählbar oder nicht zählbar und sehr oft metamorphosefähig. *Beziehungen* zum Beispiel sind zählbar, aber *die Liebe,* die doch eine bestimmte Art von Beziehung ist, ist nicht zählbar. *Ruhe* ist nicht zählbar, aber *Pausen* sind zählbar, *Kummer* und *Trauer* sind nicht zählbar, aber *Leiden* und *Schmerzen* sind es. All das wissen wir nur, weil Deutsch unsere Muttersprache ist, aber warum es so ist, wissen wir ebenso wenig wie warum es »*der* Friede«, »*die* Pause«, »*das* Leben« heißt. Da fragen wir uns, ob es noch irgendwo im All *Leben* gibt, und wissen, daß *das Leben* auf der Erde seit der Vertreibung aus dem Paradies mühselig ist, und sagen vielleicht, daß jeder Mensch nur *ein Leben* hat, aber eine Katze sieben und daß so mancher in einem Kampf auf *Leben* und Tod *das* nackte *Leben* rettet, und wir lesen

> *Doch das Leben ist noch verworren und nicht für uns gebaut; es fällt bald in einen Tümpel auf dem Hof, bald auf Hügel und selten auf Gottharde ...*
> (Bloch, *Spuren*)

und keiner käme hier auf die Idee, den definiten Singular gegen die artikellose Form einzutauschen.

Genau das aber halten unsere englischen Nachbarn für unerläßlich. Andererseits sehen sie *das Leben* von Millionen von Menschen als entsprechend *viele Leben* an, nehmen es also mit der Zählbarkeit, wenn sie denn schon gegeben ist, genauer als wir. Beim nicht zählbaren Leben, das mal in einen Tümpel, mal auf Hügel fällt, halten sie sich lieber ans Beliebige. Wir sagen »das Leben«, »die Liebe«, »der Frieden« und stellen die Bestimmtheit dieser abstrakten Dinge nicht in Frage. Der Engländer sagt »Leben«, »Liebe«, »Frieden« und noch auf die verschiedenen Arten des Lebens in der Großstadt, im Urwald, am Nordpol mag er sich in keiner bestimmten Form einlassen. Das ist aber nun weniger seiner vornehmen Zurückhaltung zuzuschreiben, als der unterschiedlichen Funktion, die der Artikel im Gesamtzusammenhang der englischen und der deutschen Sprache hat. Obwohl er in beiden Sprachen im selben Paradigma mit denselben Bedeutungen steht, kommt ihm nur im Deutschen auch noch die wichtige Funktion der Kasus- und Genusmarkierung zu. Da die artikellose Form des Nomens das nicht leisten kann, geben wir im Deutschen, wo immer sich die Dinge mangels klarer Umrisse so oder so sehen lassen, der bestimmten Sicht und damit dem Artikel den Vorzug vor der artikellosen Form. Der Engländer, dem der Artikel grammatisch weitaus weniger wichtig ist, kann sich in all diesen Fällen im Interesse der Sprachökonomie für die artikellose Form entscheiden.

In Verbindung mit einer Präposition genießt übrigens auch im Deutschen die artikellose Form größeres Ansehen, da kann sich einer *aus Liebe* umbringen, *nach Frieden* sehnen, ein Haus kann sich *mit Leben* füllen, und selbst bei den anschaulichsten Dingen stehen die Bäume *in Blüte* und das Haus *in Flammen.* Da Präpositionen in Sprachen ohne morphologischen Kasus dessen grammatische Funktionen übernehmen können, ist der Artikel nach einer Präposition am ehesten entbehrlich.

Ähnliches läßt sich über Nomina sagen, die in einer besonders engen Verbindung zum Verb stehen. Wenn das Verb die syntaktische Eindeutigkeit garantiert, werden sogar so fest umrissene Dinge, wie Menschen und Fahrräder artikellos verwendbar; da dürfen wir dann einfach *Mensch sein* und *Fahrrad fahren.* In allen anderen Fällen aber, wo dem Nomen, wie im Subjekt, die grammatisch-kontextuelle Stütze fehlt, halten wir uns lieber an den Artikel und nehmen jede Gelegenheit, uns die Dinge als attributiv, prädikativ oder situativ bestimmt vorzustellen, dankbar wahr.

Wenn aber keine dieser Möglichkeiten zutrifft, findet sich unter Umständen in den Angaben zur Quantität eines Dings noch ein Ausweg:

> *Alle Aufmerksamkeit muß in Gewohnheit münden, wenn sie den Menschen nicht sprengen, alle Gewohnheit von Aufmerksamkeit verstört werden, wenn sie den Menschen nicht lähmen soll.*
> (Benjamin, *Schriften*)

Das wäre doch in der artikellosen Form, bei der die Notwendigkeit des »müssen« durch die Blöße des Nomens noch verschärft zu werden scheint, eine weitaus harschere Forderung:

> *Aufmerksamkeit muß in Gewohnheit münden ... Gewohnheit von Aufmerksamkeit verstört werden ...*

Die definite Form kann die Sache auch nicht so recht verbessern. Grammatisch ist sie zwar möglich

> *Die Aufmerksamkeit muß in Gewohnheit münden ... die Gewohnheit von Aufmerksamkeit verstört werden ...*

aber sie läßt uns doch nach einer Aufmerksamkeit Ausschau halten. Da es hier aber offensichtlich nur um beliebige Fälle von Aufmerksamkeit geht, letztlich eben um alle Fälle von Aufmerksamkeit, kommt uns das indefinite Zahlwort zur Bedeckung der nominalen Blöße gerade recht.

Eigentlich kann man sich nur darüber wundern, daß Zahlwörter wie »alle« und »jeder« nicht öfter gebraucht werden. Schließlich müßte man sich damit doch eine ganze Menge von subtilen Überlegungen über die Bestimmtheit oder Beliebigkeit der Dinge, beziehungsweise die Schärfe oder Unschärfe ihrer Umrisse ersparen können. Letztlich waren ja in unseren Beispielsätzen immer alle Elemente einer Klasse gemeint. Aber siehe da, die Sätze

In ihrem Fach durchschauen alle Beamten auf ein Wort hin gleich ...

Alle Weltanschauungen sind Arbeitshypothesen.

Alle Briefe eines klugen Mannes enthalten immer den Charakter der Leute ...

Alles Wasser wird am Abend hell.

oder gar

Alle Dinge dürfen nicht wie gemalt sein ...

sagen keinesfalls dasselbe wie ihre Originale. Die Qual der Wahl mit Artikel und Numerus ist, wie man sieht, nicht zu umgehen. Aber wir haben das ja auch gar nicht nötig, da unsere Aufmerksamkeit hierfür normalerweise bereits im Kindesalter in Gewohnheit gemündet ist. Dennoch dürfte das bißchen Aufmerksamkeit zur Verfremdung der Gewohnheit auch in diesem Fall nicht geschadet haben.

Das Verb entscheidet über die Zeit.
Auch durch seine Stellung im Satz.

Der Generator

Was für eine enorme Erfindung ist doch das Verb, noch viel phantastischer als Nonima, Adjektive, Numeralien, Artikel und dergleichen! Sicher, daß man einem Ding einen Namen gibt und ihn dann auf alle Dinge mit den gleichen Eigenschaften überträgt, ist keine geringe Leistung, besonders wenn man bedenkt, wie unterschiedlich Bäume, Blumen oder Hunde im einzelnen ausfallen, wie vielfältig die Eigenschaften der verschiedenen Dinge sein können und wie schwer faßbar, wenn sie aus den abstrakteren Gefilden der vielen möglichen Welten stammen. Natürlich sind Verben zunächst auch nur Namen für Eigenschaften oder Beziehungen und in diesem Punkt nicht anders als Adjektive oder Präpositionen. »Sitzen« ist eben ein bestimmtes Verhältnis von Dingen zueinander im Raum, das sich durch »auf« und »in«, »über« und »unter« nur noch genauer festmachen läßt. Aber selbst in dieser ruhigen, gewissermaßen statuarischen Ausgabe unterscheidet sich das Verb von allen anderen semantisch vergleichbaren Wörtern in einem ganz entscheidenden Punkt. Es steht nicht nur wie die anderen Wörter für die Bilder, die wir uns von den Dingen, ihren Eigenschaften und ihren Verhältnissen zueinander machen, es kann, anders als die anderen Wortarten, diese Bilder zum Laufen bringen. Da haben wir die Bäume vor dem Fenster und den Platz hinter dem Haus und den Mond am Himmel und dann nehmen wir ein paar Verben dazu und schon wird das nächtliche Stilleben zur Filmsequenz, die Birke *bewegt* leise ihre Zweige im Wind, über den Mond *schiebt* sich eine Wolke und gelegentlich *fährt* ein Auto über den Platz hinter dem Haus.

Auf den ersten Blick könnte man meinen, es ist die Bedeutung der Verben »sich bewegen«, »schieben«, »fahren«, durch die die Bilder lebendig werden, und solange der

Garten hinter dem Haus *liegt,* der Mond am Himmel *steht,* der Kuckuck auf dem Baum *sitzt,* sei nicht mehr Leben in dem Bild mit Verb als in dem ohne Verb. Nur, die Präposition »auf« würde den Kuckuck für alle Ewigkeit auf seinem Baum festleimen, wenn ihm nicht das Verb mit seinen dynamischen Kräften zu Hilfe käme. Da kann der Kuckuck dann so lange oder so kurz auf dem Baum *sitzen, gesessen haben* oder *sitzen werden,* wie er möchte, das Verb bringt die Zeit ins Bild und damit die Veränderung, die Bewegung, das Leben. Es ist wie der Königsohn im Märchen, der mit seinem Kuß das schlafende Dornröschen im Turm aufweckt, den König und die Königin auf dem Thron, die Hunde im Hof, die Tauben auf dem Dach, die Fliegen an der Wand, das Feuer in der Küche, und über diese Zauberkraft verfügt das Verb nicht, weil es die Bewegung der Dinge abbildet — das tut ja auch nur ein Teil der Verben —, sondern weil es die Dinge mit ihren Eigenschaften und Beziehungen zueinander in der Zeit verankert. So wie das Nomen mit der Kategorie *Numerus* die Zählbarkeit der Dinge im grammatischen System der Sprache festmacht, holt das Verb mit der Kategorie des *Tempus* die Zeit in unser sprachliches Bild von den Dingen.

Bei der zeitlichen Einordnung in das Gestern, Heute, Morgen kommen dem Verb allerdings noch eine ganze Reihe anderer sprachlicher und außersprachlicher Kräfte zu Hilfe. Was das Tempus des Verbs vorgibt, kann zum Beispiel durch die Wahl entsprechneder Temporaladverbiale bekräftigt und beliebig präzisiert werden. Es wird überdies auch noch durch die mit den Dingen, ihren Eigenschaften und Beziehungen zueinander verknüpften Vorstellungen von Zeit spezifiziert und relativiert. Doch das Verb ist der eigentliche Motor der Bewegung; allerdings nur in seiner finiten, konjugierten Form, denn nur diese ist Träger der grammatischen Zeit. In der nicht-finiten Form, als Infinitiv oder Partizip, teilt es den Dornröschenschlaf der anderen Wortarten. Es hat auch dann noch eine dominierende Funktion in der Komposition der Stilleben, da es ja, wie wir schon wissen, durch den in seiner Bedeutung festgelegten Rollenplan über die Anordnung der Bildelemente, über Charakterfach und Auftrittsfolge der

Darsteller entscheidet. Kein Wunder, daß das Verb, das in mehr als einer Hinsicht als das Gravitationszentrum des Satzes gelten kann, zum Leitstern ganzer Grammatikschulen wurde.

Das Verb als Ordnungskraft — das charakterisiert finite und nichtfinite Verbformen gleichermaßen. Das Verb als Generator, der die Puppen tanzen läßt, gilt nur vom finiten Verb. Es bringt durch sein jeweiliges Tempus — Präsens, Präteritum, Futur — jede noch so ferne mögliche Welt in eine mehr oder weniger strenge zeitliche Beziehung zur unmittelbaren Gegenwart von Sprecher, Autor oder Leser. Daß dabei die Vergangenheit vor der Gegenwart, die Zukunft danach liegt, ist trivial, aber schon in der Frage, wo die Grenzen zu ziehen sind, trifft jede Sprache ihre spezifischen Festlegungen und darüber, was sich dabei noch alles differenzieren läßt, gehen die Meinungen in den verschiedenen Sprachen ziemlich weit auseinander.

Asymmetrien

Verglichen mit den subtilen Differenzierungen des Englischen ist das Deutsche geradezu beeindruckend großzügig. Es ist uns gleichgültig, ob es während unseres Spaziergangs *»am Regnen« war, geregnet hat* oder *regnete,* und es mutet uns doch etwas sonderbar an, daß für den Engländer eigentlich nur die erste Variante in Betracht kommt, für die er sogar eine eigene Verbform bereithält. »Es war regnend«, sagt er und kann die Sache eigentlich nicht anders sehen. Er müßte schon einen besonderen Grund haben, um von der Kontinuität des Regens abzusehen, und das Ereignis auf eine nackte Tatsache zusammenschrumpfen zu lassen. Was ihm aber unter gar keinen Umständen freisteht, ist die Verbindung des Spaziergangs mit der perfektiven Verbform, die Feststellung also, daß es während des Spaziergangs *geregnet hat,* an der wir im Deutschen beim besten Willen nichts Besonderes entdecken können. Auf der anderen Seite pflegt der Engländer zu sagen, daß er schon seit einem Jahr auf dem Lande *gewohnt hat,* wo unsereins doch schon seit einem Jahr auf dem Lande *wohnt.* Daß man in einem solchen Fall geteilter Meinung sein kann, leuchtet uns eher ein, denn immerhin handelt es sich hier um einen Zeitabschnitt, dessen Anfang schon ein ganzes Jahr zurückliegt. Genau genommen, scheint es sogar weniger selbstverständlich, daß ein solcher Fall ins Präsens eingeordnet wird, und daß er sogar ins Präsens eingeordnet werden muß, kann den, der Deutsch erst lernt, eigentlich nur verbittern.

Tatsache ist, daß das deutsche Präsens einen größeren Spielraum hat, als das englische. Was seine Ausdehnung in die Zukunft betrifft, so bietet zwar auch das Englische gewisse Möglichkeiten, aber die des Deutschen scheinen geradezu unbegrenzt. Nun kommt die Asymmetrie zwischen Vergangenheit und Zukunft nicht ganz unerwartet:

> *Primär lebt jeder Mensch, indem er strebt, zukünftig ...*
> (Bloch, *Prinzip Hoffnung*)

Nach der Zukunft hin scheint die Gegenwart offen, aber da mag uns das deutsche Präsens mehr suggerieren, als andernorts gesehen wird. Zumindest macht es sich das Englische auch in diesem Punkt nicht so leicht wie das Deutsche. Während wir an der Voraussage, daß es morgen *regnet,* nichts Ungewöhnliches entdecken können, ist der Engländer zu der Form, daß es morgen *regnen wird,* verpflichtet — genauer, zu irgendeiner der verschiedenen Formen, die ihm das Paradigma des Futurs zur Auswahl bietet. Und die Verpflichtung zum Futur kann schon im nächsten Moment beginnen, was auf uns in einer Versicherung, wie »ich werde gleich wieder da sein« anstelle von »ich bin gleich wieder da« schon fast aufreizend pedantisch wirkt. Der Eindruck mag allerdings, zumindest teilweise, auf das Konto der etwas langatmigen deutschen Futurform gehen; durch die Reduktionsmöglichkeiten seiner zusammengesetzten Verbformen kann das Englische die größere Explizitheit, die mit den strengeren Tempusunterschieden verbunden ist, ganz erheblich kompensieren. Auf irgendeiner Ebene setzt sich das Ökonomieprinzip schließlich immer durch. Im Deutschen jedenfalls kann es schon bei der Wahl des Tempus selbst Anwendung finden. Warum sollen wir eine komplexe Verbform anwenden, wenn es eine einfache auch tut? Warum Futur oder Perfekt, wenn Präsens auch möglich ist?

Ganz so einfach ist es dann aber doch auch wieder nicht. Selbst wenn keine grammatische Verpflichtung zum Futur oder Perfekt vorliegt, kann es noch stilistische Bedingungen geben, unter denen die komplexe Form der einfachen vorgezogen wird.

Bei der Wahl zwischen dem einfachen Präsens und einer komplexen Tempusform können unter Umständen auch semantisch relevante Unterschiede, wie zum Beispiel die Faktizität des Vergangenen eine Rolle spielen. Wenn in einer allgemein gültigen Aussage

> *Der Begriff der Philosophie hat zu allen Zeiten und bei allen Völkern eine praktische Seite gehabt.*
> (Brecht, *Politische Schriften*)

Perfekt statt Präsens verwendet wird, dann soll damit zweifelsohne der Tatsachencharakter der Behauptung unterstrichen werden. In der Form

> *Der Begriff der Philosophie hat zu allen Zeiten und bei allen Völkern eine praktische Seite.*

geht es nicht mehr, wie im Original, um eine Verallgemeinerung aus der geschichtlichen Erfahrung, sondern um eine Behauptung, die noch in keiner Form den Versuch zu ihrer Rechtfertigung in sich trägt.

Bei der Wahl zwischen Perfekt und Präteritum aber scheint sich unsere Vorliebe für die einfachere Form schlechterdings in ihr Gegenteil zu verkehren.

Der perfektive Rahmen

Die Vergangenheit des Präteritums ist formal einfacher als die des Perfekts und wäre aus Gründen der Sprachökonomie dem Perfekt vorzuziehen. Aber obwohl wir im Deutschen in vielen Fällen tatsächlich die Wahl zwischen beiden Vergangenheitsformen hätten, findet das Perfekt, also die weniger ökonomische Form, erstaunlich oft Verwendung. Wenn man sich die Beispiele genauer ansieht, dann stellt man allerdings fest, daß für sie das Präteritum unter Umständen gar nicht ernsthaft in Betracht kommt. Da ist vor allem der Anschluß an das Präsens, den nur das Perfekt, nicht das Präteritum bewerkstelligen kann.

Der Augenblick ist gekommen, da nur die Bäume zu leben scheinen.
(Benjamin, *Schriften*)

Indem der Autor für die Beschreibung eines Sommertags aus seinem Leben das Präsens wählt, steht ihm als Verbindungsglied zur Vergangenheit nur das Perfekt zur Verfügung. Das Präteritum im Hauptsatz ist nur dann möglich, wenn auch im Nebensatz Präteritum steht:

Der Augenblick kam, da nur die Bäume zu leben schienen.

Eine Verknüpfung mit dem Präsens im Nebensatz ist grammatisch ausgeschlossen:

**Der Augenblick kam, da nur die Bäume zu leben scheinen.*

Wenn die zeitliche Nahtstelle weniger scharf sichtbar ist, stellt sich die Forderung nach dem Perfekt anstelle des Präteritums als Verbindungsstück zur Gegenwart nicht mehr grammatisch, aber immerhin noch stilistisch.

Alles, was stirbt, hat vorher eine Art Ziel ... gehabt, daran hat es sich zerrieben.
(Kafka, *Die Sorge des Hausvaters*)

Da das Ende des Zerreibens mit dem Sterben zusammenfällt, ist für den Schluß des Satzes das Präteritum gänzlich ausgeschlossen, für das Ziel, das dem Ende zeitlich vorangeht, wäre es immerhin noch möglich, wenn auch stilistisch schlecht:

*Alles, was stirbt, hatte vorher eine Art Ziel und *daran zerrieb es sich.*

Betrachtet man eine Reihe von Ereignissen von ihrem Ende in der Gegenwart, so bietet dies den Vorteil der größeren strukturellen Dichte, da das einmal gesetzte Hilfsverb ja nicht wiederholt zu werden braucht:

Das Schwirren der Zikaden ist verstummt, der Durst vergangen, der Tag verpraßt.
(Benjamin, *Schriften*)

Im Präteritum ginge durch die unterschiedlichen Rollenpläne der Verben sogar die parallele Struktur verloren. Die Variante

Das Schwirren der Zikaden verstummte, der Durst verging, der Tag war verpraßt.

hat gegenüber dem Original die Poesie eines aus dem Takt geratenen Trios.

Das Perfekt als Verbindungsstück zwischen der Gegenwart und der Vergangenheit bringt auch zeitlich unabhängige Ereignisse aus einer Folge von selbständigen Sätzen näher aneinander, vermittelt zwischen Gestern und Heute:

Daß es diese Poesie im 19. Jahrhundert nicht leicht hatte versteht sich ... Man half sich, ganz wie in unseren Tagen damit, sie durch Feindseligkeiten zu verdecken ... Das hat alles nichts genutzt. Kunstwerke sind auf diese Art und Weise nicht umzubringen.
(Enzensberger, *Reclam*)

Ohne das Perfekt käme das Präsens etwas abrupt ins Bild. In der Reihenfolge

Das nutzte alles nichts. Kunstwerke sind auf diese Art und Weise nicht umzubringen.

läßt sich der letzte Satz nicht mehr als eine Schlußfolgerung aus dem Vorangegangenen verstehen und bekommt so, abgetrennt vom übrigen, leicht einen autoritären Beigeschmack.

Das Perfekt kann schließlich auch in zeitlich ausdrücklich getrennten Ereignisfolgen verwendet werden:

> *Es ist sechs Uhr gewesen als Herr Geiser zuletzt auf seine Armbanduhr geblickt hat: — genau drei Minuten vor sechs. Und jetzt? — eine Minute vor sechs.*
> (Frisch, *Ausgewählte Prosa*)

Da die Differenz von zwei Minuten zumindest vordergründig das Thema dieses Textabschnitts bildet, kann man schon neugierig sein, warum der Autor hier nicht das dafür zuständige Präteritum gewählt hat. Auf den ersten Blick scheint auch an der Abfolge

> *Es war sechs Uhr als Herr Geiser zuletzt auf seine Armbanduhr blickte: — genau drei Minuten vor sechs. Und jetzt? — eine Minute vor sechs.*

nicht das Geringste auszusetzen. In Wirklichkeit geht es aber nicht um die beiden, genau zwei Minuten auseinander liegenden Ereignisse, sondern darum, daß die Zeit für Herrn Geiser quälend langsam vergeht, um den ganzen Zeitraum also, von dem letzten Blick auf die Uhr bis zum gegenwärtigen, der für Herrn Geiser so lang ist, daß ihm die wirklich vergangene Zeit von zwei Minuten einfach unglaublich erscheinen muß. Indem es die Verbindung zwischen der Vergangenheit und der Gegenwart schafft, konstituiert das Perfekt diesen subjektiv langen Erlebniszeitraum zwischen drei Minuten vor sechs und einer Minute vor sechs. Vielleicht spielt hier auch noch, wie in dem Beispiel mit den Zikaden, die komplexe Verbform des Perfekts eine gewisse Rolle. Auch wenn der Wegfall des Verbs im zweiten und dritten Satz nicht wirklich als grammatische Reduktion von gleichen Elementen angesehen werden kann, scheint die für die Stilfigur dieser Ellipse beanspruchte literarische Freiheit bei der Abfolge »Es ist drei Minuten vor sechs gewesen. Es ist eine Minute vor sechs« weniger groß als bei der Abfolge »Es war drei Minuten vor sechs. Es ist eine Minute vor sechs«. Umso mehr als das Präteritum des temporalen Nebensatzes, »als Herr Geiser zuletzt auf seine Armbanduhr blickte«, die Differenz zwischen »war« und »ist« noch verstärkt.

Da das Perfekt Gegenwart und Vergangenheit verbindet, kann es natürlich nicht nur zum Partner des Präsens, sondern auch zu dem des Präteritums werden. Ein Beispiel für seine Vermittlerrolle zwischen beiden bei der Abfolge von selbständigen Sätzen haben wir uns schon in dem Abschnitt über die Poesie angesehen. Einen ganz anderen Fall illustriert der folgende Satz:

Jahrelang — gut während des ersten Drittels ihres bisherigen Daseins — hat meine Bibliothek aus nicht mehr als zwei bis drei Reihen bestanden, die jährlich nur um Zentimeter wuchsen.
(Benjamin, *Schriften*)

Grammatisch ließe sich in beiden Prädikaten gleichermaßen Präteritum oder Perfekt verwenden

Jahrelang — gut während des ersten Drittels ihres bisherigen Daseins — bestand meine Bibliothek aus nicht mehr als zwei bis drei Reihen, die jährlich nur um Zentimeter wuchsen.

oder:

Jahrelang — gut während des ersten Drittels ihres bisherigen Daseins — hat meine Bibliothek aus nicht mehr als zwei bis drei Reihen bestanden, die jährlich nur um Zentimeter gewachsen sind.

Es scheint, daß die Wiederholung des Perfekts, wegen der Langatmigkeit der Verbform, die stilistisch schlechteste Variante darstellt. Aber auch die Wiederholung des Präteritums ist stilistisch weniger gut als das Original.

Am Aspekt der Wiederholung alleine kann das nicht liegen, da Erzählungen im Präteritum oft über lange Strecken keinen Wechsel des Tempus ermöglichen, und seiner auch nicht bedürfen. Wer könnte sich der Faszination des lebhaft bewegten Bildes entziehen, das uns der folgende Satz mit seinen zehn Prädikaten im Präteritum zeichnet?

Es war sehr unsicher, ob ich Fürsprecher hatte, ich konnte nichts Genaues darüber erfahren, alle Gesichter waren abweisend, die meisten Leute, die mir entgegenkamen und die ich wieder und wieder auf den Gängen traf, sahen wie alte, dicke Frauen aus, sie hatten große, den ganzen Körper

bedeckende, dunkelblaue und weiß gestreifte Schürzen, strichen sich den Bauch und drehten sich schwerfällig hin und her.
(Kafka, *Fürsprecher*)

Es ist erstaunlich, wie der ganze Film ins Stocken gerät und nur noch ruckartig vorankommt, wenn statt des Präteritums Perfekt verwendet wird:

Es ist sehr unsicher gewesen, ob ich Fürsprecher gehabt habe, ich habe nichts Genaues darüber erfahren können, alle Gesichter sind abweisend gewesen, die meisten Leute, die mir entgegengekommen sind, haben wie alte dicke Frauen ausgesehen, sie haben große, den ganzen Körper bedeckende dunkelblaue und weiß gestreifte Schürzen gehabt, sich den Bauch gestrichen und sich schwerfällig hin und hergedreht.

Indem das Perfekt für jedes Ereignis den Bezug zur Gegenwart herstellt, packt es jedes dieser Prädikate in sein eigenes Schneckenhaus. Die Bewegung des Films verläuft nicht kontinuierlich, sondern über eine Sequenz von ruhenden Bildern.

Das Perfekt als zeitlicher Bilderrahmen zwischen Vergangenheit und Gegenwart — das trifft auch zu, wenn das Bild nur einen Teil des Rahmens ausfüllt, zum Beispiel nur das erste Drittel des Daseins einer Bibliothek, deren Geschichte von der Vergangenheit bis in die Gegenwart reicht. Wenn aber innerhalb dieses Rahmens noch eine Folge von Ereignissen Platz hat, seien es auch immer wieder Ereignisse von derselben Art, die sich insgesamt in einem Prädikat zusammenfassen lassen, dann läuft der Film am besten im Präteritum ab.

Die Wahl der Vergangenheitsform wird somit durch die Art des Prädikats bestimmt, wenn ihm diese »Art« auch nicht absolut, sondern immer nur relativ zu den anderen Prädikaten zukommt. »Aus so und soviel Reihen bestehen« eignet sich für den perfektiven Rahmen sicher schon an sich gut, »jährlich nur um Zentimeter wachsen« käme für den perfektiven Rahmen nur bedingt in Frage. Wenn sich aber beide in dieselbe Zeitstrecke teilen sollen, dann kann

»bestehen« eigentlich nur den Rahmen für den jährlichen Zuwachs abgeben und nicht umgekehrt. Von allen Variationsmöglichkeiten wäre die, in der »bestehen« im Präteritum und »wachsen« im Perfekt steht, die schlechteste:

> *Jahrelang — gut während des ersten Drittels ihres bisherigen Daseins — bestand meine Bibliothek aus nicht mehr als zwei bis drei Reihen, die jährlich nur um Zentimeter gewachsen sind.*

Daß dieser Effekt nur auf dem Verhältnis zwischen den Bedeutungen der beiden Prädikate beruht, läßt sich leicht nachweisen, wenn man den Satz auf das zweite Prädikat reduziert:

> *Jahrelang — gut während des ersten Drittels ihres bisherigen Daseins — ist meine Bibliothek jährlich nur um Zentimeter gewachsen.*

Dies ist nicht nur ein stilistisch akzeptabler Satz, sondern möglicherweise (zumindest für süddeutsche Sprecher) die bevorzugte Variante gegenüber

> *Jahrelang — gut während des ersten Drittels ihres bisherigen Daseins — wuchs meine Bibliothek jährlich nur um Zentimeter.*

Wenn der perfekte Rahmen, der durch das bisherige Dasein der Bibliothek vorgegeben ist, noch durch kein anderes Prädikat besetzt ist, läßt er sich auch mit dem jährlichen Zuwachs füllen.

Mitunter bleibt jedoch auch ein kontextuell vorgegebener perfektiver Rahmen unbesetzt. Bezugnehmend auf das Chaos in der Bibliothek eines leidenschaftlichen Büchersammlers heißt es:

> *Denn was ist dieser Besitz anderes als eine Unordnung, in der Gewohnheit sich so heimisch machte, daß sie als Ordnung erscheinen kann.*
> (Benjamin, *Schriften*)

Vom Präsens des ersten und letzten Teils eingerahmt, scheint die Verwendung des Präteritums im Relativsatz allen unseren bisherigen Überlegungen zu widersprechen. Aber mit dem Perfekt wird die Sache keinesfalls besser:

Denn was ist dieser Besitz anderes als eine Unordnung, in der Gewohnheit sich so heimisch gemacht hat, daß sie als Ordnung erscheinen kann.

Auf jeden Fall würde die gemächlichere Verbform im Relativsatz stilistisch eine weniger strenge Referenz des Subjekts erforderlich machen:

... in der die Gewohnheit sich so heimisch gemacht hat ...

Aber auch dann wirkt das Ganze neben dem Original wie ein Pinzgauer neben einem Lippizaner:

Denn was ist dieser Besitz anderes als eine Unordnung, in der sich die Gewohnheit so heimisch gemacht hat, daß sie als Ordnung erscheinen kann.

Daran könnte ganz gut die referenzielle Mehrdeutigkeit des Pronomens aus dem »daß«-Satz schuld sein. »Sie« kann ja sowohl für »eine Unordnung«, wie für »Gewohnheit« stehen und die Neigung, hier das näherstehende Nomen zunächst in Betracht zu ziehen, wird durch die perfektive Klammer zwischen dem Relativsatz und dem »daß«-Satz nur noch verstärkt. Da aber ganz offensichtlich nicht die Gewohnheit, sondern die Unordnung durch entsprechende Gewöhnung, als Ordnung erscheinen kann, ist es stilistisch besser, die beiden Nebensätze zeitlich schärfer voneinander zu trennen. Indem die Gewohnheit durch das Präteritum zu einer Sache der Vergangenheit wird, gibt sie den Blick frei auf die Unordnung, die in der scheinbaren Ordnung der Gegenwart steckt.

Mit dem Strom

Für die Wahl zwischen Perfekt und Präteritum gibt es also semantische Gründe, die aus der Bedeutung des Präteritums als reine Vergangenheitsform und des Perfekts als Klammer zwischen Vergangenheit und Gegenwart resultiert, und das kann, wie wir gesehen haben, ziemlich verschiedene Aspekte des Kontexts betreffen. Das Merkwürdige ist, daß die Wahl zwischen Präsens und Perfekt auch im Englischen von den Bedeutungen der beiden Verbformen abhängt und dort ziemlich anderen Bedingungen unterliegt, obwohl semantisch keine wesentlichen Unterschiede auszumachen sind. Generell wird im Englischen das Perfekt wesentlich weniger oft gewählt als das Präteritum, die Klammer zwischen Vergangenheit und Gegenwart viel schneller aufgelöst. Wo immer explizit oder implizit eine Zeitbestimmung der Vergangenheit zur Bedeutung des Satzes hinzukommt, ist für den Engländer die Verbindung zur Gegenwart ein für allemal aufgehoben. Auch das, so dürfen wir vermuten, ist nicht Ausdruck einer anderen Weltanschauung, sondern eines anderen Sprachsystems. Aber wo im englischen oder deutschen Sprachsystem steckt der Grund für den strengeren oder großzügigeren Umgang mit der Trennlinie zwischen Vergangenheit und Gegenwart?

In gewisser Weise erinnert der größere Spielraum des Perfekts im Deutschen, die Tatsache, daß es auch Dinge, die ausdrücklich der Welt von Gestern zugeordnet werden, mit der Gegenwart verklammern kann, an den größeren Spielraum des deutschen Präsens in bezug auf die Zukunft. Aber der Vorteil des Präsens gegenüber dem Futur, die einfache Verbform gegenüber der zusammengesetzten, ist beim Perfekt nicht gegeben. Das Gegenteil ist der Fall. In der Vergangenheit wird der zusammengesetzten Form des Perfekts vor der einfachen des Präteritums der Vorzug gegeben. Es liegt also nicht im Interesse der Sprachökonomie, daß das deutsche Perfekt einen größeren Spielraum hat.

Von ihren formalen Eigenschaften her unterscheiden sich Präteritum und Perfekt nicht nur in der Zahl ihrer Bestandteile, zumindest in allen Hauptsätzen des Deutschen gibt es auch immer noch den gravierenden Unterschied in der Stellung der Verben. Wenn das Verb mit der finiten Form identisch ist, muß es an der zweiten Stelle im Satz stehen. Beim Perfekt steht nur das Hilfsverb an zweiter

Stelle, das bedeutungstragende Element, das Hauptverb steht am Satzende, also da, wo wir das deutsche Verb laut Grundwortstellung erwarten und wo sich, wie wir wissen, das Gravitationszentrum für alle Ergänzungen des Verbs sowie der Schwerpunkt der informationellen Hierarchie des Satzes befindet. Der Vorteil komplexer Verbformen könnte also darin bestehen, daß sie den informationellen Schwerpunkt des Satzes auch im Hauptsatz in der Grundposition belassen. Dieser Vorteil mag den rein rechnerischen Nachteil, den zwei Elemente gegenüber einem Element darstellen, mehr als ausgleichen.

Vergegenwärtigt man sich überdies den ziemlich verwirrenden Formenbestand der Verben, ganz besonders im Hinblick auf die Differenzierung von indikativen und konjunktiven Formen, so könnte uns schließlich die komplexe Verbform in mehr als einer Hinsicht einfacher erscheinen als die einfache. Ehe wir rätseln, ob es »buk« oder »backte« heißt, »schrak« oder »schreckte«, »hing« oder »hängte«, »begänne« oder »begönne«, »gewänne« oder »gewönne«, »stünde« oder »stände«, »hülfe« oder »helfe« — jedes einzelne Verb hat da so seine Eigenarten — wählen wir statt der einfachen die komplexe Verbform. Damit können wir uns im finiten Teil auf die Formen von »haben« und »sein« beschränken und im nichtfiniten Teil auf die Partizipform des Hauptverbs, die in der Regel morphologisch weniger eigenwillig ist als die anderen Formen des Verbs.

Aber selbst wenn wir annehmen, daß sich die Vor- und Nachteile von komplexen und einfachen Formen gegenseitig aufheben, bleibt noch die mit der komplexen Form wenigstens anteilig gesicherte Verbendstellung. Sie besitzt eine so hohe Anziehungskraft, weil sie aus den grundlegenden Eigenschaften des deutschen Sprachsystems herrührt. Erst wenn sich ein Perfekt ans andere reiht, ohne daß damit eine Reduktionsmöglichkeit verbunden wäre, wird die syntaktisch-semantische Rahmenkonstruktion dieser Verbform als zu schwerfällig empfunden.

Wenn man eine Geschichte insgesamt in der Vergangenheit ansiedelt, dann wird man als Grundform besser das Präteritum wählen. Man kann aber auch jede Geschichte in die Gegenwart verpflanzen, also im Präsens erzählen, mit dem Perfekt als Verbindungsglied zu dem, was dieser wirklichen oder imaginären Gegenwart vorausgegangen ist. Präsens oder Präteritum, die beiden Grundformen der Erzählung sind einfache Verbformen, mit denen wir nolens volens in vielen Sätzen gegen den Strom schwimmen und auf die Verbendstellung verzichten müssen. Aber selbst da gibt es noch einige Tricks, durch die die Verben auch im Präsens oder Präteritum zu komplexen Formen erweitert werden können, und von ihnen machen wir, ohne uns dessen bewußt zu sein, in der Tat erstaunlich oft Gebrauch. Dazu gehören vor allem die Verwendung von Modalverben und die Verwendung von Streckformen, durch die die Bedeutung eines Verbs auf einen relativ bedeutungsarmen verbalen Teil und eine den Hauptteil der Bedeutung tragende Ergänzung verteilt wird. Vielleicht läßt sich auch die Verwendung des Passivs in diesem Zusammenhang sehen, obwohl die perspektivische Veränderung, die es mit sich bringen kann, gewiß größere Unkosten verursacht, als jene, die bei der Verwendung von Streckformen entstehen. Selbst Modalverben sind vergleichsweise preiswert. Was sie ausdrücken, braucht an dem Sachverhalt, um den es geht, nicht viel zu ändern. Wenn wir das Perfekt dem Präteritum vorziehen, wo immer dies möglich ist, so sichern wir damit, nicht anders als mit Modalverben und Streckformen, die Endstellung des Hauptverbs, oder des Elements, das es in der Streckform vertritt.

Wo immer das finite Verb aus diesen komplexen Formen schon viel früher im Satz erscheinen muß, geht es seinem »Herrn« als eine Art Kofferträger voran, in dessen Obhut ein Großteil des temporalen und modalen Gepäcks gegeben ist. Je nach Umfang des Gepäcks kann sich die Zahl der Träger bis auf drei erhöhen, von denen aber immer nur einem der Dienstgrad des finiten Verbs zukommt. Natürlich sind wir bemüht, die Zahl der Träger überschaubar zu halten, und besonders in untergeordneten Sätzen sind gewisse Einsparungen erwünscht, wenn nicht gar gefordert. Ohnehin ist der Nebensatz nicht auf die komplexe Verbform angewiesen, um die Verbendstellung zu gewährleisten, da in ihm ja auch das finite Verb am Ende stehen muß. Unter diesen Bedingungen können komplexe Verbformen, bei denen sich dann alles am Satzende zusammendrängen würde, sogar eher als stilistischer Nachteil empfunden werden. Die Verwendung von Perfekt im Hauptsatz und Präteritum im Nebensatz, der wir schon einige Male begegnet sind, ist so nicht nur Ausdruck der zeitlichen Verhältnisse der Ereignisse untereinander und zur Gegenwart, sie trägt zugleich mit einem Mindestmaß an Aufwand zur Rechtszentriertheit von Haupt- und Nebensatz bei. Betrachten wir noch einmal einen solchen Fall:

> *Unter den großen Schöpfern hat es immer die Unerbittlichen gegeben, die erst einmal reinen Tisch machten.*
> (Benjamin, *Schriften*)

Natürlich könnte die Verteilung der Tempusformen in diesem generischen Satz über die Schöpfer auch anders gewählt werden. Abgesehen vom Präsens, das dann aber nicht nur von den wirklichen, sondern zugleich auch von allen möglichen Schöpfern sprechen würde, könnte in beiden Sätzen das Präteritum, in beiden Sätzen das Perfekt, oder das Präteritum im Hauptsatz, das Perfekt im Nebensatz stehen:

> *Unter den großen Schöpfern gab es immer die Unerbittlichen, die erst einmal reinen Tisch gemacht haben.*

Doch diese Variante verschenkt mit der Verbendstellung im Hauptsatz sozusagen das zweite Standbein, das den Originalsatz semantisch und informationell stabiler macht, während das Perfekt im Nebensatz schon fast wie ein Klumpfuß semantisch und informationell unnötig und schwerfällig wirkt.

Bei Plusquamperfekt im Hauptsatz ist übrigens der Rückzug auf das Präteritum im Nebensatz fast obligatorisch:

> *Sokrates hatte sich am Morgen der Schlacht so gut wie möglich auf das blutige Geschäft vorbereitet, indem er Zwiebeln kaute, was nach Ansicht der Soldaten Mut erzeugte.*
> (Brecht, *Geschichten*)

Obwohl man bei der Gleichzeitigkeit der Vorgänge in den Nebensätzen auch Plusquamperfekt erwarten könnte, ist die Abfolge

... hatte sich vorbereitet, indem er Zwiebeln gekaut hatte ...

ungrammatisch. Natürlich ist das Plusquamperfekt schon von seiner Bedeutung her eine untergeordnete Zeitform, die, wenn überhaupt, meist in Nebensätzen Verwendung findet. Aber es erfreut sich generell keiner großen Beliebtheit und wird, abgesehen einmal von der Vergangenheit in der indirekten Rede, wo möglich vermieden. Da mag sogar das Perfekt noch besser klingen, wenn ihm zum Beispiel in einem Satz über Vergangenes ein Vergleichssatz die nötige Zwischenstufe zur Gegenwart einbaut:

Obwohl keiner den anderen kannte, unterhielten sie sich ... wie einstige Nachbarn, die ein schöner Zufall wieder einmal zusammengeführt hat.
(Handke, *Nachmittag*)

Die Zurückhaltung gegenüber dem Plusquamperfekt außerhalb der indirekten Rede teilt das Deutsche bis zu einem gewissen Grad mit dem Englischen. Nur ist dort das Perfekt selbst schon durch allerlei zusätzliche Bedingungen strenger eingeschränkt als im Deutschen. Dessen ungeachtet könnte natürlich die eher marginale Rolle des Plusquamperfekts in beiden Sprachen auf das Konto von Sprachökonomie gehen. Unsere Vorstellungskraft nimmt im dritten Glied der zeitlichen Einordnung schon merklich ab.

Die attraktive Gegenwart

Am stärksten konturiert ist unsere Zeitvorstellung im Präsens, von wo aus es uns ein leichtes ist, nach vorne in die Zukunft oder zurück in die Vergangenheit zu blicken. Mit jedem Schritt, den wir uns von der Gegenwart entfernen, verschiebt sich die Optik für unsere Zeitwahrnehmung. Kein Wunder, daß sich das Präsens als Erzählform für

Vergangenes so auffallend großer Beliebtheit erfreut. Es ist sogar möglich, gewissermaßen im Galopp die Pferde zu wechseln und innerhalb desselben Satzes Präteritum und Präsens zu verwenden. Der Wechsel zwischen Präteritum und Präsens verändert dabei die Distanz zum Betrachter wie ein Wechsel zwischen Totale und Großaufnahme im Film.

Verstärkt durch den Übergang von der Verbendstellung in den Nebensätzen zur Verbzweitstellung im Hauptsatz entsteht zwischen Präteritum, Präsens, Präteritum im folgenden Satz eine schon fast körperlich schmerzhafte Spannung:

> *Als es schon unerträglich geworden war — einmal gegen Abend im November — und ich über den schmalen Teppich meines Zimmers wie in einer Rennbahn einherlief, durch den Anblick der beleuchteten Gasse erschreckt, wieder wendete und in der Tiefe des Zimmers im Grunde des Spiegels doch wieder ein neues Ziel bekam und aufschrie, um den Schrei zu hören, dem nichts antwortet und dem auch nichts die Kraft des Schreiens nimmt, der also aufsteigt ohne Gegengewicht und nicht aufhören kann, selbst wenn er verstummt, da öffnete sich aus der Wand heraus die Tür . . .*
> (Handke, *ebd.*)

Das über den Infinitiv vermittelte Präsens, die Allgegenwart des Schreis, wird mit dem Wechsel vom Nebensatz zum Hauptsatz fast noch im selben Atemzug zurückgenommen in die Vergangenheit.

Die Tatsache, daß das Präsens in generischen Sätzen ebenso wie in partikulären für Gegenwart, Zukunft und Vergangenheit stehen kann, ermöglicht es uns schließlich sogar, einen Wechsel zwischen den Zeiten auszudrücken, ohne das Tempus zu ändern. Wie meisterlich sich eine solche Möglichkeit nutzen läßt, in der Balance zwischen Witz, Überraschung und hintergründigem Sinn, erfahren wir in einer jüdischen Geschichte aus der Antwort eines Bettlers auf die Frage, was er sich wünschen würde:

> *Ich wollte, sagte der Bettler, ich wäre ein großer König und hätte ein großes Land . . . wäre gefürchtet von meinen Fein-*

den, geliebt von meinem Volk wie der König Salomon. Aber im Krieg habe ich nicht Salomons Glück; der Feind bricht ein, meine Heere werden geschlagen ... der Feind steht schon vor meiner Residenz, ich ... höre wie das Volk nach meinem Blut schreit, da ziehe ich mich aus bis aufs Hemd, ... springe durchs Fenster und laufe ... durch mein verbranntes Land um mein Leben. Zehn Tage lang bis zur Grenze, wo mich niemand mehr kennt, und komme hinüber zu anderen Menschen, die nichts von mir wissen, nichts von mir wollen, bin gerettet und seit gestern abend sitze ich hier.
(Bloch, *Spuren*)

Erst mit dem letzten Satz nimmt das Präsens auf die Gegenwart Bezug, davor steht es für die Vergangenheit, die immer noch Teil des Wunsches, Teil einer fiktiven Welt sein könnte. Aber mit dem letzten Satz geht plötzlich das Licht an, und das Ganze wird zur wirklichen Lebensgeschichte des Bettlers. Der Wechsel vom Möglichen zum Wirklichen wird durch den Übergang vom Konjunktiv zum Indikativ vorbereitet, tatsächlich vollzogen wird er aber erst mit dem Wechsel vom historischen Präsens, dem Präsens der Vergangenheit, zum Präsens der Gegenwart. Diesen Wechsel kann man den Formen des Verbs, die alle im Präsens stehen, überhaupt nicht ansehen. Es ist allein unser Wissen über die zeitlichen Eigenschaften der Ereignisse, das sie in eine geordnete Reihenfolge vor und nach dem einzig konkreten Zeitpunkt der Erzählung, dem »gestrigen Abend«, anordnet. Mit dem gestrigen Abend aber ist die Geschichte in die Gegenwart des Erzählers und des Lesers eingebunden.

Während das historische Präsens auch im Englischen genutzt werden kann und sicher zu den Möglichkeiten für temporale Großaufnahmen in allen Sprachen zählt, ist das Präsens für den Zeitraum seit dem gestrigen Abend eine spezifische deutsche Angelegenheit und bei dem fürs Englische obligaten Schluß

... und seit gestern Abend habe ich hier gesessen

sträubt sich uns einfach die Feder. Aber dann lassen sich die Eigenschaften einer Sprache nicht ohne Verzerrungen aus der Optik einer anderen Sprache betrachten, und was uns am Schluß der Geschichte jetzt doch wieder als eine Ungereimtheit unserer eigenen Sprache erscheinen könnte, ist der »Sieg« des Präsens über das Perfekt in Fällen wie diesem. Ist denn nicht gerade hier der perfektive Rahmen untrennbar mit dem Bild des Sachverhalts verbunden? Warum als Präsens und nicht Perfekt?

Im Unterschied zum historischen Präsens, von dem wir Gebrauch machen können aber nicht müssen, läßt uns die Zeitbestimmung »seit gestern« keine Wahl; durch ein Wörtchen wie »seit« gehört auch das Gestern zur Gegenwart. Dabei ist es doch gerade das Wort »seit«, das den Zeitabschnitt zum perfektiven Rahmen macht, für den wir dann eben auch das Perfekt als Tempusform erwarten müßten, gerade so wie uns dies vom Englischen vorgeführt wird. An unserer Alltagslogik gemessen scheinen so manche sprachlichen Regeln schlechterdings unlogisch. Man denke nur an das grammatische Geschlecht im Vergleich zum natürlichen. Und doch hat gerade der Fall des deutschen Genus gezeigt, daß grammatische Unterschiede, die von außen gesehen willkürlich, unnütz und aufwendig erscheinen, innerhalb des Sprachsystems durchaus sinnvoll und vorteilhaft sein können. Dabei sind es vor allem zusätzliche Differenzierungen, deren Vorteil im System begründet sein kann, der Wegfall von Differenzierungen bringt schon an sich durch Sparsamkeit Gewinn. So gesehen, müssen wir uns eigentlich fragen, warum das englische Tempussystem differenzierter ist als das Deutsche. Aber da nun einmal das Deutsche unser Thema ist, werden wir nach den Umständen Ausschau halten, die dem Deutschen seine temporale Großzügigkeit ermöglichen.

Es scheint, daß wir da gar nicht so weit zu suchen brauchen, denn wenn es das Verb ist, das die Bilder in der Zeit verankert, dann könnte auch die Stellung des Verbs im Verhältnis zu der der anderen Bildelemente bei der Bestimmung der Zeit eine Rolle spielen. In einer SVO-Sprache, wie dem Englischen, wo das Verb den meisten Partnern vorangeht, herrschen andere Bedingungen als in einer SOV-Sprache, wie dem Deutschen, wo das Verb allen seinen Ergänzungen folgt. Nun könnte man natürlich einwenden, daß der Unterschied so groß nicht sein kann, da das finite Verb im Deutschen, also gerade das Verb, das über die Tempusformen entscheidet, nur in den Nebensätzen am Ende, in allen anderen Sätzen aber schon an der zweiten Stelle steht. In vielen Fällen, die von der Grundwortstellung abweichen, steht es sogar an erster Stelle, und damit ebenso früh, wenn nicht früher als das Verb im englischen Satz. Wie kann denn da der sprachtypologische Unterschied zwischen SOV und SVO überhaupt zum Tragen kommen?

Nun, immerhin könnte man annehmen, daß die grundlegenden Eigenschaften eines Sprachsystems von größerer Bedeutung sind als seine zusätzlichen Möglichkeiten, und da uns die Beschränkung auf die Verbendstellung schon einen ganz guten Einblick in die Perspektive und Informationshierarchie deutscher Sätze gewährt hat, dürfen wir uns doch zumindest einmal fragen, was aus der Verbendstellung für die Zeitbestimmung eines Satzes folgen könnte. Wenn vor dem Gesetz ein Türhüter steht, stand, gestanden hat, stehen wird, dann folgt aus der Endstellung des Verbs für die Zeitbestimmung des Satzes nur das, was durch das Verb selbst festgelegt ist. Aber wenn Gott am Anfang die Erde und den Himmel schuf, geschaffen hat, schafft oder schaffen wird, nimmt das Temporaladverbial am Satzanfang schon einiges von der Zeitbestimmung auf sich, und wenn wir statt des neutralen *Anfangs* ein auf die Vergangenheit festgelegtes »damals« setzen, dann ist das Ganze eine Sache der Vergangenheit, ehe die Verbform darüber entscheiden kann, das Verb kann sich dem nur noch fügen, so daß Gott damals die Erde und den Himmel schuf oder geschaffen hat, nicht aber schafft oder schaffen wird.

Die Unverträglichkeit des temporalen Adverbials mit einer Tempusform des Verbs, die ihm widerspricht, hängt natürlich nicht davon ab, ob das Verb dem Adverbial vorausgeht oder folgt. Auch in der Reihenfolge

**Gott wird die Welt damals schaffen*

widersprechen sich die temporalen Angaben von Verb und Adverbial. Dennoch könnte die vorangestellte Temporalbestimmung die zeitliche Einordnung eines Ereignisses schon so weit getrieben haben, daß der Beitrag des Tempus auf ein Minimum reduzierbar wird. Wenn durch das Adverbial ohnehin schon klar ist, daß die Sache ihren Anfang in der Vergangenheit genommen hat, dann lassen sich die Grenzen der Gegenwart unter Umständen ein bißchen weiter nach hinten und vorne verschieben. Wenn Gott die Erde und den Himmel erschaffen hat, dann gibt es eben die Erde *seitdem* es den Himmel gibt, wieviel Vergangenheit auch zwischen uns und diesem Anfang liegen mag. Mit Hilfe von »seit« können wir die Gegenwart bis an den Anfang der Welt ausdehnen, auch wenn sich das für unsere englischen Nachbarn recht paradox ausnehmen muß. Sie legen sich mit dem Verb von vornherein auf eine klare Tempusform fest und warten nicht erst darauf, daß die Beziehung zur Vergangenheit durch das Temporaladverbial mit »since« (»seit«) ins Bild gebracht wird. Sie müßten ja auch bis zum Satzende warten, denn erst hier könnte, zumindest nach der Grundwortstellung des englischen Satzes, das Temporaladverbial über die Interpretation des Tempus als Vergangenheit oder Gegenwart entscheiden.

Da macht sich also nun die SOV-Struktur des Deutschen in der Spezifik des Tempusgebrauchs gleich doppelt bemerkbar. Einmal stilistisch, indem das Deutsche — zumindest überall da, wo es sich nicht nur um eine reine Abfolge vergangener Ereignisse handelt — der komplexen Form des Perfekts gegenüber der einfachen des Präteritums den Vorzug gibt; zum anderen grammatisch, indem es — wenn der perfektive Rahmen schon durch ein Zeitadverbial vorgegeben ist — die grammatische Grenze des Präsens in die Vergangenheit ausdehnt. Mit der stilistischen Bevorzugung des Perfekt vor dem Präteritum wird die Verbendstellung bekräftigt, mit der grammatischen Fixierung des Präsens anstelle des Perfekt wird die Verbendstellung aufgegeben. In ökonomischer Hinsicht ist der Verzicht auf die Verbendstellung zugunsten der einfachen Form des Präsens ein Gewinn, die Bevorzugung der Verbendstellung zugunsten des Perfekt auf Kosten des Präteritums ein Verlust. — Na also, wir hatten doch gleich das Gefühl, daß da etwas nicht stimmt; ein und dieselbe Eigenschaft des

Sprachsystems soll für die Erklärung von zwei Erscheinungen herhalten, die geradezu konträr zueinander verlaufen.

Mit der Dialektik des Für und Wider ist natürlich jeder von uns gut vertraut; da entscheidet man sich einmal für das Preiswerte, auch wenn dafür andere Grundsätze vernachlässigt werden müssen, ein andermal ist man weniger sparsam, dafür aber seinen sonstigen Grundsätzen treu. Man hat wahrscheinlich für jede Entscheidung seine, mehr oder weniger guten, Gründe, auch wenn sie nicht immer offen zutage liegen mögen. Gesetzt den Fall es gäbe dazu im Verhalten eines Sprachsystems gewisse Parallelen. Welcher Grund könnte dann zu den scheinbar widersprüchlichen Entscheidungen des deutschen Tempussystems geführt haben?

Ganz gewiß spielt bei Entscheidungen zugunsten des Präsens die Tatsache eine Rolle, daß wir uns im Präsens sozusagen auf neutralem temporalen Boden befinden, daß die Gegenwart eben auch im konzeptionellen Sinn die einfachste Zeitform ist und sie so unserer Neigung zum Einfachen gleich in zweierlei Hinsicht entgegenkommt. Im Paradigma der Tempora bildet das Präsens ein semantisches Gravitationszentrum, das auf uns möglicherweise eine noch größere Anziehungskraft ausübt als das informationelle Zentrum unserer SOV-Sprache. So gesehen ist es nur natürlich, wenn wir das Präsens dem Perfekt vorziehen, wo immer uns die spezifischen Eigenschaften unseres Sprachsystems hierfür eine Chance geben.

Im Präteritum liegen die Dinge anders. Das Präteritum teilt zwar mit dem Präsens die Einfachheit der Form — obgleich auch hier schon wegen der vielen Unregelmäßigkeiten gewisse Einschränkungen zu machen sind —, die Bedeutung des Präteritums ist aber doch ein gutes Stück weniger unmittelbar in unserer Erfahrung verankert, der konzeptuellen Anziehungskraft des Präsens hat das Präteritum nichts Gleichwertiges entgegenzusetzen. Da kann das informationelle Gravitationszentrum einer SOV-Sprache ganz leicht die Oberhand gewinnen. Trotz oder eigentlich gerade wegen seiner komplexen Formen bevorzugen wir das Perfekt vor dem Präteritum — vorausgesetzt die Endstellung des

Verbs ist nicht schon gegeben und der Abstand zwischen den Ereignissen reicht für den perfektiven Rahmen aus. Was oberflächlich betrachtet wie ein Widerspruch anmutet, Präsens vor Perfekt und Perfekt vor Präteritum, erweist sich so bei genauerem Hinsehen als der differenzierte Ausgleich des Kräfteunterschieds zwischen einer Asymmetrie in unserer Zeitvorstellung und der Grundwortstellung des Deutschen.

In einer Sprache wie dem Englischen, wo die Grundwortstellung für einfache und komplexe Verbformen dieselbe ist, würde das stilistische Ökonomieprinzip: einfach vor komplex, also Präteritum vor Perfekt, die Oberhand behalten können, wenn diese Verteilung nicht schon von vornherein grammatisch festgeschrieben wäre. Daß aber die Wahl zwischen den verschiedenen Tempusformen im Englischen viel weniger eine Sache von Kräfteausgleich, sondern ganz generell grammatisch strenger vorgeschrieben ist, könnte eben auch insgesamt mit der Grundwortstellung mit dem frühen Verb und dem späten Temporaladverbial einer SVO-Sprache zusammenhängen. Schließlich würde eine Sprache, die sich die endgültige Einordnung eines Ereignisses in die Vergangenheit prinzipiell für den Schluß aufhebt, ihrem eigentlichen Zweck, einer möglichst effektiven Verständigung nicht wirklich gerecht werden. Wen von uns freut es schon, wenn er am Ende eines Wegs feststellen muß, daß er in die falsche Richtung gegangen ist. Wenn also dem Verb kein anderer temporaler Wegweiser vorausgeht, muß es eben selbst die Richtung in der Zeit genauer angeben. Unter dieser Bedingung läßt die Attraktivität der Gegenwart deutlich nach. Futur und Perfekt halten das Präsens in ziemlich engen Grenzen.

Das historische Präsens, die Großaufnahme der Vergangenheit in der Gegenwart, der König, der durch sein verbranntes Land um sein Leben läuft und als Bettler in ein anderes Land kommt, kann auch unter den Bedingungen einer SVO-Sprache auf die Wegweiser durch die Welt von Gestern verzichten. Nur der Hinweis darauf, daß er am Ende der Geschichte in der Gegenwart angekommen ist, ist in beiden Sprachen unerläßlich. Unser Wissen über die Welt kann die zeitliche Einordnung der Ereignisse, von denen wir sprechen, immer nur ergänzen, nicht übernehmen. Aber dann macht es uns ja auch gar keine Mühe, die grammatische Zeitmaschine, mit der wir aufgewachsen sind, zu bedienen und unsere Bilder von der Welt in Bewegung zu halten.

DER ANDERE BLICK

Nicht wirklich, nur möglich — das
Programm eines raffinierten Modus.

Zwischen Zeit und Möglichkeit

Ich wollte, ich wäre ein König, sagt der Bettler und schmückt sein Königreich mit Palästen aus Onyx und Marmor und sich selbst mit Krone, Szepter und Hermlin, aber da bricht der Feind ein, alle Städte und Wälder versinken in Schutt und Asche und auf der Flucht vor dem Feind verwandelt sich der Wunsch in eine Lebensgeschichte, die mögliche Welt in eine wirkliche, von der der Bettler aus der chassidischen Geschichte berichtet, die uns Bloch erzählt und zu der wir nun — jeder aus seiner Welt — lesend hinüberblicken. Jede Welt hat ihren eigenen Zugang zu allen anderen Welten, und an der Menge der möglichen Teilnehmer gemessen, sind die sprachlichen Regeln für die Berichterstattung aus der einen oder der anderen Perspektive noch leidlich gut überschaubar.

Die Übersichtlichkeit kann von Sprache zu Sprache ein wenig schwanken; aber auch in diesem Bereich sind derlei Unterschiede nicht der Eigenart der Sprecher, sondern der Eigenart des jeweiligen Sprachsystems zuzuschreiben. Im Englischen und im Deutschen stehen der Phantasie und der Kolportage ganz bestimmte sprachliche Mittel zur Verfügung, und in beiden Sprachen ist es vor allen anderen Dingen das Verb, aus dessen Formen der andere Blick ablesbar ist. Aber im Englischen braucht es dazu fast immer noch entsprechende Hinweise aus dem Kontext, weil hier für den anderen Blick eigentlich nur bestimmte Zeitformen des Verbs genutzt werden können. Das deutsche Verb ist da ein gutes Stück selbständiger; ihm steht für den anderen Blick eine eigene Form zur Verfügung, genauer gesagt, ein ganzes Paradigma von Formen: ich wüßte, ich wäre und hätte, er wisse und sei und habe — ganz recht: der *Konjunktiv*, die Möglichkeitsform des Verbs, die zusammen mit der Wirklichkeitsform, dem *Indikativ* und der Form für Aufforderung, dem *Imperativ*, die grammatische Kategorie des Modus von Verben bildet. Es ist schon bewundernswert, was alles in der Nußschale eines Verbs Platz haben kann: die *Person* »du kommst, er kommt, wir kommen«, das *Tempus* »er kam« . . ., der *Modus* »er komme, er käme, komm«; und dann das Ganze noch einmal mit »ist« und »sei«, »war«, »wäre«, »würde« . . .

Das macht man sich anderswo unter Umständen leichter. Bei den einfachen Verbformen kommt das Englische mitunter mit einer Form für die dritte Person Singular und einer Form für alles übrige aus, und mehr als drei Formen, die Kopulae (die »Hilfsverben« zwischen Subjekt und Prädikat) ausgenommen, kommen auch sonst nicht zustande. Diese Sparsamkeit hat natürlich ihren Preis. Soll eine Form mehreren Funktionen dienen, kann sie das ohne größere Verwirrung zu stiften nur, wenn sie strengen Verwendungsbedingungen unterliegt. Wenn die Funktion des Konjunktivs, wie es im Englischen der Fall ist, von Vergangenheitsformen des Indikativs übernommen wird, dann können die modalen und temporalen Aspekte von Indikativ und Konjunktiv nur durch entsprechend strenge grammatische Regeln auseinandergehalten werden. Ganz unbekannt ist dem Deutschen das Problem auch nicht. Bei den sogenannten schwachen Verben fällt eine der beiden Konjunktivformen mit der Vergangenheit des Indikativs zusammen, und ohne einen entsprechenden kontextuellen Hinweis käme uns auch bei »ich wollte« der Konjunktiv gar nicht erst in den Sinn. Aber mit einem entsprechenden Hinweis schiebt sich der Konjunktiv so sehr in den Vordergrund, daß wir, auch wenn wir es wollten, das Präteritum in denselben Verbformen einfach nicht mehr erkennen können. In dem Satz

Wie wäre es, wenn jetzt jemand die Tür öffnete und mich etwas fragte.
(Kafka, *Heimkehr*)

ist die indikative Lesart der Vergangenheit so gründlich verdrängt wie in den berühmten Vexierbildern, in denen zwei Figuren stecken, von denen einmal die eine, einmal die andere, nie aber beide zugleich sichtbar sind. Gewiß hilft das »jetzt« nach dem »wenn« ein wenig bei der Verdrängung des Präteritums. Aber der Scheinwerfer, der die Figur des Konjunktivs herausleuchtet, ist ganz ohne Zweifel, der eindeutige Konjunktiv der Kopula aus dem Hauptsatz, das »wäre«.

Doch ganz so zuverlässig ist ein Hinweis mit »wäre« auch wieder nicht, denn ihm kann, wie schon der nächste Satz zeigt, auch ein Indikativ folgen:

Wäre ich dann nicht selbst wie einer, der sein Geheimnis wahren will.

Ob zum Beispiel »wollte« anstelle von »will« Präteritum oder Konjunktiv bedeutet, ließe sich in diesem Satz nicht entscheiden; ohne weitere Kontexthilfe bliebe die Frage

Wäre ich dann nicht selbst wie einer, der sein Geheimnis wahren wollte.

zweideutig. Wir können uns also auch im Deutschen nicht immer auf den Modus des Verbs, insbesondere eines einzelnen Verbs beschränken. Aber unabhängig davon, daß der deutsche Konjunktiv gelegentlich noch des einen oder anderen kontextuellen Hilfsmittels bedarf, um überhaupt als Konjunktiv erkennbar zu werden, ist er ein bewundernswert eleganter und raffinierter optischer Filter für den Blick aus einer Welt in eine andere Welt.

Alles in allem beherrscht der Konjunktiv drei große Domänen, von denen die konditionalen Relationen und die Wünsche die Bereiche sind, in denen wir auf ihn nicht verzichten wollen. Die dritte Domäne des Konjunktivs, der Bericht von dem, was einer sagt oder denkt, scheint den

Konjunktiv eher entbehren zu können. Er ist da, wie man hört, auch im Deutschen im Schwinden begriffen. Der dritte Bereich scheint zudem mit den anderen beiden wenig Verbindung zu haben. Sogar formal ist der Konjunktiv der Berichte, selbst wenn es Überschneidungsbereiche gibt, ein anderer als der Konjunktiv der Hypothesen. Der Konjunktiv in Konditionalsätzen und Wünschen ist der formal mit dem Präteritum verwandte *Konjunktiv II,* der Konjunktiv in Berichten über Gesagtes oder Gedachtes der formal mit dem Präsens verwandte *Konjunktiv I.* Unter bestimmten Bedingungen kann allerdings auch in Berichten der zweite Konjunktiv Verwendung finden, und da dies nicht nur in Berichten über Konditionalsätze und Wünsche der Fall ist, darf man schon neugierig sein, was das für Bedingungen sind, die den Bericht über Gesagtes oder Gedachtes in die Nähe der möglichen Welten von Konditionalsätzen und Wünschen rücken.

Synthetisch oder analytisch

Die Menge der konjunktivischen Ausdrucksmittel des Deutschen ist damit keineswegs erschöpft. Da gibt es noch den Unterschied zwischen der am Verb selbst gebildeten, synthetischen und einer mit Hilfe von »würde« gebildeten, analytischen Form des Konjunktivs; und schließlich wird die Fülle der Möglichkeiten noch um eine Art Perfekt und Plusquamperfekt des Konjunktivs erweitert, so daß es mitunter um die Wahl zwischen »er weiß«, »er wisse«, »er wüßte«, »er habe gewußt«, »er hätte gewußt«, »er würde wissen« oder »würde gewußt haben« geht. Auf andere, wie zum Beispiel Engländer, die nur für den Bericht über Gesagtes und Gedachtes aus der Vergangenheit zu einer entsprechenden zeitlichen Verschiebung verpflichtet sind, muß das ziemlich chaotisch wirken. Das Englische kann sich eine solche Großzügigkeit nicht erlauben, weil es — ausgenommen die Kopulae — überhaupt keine synthetische, sondern nur die analytische Form des Konjunktivs kennt. Davon macht es dann auch noch auf die sparsamste Weise Gebrauch. Das Übrige wird den Tempusformen der Verben aufgebürdet, und wie sich beides gegenseitig ergänzt, unterliegt strengen grammatischen Regeln.

Im Wünschen und Konditionalsätzen ist die Wahl zwischen den beiden Konjunktivformen auch im Deutschen vorwiegend grammatisch geregelt, doch lassen sich immerhin noch die analytischen und synthetischen Konjunktive beliebig verwenden. Wenn wir dann aber doch einmal die analytische, ein andermal die synthetische Form bevorzugen, so hat das stilistische Gründe. Ganz offensichtlich spielt das Ökonomieprinzip hier herein. Selbst wenn man von Kürzungsmöglichkeiten bei Koordinationen Gebrauch macht, ist die Variante

Wie wäre es, wenn jetzt jemand die Tür öffnete und mich etwas fragen würde.

immer noch länger als das Original und wahrscheinlich deswegen auch stilistisch weniger gut, und eine analytische Form im Hauptsatz würde sich schon wegen der Kürze des Satzes stilistisch wie ein Mühlstein um die kleine Frage legen:

Wie würde es sein, wenn ...

Dennoch gibt es auch in Konditionalsätzen Bedingungen, unter denen die analytische Form der synthetischen vorzuziehen ist. Bei der Betrachtung einer möglichen Welt, in der Haifische Menschen sind, heißt es zum Beispiel:

Wenn die Haifische Menschen wären, würden sie natürlich auch untereinander Krieg führen.
(Brecht, *Geschichten*)

Die Wahl des analytischen Konjunktivs im Hauptsatz fällt umso stärker auf, als in den meisten Sätzen über diese Haifischwelt der synthetische Konjunktiv verwendet wird. Aber irgendwie empfinden wir das analytische Original besser als seine synthetische Variante:

Wenn die Haifische Menschen wären, führten sie natürlich auch untereinander Krieg.

Dazu kann man in den Grammatiken in der Regel lesen, daß der synthetische Konjunktiv bei bestimmten Verben weniger gebräuchlich ist als bei anderen. Sollte diese Erklärung hier zutreffen, dann müßte »führen« ein solches Verb sein. Wenn man aber die Konjunktivformen »öffnete«, »fragte«, »führte« miteinander vergleicht, weiß man nicht so recht, warum gerade »führte« weniger gebräuchlich sein soll als »öffnete« oder »fragte«. Die Form des Verbs selbst kann jedenfalls dabei kaum eine Rolle spielen. Am ehesten könnten es noch die kombinatorischen Eigenschaften eines Verbs sein.

In dem Beispiel über die Haifische ist »Kriege« eine notwendige Ergänzung zu »führen«. Es wäre denkbar, daß wir die analytische Form des Konjunktivs bevorzugen, weil sie die enge Verbindung von Verb und Ergänzung intakt läßt, im Unterschied zur synthetischen Form des Konjunktivs, die das Verb von seiner Ergänzung trennt. Dies gilt allerdings nur für den Hauptsatz, der das finite Verb an die zweite Stelle rückt. Im Nebensatz bleiben Verb und Ergänzung beisammen, weshalb der stilistische Vorteil der analytischen Form des Konjunktivs gegenüber der synthetischen für den konditionalen Nebensatz selbst entfällt. Und in der Tat, gegen die Variante

Wenn die Haifische untereinander Krieg führten ...

ist wohl nichts einzuwenden, ja sie wäre, wohl wieder aus Gründen der Ökonomie, der Variante

Wenn die Haifische untereinander Krieg führen würden ...

vorzuziehen.

Ähnliche Gesichtspunkte mögen für die Wahl der analytischen Konjunktivform im Hauptsatz des folgenden Satzes den Ausschlag gegeben haben:

Man würde den Fischlein beibringen, daß diese (ihre) Zukunft nur gesichert sei, wenn sie Gehorsam lernten.
(Brecht, *Geschichten*)

Im Unterschied zum analytischen Konjunktiv würde nämlich der synthetische im Hauptsatz eine Trennung des Verbs in Stamm und Vorsilbe erfordern:

Man brächte den Fischlein bei, daß diese Zukunft nur gesichert sei ...

Natürlich kann da auch noch der ungewollte Reim zwischen »bei« und »sei« eine Rolle gespielt haben. Zwar ließe sich im »daß«-Satz auch »wäre« verwenden, und für manchen mag die Variante

Man brächte den Fischlein bei, daß diese Zukunft nur gesichert wäre, wenn sie Gehorsam lernten.

ebenso gut klingen wie das Original, und gegen die Form der Hypothese, daß die Zukunft der kleinen Fische in der Welt der Haifische nur gesichert *wäre*, wenn sie Gehorsam lernten, kann es auch keinen stilistischen Einwand geben, aber das »wäre« anstelle des »sei« im Originalsatz würde den Absichten des Autors nicht mehr gerecht. Die konditionale Welt wird hier nämlich von einer Berichtswelt überlagert und in der Welt der Berichte sind die Bedingungen für den Konjunktiv andere als in der Welt der Konditionale. Nur wenn es eine Überschneidung beider Welten gibt, kann im konditionalen Satz der Konjunktiv I Verwendung finden.

Ehe wir uns der kniffligen Frage nach den grammatischen, semantischen, stilistischen Bedingungen für die Verwendung von Konjunktiv I oder II in der Welt der Berichte zuwenden, sollten wir uns noch die temporalen Differenzierungsmöglichkeiten des Konjunktivs vergegenwärtigen, und zwar die des konditionalen Konjunktivs, da die Verhältnisse hier leichter überschaubar sind.

Faktisch oder Kontrafaktisch

Die Beispiele, die wir bisher betrachtet haben, handeln von möglichen Welten einer mehr oder weniger weit gefaßten Gegenwart. »Wenn jetzt jemand die Türe öffnete« bindet die mögliche Welt schon durch das Temporaladverb »jetzt« an die unmittelbare Gegenwart des Sprechers. Die mögliche

Welt, in der die Haifische Menschen wären, bleibt dem gegenüber zeitlich unverbunden, gewissermaßen allgemeingültig. Wir erkennen in der einfachen Form des Konjunktivs II Züge des Präsens wieder, das ja auch spezifisch oder generisch verwendet werden kann.

Die perfektive Form des Konjunktivs II stellt auf ihre Weise die Verbindung zwischen Gegenwart und Vergangenheit her und zwar so, daß in der Gegenwart eine Welt besteht, die das genaue Gegenteil zu derjenigen Welt darstellt, die in der Vergangenheit möglich war. Daß der perfektive Konjunktiv II die mögliche Welt aus der Vergangenheit in der Gegenwart in ihr Gegenteil verwandelt, hat diesen konditionalen Relationen das Etikett »kontrafaktisch« eingetragen. Möglichkeiten, die in der Vergangenheit nicht verwirklicht wurden, können unter Umständen immer wieder neu entstehen und damit auch die Hoffnung, daß sie in der Zukunft noch verwirklicht werden oder sich — wenn sie nichts Gutes bedeuten — auch dann nicht verwirklichen müssen.

> *Hast du also einen Weg begonnen, setze ihn fort, unter allen Umständen, du kannst nur gewinnen, du läufst keine Gefahr, vielleicht wirst du am Ende abstürzen, hättest du aber schon nach den ersten Schritten dich zurück gewendet und wärest die Treppe hinuntergelaufen, wärst du gleich am Anfang abgestürzt . . .*
> (Kafka, *Fürsprecher*)

Die eindringliche Mahnung, das Begonnene fortzusetzen, wendet sich an alle jene, die nicht schon am Anfang aufgegeben haben, die also, wie der Angesprochene in dem kontrafaktischen Konditional, ihren Weg noch fortsetzen können.

Auch wenn der konditionale Nebensatz nicht durch das Wörtchen »wenn« kenntlich gemacht wird und Hauptsatz und Nebensatz mit Verbendstellung praktisch nicht mehr unterscheidbar sind, ist die kontrafaktische Interpretation des perfektiven Konjunktivs so zwingend, daß man ganz verwirrt ist, wenn man dieselbe Form in einem anderen Kontext faktisch verwendet findet. Der Satz

Naturgemäß hätten ihn die Billigesser nicht vom ersten Augenblick an als fünften Billigesser anerkannt, er hätte sich erst nach und nach als ein ihnen ebenbürtiger Billigesser erweisen müssen.
(Bernhard, *Billigesser*)

berichtet von der Welt, die er beschreibt und nicht von einer alternativen Welt, in der die Billigesser den Berichterstatter vom ersten Augenblick an als ihnen ebenbürtig anerkannt hätten. Für die kontrafaktische Interpretation in diesem Beispiel fehlt nicht nur das Wörtchen »wenn« als Hinweis auf eine konditionale Relation, es fehlt die konditionale Relation selbst, die den perfektiven Konjunktiv kontrafaktisch machen würde.

Wir haben mit diesem Beispiel endgültig die möglichen Welten der konditionalen Relationen und Wünsche gegen die Welt der Berichte vertauscht. Das soll natürlich nicht heißen, daß konditionale Relationen oder Wünsche nicht zum Gegenstand von Berichten werden können. In dem Satz über die Zukunft der kleinen Fische waren wir einem solchen Fall ja schon begegnet, daß der Konjunktiv des Berichts gewissermaßen den Konjunktiv des Konditionals überlagert hatte. Aber auch ohne solche Überschneidungen verläuft die Grenze zwischen Konjunktiv I und II nicht genau entlang der Grenze zwischen Konditional- und Berichtswelt. Da war ja eben schon das Billigesserbeispiel, das den Konjunktiv II auch für die Welt der Berichte beansprucht. Beginnen sollten wir aber vielleicht erst einmal mit dem Konjunktiv, der nur für den Bericht da ist: Konjunktiv I.

Kolportage I

Durch die Konjunktivformen »sei« und »haben« kennzeichnet der Autor den Satz

Und jedes nicht zur Schrift gewordene Denken sei letztendlich vollkommen wertlos, weil es, wenn überhaupt, nur seinen Erfinder allein bewegt und nicht Geschichte gemacht habe.
(Bernhard, *Billigesser*)

als Gedanken oder Äußerung eines anderen und zieht sich damit ausdrücklich auf seine Rolle als Berichterstatter zurück. Hätte er den Satz im Indikativ geschrieben, so hätte es ebensogut sein eigener Gedanke sein können:

> *Und jedes nicht zur Schrift gewordene Denken ist letztendlich vollkommen wertlos, weil es, wenn überhaupt, nur seinen Erfinder allein bewegt und nicht Geschichte gemacht hat.*

Er hätte natürlich auch explizit auf den anderen Bezug nehmen können: »sagt K.«, »wie K. sagt«, »so K.« . . . und in diesem Fall bestünde dann in der Tat die Wahl zwischen Konjunktiv und Indikativ

> *Und jedes nicht zur Schrift gewordene Denken sei, so Koller, letztendlich wollkommen wertlos.*

oder

> *Und jedes nicht zur Schrift gewordene Denken ist, so Koller, letztendlich vollkommen wertlos.*

Vielen von uns mag die doppelte sprachliche Kennzeichnung des anderen Sprechers unnötig aufwendig erscheinen — die Tendenz der deutschen Gegenwartssprache zum einfachen Modus ist nicht zu übersehen — aber wer den Konjunktiv wählt, wo der Indikativ auch möglich wäre, tut dies sicher nicht ohne Grund.

Was es mit dem Konjunktiv in einem Bericht gegenüber dem Indikativ so auf sich haben könnte, kommt recht deutlich in der folgenden Reflexion zum Ausdruck:

> *Wenn ich an einen Menschen denke, dann verändere ich ihn, beinahe kommt mir vor, er sei gar nicht, wie er ist, sondern sei nur so gewesen, als ich über ihn zu denken anfing.*
> (Brecht, *Geschichten*)

Obwohl hier nicht von den Gedanken eines anderen, sondern von den Gedanken des Autors selbst berichtet wird, haben wir es mit einem Bericht zu tun, was ja auch ausdrücklich durch den Vorspann zum Konjunktiv »beinahe kommt mir vor« ausgewiesen ist. Nun hätte der Autor nicht unbedingt den Konjunktiv wählen müssen. Die indikative Variante

> *... beinahe kommt mir vor, er ist gar nicht, wie er ist, sondern ist nur so gewesen, als ich über ihn zu denken anfing.*

ist schließlich auch grammatisch akzeptabel. Allerdings verdichtet sich der Eindruck eines Widerspruchs zwischen Anschein und Sein einer Person in der rein indikativen Form fast zu einem wirklichen Widerspruch. Ohne die Betonung des Berichts, »kommt mir vor«, die mit der Möglichkeit eines Irrtums gewissermaßen ein Schlupfloch zu einer alternativen Welt offen hält, würde die Feststellung »er ist gar nicht, wie er ist« nur bei einer großzügigen Uminterpretation keinen nackten Widerspruch darstellen.

Wir könnten den Widerspruch auflösen, indem wir annehmen, daß man einen Menschen, über den man nachdenkt, nach einer Weile anders sieht als vorher, aber man könnte auch annehmen, daß sich ein Mensch in der Zeit, in der man über ihn nachdenkt, tatsächlich verändert. Beide Lesarten ließen sich in der Form

> *er ist jetzt gar nicht so, wie er war, als ich über ihn zu denken anfing*

widerspruchsfrei ausdrücken.

Eine dritte Lesart, die sozusagen die Kombination aus den beiden anderen darstellt, wäre die Annahme, daß er jetzt anders ist, weil ich über ihn nachgedacht habe. Da wir der Möglichkeit, einen Menschen durch bloßes Nachdenken zu verändern, in unserem Leben noch nicht begegnet sind, würde uns diese Interpretation allerdings kaum von selbst einfallen. Aber gerade sie hat der Autor im Sinn, ja er stellt sie seinem Bericht über die Veränderung eines anderen Menschen ausdrücklich voran: wenn ich an einen Menschen denke, dann verändere ich ihn. Und er wählt dafür sogar den Indikativ, was uns, gemessen an der Ungewöhnlichkeit des Gedankens, erstaunlich verbindlich anmutet. Hätte er dem zweiten Teil seiner Reflexion denselben Grad von Verbindlichkeit zugeordnet, so würde dieser nur noch einmal ausbuchstabieren, was aus dem Konditionalsatz ohnehin folgt:

Wenn ich an einen Menschen denke, dann verändere ich ihn, er ist dann nicht mehr so, wie er war, als ich über ihn zu denken anfing.

In dieser Form ist der zweite Teil der Reflexion trivial und ließe sich allenfalls als Bekräftigung des ersten Teils rechtfertigen. In Wirklichkeit geht es dem Autor aber gar nicht um die Bekräftigung seiner ersten Behauptung; er baut vielmehr eine ganze Reihe von Schlagbäumen auf, welche die Welt, in der man einen Menschen durch bloßes Nachdenken verändern kann, weniger direkt zugänglich machen. Was nicht mehr als eine triviale Schlußfolgerung aus der konditionalen Relation sein könnte, relativiert er mit »kommt mir vor«, zu einem subjektiven Eindruck und schwächt auch dies noch durch »beinahe« ab. Bei so viel ausdrücklicher Unsicherheit kann schließlich die konjunktive Berichtsform auch nur als ein weiteres Indiz für die Abgrenzungsstrategie gesehen werden. Die Welt, in der ich einen Menschen durch Nachdenken verändere, gibt es vielleicht überhaupt nur in meiner Einbildung. Was eine triviale Schlußfolgerung hätte sein können, ist durch »beinahe«, »kommt mir vor« und »sei« auf einen winzigen Möglichkeitsrest zurückgenommen worden.

Wie es scheint, legt der Konjunktiv des Berichts eine gewisse Distanz zwischen den Berichterstatter und seinen Bericht. Da mag es, wie wir gesehen haben, sogar nützlich sein, wenn man seine eigenen Gedanken und Behauptungen noch etwas relativieren kann, und Gründe dafür, in den Bericht über das, was ein anderer sagt, den nötigen Abstand einzubauen, dürften leicht zu finden sein. Die distanzierende Kraft des Konjunktivs ist dabei da am nützlichsten, wo — wie in dem Satz über die Zukunft der kleinen Fische — nichts sonst im Kontext für den nötigen Abstand sorgen könnte. Obwohl der Indikativ als neutrale Berichtsform möglich wäre, hießt es nicht

Man würde den Fischlein beibringen, daß diese Zukunft nur gesichert ist, wenn sie Gehorsam lernen.

sondern konjunktivisch

... daß diese Zukunft nur gesichert sei, wenn sie Gehorsam lernten.

Damit weist der Autor ausdrücklich darauf hin, daß die Behauptung im Konditionalsatz nicht von ihm stammt.

Was der Konjunktiv im Unterschied zum Indikativ in solchen Fällen leistet, ist offensichtlich, auch wenn es nicht einfach sein dürfte, zu sagen, wie das im einzelnen vor sich geht. Vom Konjunktiv in Konditionalsätzen und Wünschen könnte man sich immerhin vorstellen, daß er von einer möglichen Welt handelt, die von einer wahrscheinlich nicht erfüllbaren Bedingung abhängt — im Fall des perfektiven Konjunktivs II von einer in der Vergangenheit nicht erfüllten Bedingung. Der Distanzierungseffekt des Konjunktivs I läßt sich viel weniger leicht erklären, und die Fälle, in denen sogar der Konjunktiv II als Berichtsform verwendet werden kann, ja dem Konjunktiv I unter Umständen vorzuziehen ist, verleihen dem anderen Blick schon beinahe so etwas wie eine geheimnisvolle Tiefe.

Kolportage II

Da lesen wir zum Beispiel über ein Tal im Tessin die allem Anschein nach harmlose Feststellung:

Zeugnisse dafür, daß das Tal schon von den alten Römern bewohnt worden wäre, gibt es kaum.
(Frisch, *Ausgewählte Prosa*)

Grammatisch wäre hier natürlich auch der Indikativ möglich gewesen

Zeugnisse dafür, daß das Tal schon von alten Römern bewohnt worden ist, gibt es kaum.

doch der Bedeutungsunterschied zwischen Indikativ und Konjunktiv liegt offen zutage. Da der Indikativ ohne weiteres auf eine Tatsache Bezug nehmen kann, der Konjunktiv aber auf den Bericht beschränkt ist, bleibt offen, ob in diesem Tal wirklich schon einmal Römer gewohnt haben oder nicht.
Doch dann ließe sich die Feststellung auch mit Konjunktiv I formulieren:

Zeugnisse dafür, daß das Tal schon von den alten Römern bewohnt worden sei, gibt es kaum.

und viele werden denken, daß zwischen dieser Variante und dem Original kein großer Unterschied besteht. Könnte es aber nicht sein, daß hinter dem Konjunktiv II so etwas wie eine kontrafaktische Annahme des Sprechers steckt? Wenn das Tal schon von den alten Römern bewohnt worden wäre, dann gäbe es Zeugnisse dafür; aber die gibt es kaum. Das heißt, mit der Wahl des Konjunktivs II für diesen Bericht gibt uns der Autor zu verstehen, daß er die Annahme, wenn schon nicht für falsch, so doch für unwahrscheinlich hält.

In dem Satz über die Zukunft der Fischlein scheint »wäre« nun aber wirklich kaum etwas anderes zu sagen als »sei«:

Man würde den Fischlein beibringen, daß diese Zukunft nur gesichert sei, wenn sie Gehorsam lernten.

Man würde den Fischlein beibringen, daß diese Zukunft nur gesichert wäre, wenn sie Gehorsam lernten.

Im Kontext des Konditionalsatzes bewirkt der Wechsel zwischen I und II jedenfalls nicht, daß sich die Distanz zwischen dem Autor und dem, was er berichtet, vergrößert. Das Gegenteil ist der Fall. Durch »wäre« identifiziert sich der Berichterstatter mit der möglichen Welt, von der er berichtet und die sich seiner Meinung nach wahrscheinlich auch nur deswegen nicht verwirklichen wird, weil die kleinen Fische keinen Gehorsam lernen. Im Kontext des Konditionalsatzes ist es nur der Konjunktiv I, der es dem

Berichterstatter ermöglicht, sich von dem Inhalt des Berichts zu distanzieren.

In dem Satz über die Veränderung eines Menschen durch bloßes Nachdenken würde das »wäre« anstelle von »sei« den Berichtsteil fast schon in Widerspruch zu dem vorangegangenen Konditionalsatz bringen:

Wenn ich an einen Menschen denke, dann verändere ich ihn, beinahe kommt mir vor, er wäre gar nicht, wie er ist, sondern wäre nur so gewesen, als ich über ihn zu denken anfing.

»Wenn er nicht so wäre, wie er ist«, impliziert ja, daß er so ist, wie er ist, und »wenn er nur so gewesen wäre, als ich über ihn zu denken anfing«, impliziert, daß er nicht nur so gewesen ist, als ich über ihn zu denken anfing. Natürlich ist der Konjunktiv II im Bericht nicht wirklich kontrafaktisch. Auch die alten Römer können schon in dem Tal gewohnt haben. Er dient dem Berichterstatter nur dazu, so etwas wie eine kontrafaktische Annahme zu implizieren. Dies kann aber hier trotz aller Schlagbäume, die der Berichterstatter zwischen sich und der Welt errichtet hat, in der man einen Menschen schon durch bloßes Nachdenken verändern kann, nicht im Sinne des Erfinders sein; er will doch seinen Leser gerade auf die Möglichkeit einer solchen Einflußnahme aufmerksam machen.

Bei dem von »haben« abgeleiteten Konjunktiv kommen die semantischen Unterschiede zwischen Konjunktiv I und II nicht zum Tragen, da hier vor allem anderen schon formale Gesichtspunkte den Ausschlag geben. Während der von »sein« gebildete Konjunktiv in allen Personen vom Indikativ unterscheidbar ist, ist der von »haben« gebildete Konjunktiv I in einer ganzen Reihe von Personen nicht vom Indikativ zu unterscheiden. Wenn also die Kennzeichnung eines Satzes als Bericht nur über den Modus des Verbs erfolgen soll, so ist dies unter Umständen mit Konjunktiv I gar nicht möglich. Wollte man zum Beispiel in dem Satz über die Billigesser den Konjunktiv II gegen I austauschen, so würde dieser sich eben in nichts mehr von einem Indikativ unterscheiden und damit auch durch nichts mehr als Bericht gekennzeichnet sein:

Naturgemäß haben ihn die Billigesser nicht vom ersten Augenblick an als fünften Billigesser anerkannt ...

Obwohl die eindeutige Form des folgenden Teilsatzes

... er habe sich erst nach und nach als ein ihnen ebenbürtiger Billigesser erweisen müssen.

den Leser zu einer Uminterpretation des Vorangegangenen bewegen könnte, sind nachträgliche Klarstellungen nicht jedermanns Sache, dagegen schafft der Konjunktiv II im Original die nötige Klarheit von vornherein.

Aber selbst in einem als Bericht ausgewiesenen Fall ist die nötige Abgrenzung von der Berichtswelt in allen Fällen, in denen der Konjunktiv I mit der Vergangenheit zusammenfällt, nur mit Konjunktiv II erreichbar. In der Erzählung vom kaukasischen Kreidekreis zum Beispiel wechselt einmal die Berichtsform zwischen den beiden Konjunktiven in ein und demselben Satz:

Der Richter ... fragte sie, ob sie sich damals nach Herrn Zingli erkundigt hätten und was ihnen von Frau Zingli erzählt worden sei.
(Brecht, *Geschichten*)

Eine Vereinheitlichung der Verben auf den Konjunktiv I würde hier, wegen der mangelnden Unterscheidbarkeit zwischen dem Konjunktiv I und dem Indikativ von »haben« das formale und inhaltliche Gleichgewicht zwischen den beiden Teilen der Koordination erheblich stören:

... fragte sie, ob sie sich damals nach Herrn Z. erkundigt haben und was ihnen von Frau Z. erzählt worden sei.

Eine semantische Differenzierung, wie sie zwischen »sei« und »wäre« gegeben ist, läßt sich für »haben« und »hätten« nicht erwarten.

Nun ist, wie wir bereits wissen, die formale Gleichheit zwischen Indikativ und Konjunktivformen ganz allgemein sehr häufig anzutreffen: beim Konjunktiv II sind es ja nur die starken Verben, die von den Indikativformen des Präteritums unterscheidbar sind; und beim Konjunktiv I sind es im wesentlichen nur die Verbformen im Singular, die nicht mit denen des Indikativs zusammenfallen. Man darf also erwarten, daß es noch andere Verben gibt, bei denen Konjunktiv II gelegentlich gegen I ausgetauscht wird, um überhaupt als Konjunktiv erkennbar zu werden. In der Tat sind wir einem solchen Fall auch schon begegnet. Im Konditionalsatz, der die Zukunft der kleinen Fische von ihrem Gehorsam abhängig macht, steht Konjunktiv II, obwohl der Satz, von dem er abhängt, Konjunktiv I enthält:

... *diese Zukunft sei nur gesichert, wenn sie Gehorsam lernten.*

Daß es sich im konditionalen Nebensatz nicht um ein indikatives Präteritum handelt, wissen wir durch den Konjunktiv I aus dem Vorgängersatz. Im allgemeinen wäre auch Konjunktiv II das, was man für einen Konditionalsatz erwarten müßte. Andererseits sehen wir aber die Konjunktiv-I-Form im Vorgängersatz und wissen, daß sie die konditionale Relation als Bericht kennzeichnet. Da könnten wir uns die Frage stellen, ob nicht der andere Blick zu einem Wechsel des Konjunktivs in beiden Teilsätzen eines Bedingunsgefüges führen müßte.

Da sich der Konjunktiv I im Plural nicht vom Indikativ unterscheiden läßt, gerät man mit einem Wechsel von II zu I im Konditionalsatz in den unerwünschten Verdacht, den Modus gewechselt zu haben und damit in eine Verbindung, die auf jeden Fall verworfen würde:

... *ihre Zukunft sei nur gesichert, wenn sie Gehorsam lernen.*

Um herauszubekommen, ob überhaupt im Konditionalsatz des Berichts Konjunktiv I verwendet werden könnte, müssen wir eine Form finden, in der sich Indikativ und Konjunktiv klar voneinander unterscheiden lassen. Und die bietet uns zum Beispiel der Singular der kleinen Fische:

Man würde dem Fischlein beibringen, daß diese Zukunft nur gesichert sei, wenn es Gehorsam lerne.

Besonders sicher sind wir unserer Sache eigentlich auch jetzt noch nicht. Vielleicht haben wir die Form des Originals zu deutlich im Ohr und sollten noch ein bißchen weiter abrücken. Und siehe da, die Version

daß diese Zukunft nur gesichert sei, wenn es nur fleißig übe

läßt keinen Zweifel mehr daran, daß der Konjunktiv I in beiden Teilsätzen eine angemessene Berichtsform darstellen würde. Damit kann man es nun aber eigentlich auch als erwiesen ansehen, daß der Konjunktiv II im Konditionalsatz des Originals aus genau demselben Grund gewählt wurde, wie der Konjunktiv I, nämlich um den Berichterstatter von jener Welt abzugrenzen, in der die Zukunft durch Gehorsam gesichert werden soll. — Auch wenn die Requisiten dazu aus zwei Paradigmen stammen, kann man die Raffinesse der sprachlichen Möglichkeiten des Konjunktivs nur bewundern.

Die Technik des anderen Blicks, über die wir mit dem Modus des deutschen Verbs verfügen, läßt uns die Wahl zwischen einer Reihe von verschiedenen Blickwinkeln. Da kann dann auch, wie im folgenden Beispiel, auf ein und denselben Weltausschnitt bezogen, öfter mal der Blickwinkel gewechselt werden:

Eine Besonderheit an ihm sei seine goldene Taschenuhr, auf welche er von Zeit zu Zeit schaue, obwohl er wisse, daß sie nicht gehe, seit vielen Jahren schon nicht. Frage man Weninger nach der genauen Zeit, so Koller, ziehe er seine Taschenuhr und sage, wie spät es sei. Weninger habe immer die genaueste Uhrzeit gesagt, so Koller, woher sei ihm, wie den übrigen Billigessern, unerklärlich, denn die Taschenuhr Weningers zeige tatsächlich schon seit Jahren keine Uhrzeit mehr an, weil ihr die Zeiger längst fehlten und ihr Werk stillsteht. Manchmal fragten die übrigen Billigesser Weninger ganz abrupt nach der Uhrzeit, um ihn doch einmal bloßzustellen, aber sie hätten ihn, Weninger, bis heute niemals

hineinlegen können, er hätte ihnen immer die präzise Uhrzeit sagen können. Wie er das mache, sei ihnen rätselhaft.
(Bernhard, *Billigesser*)

Direkt aus dem Blickwinkel des Erzählers, bekommen wir nur den Stillstand des Uhrwerks im indikativen Präsens. Ob die Präteritumform der fehlenden Zeiger und der Frage der Billigesser indikativisch oder konjunktivisch zu interpretieren sind, läßt sich wegen der Gleichheit der Formen nicht ausmachen. Doch bilden diese Zwitterformen deutlich die Klammer zwischen dem ersten Blick Kollers auf Weninger und seine Taschenuhr, von dem sich der Berichterstatter durch Konjunktiv I abgrenzt, und dem zweiten Blick Kollers auf die wiederholten Versuche der anderen Billigesser, den Uhrentrick Weningers aufzuklären, für den der Berichterstatter Konjunktiv II wählt, und in dem sich noch etwas von den kontrafaktischen Überlegungen der Billigesser widerzuspiegeln scheint: wenn es mit rechten Dingen zugegangen wäre, hätte ihnen Weninger die genaue Uhrzeit nicht sagen können. So, immer wieder von einem neuen Blickwinkel aus betrachtet, verleihen die verschiedenen Konjunktivformen dem Bild von der Welt, das uns der Autor vermittelt, etwas von der Transparenz und Dichte eines Hologramms.

Da gibt es wohl nicht vieles, wodurch so, nebenher, der eigene Standpunkt gegen den, von dem berichtet wird, zu verstehen gegeben werden kann. Es wäre wirklich schade, wenn diese Kunst, sich des anderen Blicks so zu bedienen, daß dieser zugleich einen Durchblick auf die eigene Meinung gewährt, in Vergessenheit geriete.

Zwischen Wissen und Wollen liegen viele Welten.

Zugegeben

Alles was wir sehen, könnte auch anders sein.
(Wittgenstein, *Tractatus logico-philosophicus*)

sagt der Philosoph und baut unserem freien Fall zu den anderen Welten gleich zweifach vor, denn er sagt nicht, daß alles was wir sehen, anders ist, nur daß alles anders sein *kann* oder vielmehr nur anders sein *könnte*. Das doppelte Geländer von Modalverb und Konjunktiv verhindert aber nicht, daß der Boden, auf dem wir stehen, mit diesem Satz an Festigkeit verliert, und wenn uns auch die Aussicht auf eine andere Welt gelegentlich mehr freut, als der Anblick unserer eigenen, würden wir uns doch gerne auf unsere Erfahrung verlassen können. Aber selbst wenn alles so wäre, wie wir es sehen, ist unsere Erfahrung immer noch außerordentlich begrenzt, da wir eben vieles einfach gar nicht sehen können. So ist uns zum Beispiel allen, die wir nicht wie die schwarze Königin in *Alice im Wunderland* in der Zeit rückwärts leben können, die Zukunft nur als Möglichkeit gegeben:

Daß die Sonne morgen aufgehen wird, ist eine Hypothese; und das heißt, wir wissen nicht, ob sie aufgehen wird.
(Wittgenstein, *Tractatus logico-philosophicus*)

Nun glauben wir uns unserer Sache in bezug auf die Sonne nach all diesen Jahren ziemlich sicher sein zu können, aber selbst da ist eine Veränderung nicht endgültig auszuschließen. Dennoch, in Fällen wie diesem, wären wir gern bereit, die Differenz zwischen Glauben und Wissen zu vernachlässigen. Ohnehin möchte nicht jeder von uns die Gewißheit, die ihm aus der Erfahrung gegeben ist, ständig in Frage stellen. Und so setzen wir eben die Begrenztheit unseres Wissens oft stillschweigend als gegeben voraus und verzichten auf den ausdrücklich relativierenden Hinweis. Die Zahl der Fälle, in der wir die Differenz zwischen der wirklichen Welt und der Welt, über die wir reden, deutlich ausweisen, ist aber fast noch größer. Da *kann* oder *könnte, dürfte, müßte* oder *sollte* irgendetwas der Fall sein, oder jemand *sollte, konnte, durfte, mußte, wollte* etwas sagen oder hat etwas nicht wissen *können, müssen, sollen, wollen* oder hätte etwas nicht hören *dürfen, können, sollen, mögen* oder *wollen* ... Das Kaleidoskop der Möglichkeiten ist schier unerschöpflich, und ein erstaunlicher Ausschnitt wird bereits mit nicht viel mehr als einer Handvoll sprachlicher Mittel sichtbar. Dabei scheint der Konjunktiv mit seiner formalen Eleganz kaum noch zu übertreffen, aber die distanzierenden und kontrafaktischen Potenzen seiner Bedeutung wachsen um ein Vielfaches, wenn er nicht mit dem bedeutungstragenden Verb, dem Vollverb, sondern mit einem Modalverb verbunden ist.

Die modale Avantgarde

Die Modalverben bilden ein lexikalisch eng begrenztes, grammatisch herausgehobenes Teilsystem des modalen Bereichs von Ausdrucksmitteln, zu dem im weitesten Sinne alles gehört, was wie das Modalverb »können«, das Vollverb »vermuten«, das Satzadverb »wahrscheinlich«, die Differenz zwischen wirklicher und möglicher Welt festschreibt. Die besondere Faszination, die von Modalverben ausgeht, hat weniger mit ihren semantischen Differenzierungsmöglichkeiten zu tun, als mit ihrer strukturellen Ökonomie und — gerade im Deutschen — mit ihren besonderen Bedingungen für die Wortstellung beziehungsweise die informationelle Gliederung von Sätzen. Sowohl die semantischen wie die informationellen Eigenschaften der modalen Avantgarde können natürlich in verschiedenen Sprachen unterschiedlich ausfallen. Verglichen mit dem Deutschen hat das Englische ein ziemlich löchriges Modalverbparadigma, wo nicht nur wichtige Wörter wie »dürfen«, »mögen«, »möchten« gar nicht vorgesehen sind, sondern auch noch allerlei Ersatzformen einspringen müssen bei der Verwendung eines

Modalverbs im Präteritum beziehungsweise den zusammengesetzten Zeitformen, im Infinitiv, in der Verbindung mit Negation, Frage oder anderen Modalverben.

Wenn das Modalverbsystem im Deutschen auf so viel kräftigeren Beinen steht als im Englischen, könnte das manch einen dazu verleiten, die Gründe für den Unterschied in der Seele von Engländern oder Deutschen zu suchen. Da nehmen es die Engländer eben nicht so genau wie die Deutschen, oder die Deutschen sind in puncto Weltanschauung nicht so großzügig wie die Engländer und so weiter und so fort. Solche soziopsychologischen Deutungen, die sicher hüben wie drüben ihre Liebhaber finden, gehen an den wirklichen, den sprachsystematischen Erklärungen vorbei. Die Vielfalt der Ausdrucksmittel, die uns insgesamt im modalen Bereich zur Verfügung steht, macht den Begriff der Lücke ohnehin nur bedingt anwendbar. Welcher Engländer wird schon das Modalverb »wollen« vermissen, wenn ihm das Vollverb »want to«, zumindest semantisch gesehen, dieselben Dienste leistet, und für den Unterschied zwischen »können« und »dürfen« verläßt er sich mit seinem »can« ebenso auf den Kontext, wie wir das zum Beispiel für den Unterschied zwischen »müssen« als Schlußfolgerung (logisches »müssen«) und »müssen« als Verpflichtung (deontisches »müssen«) tun. Daß sich die inhaltlichen Unterschiede sprachlich oder außersprachlich kompensieren lassen, ist eine Sache; eine andere Sache sind die strukturellen Konsequenzen, die aus dem Unterschied zwischen verschiedenen Klassen von Ausdrucksmitteln, wie zum Beispiel *Modalverb* gegenüber *Vollverb,* folgen. Davon wird noch zu sprechen sein.

Da wir uns jetzt nicht mehr mit einem grammatisch-morphologischen Phänomen des deutschen Verbs, sondern mit einem lexikalischen Teilbereich deutscher Verben befassen, ist die Abgrenzung zu anderen Erscheinungen, wie etwa die zwischen *Modalverb* und *Vollverb,* oder die zwischen *Modalverb* und *Hilfsverb,* weniger offensichtlich. Denn während zum Beispiel die grammatischen Kategorien Numerus und Tempus des Verbs semantisch leicht voneinander zu unterscheiden sind, liegt der entscheidende Unterschied zwischen Modalverb und Vollverb ja gerade nicht in ihrer Bedeutung. Zumindest gibt es bestimmte Verwendungen von Vollverben, die der Bedeutung von Modalverben sehr nahe kommen. Jemandem, der etwas machen *darf*, wurde gestattet, es zu machen, jemand, der etwas machen *muß*, kann dazu verpflichtet worden sein, jemand, der etwas machen *kann*, mag dazu befähigt sein ... Allerdings decken die Paraphrasen, wie man sehen kann, immer nur eine Bedeutungsvariante des Modalverbs ab und die auch eher schlecht als recht. Dennoch ist offensichtlich, daß an eine semantische Abgrenzung zwischen Modalverb und Vollverb nicht zu denken ist.

Morphologische Eigenschaften sind da schon günstiger, denn die Modalverben bilden das Präsens wie andere Verben das Präteritum und konservieren damit ein älteres Konjugationsmuster, das von den Vollverben nur noch »wissen« aufweist.

Vielleicht noch prägnanter ist die syntaktisch-strukturelle Eigenschaft von Modalverben, nicht-nominale Ergänzungen zu haben, und zwar in der Form eines reinen Infinitivs, was — sieht man einmal von den Hilfsverben ab — nur noch bei ganz wenig Verben der Fall ist. Dazu gehört das Verb »lassen«, das ja mit seiner modalen Bedeutung ohnehin als ein naher Verwandter der Modalverben gelten kann, ganz besonders in seiner reflexiven Form, wo die nominale Ergänzung in ihrer pronominalen, bedeutungsentleerten Form nur noch ein rudimentäres Dasein führt.

Nicht nominale, sondern verbale Ergänzungen haben natürlich auch die Hilfsverben »haben« und »sein«, die zur Bildung zusammengesetzter Verbformen, also für grammatische Kategorien gebraucht werden. An der Grenze zu den Hilfsverben steht »werden«, das im Futur und Passiv Verwendung findet. Dabei bezieht es seine modale Färbung im Futur von der hypothetischen Natur dieser Zeitform; im Passiv, das modal gesehen neutral ist, bleibt auch das Hilfsverb »farblos«. Bezogen auf Gegenwart und Vergangenheit, kann sich »werden« aber gewissermaßen modal verselbständigen, weshalb es den hypothetischen Charakter von

Dort wird gerade jetzt die Sonne aufgehen.

auch ohne eine entsprechende philosophische Erläuterung erkennbar macht.

So wie »werden« ein Grenzgänger zwischen Hilfsverb und Modalverb ist, ist »mögen« ein Grenzgänger zwischen Modalverb und Vollverb. Der Weg über die Grenze läßt sich von »jemanden mögen«, über »Süßes mögen«, bis zu »[Süßes] essen mögen«, leicht nachvollziehen. »Möchten« und »wollen« gehen ähnliche Wege, können aber den Schritt vom Modalverb zum Vollverb nur im Sinne von »etwas haben wollen« tun. Dagegen ist das affirmative »brauchen« eigentlich nur jenseits der Grenze, unter den Vollverben zu Hause, während das negierte »brauchen«, also »nicht brauchen« als Modalverb ebenso gut verwendbar ist wie als Vollverb.

Alles in allem ist die modale Avantgarde gar kein so homogenes System, wie das eingangs noch geklungen haben mag, aber dann ist die Multifunktionalität sprachlicher Elemente ja schließlich nur der Ausdruck eines sorgsamen Umgangs mit den sprachlichen Ressourcen.

Variationen auf eine Grundfarbe

Semantisch gesehen gibt es ein dichtes Netz von Verwandtschaftsbeziehungen zwischen allen Modalverben, dessen Linien oft ganz schlagartig durch die Negation erhellt werden. Das Kernstück der Familie ist das Verhältnis zwischen »können« und »müssen« beziehungsweise »möglich sein« und »notwendig sein«, bei der sich das *Notwendigsein* mit Hilfe der Negation ins *Möglichsein* auflösen läßt, weil von einer Sache, die *so* sein *muß*, immer auch gilt, daß sie nicht *nicht so* sein *kann*. Wenn Gott die Welt *geschaffen haben muß*, dann kann es nicht sein, daß er sie *nicht geschaffen hat*. Da das Rechnen mit Modalität und doppelter Negation aber allenfalls den Logiker freut, wird die Wegrationalisierung des »müssen« durch »können« niemandem wirklich erstrebenswert erscheinen, und weil »müssen« über die reine logische Notwendigkeit hinaus noch eine ganze Reihe anderer Aspekte auszudrücken erlaubt, wäre seine Eliminierung auch gar nicht ratsam.

Eher könnten wir uns fragen, warum wir neben »nicht müssen« auch noch »nicht brauchen« verwenden, da es sich doch gleich bleibt, ob ich etwas *nicht tun muß* oder *nicht zu tun brauche*, ob es *nicht wahr sein muß*, oder *nicht wahr zu sein braucht*. Aber das affirmative »brauchen« kann man natürlich, wie dieser Satz schon zeigt, gut brauchen, und da man eine Sache, die man zu einer Zeit braucht, zu einer andern auch nicht brauchen können sollte (?), ist das negierte »brauchen« auch nicht überflüssig. Wenn die Suppe kein Salz mehr braucht, dann brauche ich sie auch nicht mehr zu salzen, und da ist es nur natürlich, daß mir das »brauchen« schon auf der Zunge liegt, ehe mir seine semantische Dublette mit »nicht müssen« überhaupt in den Sinn kommt. »Müssen« ist ohnehin schon ziemlich beladen, da ihm bei seinem Grad von Verbindlichkeit auch »sollen« nicht zu Hilfe kommen kann, und es die logische wie die deontische Ausgabe der Notwendigkeit gleichermaßen tragen muß.

In den meisten Fällen verdeutlicht der Kontext, um welche Variante der Notwendigkeit es geht. In einem Satz wie

Die neuen Behauptungen müssen die alten enthalten.
(Brecht, *Politische Schriften*)

wird zwar die deontische Lesart dominieren, solange wir nichts weiter vom Kontext wissen, aber die Möglichkeit, den Satz als Schlußfolgerung zu verstehen, ist ohne einen vereindeutigenden Kontext nicht auszuschließen.

Anders als »müssen«, das seinen strengen Anspruch zumindest im affirmativen Fall nur alleine geltend machen kann, ist »können« gleich doppelt flankiert von »mögen« und »dürfen«. Da die Möglichkeit ja das Herzstück des Modalbereichs ist, ist die stärkere Besetzung auf dieser Seite sicher nützlich. Dabei kommt neben dem vielseitigen »können« der semantisch eindeutigere Partner oft besser weg. In

Vieles was in Deutschland über Deutschland nicht gesagt werden darf, darf in Deutschland über Österreich gesagt werden.
(Brecht, *Politische Schriften*)

ließe sich »dürfen« ohne weiteres durch »können« ersetzen. Dennoch verliert

Vieles was in Deutschland über Deutschland nicht gesagt werden kann, kann in Deutschland über Österreich gesagt werden.

durch die größere Allgemeinheit des Modalverbs »können« gegenüber dem ausdrücklich auf die sozialen Verhältnisse abzielenden »dürfen« deutlich an Schärfe.

Aber die Differenzierungen können noch subtiler sein, das Prisma der Möglichkeiten auch im logischen Bereich noch weiter zerlegt werden. Der Satz

Es mag sein, daß es den meisten Menschen eine Unterstützung und Annehmlichkeit bedeutet, die Welt bis auf ein paar persönliche Kleinigkeiten fertig vorzufinden.
(Musil, *Der Mann ohne Eigenschaften*)

zum Beispiel handelt von einer logischen Möglichkeit, und das wäre auch der Fall, wenn anstelle von »mögen« »können« verwendet würde. Dennoch besteht ein Unterschied zwischen dem Original und

Es kann sein, daß es den meisten Menschen eine Unterstützung und Annehmlichkeit bedeutet, . . .

Zweifelsohne wird mit beiden Versionen eine Hypothese ausgedrückt, aber die Hypothese mit »können« gibt eine Objektivität vor, mit der sich der augenzwinkernde Komplementsatz viel weniger glatt verbindet als mit dem deutlich subjektiven »mögen« des Originals.

In vielen Fällen ist zwischen der objektiven Möglichkeit, die ich den Dingen zuschreibe, und der subjektiven Möglichkeit, die ich als meinen Eindruck von den Dingen ausgebe, die Hand nicht wirklich umzudrehen. Aber im Kontext einer Negation, sei sie nun explizit oder nur implizit gegeben, macht sich der Unterschied erstaunlich drastisch bemerkbar. Die objektive Möglichkeit läßt sich negieren und damit auch erfragen, die subjektive nicht.

Die oberflächliche Analogie zwischen »es kann nicht so sein, daß« und »es mag nicht so sein, daß« darf niemanden darüber hinwegtäuschen, daß »kann nicht« mit »unmöglich« also einer negierten Möglichkeit gleichzusetzen ist, aber »mag nicht« mit »möglich, daß nicht«, also der Möglichkeit eines negierten Sachverhalts. Und was die Frage betrifft, so ist »kann es sein, daß« ganz normal, aber »mag es sein, daß« sprachlich unmöglich. Es ist schon erstaunlich zu welchen Abgründen sich ein andernorts kaum wahrnehmbarer Unterschied zwischen zwei Modalverben auswachsen kann.

Wo es sich um objektive Möglichkeit handelt, ist »können« natürlich nicht durch »mögen« ersetzbar. Wenn man seiner Sache nicht so sicher ist, ob zwei Gedanken einander widersprechen, so könnte man sagen, daß sie einander widersprechen *mögen*, aber wenn diese Möglichkeit nicht in Frage gestellt ist, wie im folgenden Beispiel, dann erfordert »mögen« anstelle von »können« unter Umständen die reinste Gedankenakrobatik

> *Nun besaß Seine Erlaucht eine außerordentliche Fähigkeit, zwei Gedanken, die einander widersprechen konnten, mit glücklicher Hand so auseinanderzuhalten, daß sie in seinem Bewußtsein nie zusammentrafen.*
> (Musil, *Der Mann ohne Eigenschaften*)

Mit dem subjektiven »mögen« anstelle des objektiven »können« rückt der Satz selbst in die Nähe eines Widerspruchs:

> *Nun besaß seine Erlaucht eine außerordentliche Fähigkeit, zwei Gedanken, die einander widersprechen mochten, mit glücklicher Hand so auseinanderzuhalten ...*

Objektive Möglichkeiten, die es uns erlauben, unsere Absichten zu verwirklichen — und dazu gehören auch Fähigkeiten —, lassen sich überhaupt nur durch »können« ausdrücken; wobei der Spielraum für das, was befähigt, und das, wozu es befähigt, auch vieles umfassen kann, was nicht im herkömmlichen Sinn Träger oder Ziel einer Absicht zu sein braucht. Weder in

Es seien aber schon lange Zeit keine Bücher mehr, die ihn retten könnten, sondern nur mehr noch Sätze ...
(Bernhard, *Billigesser*)

noch in

Es gibt Leute, die können alles glauben, was sie wollen.
(Lichtenberg, *Gedankenbücher*)

ließe sich die mit »können« gesetzte Möglichkeit durch ein anderes Modalverb ausdrücken.

Vergegenwärtigt man sich, daß die Menge der objektiven Möglichkeiten schlechterdings unbegrenzt ist, so wird man die Gelegenheit, bei subjektiven und deontischen Möglichkeiten auf andere Modalverben ausweichen zu können, dankbar wahrnehmen. Dennoch führen natürlich auch die Modalverben, die dem »können« zu Hilfe kommen, ihr eigenes Leben. Wie »können« und »mögen« durch die Negation auseinander dividiert werden, haben wir schon gesehen; bei »können« und »dürfen« macht die Negation kaum einen Unterschied, wenngleich die deontische Komponente uns in Verbindung mit der Negation, als Verbot, empfindlicher treffen wird, als die Negation einer objektiven Möglichkeit, die sich unserem Zugriff ohnehin entzieht. Davon war schon im Zusammenhang mit dem, was in Deutschland über Deutschland nicht gesagt werden darf beziehungsweise gesagt werden kann, die Rede.

Anders als »können« und »mögen« werden also »dürfen« und »können« nicht durch die Negation auseinander dividiert; dafür ändert sich aber das Verhältnis zwischen diesen beiden Modalverben auf eine überraschende Weise, wenn sie im Konjunktiv verwendet werden. Das konjunktive »dürfte« hat nämlich im Unterschied zum indikativen »darf« nicht mehr nur eine deontische, sondern auch eine logische Lesart. Was über Österreich gesagt werden dürfte, ist nicht nur das, was unter Umständen erlaubt ist, sondern auch das, womit man rechnen kann. Durch den Konjunktiv bekommt »dürfen« also mit einem Mal zwei Bedeutungsvarianten. Während aber die deontische Bedeutung von »dürfen« in Fällen wie »du darfst/kannst mitkommen« der

Bedeutung von »können« ziemlich nahe zu kommen scheint, ist die logische Bedeutung des konjunktiven »dürfen« weit weg von der des konjunktiven »können«. Im Satz über die Relativität unserer Wahrnehmung erzeugt »dürfen« anstelle von »können« schon fast einen Widerspruch:

Alles was wir sehen, dürfte auch anders sein.

Daran ist allerdings letztlich »auch« schuld, denn ohne die Partikel ist der Satz akzeptabel:

Alles was wir sehen, dürfte anders sein.

Dennoch wird so fast das Gegenteil von dem ausgedrückt, was mit dem Original

Alles was wir sehen, könnte auch anders sein.

gesagt ist.

In Wirklichkeit ist das logische »dürfte« nämlich mit dem logischen »müßte« vergleichbar. Obwohl sowohl »könnte« als auch »dürfte« in diesem Satz die Relativierung unserer Erkenntnis durch die Möglichkeit des Andersseins thematisieren, macht das »dürfte« das Anderssein schon fast zu einer logischen Gewißheit, die nur noch durch die kontrafaktische Assoziation des Konjunktivs gedämpft wird. Die Kluft, die sich da zwischen dem logischen »könnte« und dem logischen »dürfte« auftut, läßt sich nur erklären, wenn man sich nicht von der scheinbaren Ähnlichkeit mit den von den Indikativformen besetzten Möglichkeiten täuschen läßt. Während »können« wahrscheinlich nichts weiter als eine Möglichkeit einführt, hebt »dürfen« in Wirklichkeit eine Unmöglichkeit auf. Damit wird mir zwar auch möglich zu tun, was ich tun wollte, aber die logische Alternative, die bei »dürfte« in Rechnung gestellt wird, ist aufgrund der anderen Ausgangsposition von »dürfen« viel schwächer als die, auf die sich »könnte« bezieht. Da bei »könnte« offengelassen ist, daß es *möglicherweise nicht so ist,* aber bei »dürfte« nur noch, daß es *nicht unmöglich ist, daß es nicht so ist,* räumt »dürfte« dem Sachverhalt, den es betrifft, nur noch einen geringen alternativen Spielraum ein, womit seine Wahrscheinlichkeit viel größer ist als die des Sachverhalts, dem durch »könnte« eine gleich starke Alternative zugeordnet wird. Was da wie eine willkürliche Bedeutungsverschiebung zwischen dem Indikativ und Konjunktiv von »können« und »dürfen« wirkt, ist also nur die durch den Konjunktiv vergrößerte Differenz zwischen ihren Grundbedeutungen. Im Hinblick auf die Relativität unserer Erfahrung kann ein eingefleischter Skeptiker sehr wohl der Meinung sein, daß wahrscheinlich alles was wir sehen, in Wirklichkeit anders ist, und seiner Überzeugung durch

Alles was wir sehen, dürfte anders sein.

Ausdruck verleihen. Aber

Alles was wir sehen, dürfte auch anders sein.

kann er nicht sagen, da durch das »auch« das Sosein dem Anderssein gleichberechtigt gegenübergestellt wird und nicht dem Anderssein die größere Wahrscheinlichkeit eingeräumt wird, die das »dürfte« verlangt. Da kann man wieder einmal bloß staunen, was unser innerer Computer so alles leisten muß an logischen Verrechnungen, die sich von uns noch nicht einmal bewußt leicht nachvollziehen lassen.

Zwischen Glauben und Wollen

Natürlich hat auch die zweite Hilfskraft von »können«, das »mögen«, seine Eigenheiten. Und genau genommen muß man sich ja überhaupt wundern, daß »mögen« in der Nachbarschaft von »können« auftaucht, wo es doch viel eher der von »wollen« und »möchten« zuzuordnen ist. In dem Satz über die Leute, die alles glauben können, kommt »mögen« nicht als Ersatzform für »können« als Ausdruck objektiver Möglichkeit, wohl aber für »wollen« in Betracht:

Es gibt Leute, die können alles glauben, was sie mögen.

Aber irgend etwas ist da nun doch logisch verrutscht. Zwar ist zwischen »ich kann tun, was ich will« und »ich kann tun, was ich mag« ein Unterschied gar nicht so leicht auszumachen. Die Möglichkeit für das Tun ist ja wohl mehr in äußeren Bedingungen zu suchen, und wenn mir die äußeren Bedingungen erlauben, etwas zu tun, dann läßt sich der Unterschied zwischen meinem Wollen und meinen Wünschen ganz gut vernachlässigen. Dagegen ist die Möglichkeit, etwas zu glauben, vor allem mit der eigenen Bereitschaft verbunden, und die kann eigentlich nur Ziel meines Wollens, aber nicht Ziel meines Wünschens sein. Da »wollen« Absicht, »mögen« aber nur Wunsch ausdrückt, sind Leute, die alles glauben können, was sie wollen, einfach Leute, denen nichts heilig ist, während sich Leute, die alles glauben können, was sie mögen oder möchten, unserem Urteil mangels logischer Konsequenz entziehen.

Soweit mit »mögen« ein Wunsch ausgedrückt wird, läßt es sich von seinem siamesischen Zwilling »möchten« kaum unterscheiden. Ob es »ich mag nichts tun müssen« oder »ich möchte nichts tun müssen« heißt, scheint ziemlich einerlei, allenfalls regionale Vorlieben für das eine oder das andere ließen sich noch anführen. Und dennoch gibt es Kontexte, in denen sich »möchte« eher noch durch »wollen« als durch »mögen« ersetzen läßt. In *Forschungen eines Hundes* heißt es:

> *Hie und da hören wir ein andeutendes Wort und möchten fast aufspringen, fühlten wir nicht die Last der Jahrhunderte auf uns.*

Wenn wir den Konditionalsatz mit seiner Konjunktivproblematik weglassen, dann kann in dem Hauptsatz »möchten« — mehr schlecht als recht — durch »wollen«, aber auf keinen Fall durch »mögen« ersetzt werden:

> *Hie und da hören wir ein andeutendes Wort und wollen fast aufspringen.*
>
> **Hie und da hören wir ein andeutendes Wort und mögen fast aufspringen.*

Daß »wollen« in Wirklichkeit auch nicht in Frage kommt, liegt am Konjunktiv des folgenden Konditionalsatzes (den wir, da wir ihn nun schon einmal gelesen haben, nicht so leicht wieder aus unserem Gedächtnis streichen können). Da dem indikativen »möchte« auch heute seine konjunktivische Herkunft noch ein klein wenig anhaftet, ist es im Hinblick auf das konjunktive »fühlten« stilistisch so nötig, wie es ein durch und durch indikatives »wollen« trotz des Indikativs von »hören« nie sein könnte:

Hie und da hören wir ein andeutendes Wort und wollen fast aufspringen, fühlten wir nicht die Last der Jahrhunderte auf uns.

Aber auch ein konjunktives »wollten« kann, wegen seiner formalen Gleichheit mit dem indikativen Präteritum, an dieser Nahtstelle zwischen indikativem Präsens und Konjunktiv nicht überzeugen:

Hie und da hören wir ein andeutendes Wort und wollten fast aufspringen, fühlten wir nicht die Last der Jahrhunderte auf uns.

Wenn aber »mögen« trotz seiner engen Verwandtschaft mit »möchten« hier ganz und gar entfällt, so hat das andere Gründe, denn in der Form

Wer mag schon auf ein andeutendes Wort hin aufspringen?

oder

Es sind nicht viele, die auf ein andeutendes Wort hin aufspringen mögen.

ist gegen den Zwilling von »möchten« gar nichts einzuwenden. Im Unterschied zum Original bieten diese Versionen nämlich das, was das »mögen« des Wunsches braucht, um grammatisch akzeptabel zu sein, nämlich eine explizit oder implizit gegebene Negation. Dieser Bedingung waren wir schon bei einem anderen Modalverb begegnet, bei »brauchen«, das den Schritt vom Vollverb zum Modalverb überhaupt nur in der Form von »nicht brauchen« schafft. Bei »mögen« ist die Negationsbedingung aber weniger leicht erkennbar, da es nicht nur wie »brauchen« ein Vollverb sein kann, das eben auch affirmativ verwendbar ist, sondern da es im Unterschied zum modalen »nicht brauchen« auch in der logischen Variante keine Negation braucht. So wird also das affirmative »mögen« meist akzeptabel sein und sich die Bedingung für das modale »mögen«, das den Wunsch ausdrückt, nur ganz selten bemerkbar machen.

Dessen ungeachtet ist die semantische Verzweigung des »mögen« aber eigentlich viel weniger selbstverständlich als die von »können«, »müssen«, »dürfen«, »brauchen«, die ja alle, so verschieden sie auch sind, als Variationen zum Thema »möglich« gesehen werden können. Doch wieviel von Möglichkeit wir auch für »wollen« und »möchten« in Anspruch nehmen, sie lassen sich in den Bereich der Möglichkeit nur sehr bedingt eingliedern. Und davon, daß sie sich wie »müssen« oder »brauchen« in irgendeiner Form auf »möglich« zurückführen ließen, kann gar nicht die Rede sein. Wenn also »mögen« zugleich im Bereich von Wollen und Wünschen und im Bereich des Möglichen zu Hause ist, dann kann man sich eigentlich nur darüber wundern, wie es denn aus dem einen Bereich in den anderen gekommen sein mag.

Vielleicht kann uns da das Englisch, dessen »may« noch über die deontische Variante der Möglichkeit verfügt, einen Fingerzeig geben. Reste des deontischen »mögen« finden sich auch im deutschen Konjunktiv I, wie in »er möge hereinkommen«, zu dem der Indikativ verschwunden ist. Dieses »mögen« hebt, wie das »dürfen«, eine Unmöglichkeit auf, tut dies aber ganz offensichtlich über eine ausdrückliche Willenskundgebung, etwa so als würde man zugleich sagen, »er darf hereinkommen und ich möchte, daß er hereinkommt«. Wo es dem Willen gegeben ist, objektive Möglichkeiten zu schaffen, haben wir die Stelle erreicht, an der sich die Teilbereiche zwischen Wollen und Möglichkeit berühren und die semantische Brücke bilden, auf der ein Modalverb aus dem Bereich des Willens in den der Möglichkeit hinübergelangen kann. Da heute im Deutschen von dieser Brücke nur noch ein Rudiment im Konjunktiv der guten Wünsche zu finden ist, verbindet das »mögen« des Wünschens kaum mehr etwas mit dem »mögen« der logischen Möglichkeit. Aber während das »mögen« des Wünschens im Schatten von »möchten« ein etwas kümmerliches Dasein fristet, hat sich das logische »mögen« zu einer ganz passablen Stütze des »können« entwickelt, wobei ihm allerdings seine soziale Funktion, vermutlich im Schnittpunkt zwischen »dürfen«, »sollen« und dem Imperativ schon fast abhanden gekommen ist.

Mit oder ohne

Wenn man es recht bedenkt, dann steckt eigentlich in jedem Modalverb, außer »werden«, eine Komponente des Wollens oder Wünschens, die, wenn sie auch nicht zum Bedeutungskern jedes Modalverbs gehört, doch immer an seiner deontischen Interpretation beteiligt ist. Wenn jemand etwas tun *kann* oder *darf,* weil ich es ihm *erlaube,* oder etwas tun *muß* oder *soll,* weil ich dies von ihm *fordere* oder *erwarte,* dann wird die mögliche Welt, um die es geht, von seinem oder meinem Willen mitbestimmt. Möglichkeit und Wille sind also die Grundfarben des modalen Prismas, die in verschiedenen Mischungen und auf unterschiedliche Ausschnitte von der Welt gerichtet die ganze Palette des Regenbogens ergeben. Aber so, wie das weiße Licht immer schon die Farben enthält, steckt im Verhältnis der Dinge zueinander, in der Spezifik des Weltausschnitts immer schon die Grundfarbe der Möglichkeit und, soweit der Ausschnitt Menschen enthält, auch die des Wollens. Dies bedeutet aber nichts anderes als das, was mit dem Modalverb gesagt wird, in vielen Fällen schon implizit mit dem jeweiligen Sachverhalt gegeben ist. Handlung zum Beispiel ist eine vom Willen abhängige Tätigkeit und deshalb wäre die Bedeutung des folgenden Satzes auch ohne das Modalverb »will« gegeben:

> *Da man in diesen Kreisen wirklich loyal ist und ... nicht gern anders handeln will als man denkt ...*
> (Musil, *Der Mann ohne Eigenschaften*)

Aber wenn man den anschließenden Hauptsatz betrachtet, so kann man unschwer erkennen, warum der Autor die Frage des Wollens ausdrücklich zum Gegenstand seiner Sottise macht:

> *Da man in diesen Kreisen wirklich loyal ist und ... nicht gern anders handeln will als man denkt, so muß man sich in vielen Fällen damit begnügen, nicht allzu eingehend über eine Sache nachzudenken.*

Wenn man nämlich einfach nur nicht gern anders handelt als man denkt, dann ist man, wenn auch ungern, unter Umständen eben doch bereit, anders zu handeln als man denkt. Mit dem expliziten »will« rückt das, was man nicht gern täte, in die Nähe eines festen Vorsatzes, das, was man nicht gern tut, auch nicht zu tun, wodurch die Schlußfolgerung im Hauptsatz und damit auch der Witz dieser ausgefallenen Lösung des Problems an Schärfe gewinnt.

Solche subtilen modal-semantischen Gründe lassen sich aber nicht in allen Fällen erkennen, in denen Modalverben nur das ausbuchstabieren, was mit dem jeweiligen Sachverhalt schon gegeben ist. Semantisch gesehen könnte zum Beispiel der Satz

> *Wenn man suchen will, ist eine Methode gut, aber man kann auch finden ohne Methode, ja sogar ohne zu suchen.*
> (Brecht, *Politische Schriften*)

ebensogut ohne die beiden Modalverben verwendet werden, da das Suchen ja immer eine Absicht und das Finden immer eine Möglichkeit voraussetzt:

> *Wenn man sucht, ist eine Methode gut, aber man findet auch ohne Methode, ja sogar ohne zu suchen.*

Selbst die mit »können« ausgedrückte Einschränkung, daß man nicht immer findet, wenn man sucht, ist eine Selbstverständlichkeit, die eines besonderen Hinweises nicht bedürfte. Dessen ungeachtet scheint uns natürlich das Original eine bessere Form als die um die Modalverben verkürzte Variante, und wenn wir es uns genau überlegen, so ist da eben doch noch ein Unterschied, durch den die Teilsätze mit den Modalverben besser ineinander greifen als die Teilsätze ohne Modalverben. Dieser Unterschied betrifft das zeitliche Verhältnis zwischen suchen, finden und der Methode. In der Variante ohne Modalverben stehen »suchen«, »finden« und »Methode« durch das Präsens in der Relation der Gleichzeitigkeit, die sich dann, gewissermaßen im Rückblick, noch szenarisch ausdifferenzieren läßt. Anders im Original, das durch »will« die Methode auf den Zeitpunkt der Absicht zurückverlegt, so daß die Methode schon existiert, ehe man zu suchen beginnt. Ebenso wird durch »kann« das Fehlen der Methode oder die unterlassene Suche noch zeitlich vor dem Finden angeordnet. Aber selbst wenn Modalverben noch über ihren eigentlichen Bedeutungsbereich hinaus die Präzision und Eleganz von Aussagen erhöhen können, ist ihre Verwendung doch nicht für jeden Fall zu empfehlen, auf den sie, semantisch gesehen, passen würden. So ließe sich zum Beispiel die Feststellung

> *Und wo keine Öffentlichkeit ist, bringt sie auch ein kleiner, neugieriger Straßenhund nicht hervor.*
> (Kafka, *Forschungen eines Hundes*)

ohne wesentliche Bedeutungsveränderung mit »können« verbinden.

> *Und wo keine Öffentlichkeit ist, kann sie auch ein kleiner neugieriger Straßenhund nicht hervorbringen.*

Dennoch ist das Original ohne Modalverb vorzuziehen, und dies vor allem aus informationellen Gründen, da der Schwerpunkt des Satzes auf dem Subjekt mit der Negation liegt, was nicht nur durch »auch«, sondern auch durch die zweite Stelle des finiten Verbs bekräftigt wird. Das am Satzende übriggebliebene Affix läßt sich informationell vernachlässigen, umso mehr als es durch die Wahl des Wortstammes »bringt« ohnehin schon vorgezeichnet ist. Schiebt man aber »können« in die Position des finiten Verbs, dann folgt nach dem Schwerpunkt des Satzes noch ein ganz neues, nichtsdestoweniger informationell schwaches Element, wodurch die Prägnanz der Feststellung wieder an Schärfe verliert.

Ganz allgemein können wir annehmen, daß die Informationsstruktur keine geringe Rolle bei der Wahl zwischen den Modalverben und den anderen Ausdrucksmitteln des modalen Bereichs spielt, und im Unterschied der Informationsstrukturen deutscher und englischer Sätze dürfte auch das Geheimnis des besser bestückten Modalverbparadigmas des Deutschen stecken, erlaubt uns doch das Modalverb in allen Hauptsätzen, das Vollverb ans Satzende, also in eine informationell stärkere Position zu bringen.

Unter Umständen kann aber auch der strukturelle Vorteil der Modalverben noch von den besonderen Eigenschaften eines der anderen Ausdrucksmittel des modalen Bereichs überboten werden. Zu einem der erfolgreichsten Konkurrenten des Modalverbs »können« gehört das reflexive »lassen«. Da gibt es zum Beispiel in den *Forschungen eines Hundes* einen Satz, der keinem Wissenschaftler ganz geheuer sein dürfte:

Alle unsinnigen Erscheinungen dieses Lebens . . . lassen sich nämlich begründen.

Eine Variante mit »können« wäre, obwohl weder semantisch noch informationell ein Unterschied erkennbar wird, deutlich weniger gelungen als das Original:

Alle unsinnigen Erscheinungen dieses Lebens kann man nämlich begründen.

Fast ist man versucht, dem »man« die Schuld für den stilistischen Abstieg zu geben, aber dann könnte man eigentlich nicht sagen, warum gerade dieses Pronomen, das uns im Deutschen so viele gute Dienste leistet, hier von Nachteil sein sollte. Hinter der morphologischen Gleichheit von »alle unsinnigen Erscheinungen« versteckt sich jedoch zwischen beiden Versionen noch ein syntaktischer Unterschied. Mit »lassen« kommt dieser Form nämlich die syntaktische Funktion des Subjekts zu, mit »können« aber die des Objekts. Das heißt aber nun nichts anderes, als daß »lassen« eine Struktur ermöglicht, die mit einem einfachen Kasus verbunden ist und mit der Grundstruktur des Deutschen übereinstimmt, während in der Struktur mit »können« im Thema des Satzes ein Objekt am Anfang steht, also eine von der Grundstruktur abweichende Reihenfolge vorliegt. Natürlich lassen sich die unsinnigen Erscheinungen auch noch in die neutrale Position eines Objekts bringen:

Man kann nämlich alle unsinnigen Erscheinungen dieses Lebens begründen.

aber damit bleibt das Ganze nur noch weiter hinter der Ausgewogenheit des Originals zurück, da nun allen Schwerpunkten des Satzes auf der rechten Seite nur das bedeutungsarme »man« auf der linken gegenübersteht. Wie man sieht, verbindet der Rollenplan von »lassen« in diesem Fall den Vorteil der neutralen Perspektive mit dem des informationellen Gleichgewichts, und dagegen kann sich dann eben unter Umständen nicht einmal das Herzstück der modalen Avantgarde stilistisch behaupten.

DIE MEINUNG DER ANDEREN

Für die kleine Form der Rechtfertigung liefern bestimmte Partikeln die besten Argumente.

Scheinbar entbehrlich

Das Gesetz soll doch jedem und immer zugänglich sein.
(Kafka, *Vor dem Gesetz*)

denkt der Mann vom Lande, dem durch den Türhüter der Zugang zum Gesetz verwehrt ist, und appelliert damit an die Vorstellungen, die wir von unserem Recht gegenüber dem Gesetz haben. Der Sachverhalt selbst wird durch das Modalverb in den Bereich möglicher Welten verwiesen, wo er deontisch, als moralische Forderung, oder hypothetisch, als Bericht, gedeutet wird. Da es dem Mann vom Lande um Erlaubnis für den Eintritt ins Gesetz geht, kommt uns sicher die deontische Interpretation zuerst in den Sinn — aber die hypothetische Lesart ist nicht ausgeschlossen. Mit einem perfektiven Vollverb, zum Beispiel, wäre der Satz überhaupt nur hypothetisch zu verstehen:

Das Gesetz soll doch jedem und immer zugänglich gewesen sein.

Das Spiel mit der Doppeldeutigkeit des Modalverbs kommt der eher vorsichtigen Natur des Mannes entgegen, da es ihm hinter einer vielleicht schon anmaßenden Forderung noch die Rückzugsmöglichkeit in die Unverbindlichkeit der Berichtswelt offen hält.

Daß der Mann vom Lande hier aber in jedem Fall nicht nur seine eigene Vorstellung ausdrückt, sondern sich zugleich auf die der Allgemeinheit beruft, hat nichts mehr mit dem Modalverb zu tun, sondern mit der Partikel »doch«, die auf das Modalverb folgt. Nun haben Partikeln wie »doch« einen schlechten Ruf. Sie gelten als überflüssige Füllsel als unnötiges Beiwerk, das zur Bedeutung eines Satzes nichts Ernsthaftes beitragen kann. Auch in diesem Fall müssen wir zugeben, daß die Partikel weder am Sachverhalt noch an der Doppeldeutigkeit des Modalverbs etwas ändert, und da auch eine der besten Erzählungen unseres Jahrhunderts ein Wort zu viel haben darf, könnte der schlechte Ruf der Partikeln am Ende gar nicht so unbegründet erscheinen.

Es gibt im Deutschen eine ganze Reihe solcher kleinen Wörter wie »doch«, die nicht nur vielen als entbehrlich gelten, sondern denen mitunter sogar ernsthafte Grammatiken jegliche lexikalische Bedeutung absprechen. Andere Sprachen, wie zum Beispiel das Englische, kommen von vornherein ohne sie aus. Im Deutschen wird der sparsame Umgang mit ihnen immer wieder nachdrücklich angemahnt, und das ist schon eine Besonderheit, da man so etwas kaum über irgendeine andere Gruppe von Wörtern zu hören bekommt. Zum sparsamen Umgang mit Modalverben etwa ermahnt uns niemand, und dabei haben wir doch gesehen, daß es nicht wenige Sachverhalte gibt, die ihre Möglichkeit schon in sich tragen und so unter Umständen eben auch ein Modalverb entbehrlich machen. Einer Partikel wie »doch« haftet die Entbehrlichkeit aber von vornherein an.

Da Wörter wie »allerdings«, »immerhin«, »jedenfalls« weitaus seltener in diesen Verdacht geraten, könnte man fast versucht sein, die Entbehrlichkeit der Wörter mit ihrer Kürze in Verbindung zu bringen. Doch sie kann damit nichts zu tun haben, da es auch überaus wichtige kurze Wörter gibt — allen voran das »nicht«, das jeden Sachverhalt, sozusagen mit dem kleinen Finger, in sein Gegenteil verkehren kann. Aber es käme wohl ohnehin niemand auf den Gedanken, die Wichtigkeit der Wörter an ihrer Länge messen zu wollen.

Nun gibt es neben den redundanten Partikeln auch immer gleichlautende Wörter, deren Nützlichkeit außer Frage steht. Ob es »doch« ist oder »ja«, »eben«, »denn« oder »»etwa« — sie führen alle noch ein ehrbares Leben als Konjunktion oder Adverb. Mitunter läßt sich allerdings gar nicht so leicht sagen, was den entscheidenden Unterschied ausmacht. Am klarsten sind die Verhältnisse noch, wenn dieser in der Bedeutung liegt, wie zum Beispiel zwischen dem Adverb »etwa«, das soviel wie »ungefähr« bedeutet, und der Partikel »etwa«, bei der es um die Möglichkeit eines nicht erwarteten Sachverhalts geht. Zum Beispiel wenn nach dem Sündenfall Gott seine Allwissenheit verleugnet und fragt:

Hast du etwa von dem Baume gegessen, von dem ich dir zu essen verboten habe?

Auch der Unterschied zwischen der Konjunktion »denn« und der Partikel »denn« scheint problemlos, schon weil erstere nur einen kausalen Teilsatz einleiten und letztere nur in einer Frage verwendet werden kann. Selbst

Partikel, Adverb und Konjunktion »ja« mögen sich noch leidlich gut voneinander unterscheiden lassen. Aber ganz so sicher sind wir unserer Sache dann zwischen »ja, ich komme« und »ich komme ja« doch nicht, und zwischen »doch« als Konjunktion und den vielen verschiedenen Vorkommen der Partikel »doch« geht uns die Orientierung ganz leicht endgültig verloren.

Schließlich gibt es auch noch Partikeln wie »schon« und »noch«, »nur« und »auch«, die zwar im Unterschied zu den Partikeln »doch«, »denn« und »ja« direkt handfest wirken, die aber alle neben sich einen Doppelgänger aus dem weniger gut beleumdeten Partikelclan haben.

Berücksichtigt man für das Urteil über die Entbehrlichkeit von Wörtern auch andere Sprachen, so scheint der Unterschied zwischen überflüssigen und nützlichen Wörtern schließlich ganz und gar willkürlich. Im Englischen werden nicht nur die Entsprechungen für solche handfesten Wörter wie »auch« und »nur« an Stellen nicht verwendet, wo sie uns unentbehrlich erscheinen, man hält auch in vielen Fällen solche ganz und gar unumstrittenen Wegweiser wie »allerdings«, »jedenfalls« und »letzten Endes« für überflüssig. Nun könnte man natürlich der Meinung sein, die Deutschen liebten es eben, weitschweifig zu sein; sie mögen sich nicht kurz fassen und schmücken ihre Sätze mit allerlei Schnickschnack aus, was den auf die knappe und treffsichere Form bedachten Engländern mehr als suspekt sein muß. Aber dann wäre vielleicht nicht uninteressant, was an »allerdings« und »immerhin«, »nur« und »auch« ist, das den Deutschen so lieb zu sein scheint und in anderen Sprachen viel öfter entbehrlich ist. Und warum erfreuen sich Partikeln wie »doch« sogar trotz ihres schlechten Rufs im Deutschen uneingeschränkter Beliebtheit? Was ist das Besondere an dem Satz über die Zugänglichkeit des Gesetzes mit »doch« gegenüber demselben partikellosen Satz?

Die andere Meinung

Was uns am ehesten auffallen könnte, ist der Gegensatz, der mit »doch« ausdrücklich angesprochen scheint. Aber die

Erfahrung des Mannes vom Lande, dem der Türhüter den Eintritt ins Gesetz verweigert, steht ohnedies in einem Gegensatz zu der Forderung, daß das Gesetz jedem und immer zugänglich sein soll. Die Partikel macht nur explizit, was sachlich schon impliziert ist, und gilt also, wie es scheint, zu Recht als entbehrlich.

Nun gibt es eine ganze Reihe von Wörtern, die einen Sachverhalt als Gegensatz zu einem anderen Sachverhalt ausweisen. Nach der Häufigkeit seiner Verwendung zu schließen dürfte »aber« eines der wichtigsten davon sein. Wenn es in der Schöpfungsgeschichte heißt

Am Anfang schuf Gott den Himmel und die Erde, die Erde aber war wüst und leer.

dann weist »aber« auf einen Gegensatz zwischen dem ersten und zweiten Satz hin. Dieser besteht, wie wir wissen, nicht zwischen dem Akt der Schöpfung und seinem Ergebnis, sondern zwischen der eben erst erschaffenen Erde und der Erde, die wir kennen. Der Gegensatz zwischen unseren Vorstellungen über diese beiden Zustände der Erde ist natürlich auch gegeben, wenn wir nicht ausdrücklich auf ihn hinweisen. Nur daß er uns mit dem »aber« etwas deutlicher vor Augen tritt, weil uns das »aber«, auf seine Weise, ausdrücklich daran erinnert.

Ein Unterschied zwischen »doch« und »aber« ist, so gesehen, kaum auszumachen. Dennoch lassen sich beide Wörter nicht gleichsetzen; das »aber« paßt nicht so recht an die Stelle des »doch«, wenn der Satz über das Gesetz in seinen Zusammenhang integriert bleiben soll:

Solche Schwierigkeiten hatte der Mann vom Lande nicht erwartet; das Gesetz soll aber jedem und immer zugänglich sein.

Und noch weniger paßt das »doch« an die Stelle des »aber« im zweiten Satz der Schöpfungsgeschichte:

Am Anfang schuf Gott den Himmel und die Erde, die Erde war doch wüst und leer.

Wenn sie den Satz einleiten, verschwindet der Unterschied zwischen »doch« und »aber« weitestgehend:

Am Anfang schuf Gott den Himmel und die Erde, aber die Erde war wüst und leer.

Am Anfang schuf Gott den Himmel und die Erde, doch die Erde war wüst und leer.

Das »doch« am Satzanfang ist offensichtlich ein anderes »doch« als das in der Satzmitte, und es ist eigentlich nur das »doch« in der Satzmitte, das uns so völlig deplaziert erscheint. Das »doch« am Satzanfang ist die Konjunktion »doch« und ist damit in der Tat ganz in der Nähe von »aber« angesiedelt. Das »doch« in der Satzmitte ist die Partikel »doch«, und wenn schon mit der Partikel »doch« ebenso wie mit den Konjunktionen »doch« und »aber« auf einen Gegensatz verwiesen wird, so muß da irgendwo noch ein gravierender Unterschied verborgen sein, aus dem sich die Divergenz zwischen dem Originalsatz und der Variante mit der Partikel erklären läßt.

Nun könnte man sich die Sache leicht machen und sagen, Partikeln wie »doch« gehören einfach zu einer anderen Stilebene, sie sind wahrscheinlich als umgangssprachlich einzuordnen und haben deshalb in einem so hochgespannten Text wie der Schöpfungsgeschichte im ersten Buch Mose nichts zu suchen. Aber dann ist die Erzählung *Vor dem Gesetz* auch nicht gerade ein umgangssprachlicher Text, und das »doch« in dem Satz über die Zugänglichkeit des Gesetzes wirkt keinesfalls wie eine nachlässige Form sprachlichen Ausdrucks. Eher könnte hier schon der Umstand von Bedeutung sein, daß es sich bei dem Gedanken über das Gesetz um eine Art direkter Rede handelt. Der Mann vom Lande führt gewissermaßen mit sich selbst ein Gespräch, worin er dem ihm verwehrten Eintritt in das Gesetz den Anspruch auf die allgemeine Zugänglichkeit des Gesetzes gegenüberstellt. Er versucht sich über seine Situation klar zu werden, um die richtige Entscheidung für sein weiteres Verhalten treffen zu können. Vielleicht sollten wir einfach sagen, der Mann vom Lande denkt nach. Da man sich beim Nachdenken Klarheit über ein Problem verschaffen will, könnte man das Ganze als einen Akt der Wahrheitsfindung verstehen, was jedem Gedanken, der dafür berücksichtigt wird, den Stellenwert eines Arguments verleiht.

Mit dieser Überlegung scheinen wir nun dem Unterschied zwischen »doch« und »aber« ein gutes Stück näher gekommen zu sein, denn natürlich ist die Geschichte von der Erschaffung der Welt als Bericht und nicht als Argumentation gemeint. Wenn ich »doch« an die Stelle von »aber« setze, verwandele ich den Bericht über die Entstehung der Erde in eine Argumentation, was uns im ersten Buch Mose mehr als merkwürdig anmuten muß.

Partikeln als Kennzeichen für Argumentation, das scheint kein schlechter Gedanke, damit wäre auch die Tatsache zu erfassen, daß Partikeln im gesprochenen Deutsch so häufig sind, also da, wo es meist um den Dialog mit einem anderen geht, der oft erst noch überzeugt werden soll, und sei es auch nur von der Wahrheit der Geschichte, die wir ihm berichten. Wenn Partikeln wirklich argumentativ sind, wäre aber immer noch zu klären, warum sie das sind. Was an »doch« läßt einen Satz zum Argument werden?

Vielleicht finden sich in den kontextuellen Eigenschaften der Partikeln Anhaltspunkte. »Doch« unterscheidet sich von den anderen Partikeln seiner Art dadurch, daß es betont werden kann und dann die kontextuelle Eigenschaft verliert, die alle Partikeln charakterisiert: Adverbien, die wie »wahrscheinlich« die Meinung des Sprechers genauer bestimmen, können Partikeln nur unter- und nicht übergeordnet werden. Das drückt sich in einer Reihenfolgebeschränkung aus, nach der das Adverb nur nach und nicht vor der Partikel erscheinen kann. Es heißt also:

Du weißt es ja wahrscheinlich schon.

und nicht

* *Du weißt es wahrscheinlich ja schon.*

Und auch bei »doch«

Das ist doch offensichtlich nicht wahr.

und nicht

* *Das ist offensichtlich doch nicht wahr.*

— ausgenommen, wie gesagt, daß das »doch« betont ist.
Die meisten Partikeln sind auf bestimmte Satztypen beschränkt. »Ja« läßt sich zum Beispiel nur im Aussagesatz, »denn« nur in der Frage verwenden:

Wo ist denn das Eichhörnchen?
Da ist ja das Eichhörnchen.

und nicht

* *Wo ist ja das Eichhörnchen?*
* *Da ist denn das Eichhörnchen.*

»Doch« ist immerhin auch in Vergewisserungsfragen möglich:

Da ist doch das Eichhörnchen?

In einer wirklichen Entscheidungsfrage ist auch »doch« nicht akzeptabel:

**Ist es doch das Eichhörnchen?*

— ausgenommen wiederum das betonte »doch«. In der Regel lassen sich Partikeln auch nicht negieren:

**Das ist nicht doch das Eichhörnchen.*

Selbst das betonte »doch« ist nicht negierbar. Aber wenn ich daraus eine Frage mache, ist sogar dieser Fall zugelassen:

Ist das nicht doch das Eichhörnchen?

Das kontextuelle Verhalten der Partikeln scheint vollkommen willkürlich, aber unsere Intuition darüber ist — gemessen an dem ephemeren Charakter dieser Ausdrucksmittel — erstaunlich bestimmt. Die Tatsache, daß Partikeln starken Einschränkungen im Hinblick auf bestimmte Satztypen unterworfen sind, hat man sich damit zu erklären versucht, daß ihre Funktionen denen von Frage, Behauptung, Aufforderung und dergleichen ähneln. Da sich jede Äußerung als eine sprachliche Handlung verstehen läßt, die verstärkt durch das Bedingungsgefüge, in dem sie erfolgt, mitunter erstaunliche Wirkungen zeitigt, liegt der Gedanke nahe, daß Partikeln, deren Bedeutungen so wenig faßbar scheinen, nichts weiter als Indikatoren für bestimmte Sprechhandlungen sind. Eine solche Auffassung scheint umso mehr begründet, als es in anderen Sprachen tatsächlich Partikeln gibt, die zum Beispiel einzig und allein dazu da sind, eine Frage anzuzeigen. Aber eine solche einfache Entsprechung zwischen Partikel und Sprechhandlung läßt sich weder für »doch« noch für »ja« oder für irgendeine der anderen deutschen Partikeln nachweisen. Und wenn man zum Beispiel »doch« auf die Sprechhandlungsfunktion reduzieren wollte, käme man schließlich auf ebenso viele verschiedene »dochs«, wie es verschiedene Sprechhandlungen mit »doch« gibt. Dagegen ist wohl eine Auffassung vorzuziehen, bei der »doch« nur eine Bedeutung zugeordnet wird, aus der sich die Variabilität der Partikel in den verschiedenen Sprechhandlungen erklären läßt.

Wenn »doch« und »aber« auf einen Gegensatz hinweisen, der Hinweis bei »doch« aber den Charakter eines Arguments annehmen soll, ließe sich der Unterschied zwischen den beiden Wörtern vielleicht am besten damit erfassen, daß »doch« nicht so sehr auf einen Gegensatz von Sachverhalten als auf einen Gegensatz zwischen Meinungen hinweist. Da mit einem Satz immer die Meinung dessen ausgedrückt ist, der ihn sagt oder denkt, kann das »doch« die gegensätzliche Meinung nur indirekt, als Implikation in den Satz einbringen, und welches Verhältnis der Sprecher zu der gegensätzlichen Meinung einnimmt, muß davon abhängen, wie nachdrücklich er die Meinung vertritt, die mit dem Satz explizit ausgedrückt wird.

Mit der Vorstellung, daß »doch« entgegengesetzte Meinungen aufeinander bezieht, sind wir einer einheitlichen Erklärung der kontextuellen Eigenschaften dieser Partikel schon ziemlich nahe gekommen. Wir brauchen nämlich nur noch offenzulassen, wem die entgegengesetzte Meinung zugeschrieben wird, und ob der Sprecher diese Meinung zuläßt oder völlig ausschließt. Sollte es ihm zum Beispiel einfallen, den ersten Satz der Schöpfungsgeschichte zum Gegenstand entgegengesetzter Meinung zu machen, so würde er mit der Form der Aussage

Am Anfang hat Gott doch den Himmel und die Erde geschaffen.

die Meinung, daß dies nicht so war, zurückweisen. Setzt er aber hinter diesen Satz ein Fragezeichen

Am Anfang hat Gott doch den Himmel und die Erde geschaffen?

dann schließt er die Meinung, daß dies nicht der Fall war, nicht mehr aus. Das tut er aber auch nicht, wenn er den Aussagesatz um ein Adverb wie »wahrscheinlich« erweitert.

Am Anfang hat Gott doch wahrscheinlich den Himmel und die Erde geschaffen.

Ob der Sprecher die entgegengesetzte Meinung jemandem bestimmten zuordnet oder nur anonym, als eine Meinung, die man haben könnte, impliziert, hängt ebenfalls von den übrigen Kontextbedingungen ab, davon ob ein anderer explizit oder implizit angesprochen ist. Einer Aufforderung, die sich an den Angesprochenen direkt richtet, verleiht »doch« Nachdruck, weil es eine gegensätzliche Meinung des Angesprochenen, die der Erfüllung der Aufforderung im Wege stehen könnte, immerhin in Rechnung stellt. Befehle, die keine andere Meinung dulden, lassen sich nicht mit »doch« verbinden.

Dieselbe Meinung

Andere Partikeln haben andere Bedeutungen und damit auch andere kontextuelle Eigenschaften. Setzt man »ja« an die Stelle von »doch«, wendet sich die explizit ausgedrückte Meinung nicht mehr gegen die Meinung eines anderen, sondern beruft sich auf sie.

Das Gesetz soll ja jedem und immer zugänglich sein.

heißt soviel wie »es ist allgemein bekannt, daß das Gesetz jedem und immer zugänglich sein soll«. Aber auch hier ist der Träger des Wissens, auf das sich der Sprecher implizit beruft, recht beliebig, ja der Sprecher kann sogar einfach unterstellen, daß die Sache für jeden, der sich in derselben Situation befindet, offensichtlich ist. Das Eingeständnis

Die Grenzen, die meine Denkfähigkeit mir setzt, sind ja eng genug.
(Kafka, *Beim Bau der Chinesischen Mauer*)

kann sich deshalb nicht nur ganz allgemein darauf berufen, was jedem aus der Erfahrung mit sich selbst bekannt sein müßte, sondern auch speziell darauf, was der Leser aus der Lektüre über den Erzähler erfahren hat.

Wenn ich mich darauf berufe, daß etwas bekannt oder offensichtlich ist, kann ich selbst die Angelegenheit nicht mit demselben Satz in Frage stellen, weshalb »ja«, im Unterschied zu »doch«, nicht einmal mehr in Vergewisserungsfragen möglich ist:

* *Die Grenzen, die meine Denkfähigkeit mir setzt, sind ja eng genug?*

Aber bei dem, was bekannt ist, kann es sich unter Umständen nur um eine Hypothese handeln, weshalb entsprechende Adverbien im Geltungsbereich von »ja« auftreten können:

Die Grenzen, die meine Denkfähigkeit mir setzt, sind ja vermutlich eng genug.

Auch braucht dem Sprecher das, was er als bekannt oder offensichtlich ausweist und damit zum Zeitpunkt des Sprechens nicht mehr in Frage stellen kann, noch kurz zuvor keinesfalls bekannt gewesen zu sein. Dies ist eine

Bedingung, unter der das »ja« eine erstaunliche Metamorphose durchmacht. In einem Überraschungsausruf wie »Es schneit ja!« wird das »ja« deshalb vielfach auch gar nicht mehr als eine Variante, sondern schon als eine andere Partikel angesehen. Wenn man aber im Auge behält, daß bestimmte Bedeutungselemente der Partikeln grundsätzlich variabel angelegt sind, so daß sie immer erst durch den jeweiligen Kontext näher bestimmt werden, dann können wir uns das »ja« des überraschten Ausrufs an dieselbe Wissensrelation gebunden vorstellen, wie das »ja« der gewöhnlichen Aussage.

Binsenweisheiten

Eng mit dem »ja« verwandt scheint das »eben«, dessen Bedeutung sich in vielen Fällen kaum von der des »ja« unterscheiden läßt. Ob ich nun sage

> *Man kann eben nicht vor dem Anfang anfangen.*
> (Wittgenstein, *Philosophische Bemerkungen*)

oder

> *Man kann ja nicht vor dem Anfang anfangen.*

— beide Partikeln scheinen durch den Hinweis darauf, daß dies jedem bekannt ist, eine Aussage zu legitimieren, die ohne sie einfach nur als Tautologie zu bewerten wäre.

Auch in einem Satz, in dem das, was bekannt ist, nicht schon aus der Bedeutung der Wörter selbst folgt, scheint »eben« nicht anders als »ja« daran zu erinnern, daß derlei Sachverhalte allgemein bekannt sind.

> *In der Stadt sammeln sich eben auf einen Aufruf gleich sehr viele Leute an.*
> (Kafka, *Der Dorfschullehrer*)

wird, wie es scheint, mit »ja« nicht wesentlich anders:

In der Stadt sammeln sich ja auf einen Aufruf gleich sehr viele Leute an.

Aber in dem Satz über die Grenzen der Denkfähigkeit wäre ein »eben« anstelle des »ja« überaus merkwürdig:

Die Grenzen, die meine Denkfähigkeit mir setzt, sind eben eng genug.

Die Wirkung des »eben« auf die Interpretation des »genug« ist verblüffend. Die Begrenzung der Denkfähigkeit wird nämlich durch das »eben« geradezu als notwendig hingestellt, so als müßten die Grenzen, um einem bestimmten Zweck zu genügen, möglichst eng sein. Und wenn es nicht gerade um unsere Denkfähigkeit geht, sondern zum Beispiel um eine vorherrschende Moderichtung, dann werden wir »eng genug« auch meist als »ausreichend für eine bestimmte Zielstellung« verstehen. Bezogen auf die Grenzen der Denkfähigkeit ist »eng genug« aber so etwas wie »sehr eng«, fast schon »zu eng«. Da uns die Grenzen unserer Denkfähigkeit eigentlich immer als zu eng, aber nie als eng genug erscheinen, kommt uns die andere Lesart, bei der die Grenzen der Denkfähigkeit ausreichend eng sind, gar nicht erst in den Sinn. Sprachlich gesehen, läßt der Originalsatz die Wahl zwischen beiden Interpretationen offen, und wir können uns bei dieser Wahl ungehindert an unsere pragmatischen Erfahrungen halten. Das wird mit »eben« anders. Denn »eben« zwingt uns ganz offensichtlich die Interpretation auf, in der die engen Grenzen unserer Denkfähigkeit zur Zielgröße werden.

Gemessen an der erstaunlichen Wirkung des »eben« in diesem Satz ist die Annahme über die Bedeutung von »eben«, mit der sich diese Wirkung erklären läßt, ziemlich einfach. Was »eben« als bekannt voraussetzt, ist nicht wie bei »ja« nur der Sachverhalt, von dem die Rede ist, sondern die Tatsache, daß dieser Sachverhalt die Bedingung für einen anderen Sachverhalt ist. Der Satz, in dem es heißt, daß man eben nicht vor dem Anfang anfangen kann, ist die abschließende Begründung einer längeren Argumentation darüber, daß man nicht alles Hypothetische aus den

Beschreibungen seiner Sinneseindrücke fortlassen kann. »Es käme dann«, heißt es in dem unmittelbar vorangehenden Satz

statt einer Beschreibung jener unartikulierte Laut heraus, mit dem mancher Autor die Philosophie gerne anfangen möchte (»ich habe um mein Wissen wissend bewußt etwas«). Man kann eben nicht vor dem Anfang anfangen.

Weil es, wie jeder weiß, unmöglich ist, vor dem Anfang anzufangen, kann man auch nicht alles Hypothetische aus den Beschreibungen seiner Sinneseindrücke weglassen. Das zumindest ist es, was uns der Philosoph mit dem »eben« zu verstehen gibt.

Ähnliches gilt, wenn ein erfolgloser Dorfschullehrer beschreibt, wie bei seinem erträumten Triumphzug in die Stadt immer mehr Menschen zusammenströmen und dabei den Satz einflicht:

In der Stadt sammeln sich eben auf einen Aufruf gleich sehr viele Leute an.

Er stützt sich, wie das »eben« ausweist, auf das, was allgemein bekannt ist, um damit die Wirklichkeitsnähe seiner Vision zu beweisen. In dem Satz über die Grenzen der Denkfähigkeit stiftet das »eben« eine solche Verwirrung, weil es die Enge der Grenzen als eine ausreichende Bedingung für einen anderen Sachverhalt ausweist, den vorzustellen uns natürlich schwerfällt. Der Satz erscheint uns deshalb auch schon merkwürdig, ohne daß wir seinen Kontext kennen — der ohnedies in diesem Fall nur der Kontext zu dem Originalsatz mit »ja« ist.

»Eben« beruft sich also, wie »ja«, darauf, daß etwas bekannt ist, aber was da bekannt ist, gehört zu einer konditionalen Relation zwischen zwei Sachverhalten, von denen der Sachverhalt, der die Bedingung ausmacht, offensichtlich erfüllt ist und mir so als Begründung für jenen Sachverhalt dienen kann, der von dieser Bedingung abhängig ist. Wenn man das logisch ordentlich aufschreiben will, gerät man leicht ins Schwitzen, und dabei ist das »eben« doch in der

Regel nur mit Binsenweisheiten verknüpft, von deren Allgemeingültigkeit wir uns Schützenhilfe für andere Behauptungen erhoffen. Das reicht hinab bis zu den beliebten Anrufen leidiger Klischeevorstellungen von der Form »Frauen sind eben Frauen«, die das Urteil im Einzelfall durch den Rückgriff auf gängige Vorurteile untermauern sollen.

Eine Schlußfolgerung

Da sich »eben« auf schon Bekanntes beruft, eignet es sich für Fragen ebenso wenig wie »ja«, und man könnte vielleicht den Eindruck bekommen, daß die Domäne von Partikeln ganz generell der Aussagesatz ist. Aber dann ist es gerade das Wesen von Fragen, das Wissen von dem, wonach gefragt wird, beim anderen vorauszusetzen, und wenn es die Eigenart von Partikeln ist, auf die Meinung oder das Wissen des anderen zu verweisen, dann sollten Fragen eigentlich einen besonders guten Nährboden für Partikeln abgeben. Nun, es gibt vielleicht nicht sehr viele verschiedene Partikeln, die in Fragen verwendet werden können, aber von denen, die es gibt, ist eine so mit der Frage verwachsen, daß man sich zumindest in der gesprochenen Umgangssprache nur mit Mühe von ihr befreien kann. Auf einer bestimmten Ebene unserer Alltagssprache hat das »denn« seinen festen Platz in unseren Fragen, von denen es sich meist kaum mehr abhebt als eine Blattlaus von ihrer natürlichen Umgebung. Aber wenn man aufsässig genug ist, kann man sogar an Gott selbst eine Frage mit »denn« richten:

Bin ich denn meines Bruders Hüter?

Der brave Abel hätte die Frage natürlich überhaupt nicht gestellt, geschweige denn in irgendeiner seiner Fragen an Gott ein »denn« einzufügen gewagt. Aber auch Gottes Frage lautet nur

Wo ist dein Bruder Abel?

und nicht

Nun könnten wir natürlich einfach annehmen, daß das »denn« einer zu niedrigen Form der Umgangssprache angehört und sich deshalb für hochsprachliche Zwecke nicht schickt. Aber dann ist »Bin ich meines Bruders Hüter?« nicht wirklich Umgangssprache. Wer von uns würde schon diesen Genitiv ernsthaft für seinen sprachlichen Alltag in Betracht ziehen? Es muß also doch an der besonderen Bedeutung von »denn« liegen, daß es sich für bestimmte Kontexte nicht so gut eignet.

Da die Bedeutung von Partikeln gelegentlich gewisse Gemeinsamkeiten mit den gleichlautenden Konjunktionen erkennen läßt, wäre denkbar, daß die Bedeutung des »denn« aus der Frage etwas mit dem »denn« der Begründung zu tun hat, und irgendwie suggeriert eine Frage wie »Regnet es denn?« in der Tat so etwas wie einen Begründungszusammenhang. Durch das »denn« gibt der Fragende zu erkennen, daß er Anhaltspunkte für seine Frage hat, der Art etwa, daß er jemanden einen Regenschirm aufspannen sieht und daraus schlußfolgert, daß es regnen könnte. Eine Begründung der Frage könnte unter Umständen auch nur bedeuten, daß der Sprecher Anhaltspunkte dafür hat, daß der Gefragte die Antwort wissen könnte. Sogar Prüfungsfragen, bei denen ja der Fragende selbst die Antwort weiß, lassen sich mit »denn« verbinden. In diesem Sinne kann die Frage, die das Rumpelstilzchen an die Königstochter stellt, ein »denn« gut vertragen: »Wie heiße ich denn?« — die Königstochter sollte ja verabredungsgemäß den Namen in Erfahrung bringen.

Wo aber eine Begründung der Frage nicht in Betracht kommt, kann ein »denn« ganz leicht gegen die Regeln eines Sprachspiels verstoßen. Man stelle sich bloß einen Priester vor, der dem Bräutigam die Frage stellt: »Wollen Sie denn die hier anwesende Marianne Müller zu Ihrer rechtmäßigen Frau nehmen?«

Gott stellt seine Fragen auch nicht aufgrund von Anhaltspunkten über einen Sachverhalt oder über das Wissen des anderen. Er kennt die Antwort und weiß vom anderen, daß er sie auch kennt. Wenn dagegen Kain fragt, ob er seines

Bruders Hüter ist, dann wäre diese Frage an Gott auch schon unbotmäßig, wenn Kain seinen Bruder nicht gerade erschlagen hätte. Da aber Kain weiß, daß Gott ihn für das Wohlergehen seines Bruders verantwortlich macht, wirkt die Frage mit »denn« und seinem Hinweis auf gewisse Anhaltspunkte dafür, daß Gott die Antwort wissen könnte, noch um ein gutes Stück dreister.

Wenn man die Auswirkungen des »denn« auf Fragen bedenkt, dann wird einem klar, daß es unter Umständen einen Unterschied macht, ob bestimmte Zusammenhänge nur durch die Sache selbst gegeben sind, oder ob in irgendeiner Form sprachlich darauf verwiesen wird. Es läßt sich ja nicht leugnen, daß die Bedeutung des »denn« jene Bedingung erfaßt, die normalerweise der Anlaß für eine Frage ist. Wenn jemand eine Frage stellt, dann ist zu erwarten, daß er hierfür einen Grund hat, Anhaltspunkte dafür, daß etwas der Fall sein könnte oder daß der Gefragte wissen könnte, ob etwas der Fall ist, und eine Rechtfertigung aller Fragen durch den expliziten Hinweis darauf, daß es Grund gibt, sie zu stellen, ist gewiß überflüssig. Andererseits ist es nun einmal eine Tatsache, daß das »denn« für einen solchen rechtfertigenden Hinweis zur Verfügung steht, und jemand, der nie davon Gebrauch macht und sich immer nur darauf verläßt, daß der Gefragte ihm schon zu gute halten wird, daß er nicht ohne Grund fragt, wirkt schließlich ebenso befremdlich wie einer, der nie Danke sagt.

In Gesellschaft

Vielleicht ist das Redundanzproblem der deutschen Partikeln nirgends so deutlich wie beim »denn«, das mit seiner rechtfertigenden Funktion ganz und gar auf die Frage beschränkt ist, da eine Rechtfertigung für Fragen gewiß noch entbehrlicher scheint als für Behauptungen. Aber dann kann man solche verdeckten Rechtfertigungen natürlich auch an allen anderen Stellen unnötig finden. Wenn man sich mit der Meinung oder dem Wissen des anderen auseinandersetzen will, stehen einem doch schließlich auch im Deutschen viel respektablere Ausdrucksmittel zur Verfügung: »Es ist bekannt«; »du glaubst vielleicht«; »ich habe den Eindruck, du weißt nicht« ... Bei solcher Ausführlichkeit kann man gar nicht in Versuchung geraten, zu oft auf die Meinung des anderen Bezug zu nehmen. Besonders die kurzen Fragen oder kurzen Aussagen würden wohl dem Gewicht dieser Zusatzinformation nicht so leicht standhalten können. Da würde man in der Regel eher auf die explizite Ausdrucksform verzichten und es dem Hörer überlassen, sich das Nötige aus der Situation zusammenzusuchen.

Andererseits könnte man dem anderen auch und gerade bei den kurzen Fragen und Aussagen entgegenkommen und ihn sprachlich darauf hinweisen, daß man der Meinung und dem Wissen anderer Rechnung trägt und damit auch seiner Meinung und seinem Wissen. Und dafür sind dann die Partikeln in ihrer Unaufdringlichkeit und kontextuellen Variabilität unübertroffen. Was könnte zum Beispiel die Klage eines Dichters über seine Einsamkeit besser zu einem so nachdrücklichen Dialog mit niemandem machen, daß er darüber schließlich auf ganz wunderliche Weise unterhalten und getröstet erscheint?

> *»Ich weiß nicht«, rief ich ohne Klang »ich weiß ja nicht. Wenn niemand kommt, dann kommt eben niemand. Ich habe niemandem etwas Böses getan, niemand hat mir etwas Böses getan, niemand aber will mir helfen. Lauter niemand. Aber so ist es doch nicht. Nur daß mir niemand hilft —, sonst wäre lauter Niemand hübsch. Ich würde ganz gern — warum denn nicht — einen Ausflug mit einer Gesellschaft von lauter Niemand machen. Natürlich ins Gebirge, wohin denn sonst?*
> (Kafka, *Der Ausflug ins Gebirge*)

Aber der lustige Einfall hat etwas von der Traurigkeit der Clowns und dem Mut dessen, der pfeift, weil er sich fürchtet. Wenn der Ausflug zunehmend fröhlicher und ausgelassener geschildert wird, dann zeigt der Wegfall der Partikeln in der weiteren Geschichte nicht nur das durch die neue Gemeinschaft gestärkte Selbstvertrauen an, sondern zugleich — wie das Bild vom Aufstieg ins Gebirge — den

Abbruch des Dialogs und den Weg in die endgültige Vereinsamung:

Wie sich diese Niemand aneinanderdrängen, diese vielen quergestreckten und eingehängten Arme, diese vielen Füße, durch winzige Schritte getrennt! Versteht sich, daß alle in Frack sind. Wir gehen so lala, der Wind fährt durch die Lücken, die wir und unsere Gliedmaßen offen lassen. Die Hälse werden im Gebirge frei! Es ist ein Wunder, daß wir nicht singen.

Gewiß, der doppelte Boden ist vor allem eine Sache des Inhalts. Nur daß der Ruf nach den anderen am Anfang so deutlich mitklingt und dann ganz verstummt, daran haben die Partikeln »ja«, »eben«, »doch« und »denn« keinen geringen Anteil.

Wie man sehen kann, lassen sich sogar noch aus *niemand* und *nichts* mögliche Welten entwerfen, mit den Tricks eben, die uns die Zauberkiste unserer Sprache so zur Verfügung stellt. Genau genommen, die Zauberkiste *der* Sprache, denn

To be able to see Nobody! And at that distance, too!

also »niemand und noch dazu auf diese Entfernung sehen zu können« kann schließlich von jedem von uns und in jeder Sprache behauptet werden. Da sind wir nun in unserer Vorführung möglicher Welten gewissermaßen bei den Antipoden angekommen, bei nichts und niemand, und damit auch zugleich aus dem Magnetfeld unserer Sprache in die dünne Luft *der* Sprache, die zugleich nirgends ist und überall. Natürlich steckt sie auch im Deutschen, und immer wenn wir einen Blick zu unseren englischen Nachbarn riskiert haben, waren in dem Kontrastprogramm Teile von sprachübergreifenden Parametern zu ahnen, jene abstrakten Prinzipien, die sich in dieser oder jener Form in allen Sprachen finden.

Ein Kandidat hierfür ist etwa der Kasusparameter, der — nimmt man alle Sprachen zusammen — auf die unterschiedlichste Weise besetzt sein kann; der Kontrast zwischen Deutsch mit morphologischem Kasus und Englisch ohne ist da sicher der einfachste Fall. Aber gerade dieser Unterschied schien uns, grammatisch wie stilistisch, überaus folgenreich, wie ein Magnetfeld eben, unter dessen Einfluß ganze Kontinente stehen. Entlang seiner Feldlinien wächst jene nominale Verführung, von der auch noch das letzte, unscheinbar mausgraue, indefinite Pronomen erfaßt wird, nehmen die Dinge an Festigkeit zu, dehnt sich die Gegenwart aus, nach rückwärts gleich bis zum Anfang der Welt.

Aber eigentlich war für uns die Stärke der Gegenwart eher Sache eines anderen Parameters, der die Stellung des Verbs festlegt, und uns gleich neben der Gegenwart die zusammengesetzten Verbformen von Tempus, Aspekt und Modus, einschließlich der Modalverben, so attraktiv erscheinen läßt. Für die Frage von Reihenfolge und Rollenplan, das wissen wir noch aus unseren Überlegungen zur Perspektive, ist das Verb am Ende überhaupt das strukturelle Gravitationszentrum deutscher Sätze. — Möglicherweise ist der zweite Parameter sogar ursächlich mit dem ersten verbunden. Zumindest können die morphologisch gekennzeichneten Satzglieder ganz gut ohne eine konfigurationelle Identifizierung durch das Verb auskommen. Nur, da könnte das Verb ja überall stehen, zum Beispiel auch am Anfang des Satzes, und so gesehen ist die Besetzung des zweiten Parameters mit dem Verb am Satzende nur eine Variante, die sich eine Sprache mit Kasusmorphologie eben gut leisten kann.

Da wir nun nicht für den Rest unseres Lebens die Bestandteile unseres Universums inventarisieren wollen, sollten wir allmählich den Blick von den möglichen Welten und ihren Heerscharen wieder zurück auf den ganzen Satz richten. Und wir erwarten eigentlich nach all diesen eingehenden Betrachtungen en gros und en detail, daß uns nun zumindest die wichtigsten Kriterien stilistisch guter Sätze im Deutschen bekannt sind. Nur, spätestens mit dem übernächsten Beispiel geraten wir in Bereiche unserer Intuition, die sich mit den bisherigen Annahmen nicht erklären lassen.

Aber wir wollen jetzt einfach nicht mehr darüber nachdenken müssen, nach welchen Prinzipien wir uns in unserer

Sprache über die Welt äußern können oder äußern sollten, und wir wollen auch nicht bei jedem »doch«, das unseren Nachbarn einfällt, an »doch« denken müssen — kurzum, wir wollen weder uns selbst noch dem anderen ständig auf die Füße sehen beim Gehen.

Da kommt es uns schon sehr gelegen, daß nur noch Nobody auf der Bühne steht und die Vorführung vor dem letzten großen Umbau noch einmal für eine Weile unterbrochen ist.

Dritter Teil

Proportionen

Jetzt, kurz vor dem Ende der zweiten Pause,
gehört die Bühne noch einmal dem Clown
aus dem Reiseprospekt, der uns die Stunde
der Äquilibristen auf seine Weise,
mit einem »großen Gegensatz von Schwerelosigkeit
und Vertikalität« eröffnet.

Zuviel oder zuwenig ist relativ.
Auch im Verhältnis zu den spezifischen
Strukturen einer Sprache.

EIN STRUKTURELLES SPARPROGRAMM

Selbst Ellipsen sind perspektivisch einzuordnen.

Explizit oder implizit

Ist die Umgebung, in welcher wir studieren, uns feindlich gesinnt, so studieren wir besser, als in einer solchen uns freundlich gesinnten, der Studierende tut immer gut daran, einen Studienort zu wählen, der ihm feindlich gesinnt ist, keinen, der ihm freundlich gesinnt ist, denn der ihm freundlich gesinnte Ort nimmt ihm einen Großteil der Konzentration auf das Studium, der ihm feindlich gesinnte dagegen ermöglicht ihm ein hundertprozentiges Studium, weil er sich auf dieses Studium konzentrieren muß, um nicht zu verzweifeln ...
(Bernhard, *Der Untergeher*)

Daß hier jemand auf eine hartnäckige Weise querdenkt, ist ganz offensichtlich nur eine Sache des Inhalts. Trotz der

Unterschiede in der Oberflächenstruktur der einzelnen Sätze haben wir den Eindruck, daß es nur ein Gedanke ist, der da rondoartig, in geradezu bohrender Ausführlichkeit immer wiederholt wird. In der Tat kommt bei jedem neuen Durchgang nur wenig oder nichts Neues hinzu, fast könnte der Satz schon nach dem ersten Komparativ aufhören, da »besser« immer etwas voraussetzt, was weniger gut ist und dieses dann eben ein Studienort sein muß, der uns nicht feindlich gesinnt ist. Auch daß wir dem Ort, der uns besser studieren läßt, den Vorrang geben sollen, versteht sich von selbst, und die Erklärung dafür, daß wir uns besser konzentrieren können, wo weniger Ablenkung geboten wird, liegt ebenso auf der Hand. Nur die extreme Zuspitzung, daß wir uns konzentrieren müssen, um nicht zu verzweifeln, wäre uns, die wir uns vielleicht weniger zum Misanthropen eignen, nicht von selbst eingefallen.

Nun gilt wohl allgemein: wenn ich nur sage, was dem anderen schon bekannt sein müßte, dann wird mir seine Aufmerksamkeit nicht allzu lange erhalten bleiben. Natürlich ist die Grenzziehung zwischen dem, was dem anderen schon bekannt sein müßte, und dem, was ihm noch neu sein dürfte, nur ungefähr möglich, und ganz klar ist der Fall vielleicht nur da, wo es sich um reine Wiederholungen handelt. Aber auch wenn nur Paraphrasen geboten werden, oder das, was wir mit einem sprachlichen Ausdruck notwendigerweise assoziieren, noch ausbuchstabiert wird, muß schon ein besonderer Grund vorliegen, soll das Ganze nicht einfach nur Langeweile und Desinteresse erzeugen. Da muß etwas sein, was über die reine Information hinaus Aufmerksamkeit beanspruchen kann, im Guten oder Schlechten besonderen Nachdruck verdient. Das mag nun jedermann auf seine Weise befinden, ob der Leser aber die Ansichten des Autors teilt, entscheidet letztlich über Erfolg oder Mißerfolg der Botschaft. Zuviel verdirbt die Erfolgschance ebenso wie zuwenig.

Zuviel oder *zuwenig* sind relative Urteile und können immer nur in bezug auf eine bestimmte Zielstellung gefällt werden. Das heißt, das optimale Verhältnis zwischen dem, was ausdrücklich, explizit, und dem, was nur indirekt, implizit, gegeben ist, ist immer wieder neu zu bestimmen.

Glücklicherweise können wir uns auch hier auf unsere Intuition verlassen, und der Autor, der das Zuviel zum Stilprinzip erhebt, kann es auch. Aber wie immer ist es nicht leicht herauszufinden, was hinter unserer Intuition steckt.

Zunächst einmal ist festzustellen, daß ich nicht alles, was dem Leser schon bekannt sein dürfte, stillschweigend voraussetzen kann. Wieviel Neues auch immer mitzuteilen ist, es muß ausdrücklich zu dem in Beziehung gesetzt werden, was schon bekannt ist. Bekannt kann etwas aus den verschiedensten Gründen sein. Es kann zu unserem allgemeinen Wissen über die Welt gehören oder zu unserem speziellen über die Situation, in der etwas gesagt wird, und hier kann es wieder zu einem großen Teil aus dem stammen, was schon gesagt worden ist. Mit der Unterscheidung zwischen bekannter und neuer Information, wichtiger und weniger wichtiger Information haben wir uns schon einmal ausführlicher im Zusammenhang mit Wortstellung und Informationshierarchie beschäftigt. Normalerweise geht das Bekannte dem Neuen voraus, steht der bereits erwähnte Türhüter vor dem Mann vom Lande, der an dieser Stelle erst in die Geschichte eingeführt wird. Daß der Leser schon im ersten Satz mit dem Türhüter bekannt gemacht worden ist, hat seine Auswirkung auf die Wahl der sprachlichen Mittel im zweiten Satz, doch läßt sich die nochmalige Erwähnung des Türhüters dabei nicht einsparen. Natürlich könnte die explizite Wiederholung pronominal verkürzt werden, und im nächsten Satz macht das Original von dieser Möglichkeit auch Gebrauch:

> *Vor dem Gesetz steht ein Türhüter. Zu diesem Türhüter kommt ein Mann vom Lande und bittet um Einlaß in das Gesetz. Aber der Türhüter sagt, daß er ihm jetzt den Eintritt nicht gewähren könne.*

An dieser Stelle ist die pronominale Verkürzung nicht mehr nur Sache eines stilistisch möglichst günstigen Verhältnisses zwischen expliziter und impliziter Information, ohne sie wäre der Satz einfach ungrammatisch:

**Aber der Türhüter sagt, daß der Türhüter ihm jetzt den Eintritt nicht gewähren könne.*

Auch das zweite Pronomen scheint an dieser Stelle grammatisch unentbehrlich. In der ungekürzten Form

Aber der Türhüter sagt, daß er dem Mann jetzt den Eintritt nicht gewähren könne.

würde der Türhüter nicht mehr zum Mann vom Lande sondern zu einer anderen Person sprechen.

Auf der anderen Seite wäre ein Pronomen im Hauptsatz wegen der doppeldeutigen Referenz wenig empfehlenswert:

Zu diesem Türhüter kommt ein Mann vom Lande und bittet um Einlaß in das Gesetz. Aber er sagt, daß er ihm jetzt den Eintritt nicht gewähren könne.

In Betracht zu ziehen wäre die pronominale Verkürzung eigentlich nur im zweiten Satz, wo »zu ihm« unmißverständlich auf den Türhüter referiert. Aber der Anfang der Erzählung würde damit deutlich an Glanz verlieren:

Vor dem Gesetz steht ein Türhüter. Zu ihm kommt ein Mann vom Lande ...

Im Vergleich zum Original steht der zweite Satz auf einem zu kurzen Bein links, fast ist man geneigt, unter diesen Umständen auch noch die Grenze zwischen den beiden Sätzen aufzuheben:

Vor dem Gesetz steht ein Türhüter, zu dem ein Mann vom Lande kommt ...

Da haben wir aber nun schon eine Art Fliegengewicht anstelle des erhabenen Anfangs aus dem Original.

Das Spiel mit dem Türhüter und seinem pronominalen Stellvertreter zeigt, daß Reduktionen expliziter Strukturen möglich oder notwendig sein können, nicht möglich oder auch einfach nur nicht gut, und daß sie sich sogar satzgrenzenverschiebend auswirken können. Über das, was möglich oder gar notwendig ist, über die grammatischen Bedingungen also, sollte die Grammatik einer Sprache Auskunft geben. Aber über das, was stilistisch gut oder weniger gut ist, werden wir uns eben unsere eigenen Gedanken machen müssen.

Der Grad der strukturellen Explizitheit eines Textes läßt sich natürlich auf die verschiedenste Weise variieren. Sprachlich gesehen wird es dabei immer um grammatische oder lexikalische Mittel gehen, die uns eine Wahl zwischen mehr oder weniger expliziten Strukturen einräumen, wie zum Beispiel die zwischen einer beliebig langen nominalen Gruppe oder einem Pronomen. Der Unterschied kann aber auch nur den Status eines Elements in der grammatischen Hierarchie betreffen, wenn etwa das Pronomen anstelle eines Eigennamens verwendet wird, bleibt die Zahl der Wörter dieselbe. Dies kann unter Umständen auch auf die Integration von mehreren Sätzen in einen Satz zutreffen: durch die Verwendung eines Relativpronomens anstelle des »Türhüters« ist der Satz nicht kürzer als durch die Verwendung eines Personalpronomens, aber sein grammatisches Gewicht hat damit deutlich noch weiter abgenommen. In diesem Sinn interessieren uns also nicht nur die Verkürzungsmöglichkeiten vom Satz zur Wortgruppe oder von der Wortgruppe zum Wort, sondern auch die vom selbständigen Satz zum Teilsatz oder vom vollen Lexem zum Funktionswort.

Strukturell gesehen lassen sich alle Verkürzungsmöglichkeiten in zwei große Gruppen einteilen: die, in der das weggekürzte, eliminierte, Material an der Oberfläche keine Spur hinterläßt, und die, bei der die Oberfläche einen formalen Indikator für einen eliminierten Strukturteil enthält. Zu letzterem gehört die Verwendung von pronominalen anstelle von nominalen Wortgruppen und die von nominalen Wortgruppen anstelle von Sätzen, von denen wir uns ja schon einiges angesehen haben. Dazu gehört auch die Verwendung von nichtfiniten Verbgruppen anstelle von Sätzen, von der noch zu sprechen sein wird.

Kürzungen, die keine Spuren an der Oberfläche hinterlassen, heißen »Ellipsen«. Sie sind zum Teil durch die Eigenschaften der lexikalischen Elemente vorbestimmt, wie zum Beispiel die Rollenpläne von Verben, die unter Umständen auf den einen oder anderen ihrer Partner verzichten können. Von einer solchen *lexikalischen Ellipse* macht auch der Philosoph Gebrauch, wenn er sagt:

Ich kann mit der Sprache nicht aus der Sprache heraus.
(Wittgenstein, *Philosophische Bemerkungen*)

und dabei eine Verbform wählt, »herauskönnen«, bei der das Vollverb nur mitverstanden wird.

Neben den lexikalischen Ellipsen gibt es aber noch die *syntaktische Ellipse* und diese kann, so scheint es, fast unterschiedslos alle nur denkbaren syntaktischen Strukturen betreffen. Dazu gehören auch solche, die, grammatisch gesehen, bemerkenswert sind, da sie gar keine Konstituente darstellen, wie zum Beispiel das weggefallene »Es ist« in:

Nichts merkwürdiger als der Blick von außen ins eigene Zimmer.
(Bloch, *Spuren*)

Ellipsen dieser Art scheinen ziemlich willkürlich und lassen sich erst auf dem Hintergrund von grammatisch systematischeren Verkürzungsmöglichkeiten in allgemeinere Zusammenhänge einordnen.

Zu den Erscheinungen, bei denen die grammatischen Regularitäten deutlicher erkennbar sind, gehört eine der am weitesten verbreiteten Ellipsenmöglichkeiten, die sogenannte »Koordinationsreduktion«, mit der wir uns gleich etwas ausführlicher befassen werden.

Kreuzstichmuster

Die wohl typischste Form der Koordination ist die Verbindung von Wörtern, Wortgruppen oder Sätzen durch »und«. Aber die Koordination ist nicht auf das »und« beschränkt und »und« nicht auf die Koordination. Über den ersten Tag der Schöpfungsgeschichte lesen wir im Alten Testament

Und Gott nannte das Licht Tag und die Finsternis nannte er Nacht.

Da verbindet ein »und« zwei Hauptsätze zu einer Koordination, die ihrerseits wieder durch ein satzeinleitendes »und« zwar nicht syntaktisch, aber doch semantisch mit den vorangegangenen Sätzen der Schöpfungsgeschichte verbunden wird. Von einer Koordination sprechen wir nur im ersten Fall, also wenn es sich um eine syntaktische Verbindung handelt. Je nach den Beziehungen zwischen den einzelnen Teilen einer Koordination, den »Konjunkten«, werden verschiedene »Konjunktionen« verwendet: *oder, aber, sondern* ... Konjunktionen können aber auch eingespart werden, da ist die Verbindung zwischen den Konjunkten dann, wie man sagt, *asyndetisch.*

Konjunkte bieten viele Gelegenheiten zur Verkürzung durch Ellipsen. Ohne Verkürzung müßten Koordinationen zahlreiche Wiederholungen enthalten, und nur wenig Sätze würden die damit verbundenen Hervorhebungen so verdienen, wie der Satz aus der Schöpfungsgeschichte, wo abgesehen von der Konjunktion ja auch noch Subjekt und Verb gleich sind. Ganz gleich ist allerdings nur das Verb in beiden Konjunkten, aber für das Verb allein ist eine Ellipse grammatisch unmöglich:

**Und Gott nannte das Licht Tag und die Finsternis * er Nacht.*

Nur wenn auch das Pronomen weggelassen wird, ist die Ellipse grammatisch akzeptabel:

*Und Gott nannte das Licht Tag und die Finsternis * Nacht.*

Und schließlich ist ja die Gleichheit der Subjekte, wenn schon nicht in der Form, so doch in der Referenz gegeben. Erstaunlicherweise kommt für die Ellipse hier überhaupt nur eine Struktur mit zumindest referentiell identischen

Subjekten in Frage. Bei einem anderen Subjekt im zweiten Konjunkt ergibt die Ellipse des Verbs eine Art nominalen Filz:

*Adam nannte das Licht Tag und die Finsternis * Eva Nacht.*

Die Verhältnisse klären sich erst, wenn die Wortstellung im zweiten Konjunkt der Wortstellung im ersten angeglichen wird:

*Adam nannte das Licht Tag und Eva * die Finsternis Nacht.*

Was aber das referenzidentische Subjekt betrifft, so kann es auch in dieser neutralen Reihenfolge nicht beibehalten werden. Der Satz

Gott nannte das Licht Tag und er die Finsternis Nacht.

wäre nur zu verstehen, wenn das Personalpronomen nicht auf Gott Bezug nimmt.

Da kann man wieder einmal nur staunen, was wir alles so hinter unserem Rücken wissen. Daß es ganz allgemein nützlich ist, Wiederholungen zu vermeiden, scheint banal. Die sprachlichen Bedingungen hierfür sind es aber, wie schon die wenigen Beispiele zeigen, auf keinen Fall. Das referenzidentische Subjekt muß zusammen mit dem Verb eliminiert werden, das Verb scheint nur dann alleine eliminierbar, wenn die Subjekte nicht referenzidentisch sind und die Reihenfolge im zweiten Konjunkt der des ersten entspricht. Dazu braucht man dann mitunter noch die strukturelle Lupe, um oberflächlich Ähnliches auseinander halten zu können. Da läßt sich zum Beispiel das im zweiten Satz wiederholte Verb in

Von der Lehre paßt ein Satz zum andern, aber welcher paßt zum Augenblick?
(Brecht, *Politische Schriften*)

nicht eliminieren:

**Von der Lehre paßt ein Satz zum andern, aber welcher zum Augenblick?*

Dies wäre aber möglich, wenn im zweiten Konjunkt anstelle von »welcher« »keiner« stünde:

Von der Lehre paßt ein Satz zum andern, aber keiner zum Augenblick.

Auf den ersten Blick könnte man meinen, daß in beiden Fällen dieselbe Reihenfolge vorliegt, und nur wer sich die Mühe macht und das zweite Konjunkt ausbuchstabiert, entdeckt, daß es analog zum ersten Konjunkt heißt:

Von der Lehre paßt kein Satz zum Augenblick.

aber nicht:

Von der Lehre paßt welcher Satz zum Augenblick.

sondern:

Welcher Satz von der Lehre paßt zum Augenblick?

Für den nächsten Fall genügt allerdings auch das genaue Hinsehen nicht mehr. Trotz derselben Reihenfolge-Unterschiede ist ja, zumindest grammatisch, gegen die Ellipse in

Von der Lehre paßt ein Satz zu allen anderen, aber welcher?

nichts einzuwenden. Es scheint, je mehr Beispiele wir betrachten, umso verwirrender wird die Sache mit den Reduktionsmöglichkeiten in Koordinationen und früher oder später geraten wir dann vollends in den Strudel scheinbarer Ungereimtheiten, wenn wir feststellen müssen, daß Ellipsen nicht nur die verschiedenartigsten Teile von Strukturen betreffen, sondern bezogen auf den Strukturteil, dessen Wiederholung sie vermeiden, auch noch in entgegengesetzte Richtungen, vorwärts oder rückwärts, verlaufen können.

In allen bisher betrachteten Fällen wurden Wiederholungen im zweiten Konjunkt vermieden, waren die Ellipsen also nach vorne gerichtet, war die im zweiten Konjunkt entstandene Lücke durch den entsprechenden Strukturteil aus dem ersten Konjunkt zu ergänzen. In

Und doch vollzieht sich das menschliche Leben oder verfehlt sich am einzelnen Ich, nirgends sonst.
(Frisch, *Stichworte*)

wird die Wiederholung gewissermaßen vorweg vermieden, die Lücke steckt im ersten Konjunkt und kann erst durch das am Ende des zweiten Konjunkts erwähnte »einzelne Ich«, sozusagen im Rückwärtsgang, aufgefüllt werden. Damit haben wir es also nicht nur mit der Frage zu tun, was eliminiert werden kann oder muß, sondern auch wie es eliminiert wird.

Dabei ist das, was alles eliminiert werden kann, schon beeindruckend, auch wenn man sich nur an eine Richtung hält. Das kann eine Kopula sein, oder ein Nomen, wie in

Denn ein erlebtes Ereignis ist endlich, ein erinnertes schrankenlos.
(Benjamin, *Schriften*)

wo »ist« und »Ereignis« nicht wiederholt werden; es kann das Vollverb zusammen mit einem vorangegangenen Partner sein, wie in:

Mir fehlt die Reife des Alters, die Sorglosigkeit, die ein Vermögen verschafft, die strenge Schulung, und doch muß ich versuchen zu einem Denken zu kommen, das besser ist als mein bisheriges.
(Brecht, *Politische Schriften*)

wo »mir fehlt« nicht wiederholt wird; das kann sogar ein ganzer Satz sein, von dem unter Umständen nur noch ein Attribut übrigbleibt:

Auch »objektiv« ist der Wasserspiegel ein Spiegel des Himmels darüber, nicht der Fischtiefen darunter.
(Bloch, *Spuren*)

Der nicht wiederholte Strukturteil »auch ›objektiv‹ ist der Wasserspiegel ein Spiegel« weist hier übrigens die Besonderheit auf, daß er da, wo er einzusetzen ist, durch ein »nicht« unterbrochen ist. Ausbuchstabiert müßte das zweite Konjunkt lauten:

> *... »objektiv« ist der Wasserspiegel nicht ein Spiegel der Fischtiefen darunter.*

Eine solche »diskontinuierliche Ellipse« gibt es auch noch mit wesentlich kräftigeren Einschüben:

> *Auch für die Führer war ein Erfassen des Ganzen weder möglich noch nötig, wohl aber ein Verschleiern der Teile.*
> (Brecht, *Politische Schriften*)

Erweitert man das auf das Subjekt reduzierte Konjunkt um die entsprechenden Strukturteile aus dem ersten Konjunkt, so entdeckt man überdies, daß die Ellipse nicht nur diskontinuierlich ist, sondern nur zu einem Teil eine genaue Wiederholung der Struktur des ersten Konjunkts beinhaltet. Durch die Konjunktion mit »wohl aber« muß sowohl die Reihenfolge der Konstituenten wie der Wahrheitswert des Prädikativums umgedreht werden:

> *... wohl aber war für die Führer ein Verschleiern der Teile möglich und nötig.*

Genau genommen wissen wir nicht einmal, ob der Autor wirklich beide Modalitäten im Sinn hatte.

Ganz allgemein scheinen, wenn zwischen den beiden Konjunkten Gegensätze bestehen, gewisse kontextuelle Anpassungen des eliminierten Strukturteils nicht selten. Wenn es heißt

> *Aber an den schönsten Stellen möchte man ja gar nicht nur sehen, sondern bleiben, gar nicht reisen, weiterreisen, sondern wohnen.*
> (Bloch, *Spuren*)

so wird durch das »sondern« sowohl das »nicht« wie das »gar« und das »nur« verdrängt, möglicherweise auch noch das »ja« und das satzeinleitende »aber«. Die Lücke ließe sich nur mit

... an den schönsten Stellen möchte man (ja) bleiben ...

aber nicht mit

**... an den schönsten Stellen möchte man (ja) gar nur bleiben ...*

auffüllen. Die Gegenüberstellung wird mit einer Reihe von Konjunkten fortgesetzt, an der man gut sehen kann, daß jede weitere Ellipse nur auf den Strukturteil des unmittelbar vorangegangenen Konjunkts Bezug nimmt. Die im zweiten Konjunkt eliminierte Negation wird im dritten wieder explizit eingeführt, setzt sich im vierten fort und wird im fünften durch »sondern« wieder entfernt.

Den Grammatiker, der nach möglichst präzisen Verallgemeinerungen sucht, könnten die feinen Unterschiede zwischen den expliziten und impliziten Strukturen leicht zur Verzweiflung bringen. Für unseren inneren Computer sind das natürlich Bagatellen, simple Zusätze zum großen strukturellen Sparprogramm. Aber das ist nun seinerseits gar nicht so geradeaus und einfach, wie man erwarten würde, sondern läuft nach einem etwas merkwürdigen und eigentlich umständlichen Muster ab.

Die meisten Fälle von Vorwärtsellipse, die wir bisher betrachtet haben, galten linken Strukturteilen des ersten Konjunkts, das heißt der Teil, der bei der Wiederholung weggelassen wurde, stand links von dem Teil, der zum ersten Konjunkt gehört. Es gibt aber auch Vorwärtsellipsen, die den rechten Strukturteil betreffen. Das können komplexe Verbformen sein:

Nicht nur mein Denken muß verändert werden, sondern eine ganze Welt.
(Brecht, *Politische Schriften*)

aber auch weitere nicht verbale Elemente:

Nicht in der Unvollkommenheit und Roheit unserer Modelle liegt die Gefahr, sondern in ihrer Unklarheit.
(Wittgenstein, *Philosophische Bemerkungen*)

oder

Die Grenzen meiner Welt kann ich nicht ziehen, wohl aber die Grenzen innerhalb meiner Welt.
(Ebd.)

Allerdings ist in diesen Fällen die Vorwärtsellipse nicht obligatorisch. Ich könnte ja auch sagen:

Nicht nur mein Denken, sondern eine ganze Welt muß verändert werden.

und

Nicht in der Unvollkommenheit und Roheit unserer Modelle, sondern in ihrer Unklarheit liegt die Gefahr.

Im dritten Beispiel blockiert das »nicht« die Umkehrung, da es im zweiten Konjunkt nicht wieder aufgegriffen werden kann:

**Die Grenzen meiner Welt, wohl aber die Grenzen innerhalb meiner Welt kann ich ziehen.*

Durch eine entsprechende Umstellung ließe sich aber auch hier eine Rückwärtsellipse anwenden:

Nicht die Grenzen meiner Welt, wohl aber die Grenzen innerhalb meiner Welt kann ich ziehen.

Wenn wir die Sätze, in denen nur die Vorwärtsellipse möglich war, mit denen vergleichen, in denen auch eine Rückwärtsellipse möglich wäre, so können wir konstatieren, daß linke Strukturteile Vorwärtsellipsen erfordern, rechte Strukturteile auch Rückwärtsellipsen erlauben. Allerdings wurde in den Originalsätzen von letzterem kein Gebrauch gemacht.

Aber natürlich gibt es auch »originale« Rückwärtsellipsen. Auch wenn dies durch die ausgerahmten Attributsätze etwas verdeckt wird, ist im folgenden, strukturell raffinierten Balanceakt ein rechts verankertes Element, das Adjektiv »kostbar«, rückwärts eliminiert:

> *Im Hause, wo kein Bett ist, ist der Teppich, mit welchem der Bewohner nachts sich zudeckt, im Wagen, wo kein Polster ist, das Kissen kostbar, das man auf seinen harten Boden legt.*
> (Benjamin, *Schriften*)

»Kostbar« könnte jedoch ohne weiteres auch im ersten Konjunkt stehen, also vorwärts eliminiert werden:

> *Im Hause, wo kein Bett ist, ist der Teppich kostbar, mit welchem der Bewohner nachts sich zudeckt, im Wagen, wo kein Polster ist, das Kissen, das man auf seinen harten Boden legt.*

Aber wir sind auch schon einem Fall begegnet, in dem die Vorwärtsellipse eines rechtsverankerten Strukturteils nicht möglich wäre. Das war der Satz über den Vollzug des menschlichen Lebens am einzelnen Ich:

> *Und doch vollzieht sich das menschliche Leben oder verfehlt sich am einzelnen Ich, nirgends sonst.*

Der Grund für die Einschränkung gegenüber der Vorwärtsellipse scheint auf der Hand zu liegen. Wohin sollte man mit der Nachstellung?

> **Und doch vollzieht sich das menschliche Leben am einzelnen Ich oder verfehlt sich, nirgends sonst.*

Aber auch ohne die Nachstellung ist die Vorwärtsellipse irgendwie schief und entzieht sich einer sinnvollen Interpretation:

> *Und doch vollzieht sich das menschliche Leben am einzelnen Ich oder verfehlt sich.*

Gerade das letzte Beispiel legt nahe, daß Ellipsen nicht schlechterdings vorwärts gerichtet und nur bei rechts verankerten Strukturen unter bestimmten Bedingungen auch umkehrbar sind. Für das letzte Beispiel müßten wir dann nämlich noch eine eigene Rubrik aufmachen, in der bestimmte rechtsverankerte Strukturen ausschließlich rückwärts gerichtet sind. Da aber alle rechts verankerten

Strukturen offensichtlich rückwärts gerichtet sind, ist es sinnvoller anzunehmen, daß dies ihre eigentliche Ellipsenrichtung ist. Ellipsen folgen, so gesehen, einem Kreuzstichmuster: *links vor, rechts zurück,* nur daß in dieser Verteilung eine Asymmetrie auftritt, weil es unter bestimmten Bedingungen auch *rechts vor* gibt.

Ökonomie und Hierarchie

Das Verb ist, je nach seiner Stellung im Haupt- oder Nebensatz, links oder rechts verankert und damit entweder nur vorwärts oder vorwärts und rückwärts eliminierbar. Also:

Gott nannte das Licht Tag und die Finsternis Nacht.

und nicht

**Gott das Licht Tag und nannte die Finsternis Nacht.* (!)

aber:

... *daß Gott das Licht Tag und die Finsternis Nacht nannte.*

und

... *daß Gott das Licht Tag nannte und die Finsternis Nacht.*

Es scheint, daß sogar Nomina aus ihren NPs, je nach ihrer Stellung im Satz, vorwärts oder rückwärts eliminiert werden:

Denn ein erlebtes Ereignis ist endlich, ein erinnertes schrankenlos.

und nicht

**Denn ein erlebtes ist endlich, ein erinnertes Ereignis schrankenlos.*

aber:

Denn endlich ist ein erlebtes Ereignis, schrankenlos ein erinnertes.

und

Denn endlich ist ein erlebtes, schrankenlos ein erinnertes Ereignis.

Während die Umstellung des Verbs im Haupt- und Nebensatz automatisch erfolgt, ist die Umstellung des Nomens nur um den Preis einer markierten Reihenfolge möglich. Sätze, die sich dafür nicht so gut eignen, bleiben auf eine Ellipsenrichtung eingeschränkt. So müßte man zum Beispiel eine einleuchtende Sentenz wie

Eine gute Tat verläßt das Haus nicht, eine schlechte läuft meilenweit.
(Bloch, *Spuren*)

bis zur Unkenntlichkeit verdrehen, wollte man durch die Umstellung der NPs eine Rückwärtsellipse erzwingen:

Nicht das Haus verläßt eine gute, meilenweit läuft eine schlechte Tat.

Unter Umständen schränkt die Markiertheit einer Reihenfolge auch bei rechts verankerten Strukturteilen die Wahl zwischen Vorwärts- und Rückwärtsellipse auf eine Richtung ein. Wenn im folgenden Satz das zweite Konjunkt durch »ja« eingeführt wird, so können wir daraus entnehmen, daß hier die eigenen Fensterscheiben gegenüber den fremden noch eine Art Steigerung darstellen:

Es strahlt der gedeckte Tisch, abendlich durch die fremden, ja die eigenen Scheiben gesehen.
(Bloch, *Spuren*)

Obwohl »Scheiben« als rechtsverankert auch durch eine Vorwärtsellipse eliminierbar sein sollte, wirkt die Version

... *durch die fremden Scheiben, ja die eigenen gesehen.*

geradezu widersprüchlich. Und das hat ganz eindeutig etwas damit zu tun, daß der Informationswert des zweiten Konjunkts höher ist als der des ersten. Daß das Kreuzstichmuster der Ellipse nur so anzuwenden ist, daß dabei die Erfordernisse einer informationell angemessenen Reihenfolge berücksichtigt werden, kann uns nicht sonderlich überraschen. Schließlich ist ja die Gerichtetheit der Ellipse direkt an die Reihenfolgebedingungen geknüpft.

Eher könnte uns schon das Kreuzstichmuster der Ellipse selbst verwundern. Zusammen mit seiner Asymmetrie zwischen links- und rechtsverankerten Strukturen scheint es ja eine sprachspezifische Besonderheit zu sein, die vor dem pragmatischen Zweck der Ellipse, der Vermeidung unnötiger Wiederholungen, wie eine etwas strenge Arabeske wirkt. Bei genauem Hinsehen entpuppt sich das Kreuzstichmuster einschließlich seiner Asymmetrie aber dann doch noch als eine informationell nützliche Angelegenheit. Man braucht sich nämlich nur klar zu machen, daß Koordinationen nicht nur aus den einzelnen Informationshierarchien ihrer Konjunkte bestehen, sondern auch als ganzes noch eine Informationshierarchie haben. Stark vereinfacht findet sich auf der linken Seite des Satzes das, worüber etwas gesagt wird, und auf der rechten Seite das, was darüber gesagt wird, also links das, was traditionell *Thema*, rechts das, was traditionell *Rhema* genannt wird. In einem koordinierten Satz würde sich diese Verteilung in jedem ungekürzten Konjunkt wiederholen, so daß auch der komplexe Satz insgesamt mit einem Thema beginnt und einem Rhema aufhört.

Und genau diese Verteilung wird durch das Kreuzstichmuster der Ellipse auch für koordinierte Sätze mit verkürzten Konjunkten beibehalten. Betrifft die Wiederholung linke Strukturteile, so gilt sie dem Thema und kann, da das Thema ja den Auftakt des ganzen Satzes bildet, nur bei seiner Wiederholung eliminiert werden. Betrifft die Wiederholung die rechte Teilstruktur, also das Rhema, dann läßt sie sich, wenn das Rhema den gesamten Satz abschließen soll, nur durch eine Rückwärtsellipse vermeiden. Das Kreuzstichmuster der Ellipse sichert also, daß das Thema oder Rhema, das eliminiert wird, nicht die Thema-Rhema-Ordnung des ganzen Satzes aufhebt. Würde das Muster, umgekehrt, die linken Teile mit einer Rückwärtsellipse, die rechten mit einer Vorwärtsellipse verbinden, dann müßte der ganze Satz entweder mit einem Rhema beginnen oder mit einem Thema enden.

Eine solche Verteilung ist natürlich nicht schlechterdings unmöglich. Sie tritt zum Beispiel bei einer informationell markierten Reihenfolge auf, und markierte Reihenfolgen muß es ja schließlich auch geben. Tatsächlich sind wir solchen Beispielen schon begegnet. Das waren die Fälle, in denen das Kreuzstichmuster außer Kraft gesetzt war und rechts verankerte Strukturteile nicht mit Rückwärts- sondern Vorwärtsellipse verbunden waren. In einem Satz wie

Nicht in der Unvollkommenheit und Rohheit unserer Modelle liegt die Gefahr, sondern in ihrer Unklarheit.

liegt der Informationsschwerpunkt auf den kontrastierten Strukturteilen, das heißt, der rechte, von der Ellipse betroffene Teil ist informationell schwächer. Würde er duch eine Rückwärtsellipse eliminiert, so müßte die Koordination insgesamt mit diesem informationell schwächeren Teil enden. Durch die Vorwärtsellipse bleibt auch bei einer informationell markierten Reihenfolge das Ende des gesamten Satzes dem informationellen Schwerpunkt vorbehalten.

Ist nun aber das wiederholte Element selbst ein Schwerpunktelement, dann wird bei rechts verankerten Strukturen trotz einer möglichen Vorwärtsellipse von der Rückwärtsellipse Gebrauch gemacht. Ein solcher Fall lag mit dem Satz vor, in dem Teppiche und Kissen zu Kostbarkeiten erklärt wurden:

Im Hause, wo kein Bett ist, ist der Teppich, mit welchem der Bewohner nachts sich zudeckt, im Wagen, wo kein Polster ist, das Kissen kostbar, das man auf seinen harten Boden legt.

Durch die Vorwärtsellipse würde »das Kissen« zum informationellen Schwerpunkt des gesamten Satzes. Aber obwohl zwischen Kissen und Teppich ein Kontrast besteht, ist ihr Informationswert nicht so hoch, wie der des Adjektivs.

Wie das letzte Beispiel zeigt, ist das Kreuzstichmuster der Ellipse nicht eigentlich mit der Thema-Rhema-Struktur, sondern mit der Informationshierarchie des Satzes korreliert. Unabhängig davon, ob eine neutrale oder markierte Reihenfolge vorliegt, garantiert das Kreuzstichmuster, daß der Informationsschwerpunkt am Ende des gesamten Satzes liegt. Dabei ist die Relevanz der linken oder rechten Seite für die Informationshierarchie des gesamten Satzes asymmetrisch. Links können mehr oder weniger wichtige Elemente stehen, solange nur die rechte Seite, das Ende des ganzen Satzes, dem Informationsschwerpunkt vorbehalten ist. Die Asymmetrie der Informationsstruktur erklärt die Asymmetrie in der Ellipsenrichtung von links- und rechtsverankerten Strukturteilen; die Wahl zwischen rückwärts und vorwärts gerichteten Ellipsen für rechtsverankerte Strukturteile kompensiert die Stellungsunterschiede der neutralen und markierten Informationsstruktur der einzelnen Konjunktsätze für die Gesamtheit der Koordination.

Die größere Freiheit, die der rechtsverankerten Ellipse zukommt, kann entsprechend differenziert genutzt werden. Wenn der Philosoph sagt:

> *Es ist merkwürdig, daß die, die nur den Dingen, nicht unseren Vorstellungen Realität zuschreiben, sich in der Vorstellungswelt so selbstverständlich bewegen und sich nie aus ihr heraussehen.*
> (Wittgenstein, *Philosophische Bemerkungen*)

so hätte es ja auch heißen können:

> *Es ist merkwürdig, daß die, die nur den Dingen Realität zuschreiben, nicht unseren Vorstellungen, sich in der Vorstellungswelt so selbstverständlich bewegen ...*

Aber diese Variante hat gegenüber dem Original stilistisch zwei Defekte. Sie rückt »Vorstellungen« und »Vorstellungswelt« unnötig aneinander und läßt uns damit unwillkürlich nach Möglichkeiten Ausschau halten, die die Wiederholung vermeiden würden, und sie macht das Konjunkt über die Vorstellungen zum Informationsschwerpunkt des Relativsatzes, was dem in der Fortsetzung etablierten Kontrast zwischen Realität und Vorstellungswelt nicht gerecht wird.

Auf dem Hintergrund unserer bisherigen Überlegungen läßt sich nun auch der einzige Fall von obligatorischer Rückwärtsellipse, der uns begegnet ist (Max Frischs Satz über das menschliche Leben — auf S. 318), systematisch einordnen. Die Nachstellung »nirgends sonst« macht klar, daß unabhängig von den kontrastierten und darum informationell schwergewichtigen linken Teilstrukturen der informationelle Schwerpunkt der Koordination auf der rechten Teilstruktur liegt. Die Nachstellung ihrerseits kann als der Rest einer Koordination verstanden werden, aus der die Gegenüberstellung aus der ersten Koordination

nirgends sonst vollzieht sich das menschliche Leben oder verfehlt sich das menschliche Leben

eliminiert ist.

Aber auch ohne diese Einbettung in die übergeordnete Koordination hatten wir die Rückwärtsellipse als unumgänglich betrachtet, und das hängt offensichtlich mit dem unterschiedlichen Rollenplan der Verben zusammen. Während die Verbindung »sich an etwas vollziehen« etabliert ist, ist die Verbindung »sich an etwas verfehlen« nur eine Gelegenheitsbildung, die uns, wenn wir nicht ausdrücklich darauf hingewiesen werden, nicht von selbst in den Sinn kommt. Eben dies ist der Fall, wenn statt der Rückwärtsellipse die Vorwärtsellipse verwendet wird. Die »Leerstelle« am Satzende von

Und doch vollzieht sich das menschliche Leben am einzelnen Ich oder verfehlt sich.

löst die im Original hergestellte Partnerbeziehung zwischen »sich verfehlen« und der Ortsbestimmung wieder auf. Wir identifizieren den in der Ellipse eliminierten Strukturteil nur noch mit dem Subjekt des ersten Konjunkts:

Und doch vollzieht sich das menschliche Leben am einzelnen Ich oder verfehlt sich das menschliche Leben.

Ob dieser Satz überhaupt sinnvoll ist, mag dahingestellt bleiben; wenn er es ist, dann hat er in jedem Fall eine andere Bedeutung als das Original.

Ellipsen, die sich nicht eindeutig interpretieren lassen, sind wohl generell nicht zu empfehlen. Das mag, wie oben, zur Einschränkung der Ellipsenrichtung führen, kann aber auch den Verzicht auf Ellipsen überhaupt bedeuten. Wenn es heißt

Sage mir, wie du suchst und ich werde dir sagen, was du suchst.
(Wittgenstein, *Philosophische Bemerkungen*)

dann müßte sich die Wiederholung der rechts verankerten Teilstruktur sowohl durch Vorwärts- wie Rückwärtsellipse vermeiden lassen. Besonders geglückt scheint aber

Sage mir, wie du suchst und ich werde dir sagen, was.

nicht, und

Sage mir, wie, und ich werde dir sagen, was du suchst.

scheint überhaupt unmöglich. Genau genommen verbindet das »und« ja die beiden Hauptsätze, während die Wiederholung die Nebensätze betrifft. Die Unterbrechung wird schon im Fall der Vorwärtsellipse als störend empfunden, fast fühlt man sich mit dem Fragewort aus dem Satz geworfen — im Fall der Rückwärtsellipse geht der Zusammenhang vollends verloren. Da hängt man einfach zu lange in der Luft, ehe die strukturelle Auflösung kommt.

Stehvermögen

Nun haben wir unsere praktische Phantasie von einer kleinen Kreuzstichmusterkollektion anregen lassen, wenn wir uns auch, um die schöne Übersicht nicht zu gefährden, unserem Gegenstand nicht allzu sehr genähert haben. Daß die Relevanz eines Elements über seine Weglaßbarkeit entscheidet, und daß demzufolge die Korrelation zwischen Relevanz und Perspektive zur Ausformung ganz bestimmter Muster von Ellipsen beiträgt, scheint uns nur vernünftig. Aber wenn man den Blick ein wenig mehr auf die Einzelheiten richtet, stellt man doch eine ganze Menge Zusatzbedingungen fest, die sich ganz offensichtlich nicht nach Relevanz und Perspektive rechnen.

Da ist zum Beispiel die Geschichte mit der *Kongruenz*, der formalen Übereinstimmung zwischen Subjekt und Verb in Person und Numerus, die gelegentlich für rechtsverankerte Strukturen nur Vorwärtsellipsen zuläßt. Die Aufforderung

Du sollst in die Arche gehen, du und deine Söhne und dein Weib und deine Schwiegertöchter mit dir.
(1. Mose 6,18)

ist eine Ellipse, die trotz der unterschiedlichen Formen des Modalverbs für jeden einzelnen der Beteiligten problemlos möglich ist. Die Rückwärtsellipse ist gerade aus diesem Grund nicht akzeptabel. Trotz der vielen Zwischenstücke hört man bei

Du und deine Söhne und dein Weib und deine Schwiegertöchter sollen mit dir in die Arche gehen.

die Verbindung »du sollen« heraus. Dabei könnte man doch meinen, daß sich das Grüpplein der Auserwählten eher mit einem Verb im Plural als mit einem in der zweiten Person Singular zusammenfassen läßt.

Und in der Tat, wenn es nur darum geht, dritte Personen zusammenzuzählen, dann läßt sich ein Unterschied im Numerus bei rechten und linken Ellipsen ignorieren:

Dein Weib soll in die Arche gehen und deine Söhne.
Dein Weib und deine Söhne sollen in die Arche gehen.

Da kann man sogar noch eine erste Person mit unterbringen. Noah hätte sagen können:

Ich und mein Weib sollen in die Arche gehen.

aber auch

Ich soll in die Arche gehen und mein Weib.

Es ist nur die zweite Person Singular, die sich der Einordnung in die Gruppe verweigert. Nun hat ja die zweite Person die eigenwilligste von allen Personalendungen, und geht damit wohl über den Spielraum hinaus, in dem formale

Unterschiede noch vernachlässigt werden können. Und wenn Strukturen zu verschieden sind, um als Wiederholung gelten zu können, dann kann es eben auch keine Eliminierung geben. So gesehen, ist es nicht weiter verwunderlich, daß die regulären Ellipsemöglichkeiten einer rechtsverankerten Struktur entfallen. Aber warum soll der formale Unterschied sich nur rückwärts, nicht vorwärts bemerkbar machen? Die ungleichen Verhältnisse gelten, auch wenn die Personen in der umgekehrten Reihenfolge angeordnet sind. Ob

ich Kaffee trinke und du Tee,

oder

du Kaffee trinkst und ich Tee,

das den beiden gemeinsame Verb läßt sich nach vorne eliminieren, aber nicht nach rückwärts, ob nun

**ich Kaffee und du Tee trinkst*

oder

**du Kaffee und ich Tee trinke.*

Die ungleichen Verhältnisse bestehen übrigens auch, wenn das Verb, wie bei *ich trinke Tee und du Kaffee,* aus der Mitte des Konjunkts eliminiert wird also: **Ich Kaffee und du trinkst Tee.* Allerdings ergibt die Rückwärtsellipse in diesem Fall eine so haarsträubende Struktur, daß der Unterschied zwischen den Verbformen gar nicht mehr ins Gewicht fällt.

Koordinationen, in denen die Wiederholung mittlere Strukturteile betrifft, so daß die Ellipse nicht den Anfang oder das Ende eines Konjunkts abschneidet, sondern die Strukturkette um ein mittleres Glied verkürzt, haben wir uns noch gar nicht richtig angesehen. Dabei dürften sie nicht so selten sein. Das finite Verb, zum Beispiel, steht, wie wir wissen, im Hauptsatz an zweiter Stelle. Zusammen mit einem vorangegangenen Satzglied wird es als Teil einer linksverankerten Struktur vorwärts eliminiert. Es wird aber auch ohne seinen linken Nachbarn nur vorwärts eliminiert, also:

Gott nannte das Licht Tag und die Finsternis Nacht.

und

Adam nannte das Licht Tag und Eva die Finsternis Nacht.

aber nicht:

**Das Licht Tag und Gott nannte die Finsternis Nacht.*

oder

**Adam das Licht Tag und Eva nannte die Finsternis Nacht.*

Die Luftmasche über dem Verb läßt sich nur im zweiten Konjunkt, nicht im ersten machen.

Es scheint, daß die beiden Richtungen des Kreuzstichmusters der Ellipse ungleich stark ausgeprägt sind und daß Rückwärtsellipsen, die eine Wiederholung gewissermaßen vorbeugend vermeiden, weniger selbstverständlich sind als Vorwärtsellipsen, die ja die wiederholten Strukturteile selbst betreffen. Dies ist nur natürlich. Eine vorwegnehmende Ellipse ist nicht sinnvoll, wenn der Strukturteil, den wir in Erwartung der Ergänzung, bildlich gesprochen, erst einmal beiseite stellen, nicht alleine stehen kann oder wenn er schließlich mit einem Teil ergänzt wird, der unseren Erwartungen widerspricht.

Das gilt natürlich vor allem, wenn das erste Konjunkt durch die Rückwärtsellipse sein linkes Standbein verliert. Aber auch da, wo das erste Konjunkt durch eine Luftmasche durchlöchert wird, und sogar dann noch, wenn das zweite Konjunkt unsere Vorstellung über eine bestimmte Personalendung nicht erfüllen kann.

Strukturteile, die nicht alleine stehen können, sind selbstverständlich auch unterhalb der Satzebene anzutreffen. Es braucht schon eine gute Portion hartnäckiger Verweigerung, wenn man seine Rückwärtsellipse gleich nach dem Artikel einer präpositionalen Wortgruppe beginnen läßt:

*... die Linie ..., die er selbst sich und zwar gegen die * und letztendlich sogar seine Natur gezogen hatte ...*
(Bernhard, *Billigesser*)

Allerdings würde die Sache hier mit einer Vorwärtsellipse auch nicht besser:

*... und zwar gegen die Natur und letztendlich sogar seine * gezogen hatte ...*

Da müßte man schon wenigstens auf die gleichzeitige Ellipse der Präposition verzichten:

*... die Linie, die er selbst sich und zwar gegen die Natur und letztendlich sogar gegen seine * gezogen hatte ...*

Aber dann steht kurz vor dem Satzende ein Possessivpronomen, das doch nicht wirklich der Informationsschwerpunkt des Ganzen sein kann — umso weniger als wir den Kontrast zwischen der Natur im allgemeinen und der Natur des Einzelnen zumindest in diesem Zusammenhang gar nicht so leicht nachvollziehen können. Überdies würden wir die Ökonomie des Ausdrucks hier vielleicht eher durch die Reduktion der Koordination auf eins der beiden Konjunkte herstellen wollen:

... die er selbst sich und zwar letztendlich sogar gegen seine Natur gezogen hatte ...

Aber gerade weil wir die Regeln zur Sprachökonomie eigentlich schon seit unserer Kindheit beherrschen, können wir aus dem Original, das gleich zweifach hartnäckig gegen die Konvention formuliert ist, den unerbittlichen Anspruch des Erzählers heraushören.

Vergleichsweise

Koordinationen sind nicht die einzigen Strukturen, in denen sich Wiederholungen durch Ellipse vermeiden lassen, und auch nicht die einzigen, in denen die Rekonstruktion des eliminierten Strukturteils gelegentlich Abweichungen gegenüber dem strukturellen Vorbild zutage fördert. Dabei kann die Toleranz für strukturelle Unterschiede zwischen expliziten und impliziten Strukturen bei anderen Ellipsenformen ein gutes Stück über das hinausgehen, was Koordinationen zulassen. In der Regel sind uns die verkürzten Strukturen so geläufig, daß wir die Ellipse darin kaum bemerken. Umso überraschender ist es dann, wenn sich die Ellipse, auf die wir einmal aufmerksam geworden sind, nur mit einer gewissen Anstrengung ausbuchstabieren läßt. Mitunter läßt sich sogar ein strukturelles Unikat leichter ergänzen als eine strukturelle Wiederholung. So können wir die Lücke am Anfang des Satzes

Nichts merkwürdiger als der Blick von außen ins eigene Zimmer.

ohne Nachdenken erschließen, obwohl es sich hier ja nicht um die Eliminierung eines wiederholten Strukturteils handelt. Auch wenn uns die Lücke besonders auffällig scheint, wissen wir, daß nicht mehr als »Es ist« fehlt. Viel weniger offensichtlich ist, daß der Satz in seinem Vergleichsglied noch eine zweite Lücke enthält und wie diese vervollständigt werden könnte. Natürlich wissen wir, daß der Vergleich dem »merkwürdig« gilt, aber seine Steigerungsform, der Komparativ, läßt keine einfache strukturelle Wiederholung zu.

Das ist anders im Äquativ, in Vergleichen, in denen es um ein Gleiches geht. Dem Satz

Ein längst Vergangenes kann im Alter so aussehen wie ferne Berge kurz vor dem Regen.
(Bloch, *Prinzip Hoffnung*)

fehlt am Ende nichts weiter als das »aussehen« aus dem Hauptsatz. Die Ähnlichkeit dieses Falls mit einer Koordinationsreduktion ist nicht zu übersehen. Aber vielleicht ist das Ganze nur als Ausrahmung eines Modaladverbials zu verstehen. Schließlich ließe sich das Vergleichsglied ja auch vor das Verb setzen.

Ein längst Vergangenes kann im Alter so wie ferne Berge kurz vor dem Regen aussehen.

Nur, die Frage der Stellung darf nicht mit der der strukturellen Explizitheit verwechselt werden. Ob »aussehen« vor oder nach dem Vergleichsglied steht, es gilt für ein längst Vergangenes ebenso wie für die fernen Berge und wird demzufolge bei einem der beiden Glieder eingespart.

Eingespart ist aber auch die Spezifik des »wie«, denn aus der sprachlichen Struktur des Ganzen läßt sich beim besten Willen nichts Verbindliches herauslesen als »ferne Berge sehen kurz vor dem Regen so und so aus«. Aber da kann sich der Autor auf unsere Kenntnis von der Welt verlassen, mit der wir seinen Hinweis vervollständigen werden. Wieviel unserer Phantasie in einem solchen Fall auch abverlangt sein mag, die Komplettierung der sprachlichen Struktur des Äquativ ist denkbar einfach, auf das Kopieren identischer Teilstrukturen beschränkt.

Dies ist bei Vergleichssätzen mit Komparativen schon wegen der Komparativform nicht möglich. Der Komparativ kann sich im Vergleichsglied nicht wiederholen. Aber das würde wegen der Bedeutung eines solchen Vergleichs auch niemand erwarten. Weniger selbstverständlich ist es vielleicht, daß sich die Lücke auch nicht durch die Grundform ausfüllen läßt

**Es ist nichts merkwürdiger als der Blick von außen ins eigene Zimmer merkwürdig ist.*

obwohl damit doch die Bedeutung beschrieben scheint, die in dem Vergleich steckt. Die einzig mögliche explizite Struktur ist zu einem Pronomen anstelle des Adjektivs verpflichtet:

Es ist nichts merkwürdiger, als es der Blick von außen ins eigene Zimmer ist.

Da kann man sich kaum mehr des Eindrucks erwehren, daß der strukturelle und inhaltliche Unterschied zwischen den Vergleichsgliedern einen Vergleich überhaupt nur um den Preis einer Verkürzung erlaubt.

Nun ist der Bedeutungsunterschied zwischen der Steigerungsform und dem Vergleichsglied von vornherein eingebaut und, so gesehen, kaum erwähnenswert. Aber vielleicht läßt sich damit ganz allgemein das größere Maß an struktureller Freiheit bei dieser Art der Ellipse erklären, denn wenn nun schon einmal grundsätzlich Ellipsen ohne strukturelle Identität akzeptiert werden sollen, ist es nicht allzu verwunderlich, daß unsere detektivischen Talente, unsere Fähigkeit zum Extrapolieren hier mehr als anderswo gefordert sind.

Natürlich gibt es auch viele ganz einfache Fälle. Zumindest strukturell sind im Äquativ die wenigsten Veränderungen zu erwarten, und in dem Vergleich über die fernen Berge funktioniert die Ellipse nicht viel anders als in einer Koordination. Sie vermeidet die Wiederholung des Verbs im zweiten Vergleichsglied. Unter Umständen sieht die Sache auch im Komparativ nicht viel anders aus. Eine Feststellung wie

Es ist doch unser Handeln in wichtigsten und gefährlichsten Angelegenheiten weniger von Berechnung als von ziemlich trüben, ungenauen, ja widersprüchlichen Beweggründen geleitet.
(Brecht, *Politische Schriften*)

verzichtet auf das Partizip »geleitet« für eines der beiden Vergleichsglieder.

Aber nicht jede Ellipse in Vergleichssätzen läßt sich so mit einer expliziten Struktur gleichsetzen, und mögliche Unterschiede betreffen nicht nur wie bei Koordinationsreduktionen bestimmte Formen von Person und Numerus. Da wird zum Beispiel unter der Hand der Modus gewechselt, wie in:

Man muß einem Kritiker nur in aller Offenheit versichern, daß man kein Künstler ist, und schon führen sie ein Gespräch mit uns, als verstünde man von Kunst so viel wie sie.
(Frisch, *Stichworte*)

Die Ellipse steht für eine indikative Verbform: »so viel wie sie von Kunst verstehen« und nicht für den Konjunktiv: »so viel wie sie von Kunst verstünden«. Das wäre bei einer Koordinationsreduktion undenkbar.

In einem anderen Fall wird die Identität der handelnden Person nicht so streng genommen. Ganz gewiß ist das Vergleichsglied in

Vieles sieht er wie zum erstenmale.
(Frisch, *Stichworte*)

allgemeiner Natur: »vieles sieht er, wie man es zum erstenmale sieht«. Wollte man das Subjekt beibehalten, so müßte das Vergleichsglied mit einem Konditionalsatz vervollständigt werden: »vieles sieht er, wie wenn er es zum erstenmale sehen würde«.

Ganz allgemein scheint die Freiheit beim Ausbuchstabieren des Vergleichs erstaunlich groß. Die Ellipse in

Bei hellem Tage kämpft er sich durch das Denken wie im Traum.
(Kafka, *Die Verwandlung*)

ließe sich zwar mit: »wie er sich im Traum durch das Denken kämpft« vervollständigen; wahrscheinlicher ist aber, daß der eliminierte Teil allgemeinerer Natur ist: »wie man sich im Traum durch das Denken kämpft«. Und vielleicht ist nicht einmal »das Denken« ein notwendiger Bestandteil des Vergleichs: »wie man sich durch den Traum kämpft«.

Bei diesem strukturellen Freibrief für Ellipsen in Vergleichssätzen ist es umso überraschender, wenn man dann auf einen voll ausbuchstabierten Vergleich trifft, bei dem die strukturellen Unterschiede, die die explizite Form bedingen, gar nicht unbedingt notwendig wäre:

Die Medizin kennt beispielsweise nicht wenig Arbeiten, deren Wert in der Beschreibung bestimmter Krankheiten liegt, die so richtig ist, wie die vorgeschlagenen Heilmethoden falsch sind.
(Brecht, *Politische Schriften*)

Hier ließe sich doch ohne Bedeutungsverlust im Vergleichsglied der Singular verwenden und das Ganze dann entsprechend verkürzen. Aber die eine Variante ist gänzlich ausgeschlossen:

... deren Wert in der Beschreibung bestimmter Krankheiten liegt, die so richtig wie die vorgeschlagene Heilmethode falsch ist.

Die andere Variante scheint besser zu sein:

... deren Wert in der Beschreibung bestimmter Krankheiten liegt, die so richtig ist wie die vorgeschlagene Heilmethode falsch.

Aber wirklich gut ist eigentlich auch sie nicht. Und so erweist sich die Vergleichsstruktur auf einmal sensibel gegenüber Unterschieden, die für Koordinationsreduktion kein Problem darstellen, denn da könnte die »Beschreibung richtig sein und die vorgeschlagene Heilmethode falsch« oder »die Beschreibung richtig und die vorgeschlagene Heilmethode falsch sein«, die Kopula ebenso gut vorwärts wie rückwärts eliminiert werden.

Nun hatten wir uns ja schon klargemacht, daß die Ellipse im Vergleich nur das Vergleichsglied selbst betrifft, und die scheinbare Parallele zur Koordinationsreduktion nichts mit Vorwärts- und Rückwärtsellipsen zu tun hat, sondern mit dem Stellungsunterschied des Vergleichsglieds innerhalb und außerhalb der verbalen Klammer entsteht. Das Vergleichsglied ist in die Hauptstruktur eingebettet, und auf die Ellipse innerhalb dieser eingebetteten Struktur trifft wohl eher die Vorstellung von einer Seitwärtsrichtung zu. Die Ungleichheit der Ellipsenbedingung liegt somit auf der Hand: seitwärts kann auf Wiederholungen verzichtet werden, aber Hauptstrukturen lassen sich nicht seitwärts zu Ende führen.

Wenn wir uns wünschen, daß die Heilmethode nicht falsch, sondern richtig ist, dann läßt sich der Vergleich auch durch eine Seitwärtsellipse verkürzen; wir fordern, daß die Beschreibung der Krankheit so richtig ist wie die Heilmethode, oder besser noch, mit dem Hintergrund des Vergleichs in der Seitenstruktur: daß die Heilmethode so richtig wie die Beschreibung der Krankheit ist. Wenn aber, wie es im Original heißt, die Beschreibung richtig und die Heilmethode falsch ist, dann drängt sich der Unterschied im zweiten Vergleichsglied derart in den Vordergrund, daß er die Kopula des verbalen Rahmens förmlich an sich reißt. Indem wir die Kopula als einen Teil der Seitenstruktur interpretieren, bleibt die Hauptstruktur des Vergleichs unvollendet. Wenn »die Beschreibung der Krankheit so richtig * wie die Heilmethode falsch ist«, dann haben wir es sprachlich mit derselben Art von Defekt zu tun, wie wenn wir sagen würden »daß die Beschreibung der Krankheiten richtig *«.

Der strukturelle und inhaltliche Unterschied zwischen »richtig« und »falsch« ist offenkundig. Aber nicht immer tritt der Unterschied an der Oberfläche so deutlich zutage. Zwischen »benötigen« und »nötig sein« zum Beispiel scheint semantisch kein wesentlicher Unterschied zu bestehen. Wenn es heißt

> *Sie benötigen zur Aufrechterhaltung ihrer Herrschaft ebenso viel Vernunft bei den Massen als zur Beseitigung dieser Herrschaft nötig ist.*
> (Brecht, *Politische Schriften*)

sollte einer Verkürzung eigentlich nichts im Wege stehen. Und gegen

> *Sie benötigen zur Aufrechterhaltung ihrer Herrschaft ebenso viel Vernunft bei den Massen wie zur Beseitigung dieser Herrschaft.*

wäre, grammatisch gesehen, auch nichts einzuwenden. Nur daß diese Version nicht mehr dasselbe sagt, wie das Original, in dem nämlich zu jedem Vergleichsglied andere Handlungsträger gehören. Der Unterschied zwischen »benötigen« und »nötig sein« liegt nicht im Prädikat selbst, sondern in den Rollenplänen. Mit »benötigen« im Vergleichsglied sind wir, wenn ihm nicht explizit ein anderes Subjekt zugeteilt wird, auf das Subjekt des Hauptsatzes festgelegt. Der mit »nötig sein« implizierte Handlungsträger kann demgegenüber passend zum Sachverhalt ergänzt werden.

Die Fälle, in denen das Vergleichsglied nicht verkürzt wird, weil es sich zu sehr von dem unterscheidet, womit es verglichen wird, stellen wohl eher die Ausnahme dar und sind mitunter auch gar nicht so leicht nachzuvollziehen. Wenn zum Beispiel der syntaktische Unterschied zwischen attributivem und prädikativem Adjektiv vernachlässigt wird, muß dahinter schon die Autorität eines bedeutenden Philosophen stehen, damit der strukturellen Verwicklung noch eine tiefere Bedeutung zukommt. Bei einem Satz wie

> *Die Philosophie löst die Knoten in unserem Denken auf, die wir unsinnigerweise hineingemacht haben; dazu muß sie aber ebenso komplizierte Bewegungen machen, wie diese Knoten sind.*
> (Wittgenstein, *Philosophische Bemerkungen*)

bleibt uns nicht zuletzt wegen der strukturellen Komplexität des Vergleichs für einen Moment die Luft weg. Ein grammatischer Pedant würde hier eine prädikative Form des Adjektivs auch für die Hauptstruktur fordern und damit die gewissermaßen verknotete Vergleichsstruktur zu einer leichter durchschaubaren, »korrekten« Form erweitern:

> ... *dazu muß sie aber Bewegungen machen, die ebenso kompliziert sind wie diese Knoten.*

Er hätte uns damit jedoch um ein hübsches Demonstrationsstück für komplizierte Bewegungen gebracht.

Der Infinitiv regiert das
Taschenformat des Satzes.

Ein Markenzeichen für Ökonomie

Auf den ersten Blick scheinen Infinitive ebenso zum strukturellen Sparprogramm des Deutschen beizutragen wie Koordinations- und Vergleichssätze. Allerdings ist zwischen dem Infinitiv mit »zu« und dem Infinitiv ohne »zu« zu unterscheiden. Der Infinitiv ohne »zu« wird zum Beispiel nach Modalverben verwendet, und nach einem Modalverb käme es uns wohl kaum in den Sinn, den Infinitiv als ein Mittel struktureller Verkürzung anzusehen. In der so trivialen wie tiefsinnigen Feststellung

> *Man kann sich nicht bewegen, ohne seinen ›Schatten‹ mitzubewegen.*
> (Mitscherlich, *Krankheit als Konflikt*)

ist es ganz offensichtlich nur der zweite Infinitiv, den wir als Alternative zu einer strukturell längeren Ausdrucksform verstehen:

> *Man kann sich nicht bewegen, ohne daß man seinen Schatten mitbewegt.*

Sicher spielt dabei die mit dem zweiten Infinitiv verbundene Teilstruktur, das Objekt und die Konjunktion, eine Rolle. Doch tritt der Unterschied auch schon ohne solche wesentlichen Erweiterungen ein. Die Modalität im Hauptsatz ließe sich zum Beispiel durch »möglich« ausdrücken, was dann alternativ mit einem Infinitiv oder einem daß-Satz fortzusetzen wäre:

> *Es ist nicht möglich, sich zu bewegen, ohne ...*
> *Es ist nicht möglich, daß man sich bewegt, ohne ...*

Gegenüber dem daß-Satz erscheint nun der Infinitiv deutlich als ein Mittel für strukturelle Verkürzung. Dieser Eindruck wird nicht durch das »zu« hervorgerufen, aber das »zu« signalisiert doch in den meisten Fällen, daß es sich um eine verkürzte Ausdrucksform handelt.

Wie überall gibt es auch hier die Ausnahme zur Regel: eine Handvoll Verben, die — wie zum Beispiel »heißen« — den Infinitiv ohne »zu« erfordern oder zulassen und damit ebenfalls eindrucksvolle strukturelle Verdichtungen ermöglichen, wie etwa in dem programmatischen Satz:

> *Eine Sprache vorstellen heißt, sich eine Lebensform vorstellen.*
> (Wittgenstein, *Philosophische Bemerkungen*)

Aber diese Verwendung des Infinitivs ohne »zu« ist eben eher die Ausnahme. In der Regel ist es doch das »zu«, das die Verkürzung anzeigt, und das ist eigentlich angesichts dieser strukturellen Winzlings, der sogar mit seinem Verb zu *einer* Form verwachsen kann, erstaunlich. Da trennen wir ab und fügen zusammen, was ab-*zu*-trennen und zusammen-*zu*-fügen ist, und empfinden das »zu« bestenfalls als eine strukturelle Zugabe, die für die Frage nach den Proportionen mangels Eigengewicht zu vernachlässigen sein müßte. Aber schon der nächste Vergleich mit alternativen, längeren Strukturen belehrt uns eines Besseren.

Grenzabbau

Da lesen wir die Sottise

> *Wer um Rat gefragt wird, tut gut, zuerst des Fragenden eigene Meinung zu ermitteln, um sie sodann ihm zu bekräftigen.*
> (Benjamin, *Schriften*)

und wissen gleich, daß die Ökonomie der Infinitive hier im Dienste einer spitzen Feder steht. Sicher, die verkürzten Strukturen lassen sich unschwer in entsprechende Nebensätze umwandeln:

> *Wer um Rat gefragt wird, tut gut, wenn er zuerst des Fragenden eigene Meinung ermittelt, damit er sie ihm sodann bekräftigen kann.*

Was da in den Nebensätzen zusätzlich ausbuchstabiert wird, ist zum größten Teil schon durch die vorangegangene Struktur vorbestimmt: das Präsens, das referenzidentische Subjekt, die Konjunktion des Finalsatzes. Aber auch die Konjunktion des Konditionalsatzes und das Modalverb im Finalsatz, die im Original noch in keiner expliziierten Form vertreten sind, sind dort schon irgendwie präsent, da sie ja durch die Bedeutung des ganzen Satzes impliziert werden.

Beim Modalverb sind wir uns allerdings nicht ganz so sicher. Aber verglichen mit einer modalverblosen Form

> *... tut gut, wenn er zuerst des Fragenden eigene Meinung ermittelt, damit er sie ihm sodann bekräftigt.*

die wir doch als zu apodiktisch empfinden, dürfte die Version mit »können« den Intentionen des Autors wohl am nächsten kommen. Nur, in dieser expliziten Form, am Ende des Satzes, bekommt die Modalität der Möglichkeit einen unverdient hohen Stellenwert. Weil uns der Infinitiv unter anderem auch die Festlegung zum Modus erspart, erlaubt er es dem Original, die Modalität des Satzes unspezifiziert zu lassen. Seine Ökonomie steht hier also vor allem im Dienst einer willkommenen semantischen Großzügigkeit.

Aber wie sieht das mit der Wahl zwischen Infinitiv und Konditionalsatz für die vorangehende Teilstruktur aus? Da in diesem Teil der Aussage keine modalen Zwänge wirksam werden, könnte es hier nur noch um die richtigen Proportionen gehen. Und wer würde dem Original da nicht den Vorzug geben?

> *Wer um Rat gefragt wird, tut gut, zuerst des Fragenden eigene Meinung zu ermitteln, um sie sodann ihm zu bekräftigen.*
>
> *Wer um Rat gefragt wird, tut gut, wenn er zuerst des Fragenden eigene Meinung ermittelt, um sie sodann ihm zu bekräftigen.*

Das gilt übrigens auch, wenn wir aus dem gehobenen »sodann« ein gewöhnliches »dann« machen.

Da wir es hier mit zwei Infinitivstrukturen zu tun haben, liegt der Gedanke nahe, daß der stilistische Vorteil in der strukturellen Parallität besteht, auf deren Boden sich die informationelle Hierarchie zwischen den beiden Teilstrukturen schneller erfassen läßt. Die explizite Form des Konditionalsatzes hat gegenüber der verkürzten Form des Finalsatzes strukturell ein größeres Gewicht, und auch wenn die semantische Relation und die Endstellung des finalen Infinitivs dem entgegenwirkt, empfinden wir das strukturelle Ungleichgewicht als ein stilistisches Defizit, das uns die Eleganz des Originals nur noch deutlicher erkennbar macht.

Der Angelpunkt für den Infinitiv scheint in unserem ersten Beispiel beim finalen Infinitiv zu liegen, aber der finale Infinitiv stellt nur einen kleinen Teil möglicher Infinitivstrukturen dar, und wir können gespannt sein, wie die Bedingungen für derlei strukturelle Äquilibristik in einem anderen Zusammenhang ausfallen.

Wenn es über die Anfertigung einer wissenschaftlichen Arbeit heißt

> *Es komme darauf an, tatsächlich die ganze Natur und die ganze Wissenschaft von der Natur im Kopf zu haben und gleichzeitig nach und nach dieser Natur und dieser Wissenschaft von der Natur genau den Stoff zu entziehen, der der Schrift entspreche, die zu schreiben sei.*
> (Bernhard, *Billigesser*)

dann liegen uns drei Infinitive vor, die sich relativ leicht durch entsprechende Teilsatzstrukturen ersetzen lassen:

> *Es komme darauf an, daß man tatsächlich die ganze Natur ... im Kopf hat und gleichzeitig nach und nach dieser Natur ... genau den Stoff entzieht, der der Schrift entspreche, die geschrieben werden soll.*

Daß wir im letzten Teil auf die formale Markierung der indirekten Rede verzichtet haben, ist sicher zu vernachlässigen.

Am Schluß des Originalsatzes steht diesmal ein modaler Infinitiv, dessen Bedeutung ziemlich genau mit der Modalverb-Paraphrase wiedergegeben ist. Wollte man sich nur nach dem Ökonomieprinzip richten, so wäre wohl die Wahl zwischen modalem Infinitiv und Modalverbstruktur immer zugunsten des Infinitivs zu entscheiden. Auch ohne die zusätzliche Bedingung mit dem Konjunktiv der indirekten Rede würden wir »die Schrift, die zu schreiben ist« der »Schrift, die geschrieben werden soll« vorziehen — wenn schon nicht in jedem Fall, so doch in einem Fall wie diesem, in dem die zu schreibende Schrift das Thema der ganzen Aussage ist und damit keines zusätzlichen strukturellen Nachdrucks bedarf.

Aber auch bei der Wahl zwischen Infinitiv und finiter Struktur für das vorangegangene Präpositionalobjekt, also bei der Wahl zwischen

Es komme darauf an . . . der Natur . . . zu entziehen . . .

oder

Es komme darauf an, daß man . . . der Natur . . . entzieht . . .

würden wir gerne der kürzeren Form den Vorzug geben, obwohl die finite Struktur nur um eine Konjunktion und das indefinite Pronomen im Subjekt länger ist, als die Struktur mit dem Infinitiv und es eigentlich erstaunlich ist, daß diese geringfügige Erweiterung strukturell so schwer wiegt.

Möglich ist, daß dabei der grammatisch notwendige Moduswechsel im daß-Satz eine Rolle spielt. Interessanter ist aber vielleicht, daß unser Urteil über die Schwere der finiten Struktur auch in diesem Beispiel vom Kontext abhängig ist. Wenn man nämlich auf das postnominale Attribut verzichtet und so die Gegenüberstellung auf eine leichter erfaßbare Teilstruktur einschränkt, ist die Bevorzugung des Infinitivs gar nicht mehr so selbstverständlich. Ob

Es komme darauf an, der Natur genau diesen Stoff zu entziehen.

oder

Es komme darauf an, daß man der Natur genau diesen Stoff entzieht.

strukturell besser ist, läßt sich jedenfalls nicht leicht entscheiden. Vielleicht würden wir, so ohne strukturelle Weiterführung, sogar die finite Form vorziehen. Je mehr strukturellen Kontext wir aber in den Vergleich einbeziehen, desto vorteilhafter erscheint uns die Infinitivstruktur:

Es komme darauf an, daß man der Natur genau den Stoff entzieht, der dieser Schrift entspricht.

Es komme darauf an, der Natur genau den Stoff zu entziehen, der dieser Schrift entspricht.

Angesichts der strukturellen Komplexität des Originalsatzes erscheint uns der Vorteil der Infinitivstruktur schließlich über jeden Zweifel erhaben.

Trotz ihrer Unterschiede lassen die beiden ersten Beispiele erkennen, daß die Wahl zwischen expliziter und verkürzter Struktur stark kontextabhängig ist, und zwar so, daß wir die Infinitivstruktur dem Teilsatz dann vorziehen, wenn es um ein strukturelles und informationelles Binnenstück geht. Daß sich der Infinitiv dafür besonders gut eignet, liegt auf der Hand, da ihm die Satzform ja nur noch per grammatischer Implikation als eine Art struktureller Aura anhaftet und er sich so in die informationelle Hierarchie des Gesamten leichter eingliedern läßt, als ein strukturell voll ausbuchstabierter Teilsatz.

Mit dem geschärften Sinn für strukturelles Gleichgewicht entdecken wir den Binnenstrukturvorteil sogar da noch, wo uns vor dem Teilsatz- und Infinitivstruktur gleich gut erschienen wären. Eben noch hätten wir zwischen

Sie glauben immer noch, ihre Taten nach ihren Grundsätzen zu richten, wenn sie schon längst ihre Grundsätze nach ihren Geflogenheiten richten.
(Brecht, *Politische Schriften*)

und der expliziten Version

Sie glauben immer noch, daß sie ihre Taten nach ihren Grundsätzen richten, wenn sie schon längst ihre Grundsätze nach ihren Gepflogenheiten richten.

kaum die Hand umgedreht, umso weniger als uns die sprachliche Neugier ohnehin an dem messerscharfen Witz dieses Gedankens leicht vergehen könnte. Aber nun können wir auch schon sehen, daß das moralische Fallbeil im Konditionalsatz mit größerer Wucht niedergeht, wenn das strukturelle Binnenstück durch den Infinitiv verkürzt ist. Wenn jeder Teilsatz ein Schritt auf dem Weg zum ganzen Gedanken ist, dann bedeutet der Infinitiv einen Schritt weniger als der Objektsatz.

Interessanterweise bewirkt die strukturelle Verkürzung im Objekt nicht unbedingt eine Abschwächung des Informationswertes, dafür aber unter Umständen eine Abschwächung des Informationswerts der ihm vorangehenden Struktur. Da das Infinitivobjekt nun direkt das Ende des Hauptsatzes bildet, ist es auch direkt mit seinem Schwerpunkt zu identifizieren. Aber indem die Satzgrenze zwischen dem Objekt und den anderen, ihm vorangehenden Konstituenten verschwindet und das Infinitivobjekt mit dem vorangehenden Strukturteil nur noch *einen* Teilsatz bildet, verschieben sich die vorangehenden Strukturteile auf das Ende und damit den Informationsschwerpunkt dieses Teilsatzes bezogen weiter nach links, in eine Position, die wir in der Regel mit einem geringeren Informationswert verbinden. Das Prädikat in »sie glauben immer noch« ist deshalb vor dem daß-Satz eher fokusverdächtig als vor dem Infinitivobjekt. Obwohl das »immer noch« dem »sie glauben« etwas mehr Nachdruck verleiht, kommt diesem Anfang der ganzen Aussage zweifellos weniger Gewicht zu als allem, was folgt. Seine weitere strukturelle Aufwertung durch den Einschub einer Satzgrenze kann nur die Dramatik der folgenden Teile abschwächen. Da scheint uns nun der Infinitiv schon aus zwei Gründen sehr nützlich: er spart uns eine ganze Reihe von semantischen Spezifizierungen ein, und er baut Satzgrenzen ab.

Und Gott der Herr ließ allerlei Bäume aus der Erde wachsen, lieblich anzusehen und gut zu essen.

lesen wir in der Schöpfungsgeschichte und denken an Apfelbäume in unseren Gärten oder Orangenbäume in Südspanien und daß da noch eine ganze Menge vom Paradies auf uns gekommen ist, eine Vorstellung, an der, wie man sehen kann, die Sprache keinen geringen Anteil hat.

Auch wenn wir uns die Freiheit des Ausdrucks, daß Bäume gut zu essen sind, nicht nehmen würden, wir finden ihn nicht weniger suggestiv als den Ausdruck, daß Bäume lieblich anzusehen sind. Da haben wir es wieder einmal mit höchst individuellen Eigenschaften unserer Ausdrucksformen zu tun. Selbst wenn wir uns nicht auf Bäume beziehen, wissen wir, daß etwas »lieblich anzusehen« sein kann, aber nicht »gut zu essen«, obwohl in beiden Fällen genau dieselbe syntaktische Struktur verwendet wird.

Infinitivstrukturen stehen uns also doch nur in einem begrenzten Maß zur Verfügung und die Bedingungen erscheinen uns oft, wie in diesem Fall, ziemlich willkürlich. Die Einschränkungen gelten nicht etwa generell für »gut plus Infinitiv« oder für »essen plus Adjektiv«, da etwas ohne weiteres »gut zu sehen« sein kann oder zum Beispiel Schalentiere nicht »einfach zu essen« sind. Und das haben wir nun schon wieder alles im kleinen Finger, so wie wir die Rollenpläne der Verben kennen und das grammatische Genus der deutschen Nomina, wo sich zwar verschiedene Klassen bilden lassen, die Einordnung der einzelnen Elemente aber in der Mehrzahl idiosynkratisch ist und, zumindest auf ein und denselben Entwicklungsstand der Sprache bezogen, willkürlich erscheint.

Wenn wir uns nun wieder der Alternative zwischen mehr oder weniger expliziten Strukturen zuwenden, dann entdecken wir in unserem Beispiel gleich noch eine weitere Idiosynkrasie von Infinitivstrukturen. Denn anders als die bisher betrachteten Fälle läßt sich das Infinitivattribut zu den Bäumen gar nicht zu einem Teilsatz mit einem finiten Verb erweitern. Wenn wir von Bäumen sprechen, die

»lieblich anzusehen *waren*«, haben wir zwar die Ellipse ausgefüllt, den Infinitiv selbst werden wir aber erst los, wenn wir ein anderes Verb wählen und zum Beispiel von den Bäumen, die Gott wachsen ließ, sagen, daß sie »lieblich aussahen«. Damit haben wir aber dann den potentiellen Betrachter der Bäume, also uns selbst, zumindest sprachlich aus dem Garten Eden entfernt.

Es sind, wie wir auf diese Weise erfahren, die unterschiedlichen Rollenpläne von »ansehen« und »aussehen«, die uns jeweils die eine oder die andere strukturelle Möglichkeit eröffnen. Da treten die Bäume einmal in der Rolle des Subjekts auf, dem bestimmte Eigenschaften zugeschrieben werden, ein andermal in der Rolle des Objekts, an dem der Betrachter bestimmte Eigenschaften wahrnimmt. Die Tatsache, daß die Bäume beide Male, bei der finiten Struktur mit »aussehen« wie bei der infiniten mit »anzusehen«, im grammatischen Subjekt erscheinen, ändert daran nichts.

Die semantische Differenzierung erinnert uns an die von Aktiv- und Passivsubjekten, und so sind wir denn mit dem Schritt von »anzusehen« zu »aussehen« plötzlich wieder in den Bereich der Perspektive geraten und sollten uns vielleicht, wenn wir uns weiter mit der Frage nach den Proportionen beschäftigen wollen, auf den Vergleich von Strukturen beschränken, mit denen wir uns keine solchen semantischen Veränderungen einhandeln.

Da müssen wir aber feststellen, daß sich das Gros unserer Beispiele mit Infinitiven nur ganz bedingt zu längeren Strukturen ausdehnen läßt. Während sich die Infinitive nach »jemand tut gut daran« oder »es kommt darauf an« in einen Konditionalsatz oder einen Objektsatz mit »daß« ausbuchstabieren ließen, gibt es für einen Infinitiv nach »es ist leicht« keine alternative Teilsatzform.

Keine Rede kann davon sein, daß es leicht sei, die Wahrheit zu finden.
(Brecht, *Politische Schriften*)

läßt sich nur mit einer zusätzlichen Spezifizierung strukturell erweitern, etwa durch

Keine Rede kann davon sein, daß man es leicht hat, wenn man die Wahrheit finden will.

oder gar durch ein anderes Prädikat:

> *... daß man es leicht hat, wenn man die Wahrheit sucht.*

Die semantische Nachbarschaft zum Original kann nicht darüber hinwegtäuschen, daß hier mehr als nur die Proportion verändert worden ist.

Leicht und beweglich

Daß die Infinitivstruktur kein vollwertiger Satz ist, verschafft ihren Elementen eine größere Beweglichkeit über die Grenze der Gruppe hinaus, die für Elemente aus einem Teilsatz nur sehr bedingt gegeben ist. Allerdings wird die Beweglichkeit des Infinitivs beziehungsweise seiner Teilelemente selten so weitgehend genutzt, wie in dem Relativsatz des folgenden Beispiels:

> *Es ist kein sicherer Weg sich einen Namen zu machen, als wenn man über Dinge schreibt, die einen Anschein von Wichtigkeit haben, die sich aber nicht leicht ein vernünftiger Mann die Zeit nimmt zu untersuchen.*
> (Lichtenberg, *Gedankenbücher*)

Hier knüpft das Relativpronomen »die« an die vorab erwähnten Dinge an, die zugleich das zugrundeliegende Objekt des Infinitivs bestimmen. Das heißt, der Relativsatz verknüpft den Gedanken über die scheinbar wichtigen Dinge mit der zusätzlichen Charakteristik, daß sich ein vernünftiger Mann nicht so leicht die Zeit nimmt, diese Dinge zu untersuchen. Geläufiger ist uns die Struktur heute vielleicht mit der ganzen Infinitivgruppe am Anfang und einem Positionswechsel zwischen dem Subjekt und dem Negativadverb:

> *... über Dinge, die zu untersuchen sich aber ein vernünftiger Mann nicht leicht die Zeit nimmt.*

Daß der Infinitiv sich für solche grammatisch erforderlichen Vorstellungen besser eignet als alternative Teilsatzstrukturen zeigt sich erst da, wo wir, wie im foglenden Beispiel, zwischen Infinitivstruktur und Teilsatz wählen könnten:

Zunächst einmal ist es schon nicht leicht ausfindig zu machen, welche Wahrheit zu sagen sich lohnt.
(Brecht, *Polisische Schriften*)

Wie in der letzten Variante des Satzes über die scheinbar wichtigen Dinge, ist hier ein Infinitiv zusammen mit seiner Ergänzung an den Anfang gestellt. Allerdings ist das Objekt dabei nicht zum Relativpronomen geworden, sondern um ein Fragepronomen erweitert. Als Aussagesatz hätte dieser indirekte Fragesatz die Form

Es lohnt sich diese Wahrheit zu sagen.

und das ließe sich auch mit einem Teilsatz ausdrücken:

Es lohnt sich, daß man diese Wahrheit sagt.

Wenn keine besonderen Gründe für die Explizitheit der Form sprechen, dann ist sicher — auch wenn beide Strukturen gleich gut sein mögen — die sparsamere Form des Infinitivs vorzuziehen. Versucht man aber die Teilsatzstruktur an die Stelle des Infinitivs in den indirekten Fragesatz zu bringen, so wird einem plötzlich eine strukturelle Akrobatik abverlangt, die das Ergebnis ziemlich zweifelhaft erscheinen läßt:

?? Zunächst einmal ist es schon nicht leicht auszumachen, welche Wahrheit sich lohnt, daß man (sie) sagt.

Die Leichtigkeit, mit der sich die Elemente der Infinitvgruppe aus ihrer Struktur herausbewegen lassen, fehlt den Elementen des Teilsatzes, die ja auf ihrem Weg in den übergeordneten Satz das zusätzliche Hindernis einer Satzgrenze zu überwinden haben.

Wenn auf diesem Weg dann noch ein parenthetischer Teilsatz liegt, kann allerdings sogar die strukturelle Beweglichkeit von Infinitivgruppen zum Demonstrationsstück für komplizierte Bewegungen werden:

Und wieviel, was ich nicht kenne, ist nötig, für vorhanden zu halten, um für glaubhaft zu halten, der Baum, den ich sehe, sei nicht da.
(Brecht, *Politische Schriften*)

Da wären wir doch für ein wenig mehr an grammatischer Struktur dankbar, fast scheint uns die alternative Variante mit der Teilsatzstruktur noch eher verständlich.

Und wieviel, was ich nicht kenne, ist nötig, daß ich es für vorhanden halte, damit ich für glaubhaft halten kann, der Baum, den ich sehe, sei nicht da.

Aber irgendwie schaffen wir diesen doppelten Rittberger dann auch so nicht richtig und fragen uns, ob wir nicht lieber auf die ganze strukturelle Artistik verzichten sollten, was ja mit Hilfe von Modalverben recht leicht zu erreichen ist:

Und wieviel, was ich nicht kenne, muß ich für vorhanden halten, wenn ich glauben soll, der Baum, den ich sehe, sei nicht da.

Doch nun sind wir plötzlich an einen Punkt gelangt, der unsere Idee von der Ökonomie der Infinitivstruktur in Frage stellt. Was wir nämlich angesichts dieser deutlich kürzeren Variante noch in unsere Betrachtungen aufnehmen müssen, ist der Vergleich zwischen Infinitivstrukturen und strukturell kürzeren Möglichkeiten.

Die Relativität eines Sparprogramms

Die Einsicht

Viele, die verfolgt werden, verlieren die Fähigkeit, ihre Fehler zu erkennen.
(Brecht, *Politische Schriften*)

ließe sich mit einem Modalverb etwa so formulieren:

Viele, die verfolgt werden, können ihre Fehler nicht mehr erkennen.

Abgesehen von der Differenz zwischen Prozeß und Zustand besteht zwischen den Bedeutungen des Originals und der Paraphrase kein wesentlicher Unterschied. Daß die Vielen, wie »verlieren« suggeriert, vorher ihre Fehler erkennen konnten, wird nun durch »nicht mehr« impliziert. Und doch würden wir dem Original den Vorzug geben, weil in ihm der Gedanke strukturell klarer herauspräpariert erscheint. Da ist auf der einen Seite die Fähigkeit, die abhanden kommt, und auf der anderen Seite der Fehler, der erkannt werden soll, und die beiden Bestandteile sind strukturell voneinander getrennt, unabhängig davon, daß sie auf einer höheren Stufe syntaktisch und semantisch miteinander zu verrechnen sind.

Die Modalverbvariante ist demgegenüber weniger deutlich untergliedert und das nicht, weil sie zum Ausdruck des Gedankens weniger Konstituenten braucht — für die Möglichkeit steht ebenso ein eigenes Wort wie für die Fehler —, sondern weil sich diese Konstituenten nicht wie im Original zu zwei übergeordneten Konstituenten zusammenfassen lassen, durch die die fehlende Möglichkeit von der Erkenntnis der Fehler formal getrennt wäre. Eine solche strukturelle Unterteilung ist der Variante mit dem Modalverb nicht möglich.

Auch die Empfehlung für den Ratgeber könnte mit einem Modalverb auskommen:

Wer um Rat gefragt wird, sollte zuerst des Fragenden eigene Meinung ermitteln, um sie sodann ihm zu bekräftigen.

Wenn uns die Variante mit dem »sollte« anstelle des »tut gut« aus dem Original etwas gewöhnlich erscheint, so ist das nicht nur auf die höhere Stilebene von »tut gut« zurückzuführen, sondern hat auch etwas mit der unterschiedlichen Portionierung zu tun, die der Infinitiv mit »zu« gegenüber dem Infinitiv ohne »zu« bewirkt. Obwohl Art, Menge und Reihenfolge der Konstituenten nach »sollte« und nach »tut gut« ganz gleich sind, bildet nur der Infinitiv mit »zu« eine eigene strukturelle Portion. Und wenn wir einmal von der Besonderheit des finalen Infinitivs absehen, dann ist die Gleichwertigkeit der beiden Infinitive des Originals gegenüber dem Prädikat bereits an der Kommasetzung klar ablesbar, während die Variante mit dem Modalverb keine vergleichbare strukturelle Differenz zwischen der Empfehlung und dem Sachverhalt erkennen läßt.

Weil wir nun schon einmal darauf aufmerksam geworden sind, daß es zum Infinitiv strukturell kürzere Alternativen gibt, entdecken wir auch, wo sich keine Modalverben anbieten, noch Verkürzungsmöglichkeiten. Zum Beispiel in der Nominalisierung. Dinge, die *ein vernünftiger Mann sich nicht leicht Zeit nimmt zu untersuchen,* ließen sich ja auch als Dinge beschreiben, für deren *Untersuchung sich ein vernünftiger Mann nicht leicht Zeit nimmt.* Zwischen der Ökonomie der Infinitivstruktur und der nominalen Form, scheint es, kann man die Hand kaum umdrehen. Und doch paßt die nominale Variante nur schlecht an die Stelle des Infinitivs im Original:

> *Es ist kein sicherer Weg sich einen Namen zu machen, als wenn man über Dinge schreibt, die einen Anschein von Wichtigkeit haben, für deren Untersuchung sich aber ein vernünftiger Mann nicht leicht die Zeit nimmt.*

Daß auf die Dinge hier nur noch indirekt, im Attribut des präpositionalen Objekts, Bezug genommen wird, mindert das strukturelle Gewicht des zweiten Relativsatzes gegenüber dem ersten, statt ihm das seinem Inhalt gemäße gleiche Gewicht zu geben. Da die Spitze der Sottise im zweiten Relativsatz steckt, ist der Infinitiv, der die Relativsätze über ihre Anfänge im strukturellen Gleichgewicht hält, der nominalen Variante vorzuziehen, die die Parallele der beiden Relativsätze gegenüber ihrem Bezugsnomen verdeckt.

Der folgende Satz über die Regeln der Wissenschaft endet mit einem Gedanken, den wir im Verlaufe unserer Überlegungen schon des öfteren seufzend bestätigen konnten:

Die Wissenschaft gibt zwar die Regeln; sie aber auch nur von Ferne und in den gröbsten Hauptzügen zu verstehen ist gar nicht leicht, und wenn man sie verstanden hat, kommt erst das eigentlich Schwere, sie nämlich auf die örtlichen Verhältnisse anzuwenden.
(Kafka, *Forschungen eines Hundes*)

Nun ließe sich auch das eigentlich Schwere nominalisieren

... ihre Anwendung auf die örtlichen Verhältnisse.

aber eingebettet in den strukturellen Gesamtzusammenhang des Satzes kann diese Variante nur enttäuschen:

... und wenn man sie verstanden hat, kommt erst das eigentlich Schwere, ihre Anwendung nämlich auf die örtlichen Verhältnisse.

Gemessen an der Strenge der nominalen Form wirkt »nämlich« hier deplaziert, geradezu ausschweifend. Nur, ohne das »nämlich« wird die Sache auch nicht besser. Die strukturelle Verknappung der nominalen Form steht irgendwie im Widerspruch zum informationellen Gewicht des Gedankens. Aber auch ohne das »nämlich« ist die nominale Variante dem Infinitiv stilistisch unterlegen:

... und wenn man sie verstanden hat, kommt erst das eigentlich Schwere, sie auf die örtlichen Verhältnisse anzuwenden.

Das ist nun auch gar nicht so verwunderlich, wenn man bedenkt, daß sich mit der Apposition und ihrer Bezugskonstituente am Ende des Satzes die Informationsschwerpunkte geradezu häufen. In der nominalen Variante stoßen die Schwerpunkte »das eigentlich Schwere« und »ihre Anwendung« direkt aneinander, wo im Original das Subjekt des Infinitivs noch eine Art strukturellen Puffer dazwischen schiebt.

Ganz generell ist anzunehmen, daß der erweiterte Infinitiv in der Hierarchie der Konstituenten des Satzes einen höheren Status hat als eine nominale Wortgruppe, vermutlich kommt ihm überhaupt ein höherer Grad an struktureller Explizitheit zu als anderen Wortgruppen. Da er aber auf der anderen Seite weniger explizit ist als ein Teilsatz, rangiert er gewissermaßen zwischen anderen Wortgruppen und Teilsätzen und bietet damit unter Umständen genau den Grad an struktureller Explizitheit, den ein Kontext erfordert.

Man kann sich leicht überzeugen, daß ein Teilsatz anstelle des Infinitivs das strukturelle Gleichgewicht zwischen den Informationsschwerpunkten zerstören würde:

> ... *und wenn man sie verstanden hat, kommt erst das eigentlich Schwere, wie sie nämlich auf die örtlichen Verhältnisse angewendet werden sollen.*

oder sollte es eher heißen:

> ... *das eigentlich Schwere, sie müssen nämlich auf die örtlichen Verhältnisse angewendet werden.*

Mit dem Infinitiv sind uns eine ganze Reihe semantischer Details erspart, durch deren Spezifizierung die explizitere Struktur einiges an Interpretationsfreiheit einbüßt.

In jedem Fall scheint auch beim Teilsatz die strukturell kürzeste Variante die stilistisch beste zu sein. Ein Satz mit dem modalen Infinitiv

> ... *das eigentlich Schwere, sie sind nämlich auf die örtlichen Verhältnisse anzuwenden.*

ist die zweitbeste Variante nach dem Original, von dem er ja nur noch durch die Kopula getrennt ist. Nur, die Satzgrenze zwischen der nominalen Bezugskonstiutente und ihrer Apposition verschwindet erst, wenn das finite Verb wegfällt, wie gering sein semantischer Beitrag auch immer sein mag. Es ist nicht das Verb selbst, sondern seine Finitheit, was sich da im strukturellen Gleichgewicht so deutlich bemerkbar macht. Formale Unterschiede, die an der Oberfläche der Sätze kaum ins Gewicht zu fallen scheinen, bewirken eine unterschiedliche Portionierung der zugrunde liegenden hierarchischen Struktur und zerlegen den Gedanken, den sie transportieren sollen, in mehr oder weniger gewichtige Einzelteile. Wie fein da der inhaltliche Anspruch der Teile mit ihrem strukturellen Gewicht austariert werden kann, beweisen uns immer wieder die Magier unserer Sprache.

STRUKTURRESERVEN ALS WEGWEISER

Perspektiven lassen sich verdeutlichen.

Eine Wiederholung

Von allen Bäumen im Garten darfst du essen,

sagt Gott und schränkt noch im selben Atemzug sein Angebot wieder ein

nur von dem Baum der Erkenntnis des Guten und des Bösen, von dem darfst du nicht essen.

Obwohl das »nur« die Einschränkung als geringfügig ausweist, ist der Nachdruck, mit dem das Verbot formuliert ist, unüberhörbar. Da werden nicht nur die Strukturteile wiederholt, die auch in einer solchen, asyndetischen Koordination überflüssig sind; der Gegenstand des Verbots wird strukturell sogar verdoppelt, so daß mit dem abschließenden Teilsatz schon fast etwas von dem Flammenschwert des Cherubs vor dem Garten Eden sichtbar wird. Ohne die strukturelle Wiederholung, in der Form

Von allen Bäumen im Garten darfst du essen, nur nicht von dem der Erkenntnis des Guten und Bösen.

wäre der Reiz der verbotenen Früchte deutlich schwächer — auch wenn die Reihenfolge dem Einen, das verboten ist, in jedem Fall mehr Gewicht einräumt, als dem Vielen, was erlaubt ist.

Wie wir schon wissen, lassen sich Wiederholungen gar nicht immer vermeiden; schließlich können wir ja nicht in jedem Satz von anderen Dingen reden. Wenn unsere Sätze dennoch überschaubar bleiben sollen, müssen die diversen Möglichkeiten zur strukturellen Verkürzung, über die wir in unserer Sprache verfügen, auch alle angewandt werden. Daß aber diese Möglichkeiten unter Umständen dem entgegengesetzten Zweck dienen können und damit nicht zur Verkürzung, sondern zur Erweiterung von Strukturen beitragen, haben wir uns schon am Infinitiv klargemacht. Wie die Warnung vor dem Baum der Erkenntnis zeigt, lassen sich auch Pronomina, die doch beliebig oft Wiederholungen von längeren Konstituenten vermeiden helfen, in den Dienst von strukturellen Erweiterungen stellen. Zusammen mit der Präposition »von« bewirkt das Demonstrativpronomen die strukturelle Verdoppelung des Baums in dem Verbot. Die wiederholte Struktur ist pronominal verkürzt, der Baum mit seinen schwerwiegenden Attributen nur in der ersten Erwähnung explizit gegeben. Was das Pronomen wiederholt, ist die Referenz der vorangegangenen NP. Da aber auch die bloße Wiederholung der Referenz an dieser Stelle überflüssig ist, wird aus der strukturellen Verkürzung eine strukturelle Erweiterung.

Daß die Wiederholung in einem so prekären Kontext noch nicht als überflüssig bewertet wird, ist nicht nur eine Frage des Deutschen. Schließlich ist es ganz allgemein verständlich, wenn ein so erstaunliches Ding wie der Baum der Erkenntnis des Guten und Bösen nicht einfach als bekannt vorausgesetzt wird. Dies geschieht aber durch die definite NP am Anfang des Verbots. Die pronominale Wiederholung setzt dahinter nun noch eine Art syntaktisches Rufzeichen, das unsere Aufmerksamkeit zuerst auf den Baum lenkt, ehe sie sich dem Verbot selbst zuwenden muß.

Es versteht sich, daß unter diesen Umständen von der Möglichkeit der Koordinationsreduktion durch Vorwärtsellipse nicht Gebrauch gemacht wird. Da müßte es schon um einen weniger hochgespannten Inhalt gehen, damit uns die elliptische Einsilbigkeit nach der strukturellen Erweiterung nicht so deplaziert erschiene:

Von allen Bäumen im Garten darfst du essen, nur von dem Baum der Erkenntnis des Guten und des Bösen, von dem nicht.

Sicher ist für eine Aussage der Gegenstand, über den etwas gesagt wird, unerläßlich, und für den Fall, daß er unserem Gesprächspartner noch nicht bekannt ist, werden wir auf seine Einführung auch etwas mehr Sorgfalt verwenden müssen. Aber was wir über diesen Gegenstand zu sagen haben, wird uns in jedem Fall noch wichtiger sein.

Auf dem Hintergrund einer Erlaubnis ist die *Negation* das wichtigste Element eines Verbots, und der strukturelle Proporz zwischen seinen Konstituenten muß diesem Umstand Rechnung tragen. Da der Gegenstand des Verbots aus der Bibel, strukturell gesehen, schon an sich, also ohne die Wiederholung, ein ziemliches Gewicht hat, könnte sich die Negation alleine nur schlecht dagegen behaupten. Das ungünstige Verhältnis würde noch nicht einmal durch die dem Informationsschwerpunkt angemessene Endstellung ausgeglichen:

Von allen Bäumen im Garten darfst du essen; nur von dem Baum der Erkenntnis des Guten und des Bösen nicht.

Wenn das strukturelle Gewicht des Gegenstands durch seine Wiederholung zunimmt, wird der Disproporz natürlich noch größer:

... nur von dem Baum der Erkenntnis des Guten und des Bösen, von dem nicht.

Der Proporz zwischen den sprachlichen Strukturteilen sollte dem Verhältnis der Informationswerte entsprechen, die diesen Teilen in der Hierarchie des Ganzen zukommen. Jede Sprache bietet uns da gewissermaßen die Möglichkeit für maßgeschneiderte Kleidung, und wer dafür zu viel oder zu wenig Stoff verwendet, darf sich nicht wundern, wenn seine Botschaft nicht richtig ankommt. Das Grundprinzip ist dabei so einfach wie nichtssagend: wenig Inhalt — wenig Struktur, mehr Inhalt — mehr Struktur. Aber da wir formal und inhaltlich immer nur mit relativen Werten rechnen können, ist die Anwendung dieses Prinzips gar nicht leicht. Und wenn wir uns schließlich noch eingestehen, daß die Rechnung den gesamten Komplex der Perspektive bei neutraler oder markierter Wortstellung einbeziehen muß, dann wünschten wir uns doch noch einen Apfel vom Baum der Erkenntnis des Wahren. Vielleicht könnten wir durch ihn dieses beeindruckende Programm unseres muttersprachlichen Computers leichter entschlüsseln.

Den Mut zu einem solchen Unterfangen schöpfen wir eigentlich immer wieder nur aus der Beweiskraft der Beispiele. Von wenigen Ausnahmen abgesehen hat uns bisher noch jeder einzelne Fall davon überzeugt, daß kein anderer als der im Original gewählte Grad an struktureller Explizitheit den richtigen Proporz ergeben würde.

Daß zwischen Reduktion und Perspektive sehr wohl ein Zusammenhang besteht, haben wir uns am Kreuzstichmuster der Ellipse in Koordinationen klargemacht. Wo sich strukturelle Erweiterungen als regelmäßige grammatische Optionen anbieten, scheint der Zusammenhang mit Fragen der Perspektive sogar noch deutlicher ausgeprägt. Strukturreserven sind aber nicht nur dadurch zu erschließen, daß, wie in dem Satz aus der Bibel, mögliche Reduktionen unterbleiben; es lassen sich natürlich auch immer zusätzliche Konstituenten einschieben. Darunter sogar solche, die — selbst wenn sie keine Wiederholungen darstellen — an der Bedeutung des Satzes nichts ändern. Eine dieser strukturellen Extensionsmöglichkeiten werden wir uns jetzt etwas genauer ansehen.

Der Vorbote

Daß es uns so leicht ist, nichts mehr tun zu wollen.
Daß es uns so schwer fällt, wirklich nichts mehr zu tun.
(Bloch, *Spuren*)

sagt einer, dem Talent und Neigung zum dolce far niente offensichtlich fehlen. Wenn auch vielleicht nicht ganz, denn er hätte anstelle der etwas beschaulichen sprachlichen Struktur die für das rasche Tempo und den kürzeren Atem verdichtete Form wählen können:

Daß nichts mehr tun zu wollen so leicht ist.
Daß uns wirklich nichts zu tun so schwer fällt.

Die komprimierte Form ist allerdings nur um den Preis einer Umstellung zu haben, bei dem die Infinitivgruppe vom Ende des Satzes an seinen Anfang wandert. Vor ihr steht nur noch die Konjunktion »daß« und im zweiten Satz das pronominale Objekt »uns«. Spurlos verschwunden ist, was im Original nach der Konjunktion folgt, das »es«.

Wie die Konjunktion »daß« anzeigt, präsentiert uns der Philosoph seine Betrachtungen zum Nichtstun in Form von Nebensätzen und überläßt es uns, sie mit einem passenden Hauptsatz zu ergänzen. In welcher Richtung diese Ergänzung liegen müßte, wissen wir ziemlich genau. Obwohl zur grammatischen und semantischen Form des Satzes viele verschiedene Einleitungen passen, werden wir nur jene akzeptieren, die ein Erstaunen über die Schwierigkeiten mit dem Nichtstun ausdrücken. Also zum Beispiel:

Es ist schon erstaunlich, daß es so leicht ist, nichts mehr tun zu wollen.

aber nicht:

Ich freue mich, daß es so leicht ist, nichts mehr tun zu wollen.

Die Einschränkung auf eine bestimmte Teilklasse von Hauptsätzen ist nicht so verwunderlich, wenn man bedenkt, daß die eliminierte Struktur für den Leser wieder auffindbar sein muß, und das wäre ja ohne eine Einschränkung nicht möglich. Zu der Handvoll von Situationen, die sich wegen ihrer Häufigkeit für eine solche idiomatische Fixierung anbieten, gehört auch die, in der man einen Sachverhalt so nicht erwartet hätte, vielleicht auch nur deshalb, weil man noch nicht ernsthaft darüber nachgedacht hat.

Verglichen mit der Einsparung eines ganzen Hauptsatzes im Original ist die zusätzliche Verkürzung in unserer zweiten Variante, die Eliminierung des Pronomens »es« eigentlich gar nicht der Rede wert — ob wir nun die Struktur mit »es« oder die ohne »es« wählen, der Grad der strukturellen Explizitheit scheint im wesentlichen derselbe. Aber der Unterschied ist mit einer alternativen Stellung des Infinitivs verbunden, so daß der Satz mit »es« eine ganz andere Perspektive hat als der Satz ohne »es«. Der Zusammenhang bleibt auch außerhalb der Bedingung von Nebensätzen bestehen:

Es ist so leicht, nichts mehr tun zu wollen.
Nichts mehr tun zu wollen ist so leicht.

Obwohl der Infinitiv anstelle des »es« am Anfang des Satzes zum Subjekt wird und als Subjekt eigentlich in einer neutralen Position steht, empfinden wir ihn am Anfang des Satzes eindeutig als grammatisch markiert. Dagegen erscheint uns seine Endstellung grammatisch neutral, und für diese Neutralität sind wir gerne bereit, die strukturellen Unkosten der Erweiterung um »es« in Kauf zu nehmen. Umso mehr als das »es« in dieser Funktion kein Gran eigene Bedeutung einbringt und offensichtlich zu nichts anderem da ist, als die Subjektposition vor dem finiten Verb »ist« nicht ganz und gar unbesetzt zu lassen.

Im Unterschied zu einer ganzen Reihe anderer Sprachen kann das finite Verb im Deutschen in der Regel nicht ohne ein explizites Subjekt auskommen, und dafür eignet sich, wie auch dieses Beispiel zeigt, verschiedenes, unter anderem eben auch ein »es«. In Bezug auf die Infinitivergänzung ist das »es« als Vorbote einer Struktur zu verstehen, die erst noch kommt. Es antizipiert den Sachverhalt des Nichtsmehrtunwollens und macht ihn so, noch ehe er wirklich erwähnt wird, zum Gegenstand eines Urteils. Die Erweiterung durch das »es« sichert uns die angemessene Perspektive, und das ist uns die kleine Redundanz schon wert.

Das »es« als Subjektersatz und struktureller Vorbote gehört in den faszinierenden Bereich der leeren Kategorien und ihrer pronominalen »Stellvertreter«. In der Schar dieser strukturellen Spukgeister ist »es« trotz all seiner Farblosigkeit immerhin noch wahrnehmbar. Aber es gibt eine ganze Reihe verschiedener »es« und die Spielregeln, nach denen die einzelnen Mitglieder dieser Familie auftreten und verschwinden, sind ziemlich verwirrend. Das beginnt schon mit der Unterscheidung zwischen dem echten Stellvertreter und dem unechten.

Da kann etwas besonders leicht sein, weil es nicht viel wiegt, und reicht doch in jedem Fall für ein Ding, auf das wir uns mit dem »es« beziehen können. Doch wenn es leicht ist, weil es uns, wie das Nichtstun, keine Mühe macht, dann hat das »Ding«, auf das sich das »es« bezieht, eben nur die Konturen, die ihm durch das Nichtstun zugeschrieben werden. So gesehen erfaßt die Variante »daß nichts zu tun so leicht ist« den Sachverhalt direkter als die erweiterte Form »daß es so leicht ist, nichts zu tun«, der wir uns aber wegen der neutralen Perspektive eher verpflichtet fühlen.

Wo das »es« nicht die Funktion eines strukturellen Vorboten hat, ist es so haltbar wie jedes andere Pronomen: wenn *es regnet,* dann regnet es, wofür das »es« da auch immer stehen mag, es kann in keiner Stellungsvariante fehlen. Aber wenn *es* zum Beispiel *geklopft hat,* dann erwarten wir, daß da jemand ist, der geklopft hat, und da kann nun der strukturelle Kobold wieder mit vor der Tür stehen: *es hat jemand geklopft.* Während das Wetter - »es« auch als Subjektersatz aber nicht als Vorbote für ein späteres Satzglied anzusehen ist, ist das »es«, das »jemand« ankündigt, Vorbote aber nicht Subjektersatz. »Jemand« würde als Subjekt zu »klopfen« vollauf genügen. Kein Wunder, daß dieses »es« noch ephemerer ist als das »es« in dem Satz über das Nichtstun. Es erscheint überhaupt nur in Hauptsätzen, die zugleich Aussagen sind. Der Nebensatz »daß jemand geklopft hat« läßt »es« ebensowenig zu wie die Frage »ob jemand geklopft hat«, wo sich »es« und »jemand« gegenseitig ausschließen: »Hat jemand geklopft?« oder »Hat es geklopft?« aber eben nicht »*Hat es jemand geklopft?«

Ob »es« notwendig ist, möglich oder unmöglich, hängt von so vielen verschiedenen Faktoren ab, daß wir uns diesem strukturellen Puck lieber nicht zu sehr nähern. Für die Frage des Proporz ist er ja ohnehin nur da von Interesse, wo wir eine Wahl haben, und das trifft eben vor allem auf jene Strukturen zu, wo das »es« zugleich Subjektersatz und struktureller Vorbote ist.

Dieses »es« räumt seinen Platz am Anfang des Satzes zugunsten vieler verschiedener Ergänzungen, und die Vorstellung ergibt natürlich, je nachdem welche Strukturen davon betroffen sind, ganz unterschiedliche Wirkungen. Je länger die Struktur ist, die an die Stelle des »es« an den Satzanfang rückt, umso ausgefallener ist das Ergebnis. Tatsächlich lassen sich an die Stelle des »es« mühelos die längsten Strukturen hieven, und es ist schon erstaunlich, daß ein solcher informationeller Wechselbalg immer noch ein grammatisch wohlgeformtes Gebilde ist. Nehmen wir zum Beispiel diesen ärgerlich nachdrücklichen Seufzer eines Philosophen:

> *Es ist beinahe unglaublich, wie ein Problem durch die falschen Ausdrucksweisen, die Generation auf Generation rundherumstellt, gänzlich, auf Meilen blockiert wird, so daß es beinahe unmöglich ist, dazuzukommen.*
> (Wittgenstein, *Philosophische Bemerkungen*)

Das ginge auch ohne das »es«, gewissermaßen im Kopfstand:

> *Wie ein Problem durch die falschen Ausdrucksweisen, die Generation auf Generation rundherumstellt, gänzlich, auf Meilen blockiert wird, so daß es beinahe unmöglich ist, dazuzukommen, ist beinahe unglaublich.*

Aber jetzt sind wir doch ein wenig außer Atem und auch ein bißchen benommen im Kopf von dem, was wir da schon alles gewußt haben sollen, um dem Urteil des Autors am Ende zustimmen zu können. Mit »unglaublich« hat er sicher recht, aber wovon war eigentlich die Rede? Da sind wir dem kleinen »es« im Original doch wirklich dankbar, daß es unseren Sehgewohnheiten so sehr entgegenkommt und die ungleichen Proportionen der Struktur in die richtige Perspektive bringt.

An die Stelle des »es« können auch andere als die von ihm vorangekündigten Satzglieder treten. So ließe sich in dem Beispiel über die falschen Ausdrucksweisen auch die prädikative Adjektivgruppe an den Anfang stellen:

Beinahe unglaublich ist wie ein Problem durch die falschen Ausdrucksweisen ... blockiert wird, so daß es beinahe unmöglich ist, dazuzukommen.

Obwohl sich die vorgestellte Konstituente nicht durch besondere Länge auszeichnet, ist sie in der Anfangsposition stark hervorgehoben. Aber dann wissen wir natürlich bereits warum, denn schließlich ist das Prädikativ ein Satzglied, das normalerweise nicht am Satzanfang seht. Wir haben es also auch in diesem Fall mit einer markierten Stellung zu tun, für deren Verwendung ein besonderer Grund vorliegen müßte. Im Interesse einer neutralen Perspektive ist uns die kleine strukturelle Erweiterung mit »es« gleich doppelt willkommen.

Anfang und Ende des Originalsatzes weisen, wie es scheint, ziemlich dieselbe Struktur auf. Was mit »es ist beinahe unglaublich« beginnt, hört mit »so daß es beinahe unmöglich ist« auf. Interessanterweise haben wir aber nur im ersten Fall die Möglichkeit das »es« durch die Vorstellung des Prädikativs einzusparen. Der Konsekutivsatz wäre in dieser Form einfach ungrammatisch: »*so daß beinahe unmöglich ist dazuzukommen«. Das hat aber nicht nur etwas mit dem Umstand zu tun, daß es sich hier um einen Nebensatz handelt. Auch im Hauptsatz »es ist beinahe unmöglich dazuzukommen« ist das »es« unentbehrlich: »*Beinahe unmöglich ist dazuzukommen.« Ganz offensichtlich wird die Möglichkeit, das Prädikativ nach vorne zu stellen, durch die Art der Ergänzung eingeschränkt. Komplementsätze erlauben, Infinitivgruppen blockieren die Vorstellung:

Beinahe unglaublich ist wie ein Problem blockiert sein kann.
**Beinahe unmöglich ist ein Problem so zu blockieren.*

Da sind wir bei einer ziemlich verzwickten grammatischen Bedingung, die die Möglichkeit einer Wahl zwischen einem

Satz mit »es« und einem ohne »es« schon im Vorfeld unserer Überlegungen zu Proporz und Perspektive einschränkt. Aber derlei »Ungereimtheiten« erfreuen sich in der modernen Grammatiktheorie großer Beliebtheit, sind sie doch der Nachweis für Zusammenstöße zwischen bestimmten grammatischen Regeln, die man über solche Spuren zu entdecken oder zu präzisieren hofft. Angesichts der Vertracktheit des Gegenstands sind wir ganz froh, daß wir uns nur vorgenommen haben, über die Dinge nachzudenken, bei denen uns die Grammatik der deutschen Sprache eine Wahl läßt.

Wenn wir mit »es« eine Wahl haben, dann ist es die zwischen neutraler und markierter Perspektive. Ein besonderer Fall scheint das »es« zu sein, das durch ein gewöhnliches Subjekt ersetzt werden kann. Wenn dann der Vorsprung des Vorboten gegenüber dem Subjekt nicht mehr als eine Kopula mißt, sollte man denken, daß sich der kleine Unterschied in der Perspektive nicht sonderlich bemerkbar macht. Die Feststellung

> *Es ist ein Arbeitsgrundsatz der Behörde, daß mit Fehlermöglichkeiten überhaupt nicht gerechnet wird.*

hätte ganz gut auch ohne das »es« auskommen können, und zwar nicht nur durch die Vorstellung des Komplementsatzes

> *Daß mit Fehlermöglichkeiten überhaupt nicht gerechnet wird, ist ein Arbeitsgrundsatz der Behörden.*

sondern auch durch die Vorstellung des Subjekts:

> *Ein Arbeitsgrundsatz der Behörden ist, daß mit Fehlermöglichkeiten überhaupt nicht gerechnet wird.*

Der Unterschied zwischen dem Original und der zweiten Variante ist minimal verglichen mit den markierten Strukturen, die mit der Vorstellung der Komplemente in diesem und den vorigen Beispielen, oder durch die Vorstellung des Prädikativs im Satz über die falschen Ausdrucksweisen entstehen. Dennoch scheint uns die Variante, die den Arbeitsgrundsatz gleich am Anfang nennt, geradezu mit der Tür ins Haus zu fallen. Wie der indefinite Artikel vor dem Subjekt anzeigt, ist von diesem Grundsatz der Behörden noch nicht die Rede gewesen, das Thema der Aussage also nicht weniger neu als das, was darüber gesagt wird. Da verschafft uns die strukturelle Erweiterung durch das »es« einen kleinen zeitlichen Aufschub, dank dem wir, was dann kommt, viel aufmerksamer verfolgen können.

Bei definiten Subjekten, die nach dem Willen des Autors dem Leser schon bekannt sein sollen, ist diese Art des strukturellen Entgegenkommens nicht so nötig. Wenn es zum Beispiel heißt

Das Wesen einer Hypothese ist, daß sie eine Erwartung erzeugt.
(Wittgenstein, *Philosophische Bemerkungen*)

dann nimmt der Autor an, daß wir mit dem Thema der Aussage schon ausreichend vertraut sind und ohne Umschweife, sozusagen aus dem Stand, damit arbeiten können. Im Vergleich zu der mit »es« erweiterten Struktur

Es ist das Wesen einer Hypothese, daß sie eine Erwartung erzeugt.

ist im Original deutlich eine schärfere Gangart gewählt.

Daß sich der Vorbote »es« um den Preis einer perspektivischen Veränderung einsparen läßt, gilt unter Umständen auch schon in Strukturen, wo das »es« eigentlich als Subjektersatz nicht nötig wäre. Wenn wir das »es« in

Es ist alles eine Frage der Zeit.

durch die Vorstellung des Subjekts eliminieren

Alles ist eine Frage der Zeit.

nimmt der Anspruch an Ausschließlichkeit deutlich zu. Daß dem Subjekt »alles« am Satzanfang ein größeres Gewicht zukommt als in der Stellung, die ihm durch das »es« ermöglicht wird, ist schon verwunderlich. Im Unterschied zu den vorigen Beispielen stehen die beiden notwendigen Partner der Kopula nicht in zwei Teilsätzen, also zwischen verschiedenen Satzgrenzen, sondern mit ihr in denselben Satzgrenzen. Die Kopula sollte also auf den strukturellen Vorboten als Subjektersatz nicht angewiesen sein.

Daß das »es« aber auch in diesem Fall die neutrale Perspektive sichert, gilt sogar dann noch, wenn die Struktur mit »alles« nicht auf eine Kopula reduziert ist. Wenn das »alles« an den Satzanfang kommt, steigt sein Wert. Auch in

Alles kommt darauf an, daß ein richtiges Denken gelehrt wird, ein Denken, das alle Vorgänge und Zusammenhänge nach ihrer vergänglichen und veränderbaren Seite fragt.
(Brecht, *Politische Schriften*)

hat das »alles« am Satzanfang mehr Gewicht als in der späteren Position mit »es«:

Es kommt alles darauf an, daß ein richtiges Denken gelehrt wird ...

Angesichts des permanenten Notstands, in dem sich unsere Welt befindet, ist die drängende Form des Originals, der gestraffte Hintergrund, auf dem sich die Wiederholung des Schlüsselwortes »Denken« noch deutlicher bemerkbar macht, nur allzu verständlich.

Die Strukturreserve des »es« ist überall da von Interesse, wo jedes andere Satzglied in der Anfangsposition zu viel Gewicht erhielte. Wenn es zum Beispiel heißt

Es ist ihm oft alles das reinste Vergnügen, was uns niemals auch nur erträglich sein kann.
(Bernhard, *Midlands*)

dann hilft der strukturelle Puck, alle anderen Anwärter für die Anfangsstellung ihrer unangebrachten Aufwertung zu entziehen. Ohne ihn entstünde — noch verstärkt durch den Nachsatz — eine markierte Perspektive, ob nun das Subjekt, Prädikativ, Dativobjekt oder die Temporalbestimmung anstelle des »es« verwendet würden:

Alles ist ihm oft das reinste Vergnügen, was ...
Das reinste Vergnügen ist ihm oft alles, was ...
Ihm ist oft alles das reinste Vergnügen, was ...
Oft ist ihm alles das reinste Vergnügen, was ...

Erst die Strukturerweiterung durch das »es« schafft die neutrale Perspektive.

Wo aber die Hervorhebung eines anderen Satzglieds durch die Anfangsstellung berechtigt ist, bleibt die Strukturreserve besser ungenutzt. Für »vieles« gelten offensichtlich ähnliche Bedingungen wie für »alles«. In der Feststellung

Nachher freilich sieht vieles ganz richtig aus, im Überblick von der Mitte oder vom Ende des Lebens her.
(Bloch, *Spuren*)

kommt es, wie die ausgerahmte Apposition deutlich macht, gerade auch auf das Nachher an, das in einer perspektivischen Neutralisierung durch den Puck nur an Gewicht verlieren kann:

Es sieht freilich vieles nachher ganz richtig aus, im Überblick von der Mitte oder vom Ende des Lebens her.

Als Vorbote, der zugleich das Subjekt ersetzt, ist das »es« von vornherein ein Garant für neutrale Perspektive. In dieser Rolle bietet es sich auch da an, wo syntaktisch gesehen, gar kein Bedarf für einen Subjektersatz besteht. Aber schließlich sind »alles« und »vieles« ja keine gewöhnlichen Subjekte, so daß wir vielleicht annehmen können, sie seien in dieser Rolle schon irgendwie markiert und könnten ihrer anspruchsvollen Funktion nur dann auf weniger auffällige Weise gerecht werden, wenn ihnen das »es« die perspektivisch weniger prominente Position sichert.

Der strukturelle Vorbote war in allen bisherigen Beispielen nur durch eine Voranstellung zum Verschwinden zu bringen, die dem vorgestellten Satzglied eine größere Bedeutung in der informationellen Hierarchie des Ganzen verlieh, auch dann noch, wenn die betreffende Konstituente nicht schon durch ihre syntaktische Funktion oder strukturelle Länge in der Anfangsstellung markiert gewesen wäre. Die Wahl zwischen der Variante mit »es« und der ohne »es« war so nur eine Wahl zwischen neutraler und markierter Perspektive. Doch die Gründe für das »es« können letzten Endes noch ein gutes Stück über eine solche einfache Rechnung hinausgehen. Da gibt es zum Beispiel einen Satz, für dessen Botschaft wir mitten in dem Bemühen um eine Begründung unserer stilistischen Intuition im Deutschen besonders hellhörig sind:

> *Es ist uns nicht schwer, wenn wir gehandelt haben, triftige Beweggründe in beliebiger Menge zu nennen, aber vorher, wenn wir uns zum Handeln anschicken, haben wir keineswegs diese schöne Übersicht.*
> (Brecht, *Politische Schriften*)

Obwohl uns die beliebige Menge der Gründe nicht ganz gleichgültig läßt, scheint uns die Kritik so vortrefflich formuliert, daß wir sie uns gerne zu Demonstrationszwecken gefallen lassen wollen.

Daß der Infinitiv am Anfang des Satzes die Perspektive grundlos auf den Kopf stellen würde, ist evident:

> *Triftige Beweggründe in beliebiger Menge zu nennen, wenn wir gehandelt haben, ist uns nicht schwer, aber vorher ...*

Vielleicht würden wir anstelle von »ist uns schwer« ohnehin lieber »fällt uns schwer« verwenden, und da stünde uns dann eigentlich sogar noch eine wesentlich kürzere Variante mit Modalverb zur Verfügung:

> *Wir können unschwer, wenn wir gehandelt haben, triftige Beweggründe in beliebiger Menge nennen ...*

Auch der zweite Teil läßt sich noch strukturell verkürzen:

> *... aber bevor wir uns zum Handeln anschicken, haben wir keineswegs diese schöne Übersicht.*

Nur, über dem parenthetischen Satz bekommt unsere verdichtete Struktur ihre syntaktischen Knöpfe kaum mehr richtig zu, so daß wir den Temporalsatz nun doch lieber an den Anfang nehmen würden. Und wer könnte schon ernsthaft etwas gegen eine entsprechend parallele Verteilung der Temporalangaben in beiden Konjunkten einzuwenden haben:

> *Wenn wir gehandelt haben, können wir unschwer triftige Beweggründe in beliebiger Menge nennen, aber bevor wir uns zum Handeln anschicken, haben wir keineswegs diese schöne Übersicht.*

Das klingt nun wirklich nicht schlecht. Im Vergleich mit dem Original müssen wir allenfalls zugeben, daß der parenthetische Satz zwischen »schwer« und »triftige Beweggründe« den Aufeinanderprall von zwei Informationsschwerpunkten vermeiden hilft. Die Infinitivvariante garantiert sogar schon ohne die Parenthese eine solche Zäsur:

> *Es ist uns nicht schwer, triftige Beweggründe in beliebiger Menge zu nennen ...*

Die Parenthese verstärkt diesen Effekt nur noch.

Wenn wir es uns noch einmal genau überlegen, müssen wir eigentlich auch feststellen, daß die Information der Parenthese an dieser Stelle besser plaziert ist, weil sie so der Information, mit der sie kontrastiert, näher steht. Mit der Temporalangabe am Satzanfang entdecken wir den Kontrast zwischen Nachher und Vorher erst, wenn wir beim zweiten Konjunkt angelangt sind, und da müssen wir dann wahrscheinlich unsere Annahme über den Informationsschwerpunkt im Temporalsatz korrigieren. Es ist ja nicht das Handeln selbst, sondern das Gehandelt-Haben, um das es in der Gegenüberstellung geht.

Und jetzt wird uns auch der Vorteil der strukturellen Erweiterung im zweiten Konjunkt klar. Die Aufspaltung des »bevor« in »vorher, wenn« sorgt dafür, daß der temporale Kontrast auch wirklich nicht übersehen wird. Der triftige Grund für die strukturelle Erweiterung durch »es« und die strukturelle Spaltung steckt so in dem Gehandelt-Haben, das die schöne Übersicht verschafft.

Wegweiser

Während der strukturelle Puck unauffällig für die neutrale Perspektive sorgt, wartet ein ganzes Arsenal von einzelnen Wörtern darauf, uns mit unübersehbaren Markierungen den Weg durch den deutschen Satz zu erleichtern. Anders als das diaphane »es«, das als Vorbote noch nicht einmal die Funktion eines Stellvertreters hat, bietet das Arsenal der Wegweiser einen buntscheckigen Haufen lexikalischer Elemente, von denen keins so leicht zu übersehen ist. Dennoch ist es eine Eigenart dieser Wörter, daß uns ihre Bedeutung oft nicht so recht faßbar ist und ein Satz auch ohne sie etwa dasselbe zu sagen scheint. In der Tat ist es gerade dieses Arsenal lexikalischer Strukturreserven, das das Deutsche aus der Sicht einer anderen Sprache redundanzverdächtig macht. Ein Autor kann noch so sparsam mit Wegweisern umgehen, in einem langen Satz, wie im folgenden Beispiel, viele Teilsätze asyndetisch, also geradezu »wortlos«, aneinanderreihen, der *eine* Wegweiser, den er dann doch verwendet, wird den Verdacht des Fremden bestätigen; und wenn dieses Wort noch, wie hier, nicht ganz alltäglich ist, kann uns nur der Respekt vor dem Dichter Nachsicht oder gar Interesse für derlei strukturelle Ornamente sichern. Wir sind aber neugierig genug, auch für einen langen Satz:

> *Die meisten alten Leute haben Jüngern gegenüber etwas Täuschendes, etwas Lügnerisches in ihrem Wesen, man lebt ruhig neben ihnen fort, glaubt das Verhältnis gesichert, kennt die vorherrschenden Meinungen, bekommt fortwährend*

Bestätigungen des Friedens, hält alles für selbstverständlich und plötzlich, wenn sich doch etwas Entscheidendes ereignet und die so lange vorbereitete Ruhe wirken soll, erheben sich diese alten Leute wie Fremde, haben tiefere, stärkere Meinungen, entfalten förmlich jetzt erst ihre Fahne und man liest darauf mit Schrecken den neuen Spruch.
(Kafka, *Der Dorfschullehrer*)

So dicht gepackt ist dieser Satz, daß fast eine ganze Geschichte der Menschheit in ihm Platz hat, und wenn auch viele Einzelheiten wie »etwas Täuschendes, Lügnerisches«, »tiefere, stärkere Meinungen« inhaltlich haarscharf nebeneinander liegen, gibt es in der ganzen langen Struktur nur das Wort »förmlich«, das der beklemmenden Vision nichts hinzuzufügen scheint.

Was — bei allem Respekt vor dem Dichter — soll in all der hochgespannten Dramatik dieses doch eher buchhalterische »förmlich«? Daß das ganze nur eine Metapher ist, daß sich die alten Leute nicht wirklich erheben und Fahnen mit einem neuen Spruch entfalten, wissen wir ohnehin. Der ausdrückliche Hinweis darauf, den uns das »förmlich« gibt, ist doch wirklich nicht nötig.

Nun ist diese Sicht auf das Verhältnis zwischen Jüngeren und Älteren nicht ganz alltäglich, und außergewöhnliche Gedanken mögen eine außergewöhnliche Wahl sprachlicher Mittel durchaus rechtfertigen. Redundanz an sich ist zwar noch nichts Außergewöhnliches, aber wenn selbst reinen Wiederholungen eine über ihre Bedeutung hinausgehende informationelle Funktion zukommen kann, ist vielleicht das »förmlich« an dieser Stelle nicht ganz zufällig.

Der Wechsel von der Lüge zur Wahrheit, von der langen trügerischen Ruhe zur plötzlichen Kriegserklärung erreicht seinen dramatischen Höhepunkt gerade mit dem Ereignis, das uns von dem scheinbar überflüssigen »förmlich« unnötig beschwert erscheint. Mit dem »jetzt erst« wird besiegelt, was mit dem »plötzlich« eingesetzt, das Ende der Täuschung, die, wie der Rosenkranz der vorausgegangenen, asyndetisch gereihten Prädikate nahelegt, schon eine lange Zeit vorgehalten haben mag. »Förmlich« erscheint gerade da, wo wir uns unwiderruflich mit der ganzen schrecklichen

Wahrheit konfrontiert sehen. So gering sein eigener Beitrag zur Bedeutung der Verbgruppe ist, so groß ist die Bedeutung dieser Verbgruppe für den ganzen Satz. Von allen Schwerpunkten, aus denen sich die Geschichte dieses langen Satzes zusammensetzt, ist der, dem das »förmlich« zugeordnet ist, der wichtigste. Er kann nur noch von dem Schrecken über den neuen Spruch überboten werden.

Wenn das »förmlich« nun gerade an dieser Stelle erscheint, läßt es sich als ein strukturelles Zeichen deuten, das uns auf die Wichtigkeit der mit ihm verbundenen Information hinweist. Natürlich ist die Wichtigkeit dieser Information vor allem mit dem Inhalt der Geschichte gegeben, doch können wir sie eigentlich erst im nachhinein richtig erkennen; selbst der formale Hinweis auf die Relevanz einer Information, der aus ihrer Endstellung im Satz kommen könnte, ist an dieser Stelle nur bedingt nutzbar, da der Punkt, von »förmlich« her gesehen, noch eine ganze Weile auf sich warten läßt.

Dagegen lenkt »förmlich«, wie ein Wegweiser, die Aufmerksamkeit auf das, was erst noch kommt, und zwar ebenso sehr durch seine Stellung wie durch seine Bedeutung, durch seine lokale Zugehörigkeit zu einer Konstituente ebenso wie durch inhaltliche Distanz zu ihr. Da steht es in unmittelbarer Nachbarschaft zu der Fahne, die die alten Leute plötzlich entfalten, und hebt uns doch für einen kurzen Moment aus dem Bannkreis dieses Geschehens heraus. Denn anders als »jetzt«, »erst« und die »Fahne«, die entfaltet wird, steht »förmlich« nicht für einen Teil der Welt, von der die Rede ist, sondern für ein bestimmtes Verhältnis zwischen dieser Welt und einer anderen, von der aus sie betrachtet wird. Es ist ein verkappter Kommentar des Betrachters, der dem Leser an dieser Stelle noch mehr Aufmerksamkeit dafür abverlangt, was da zu sehen ist.

In der Regel steht der Wegweiser vor dem Informationsschwerpunkt, auf den er aufmerksam macht. Wenn man in Rechnung stellt, daß das finite Verb im deutschen Hauptsatz aus seiner angestammten Endposition in die zweite Stelle verschoben ist — hier die Position nach dem Konditionalsatz —, dann ist »förmlich« so plaziert, daß wir es als Wegweiser für die ganze verbale Wortgruppe lesen können.

Da das Subjekt dazu per Ellipse eliminiert ist, scheint sich »förmlich« als Kommentar und als Wegweiser auf dasselbe zu beziehen. Das kann aber auch anders aussehen.

Wenn wir lesen

> *Für den Büchersammler ist nämlich die wahre Freiheit aller Bücher irgendwo in seinen Regalen.*
> (Benjamin, *Schriften*)

dann haben wir nicht viel Schwierigkeiten, »nämlich« als Wegweiser auszumachen, aber die Richtung des Wegweisers ist uns plötzlich gar nicht mehr so klar ersichtlich. Die Konstituente, vor der »nämlich« steht, ist jetzt nicht nur eine verbale Wortgruppe, deren finites Verb nach vorne gewandert ist; unmittelbar auf »nämlich« folgt ja das Subjekt, das seine Position am Satzanfang dem Präpositionalobjekt geräumt hat. Nun hebt »nämlich« als Kommentar das, worauf es sich bezieht, in den Rang einer Erklärung, und das müßte dann wohl der ganze Satz sein. Wenn aber der Geltungsbereich von Wegweiser und Kommentar derselbe wäre, müßte sich »nämlich« auch als Wegweiser auf den ganzen Satz beziehen. Doch für das »nämlich« stehen uns in diesem Satz auch noch andere Plätze zur Verfügung, zum Beispiel nach dem Präpositionalobjekt:

> *Für den Büchersammler nämlich ist die wahre Freiheit aller Bücher irgendwo auf seinen Regalen.*

Wenn wir das »nämlich« vor dem Subjekt mit dem nach dem Präpositionalobjekt vergleichen, scheint uns der Wegweiser in dem einen Fall doch ziemlich deutlich auf das Subjekt und in dem anderen auf das Präpositionalobjekt gerichtet zu sein, genau genommen also immer auf das Satzglied, in dessen unmittelbarer Nachbarschaft er steht. Dabei kann der Wegweiser vorwärts oder rückwärts gerichtet sein. Im Original ist das »nämlich« vorwärts, auf die »wahre Freiheit aller Bücher« gerichtet. Und dafür gibt es einen guten Grund. Während das Lokaladverbial, das die Bücher des Büchersammlers auf dessen Regale verweist, am Ende des Satzes, also in der Position des Informationsschwerpunktes steht und der Büchersammler durch die Voranstellung in einer markierten Anfangsposition, steht das Subjekt des Satzes in der Mitte des Satzes an der schwächsten Stelle. »Nämlich« sorgt dafür, daß wir das Subjekt trotz dieser schwachen Stellung zu den Informationsschwerpunkten des Satzes zählen, daß *die wahre Freiheit aller Bücher* nicht weniger wichtig ist als der Büchersammler und seine Regale.

Daß der Wegweiser Stellungsnachteile ausgleicht, empfiehlt ihn für die verschiedensten Konstellationen. Wenn es zum Beispiel heißt

> *. . . gerade die Vorsicht verlangt . . . das Risiko des Lebens.* (Kafka, *Der Bau*)

dann gilt der Wegweiser »gerade« dem Subjekt in seiner neutralen Anfangsposition, der doch an sich nur wenig Gewicht zukommt. Aber der Wegweiser kann auch dazu dienen, Teile aus einer besser plazierten Konstituente hervorzuheben. In

> *Die Schwierigkeit aber, die einfachen Grundsätze anzuwenden, macht einen an diesen Grundsätzen selbst irre.* (Wittgenstein, *Philosophische Bemerkungen*)

hebt »selbst« noch einmal ausdrücklich die Grundsätze hervor, an denen man irre werden kann, weil sie so schwierig anzuwenden sind.

Unter Umständen kann der Wegweiser sogar einem vorangestellten Satzglied gelten, wie das »freilich« dem »nachher«, in dem uns schon bekannten Beispiel

> *Nachher freilich sieht vieles ganz richtig aus, im Überblick von der Mitte, gar vom Ende des Lebens her.*

Als Wegweiser haben »freilich« und »selbst« dieselbe Richtung, und zwar entgegengesetzt zu der von »nämlich« und »gerade«. Als Kommentare beziehen sich »freilich« und »nämlich« auf den ganzen Satz; was »nämlich« erklärt, räumt »freilich« ein. »Selbst« und »gerade« gelten dem gegenüber auch semantisch für nichts anderes als die nominale Wortgruppe, die sie hervorheben, indem sie sie genau als diejenige identifizieren, auf die zutrifft, was mit dem Satz gesagt wird. Ihre Wegweiserfunktion ist also viel direkter von ihrer Bedeutung bestimmt als bei »nämlich« und »freilich«, bei denen Bedeutung und Gliederungsfunktion nur indirekt etwas miteinander zu tun haben. So gesehen müßten wir vielleicht zwischen direkten und indirekten Wegweisern unterscheiden; davon haben die direkten als »Fokussierungselemente« schon eine gewisse Berühmtheit erlangt. Die Klasse der indirekten Wegweiser harrt noch ihrer sprachwissenschaftlichen Entdeckung.

Dabei lassen sich vielleicht die Wörter am wenigsten durchschauen, die sich selbst als Fokus, als Informationsschwerpunkt anbieten können. Während sich »nämlich«, »förmlich« und »freilich« ziemlich im Hintergrund halten, scheint zum Beispiel »ohnehin« in einem Satz wie

Geduld ist ohnehin das Kernstück der Höflichkeit.
(Benjamin, *Schriften*)

mehr Aufmerksamkeit für sich zu beanspruchen als irgendeins der anderen Wörter, ganz bestimmt aber so viel wie das »Kernstück der Höflichkeit«, das wegen seiner Position am Satzende vermutlich das Kernstück der Aussage ist.

Der Kommentar von Wörtern wie »ohnehin« oder »ohnedies« stellt, wie das »ohne« darin nahelegt, eine *privative Relation* her. Denkbar wäre zum Beispiel eine, in der die Aussage im Geltungsbereich von »ohnehin« ohne jede weitere Bedingung als wahr zu gelten hat. Damit wird das »ohnehin« zum Träger eines Schwerpunkts, den es durch seine Bedeutung hindurch an den Schwerpunkt der Aussage weitergibt. Und da gleicht es dann dem »selbst« in dem Satz über die Grundsätze, das *selbst* hervorgehoben ist, aber doch nur, um die Grundsätze, auf die es sich bezieht, ihrerseits hervorzuheben.

Aber während dem »selbst« keine über diese Funktion hinausgehende Bedeutung zukommt und damit auch sein Geltungsbereich als Kommentar auf die Grundsätze beschränkt bleibt, steckt in der Bedeutung des »ohnehin« eben noch eine privative Relation, die sich über seine Funktion als Wegweiser auf den ganzen Satz bezieht.

Verglichen mit dem semantischen Doppelsalto, den uns die negativen Anteile an der Bedeutung des »ohnehin« abverlangen, erfordert das »wirklich« in dem Satz

> *Man blickt dem anderen auf die Füße, bis er wirklich stolpert.*
> (Frisch, *Stichworte*)

eigentlich gar keine Bewegung. So durchsichtig ist das »wirklich«, daß es gerade nur das bestätigt, was ohnehin da steht. Und obwohl das, was da steht, ein ganzer Satz ist, lenkt das »wirklich« unsere besondere Aufmerksamkeit auf das »stolpern«.

Auch nur

Man kann sich die Sache mit »wirklich« aber auch noch ein bißchen schwerer machen, zum Beispiel mit der Frage:

> *Soll sich denn die Logik darum kümmern, ob der Satz auch wirklich gründlich* gedacht *war?*
> (Wittgenstein, *Philosophische Bemerkungen*)

In einer Frage kann das »wirklich« ja nun nichts bestätigen. Außerdem ist der Vorgang, um den es geht, ein gutes Stück komplizierter als »stolpern«. Dann wird, wie wir an dem »denn« sehen, auf andere Meinungen Bezug genommen. Und schließlich steht vor dem »wirklich« noch ein »auch« und verwehrt uns den Durchblick. Dennoch scheint uns das »wirklich« auf das »gründlich gedacht« zu verweisen und es, wenn schon nicht zu bestätigen, so doch bestätigt haben zu wollen — ein Unterschied, der wohl auf das Konto der Frage geht. Natürlich bezieht sich das »wirklich« nicht auf die ganze Frage, sondern nur auf den indirekten Fragesatz, in dem es steht, ist also nur Wegweiser innerhalb eines Teilsatzes. Aber das gilt auch schon für das vorige

»wirklich«, dessen Geltungsbereich den Blick auf die Füße des anderen nicht mehr umfaßt.

Das wirklich Schwierige an der Frage über die Aufgabe der Logik ist das »auch«. Deshalb sollten wir es uns vielleicht lieber erst einmal alleine vornehmen. Da erhalten wir zum Beispiel den wichtigen Hinweis:

Wo man nicht suchen kann, da kann man auch nicht fragen.
Wittgenstein, *Philosophische Bemerkungen*)

Das gilt ohne das »auch« ebenso:

Wo man nicht suchen kann, da kann man nicht fragen.

Mag sein, daß der Hinweis ohne das »auch« etwas strenger klingt. Aber mit einer solchen Feststellung haben wir uns noch nie zufrieden gegeben. Wir glauben daran, daß man hier »suchen« kann und fragen also: Wenn das »auch« die Aussage weniger streng erscheinen läßt, wie macht es das?

Da werden zwei Sachverhalte miteinander verbunden, die bis auf ein Element ganz gleich sind. Man kann *etwas* nicht, und dieses *etwas* ist im einen Fall »suchen«, im andern »fragen« und die Verbindung zwischen den beiden eine Art Bedingungsgefüge — wenn der eine Fall zutrifft, dann auch der andere. Aber da ist uns nun das »auch« selbst in die Verallgemeinerung geraten und drängt sich uns dafür noch hartnäckiger auf als für das Original. Die Verallgemeinerung ohne »auch«

**Wenn der eine Fall zutrifft, dann der andere.*

dehnt den Spielraum für Ellipsen deutlich zu weit aus. Das wäre anders, wenn über die Sache in einer koordinierten Struktur verhandelt würde. Da kann dann »der eine Fall zutreffen *und* der andere«, ohne daß wir das »auch« beanspruchen müssen, die Möglichkeiten der Koordinationsellipse machen es entbehrlich. In einer subordinierten Verknüpfung dagegen läßt sich die strukturelle Wiederholung nicht spurlos streichen — an ihre Stelle tritt das »auch«. »Ich auch«, sagen wir und ziehen uns damit zu, was immer für einen anderen schon ins Gespräch gekommen sein mag. »Ich« allein, ohne das »auch«, könnte das nicht leisten.

Wenn aber die Wiederholung, wie in dem Satz über »suchen« und »fragen« gar nicht eingespart wird, dann braucht es — sollte man meinen — den Hinweis des »auch« auf die Wiederholung nicht. Und doch können wir feststellen, daß uns das »auch« hier nicht stört, sondern, im Gegenteil, den Gedankengang des Philosophen aufmerksamer rezipieren läßt, und das genau an der Stelle, an der das neue Element erscheint.

Die Wiederholung, die das »auch« anzeigt, gilt nicht dem selben Sachverhalt, sondern einem gleichen und darin auch noch einem anderen Vorgang. Nicht »suchen«, sondern »fragen« ist es, von dem der gleiche Sachverhalt behauptet wird. Die Stelle, scheint es, an der das »auch« steht, ist für den Abschluß des Gedankens so wichtig, wie der semantische Beitrag des »auch« für die Bedeutung des Ganzen unerheblich ist. Da liegt die Vermutung nahe, daß dieses »auch« gleichfalls zum Arsenal der Wegweiser gehört.

Da die semantische Interpretation von Wörtern wie »auch« immer an den Informationsschwerpunkt gebunden ist, der in ihrem Geltungsbereich steht, ist »auch«, wie das »gerade« in dem Satz über das Risiko des Lebens, ein Fokussierungselement. Im Unterschied zu Wegweisern wie »gerade« braucht es nicht in unmittelbarer Nachbarschaft zum Fokus stehen. Bei größerer Entfernung wird es regelrecht zum Platzhalter für den Informationsschwerpunkt am Satzende. In

ich kann das nicht, und du kannst das auch nicht

trägt das »auch« die Betonung stellvertretend für das Subjekt, das in der Gegenüberstellung der gleichen Sachverhalte das neue Element ist.

Nah verwandt mit »auch« sind Wörter wie »schon«, »noch«, »nur«, bei denen es oft um Graduierungen entlang einer Skala geht, weshalb sie neben anderen Bezeichnungen auch »Gradpartikel« heißen. Ähnlichkeit in der Bedeutung läßt Ähnlichkeit in der Funktion erwarten. Und da werden wir auch gleich fündig. Wir lesen

Die Tatsachen gehören alle nur zur Aufgabe, nicht zur Lösung.
(Wittgenstein, *Tractatus logico-philosophicus*)

und schon scheint uns derselbe Satz ohne das »nur«

Die Tatsachen gehören alle zur Aufgabe, nicht zur Lösung.

im wesentlichen dieselbe Aussage zu machen. Dagegen ließe sich einwenden, daß die »Aufgabe« und die »Lösung« durch das »nur« in ein hierarchisches Verhältnis gesetzt sind, in dem wir sie uns leicht vorstellen können, was wir aber ohne das »nur« nicht unbedingt getan hätten.

Das »nur« schränkt ein Mehr an Erwartung ein im Hinblick auf das, was folgt, und was damit als etwas gekennzeichnet ist, das unter der Erwartung bleibt. Wenn das, was nicht erreicht ist, in der Folge ausdrücklich erwähnt wird, ordnet ihm das »nur« in seiner Hierarchie den höheren Wert zu — vorausgesetzt, daß sich das machen läßt. Wenn an ein Mehr im positiven oder negativen Sinn nicht zu denken ist, macht »nur« keinen Sinn. Die Bedingung, unter der zum Beispiel »Er ist nur tot« eine sinnvolle Aussage wäre, ist im Rahmen unserer Wertesysteme schlecht vorstellbar.

In unserem Satz könnte die Bedingung der Hierarchie aber auch anders erfüllt werden. Eine mögliche Paraphrase zum Original ist:

Die Tatsachen gehören alle zur Aufgabe, nicht auch zur Lösung.

Das Mehr entsteht hier durch einfache Addition, durch die Gegenüberstellung von »Aufgabe« und »Aufgabe plus Lösung«. Aber da besteht dann keine hierarchische Beziehung zwischen »Aufgabe« und »Lösung«, und das »nur« wird immer mehr zum Wasserzeichen in der Bedeutung des Satzes.

Für den Fall schließlich, daß die Gegenüberstellung den gesamten Bereich der Möglichkeiten ausschöpft, trägt das »nur« überhaupt nichts mehr zur Bedeutung des Satzes bei.

Ob »nur ich es weiß und sonst niemand« oder ob »ich es weiß und sonst niemand«, ergibt aufs ganze gesehen immer dasselbe. Da heißt es zum Beispiel

> *Die Reisezeit wird so gefüllt wie sonst nur der Raum, und der Raum wird das Medium der Veränderungen wie sonst nur die Zeit.*
> (Bloch, *Spuren*)

Die Gegenüberstellung balanciert Zeit und Raum so vollkommen aus, daß das Mehr im »nur« nicht hierarchisch sondern additiv zu lesen ist. Aber das heißt dann eben insgesamt nichts anderes, als was mit demselben Satz ohne »nur« gesagt wäre:

> *Die Reisezeit wird so gefüllt wie sonst der Raum, und der Raum wird das Medium der Veränderungen wie sonst die Zeit.*

Indem Zeit und Raum auch sonst das nicht sind, was ihnen das »nur« abspricht, bringt das »nur« in die Bedeutung des Satzes nichts, was nicht schon darin enthalten wäre. Semantisch gesehen ist es wirklich redundant.

Aber wie steht es um das »nur« als Wegweiser? Es verstärkt unsere Aufmerksamkeit für die Konstituente, die ihm folgt, und das ist am Ende des ersten Konjunkts »der Raum« und am Ende des zweiten »die Zeit«. Sie sind Subjekte in elliptischen Komplementsätzen und darin dem jeweils entgegengesetzten Element im Subjekt des Hauptsatzes gegenübergestellt. Dazu kommt das »sonst«, für das »die Reisezeit« am Anfang den Bezugspunkt setzt, den Raum und die Zeit außerhalb von Reisen. Außer seinem Prädikativ, »so gefüllt« beziehungsweise »das Medium der Veränderungen«, enthält jeder Konjunktsatz durch die Gegenüberstellungen noch drei weitere Informationsschwerpunkte, in denen die *Zeit, der Raum* und das *sonst* zueinander kontrastiert sind, und am Ende jedes Satzes stehen jeweils zwei dieser Informationsschwerpunkte unmittelbar nebeneinander. Das heißt, sie stünden direkt nebeneinander, wenn im Original nicht noch das »nur«

zwischen sie geschoben wäre. Gleich nach dem »sonst« gibt uns das »nur« den Hinweis darauf, daß ihm jetzt noch ein Schwerpunkt folgt.

Der Wegweiser, der einen Schwerpunkt anzeigt und zugleich zwei Schwerpunkte trennt, empfiehlt sich unter Umständen auch, wo schon semantische Gründe für seine Verwendung vorliegen, wie in dem Beispiel über die Einordnung der Tatsachen (S. 381). Da gibt es nämlich neben den beiden schon durch »nicht« getrennten Schwerpunkten am Ende des Satzes noch das »alle«, das in dieser markierten Stellung, losgelöst von den »Tatsachen«, zu denen es gehört, auch einen Schwerpunkt beansprucht. In der partikellosen Variante

Die Tatsachen gehören alle zur Aufgabe, nicht zur Lösung.

folgen die Schwerpunkte »alle« und »Aufgabe« unmittelbar aufeinander. Das bißchen Präposition dazwischen ist nicht der Rede Wert. Im Original steht da aber auch das »nur«, dessen bescheidener Beitrag zur Bedeutung des Satzes ganz gewiß durch den Bonus des Wegweisers aufgewertet wird.

Der Wink mit dem Zaunpfahl

So willkommen uns *ein* Wegweiser an dieser oder jener Stelle im Satz sein mag, so befremdlich mag es scheinen, wenn an derselben Stelle gleich zwei oder mehr Wegweiser verwendet werden. Da könnte doch der Redundanzverdacht, der dem atmosphärischen Bedeutungsbeitrag dieser Worte gilt, erneut Auftrieb erhalten. Sollte denn die Frage nach der Aufgabe der Logik nicht mit *einem* Wegweiser auskommen können? Wenn in dem Fragesatz überhaupt ein Wegweiser nötig ist, wäre es nicht besser, nur »wirklich« oder nur »auch« zu nehmen? Also

Soll sich denn die Logik darum kümmern, ob der Satz auch gründlich gedacht *war?*

oder

Soll sich denn die Logik darum kümmern, ob der Satz wirklich gründlich gedacht *war?*

Ist nicht beides zugleich etwas geschwätzig und ein Beweis dafür, daß das Vorurteil über die Neigung des Deutschen zu überflüssigem Beiwerk doch nicht unbegründet ist?

Dieser Verdacht hat sich schon einmal als unzutreffend erwiesen als es um Wörter wie »doch« und »ja«, »etwa« und »denn« ging (S. 286 ff.). Was wie ein nachlässiger Umgang mit überflüssigem Beiwerk erschien, war das kunstvolle Spiel auf der Klaviatur vorausgesetzter Meinungen — eine superbe Möglichkeit des Deutschen, um die es andernorts beneidet werden kann.

Von dieser Möglichkeit macht auch die Frage des Philosophen Gebrauch, der mit »denn« an die Meinung des Lesers anknüpft. Doch folgt daraus noch nichts über die Berechtigung von »auch« und »wirklich«, die Nützlichkeit oder Redundanz der beiden Wegweiser. Wenn wir die Angemessenheit von einem oder gar zwei Wegweisern in der Frage des Philosophen beurteilen wollen, dann müssen wir etwas von dem Zusammenhang kennen, in dem diese Frage gestellt wird. Und da entdecken wir, daß bei aller Vertracktheit des philosophischen Gedankengangs eins feststeht, und das ist die negative Antwort des Philosophen auf diese Frage.

Soll sich denn die Logik darum kümmern, ob der Satz auch wirklich gründlich gedacht *war? Und welches Kriterium hätte man dafür? Doch nicht gar das lebhafte Spiel der Vorstellungen, das das Aussprechen des Satzes begleitet! Es ist klar, wir sind hier in einem Gebiet, das uns gar nichts angeht und aus dem wir schleunigst retirieren sollen.*

Es handelt sich also um eine rhetorische Frage, durch die eine der beiden möglichen Antworten von vornherein ausgeschlossen wird. Der Philosoph führt uns diese Möglichkeit durch seine Frage gewissermaßen mit spitzen Fingern vor, seiner Meinung nach muß es der Logik um den Satz selbst gehen und nicht um die ohnehin nicht zugänglichen Begleitumstände im Kopf dessen, der ihn äußert. Wenn wir uns nun die Frage ohne den Wegweiser ansehen

Soll sich denn die Logik darum kümmern, ob der Satz gründlich gedacht *war?*

so erscheint sie uns doch eher als richtige Frage, die wir nur mit einem entsprechenden Hinweis aus dem Kontext als rhetorisch verstehen würden. Der Einschub *eines* Wegweisers scheint daran noch nichts zu ändern:

Soll sich denn die Logik darum kümmern, ob der Satz wirklich gründlich gedacht *war?*

Das gilt allerdings nur, wenn »wirklich« nicht betont ist. Mit der Betonung steht »wirklich« selbst im Zentrum der Aufmerksamkeit. Wenn ich frage, ob ich *wirklich* etwas tun soll, dann ist die Forderung, daß ich es tun soll, schon gestellt. Aber indem meine Frage auch die Möglichkeit, daß ich es nicht *wirklich* tun soll, ins Spiel bringt, läßt sie sich nun ganz leicht als eine rhetorische Frage verstehen.

Ob ich das »wirklich« betone oder nicht, ist mir freigestellt. Wenn ich aber das »auch« vor das »wirklich« stelle, wird mir diese Freiheit beschnitten. Da »auch« meine Aufmerksamkeit auf »wirklich« lenkt, werde ich das »wirklich« betonen und mich damit auch mehr zu einer rhetorischen Interpretation der Frage gedrängt sehen. Mehrere Wegweiser führen uns also genau dahin, wo uns der Autor haben möchte.

Wörter wie »auch« und »wirklich«, die als Wegweiser vor Informationsschwerpunkte im Satz geschoben werden, vergrößern auch den Grad der Explizitheit einer Struktur, ganz besonders wenn sie gleich zu mehreren verwendet werden. Ganz allgemein stellen die Wegweiser auch eine Strukturreserve dar, von der wir zugunsten einer klareren Durchgliederung der Informationsstruktur Gebrauch machen. Wenn wir da aber wieder einmal den Blick über den Zaun einer fremden Sprache riskieren, stellen wir fest, daß man anderswo mit weitaus weniger Strukturreserven dieser Art auszukommen scheint. Selbst wo es — etwa im Englischen — Entsprechungen zu Wörtern wie »ohnehin«, »freilich«, »nämlich«, »auch« und »nur« gibt, werden sie mit weitaus größerer Zurückhaltung verwendet als im Deutschen.

Nun ist ja nicht verwunderlich, wenn eine Sprache Ausdrucksmittel, die ihr fehlen, nicht verwendet; aber warum sollte sie Ausdrucksmittel, über die sie verfügt wie eine andere, nicht auch ebenso häufig verwenden? Wenn das Englische keine dem Deutschen gleichwertigen »doch«, »ja«, »etwa« und »denn« kennt, muß es eben auf die Kunst dieser argumentativen Begleitmusik verzichten. Aber Wörter wie »anyway«, »however«, »indeed«, »only« und »also« hat es ja, und die sind in ihren semantischen und syntaktischen Eigenschaften unseren deutschen Wegweisern ziemlich ähnlich; doch die Beliebtheit der deutschen Wegweiser teilen sie nicht.

Da könnten wir nun wieder einmal versucht sein, Unterschiede in den nationalen Eigenschaften der Sprecher, etwa die Nüchternheit »des Engländers« und die übertriebene Genauigkeit »des Deutschen«, zur Erklärung heranzuziehen. Aber es hat sich bis jetzt noch immer ein spezifischerer Grund im Unterschied der beiden Sprachsysteme gefunden, so daß wir sicher auch diesmal auf derlei sprachtypologische Horoskope verzichten können. Da wir wissen, daß die Beliebtheit von Wörtern wie »ohnehin«, »freilich«, »auch« und »wirklich« etwas mit ihrer Funktion als Wegweiser zu tun hat, können wir uns ja fragen, welche Eigenschaft der deutschen Sprache es ist, die uns die Wegweiser so willkommen macht.

Da die Wegweiser immer einem Informationsschwerpunkt gelten, und wenn nur einer da ist, eben *dem* Informationsschwerpunkt des Satzes, könnte das Geheimnis ihrer Beliebtheit vielleicht etwas mit der Frage zu tun haben, wie wir im Deutschen den Schwerpunkt eines Satzes ausfindig machen. Im allgemeinen ist er ja am Ende des Satzes zu erwarten, in größtmöglicher Nähe zum Verb in seiner Grundstellung. Wir wissen also, daß die Schwerpunktkonstituente spätestens mit dem Satz endet, wo sie aber beginnt wissen wir nicht. Das ist, wenn wir uns am Verb orientieren, im Englischen anders, denn da steht das Verb ja ziemlich früh im Satz und bekommt seine Ergänzungen alle erst hinterher zugeordnet. Im Englischen wissen wir also im Prinzip, wo die Schwerpunktkonstituente anfangen könnte. Das Verb ist unser Anhaltspunkt. Im Deutschen müssen wir, wenn uns die Sache nicht auf Anhieb aus dem Inhalt klar ist, bis zum Schluß des Satzes warten, ehe wir uns über den Anfang der Konstituente mit dem Informationsschwerpunkt wirklich sicher sein können. Wenn diese Grundannahmen zutreffen, wird die Antwort auf die Frage, wo beginnt der Schwerpunkt, im Englischen durch die Stellung des Verbs, also schon durch die elementarste grammatische Form des Satzes erleichtert. Das Deutsche verfügt über diese grammatische Antwort nicht, es kann aber den Mangel an grammatischer Durchgliederung der Informationsstruktur lexikalisch ausgleichen. Es nutzt das Arsenal der Wegweiser mehr und besser, es verwendet sie öfter und verfügt über ein reichhaltigeres Angebot.

Strukturell aufgewertet

Wenn man sich erst einmal an solche Fokusanzeiger gewöhnt hat, wird man sie zu allen passenden Gelegenheiten nutzen, etwa wo der Schwerpunkt bereits ungewöhnlich früh gesetzt wird oder wo mehrere Schwerpunkte unmittelbar aufeinander folgen oder wo es um den wichtigsten von mehreren Schwerpunkten geht. Der Wegweiser kann dabei auch immer noch als eine zusätzliche strukturelle Aufwertung gesehen werden, ob es sich nun bei dem Element, das er anzeigt, nicht nur informationell sondern auch strukturell um ein Schwergewicht handelt oder ob die Schwerpunktkonstituente für sich allein als zu kurz empfunden würde. Da lesen wir

> *Das utopische Bewußtsein will weit hinaus, aber letzthin doch nur dazu, um das ganz nahe Dunkel des gerade gelebten Augenblicks zu durchdringen.*
> (Bloch, *Spuren*)

und sehen, wie ein ganzes Bataillon von Wegweisern eingesetzt wird, um das philosophische Paradoxon vorzubereiten. Der finale Infinitiv ließe sich auch in weitaus bescheidenerer Weise mit dem Vorangegangenen verbinden:

Das utopische Bewußtsein will weit hinaus, aber nur um das ganz nahe Dunkel des gerade gelebten Augenblicks zu durchdringen.

»Letzthin«, »doch«, »dazu« können mühelos eingespart werden, ohne daß sich dadurch die Aussage verändern würde. Aber die Wucht des Gedankens würde uns so vielleicht erst im nachhinein richtig erreichen. Im Original hält die beachtliche Klammer der Strukturreserven aus drei Partikeln und einem Pronominaladverb die Antipoden des Gedankens in angemessener Form zugleich zusammen und auseinander.

Auf der anderen Seite ist es besonders die kleine Form, die durch den Wegweiser strukturell aufgewertet wird. Dabei mögen auch noch andere Strukturreserven eingesetzt werden.

Es gibt eine Nachreife auch der festgelegten Worte.
(Benjamin, *Schriften*)

sagt der Dichter und nicht etwa

Festgelegte Worte reifen nach.

obwohl wir doch ohnehin wissen, daß was er für die festgelegten Worte beansprucht, schon immer vom Wein gilt, und vom Käse, also eben nur *auch* von den festgelegten Worten gelten kann, und obwohl der Prozeß des Nachreifens in der zum Nomen erhobenen Form nicht anders ablaufen kann als in der des Verbs. Aber die nominalisierte Form erlaubt eine Streckform mit zusätzlichem Verb und pronominalem Subjekt »Es gibt«, die dem Prozeß des Nachreifens ebensoviel von unserer Aufmerksamkeit sichert, wie das »auch« den »festgelegten Worten«. Und so finden wir den Gedanken tiefsinnig und die ihn festlegenden Worte wohlgesetzt, ein Ergebnis, das wir uns für die Nachreife aller, auch der eigenen festgelegten Worte nur wünschen können.

Der Erfolg ist die Marotte des Weltgeschehens. Somit hat er am wenigsten zu schaffen mit dem Willen, der ihm nachjagt.
(Benjamin, *Schriften*)

Das ist eine Einsicht, die uns jetzt, am Ende unseres Programms, sehr gelegen kommt. Sie hilft uns Proporz und Perspektive zwischen den möglichen Welten wahren und den kritischen Blick für die Grenzen unserer Aussagen schärfen. Seit dem ersten Satz der Schöpfungsgeschichte ist viel Zeit vergangen, während der uns unser Ehrenplatz im grammatischen Varieté einiges von der Kultur der deutschen Sprache und ihrer gefeierten Akteure erschlossen hat. Da waren die Vorführungen zur Perspektive deutscher Sätze, in denen die Mitspieler nach den Rollenplänen des Verbs unter der Regie der deutschen Grammatik auf die Bühne kamen, da war das Kaleidoskop der freien Adverbiale, die Mehrfarbigkeit und Dingfestigkeit der Nomina und ihrer Stellvertreter, der Zeittakt und der Rückzug auf den anderen Blickwinkel, das Spiel mit den Möglichkeiten und das mit der Meinung anderer und schließlich der Einsatz von Strukturreserven und strukturellen Sparprogrammen in den Haushaltsplänen für Proporz und Perspektive.

Auch wenn der Erfolg eine Marotte des Weltgeschehens ist, glauben wir, jetzt ein paar wichtige Ingredienzien für erfolgreiche deutsche Sätze zu kennen. Das betrifft aber nur die Form der Sätze. Der Erfolg ist natürlich vor allem eine Sache des Inhalts und das gleich in zweifacher Hinsicht, denn auch der Erfolg der Form mißt sich am Inhalt. Die sprachlichen Mittel sind gut gewählt, wenn sie dem Gedanken angemessen sind, dem Wert seiner Elemente mit dem nötigen Nachdruck gerecht werden, Gleichwertiges im Gleichgewicht halten, Wichtiges und weniger Wichtiges gut austarieren, Schwerpunkte markieren und, wenn nötig, trennen. Aber der Gedanke, dem da sprachlich Maß genommen wird, läßt sich durch alle unsere raffinierten Schnitt-, Strick- und Kreuzstichmuster nicht herbeizaubern

— wir müssen ihn schon haben. Daran ändert auch die Vexierfrage nichts, was von dem Gedanken wir eigentlich »haben«, dessen sprachliche Form wir noch nicht kennen. Wir wissen nur, daß uns keine noch so detaillierte Kenntnis von der sprachlichen Kunstfertigkeit der »schönen« Sätze zu solchen erfolgreichen Gedanken verhelfen wird.

Natürlich ist der Erfolg nicht ausschließlich eine Sache des Weltgeschehens. Die kleinen Münzen des Erfolgs machen auch froh, und das Vergnügen auf dem Weg dahin gehört schon dazu. Da werden wir am Ende unserer Überlegungen nun fast wehmütig bei dem Gedanken, daß sich das Studium »schöner« Sätze, zumindest in dieser Form, nicht unbegrenzt ausdehnen läßt. Der Stoff dafür wird uns sicher nie ausgehen. Wir haben auch noch lange nicht alle Sehenswürdigkeiten des Deutschen betrachtet, die uns unsere Intuition über den Umgang mit dieser Sprache bereithält — ganz zu schweigen davon, daß man sie auch anders und in jedem Fall viel genauer sehen kann. Aber irgendwann muß man ja einen Punkt setzen, und sei es nur, um mit etwas Neuem beginnen zu können.

Nun ist die Entscheidung darüber, wo man den Punkt setzt, von vielen verschiedenen Faktoren abhängig, aber eins ist sicher: Auch die Stelle für den Punkt kann gut oder weniger gut gewählt sein, und unsere Wahl wird vor allem vom Proporz zwischen dem, was vor und dem, was nach dem Punkt kommt, bestimmt. So allgemein gesagt ist das ebenso zutreffend wie nichtssagend, aber wir können ja einmal versuchen, es ganz konkret auf den *Punkt* zu bringen, also auf das Zeichen für die Grenze zwischen selbständigen Sätzen.

Nehmen wir den Satz über den Erfolg, der nicht erzwungen werden kann. Im Original steht zwischen dem Erfolg als Weltgeschehen und dem Willen, der ihm angeblich nachjagt, ein Punkt. Aber der Satz über den Willen ist durch »somit« ausdrücklich als Schlußfolgerung aus dem ersten formuliert. Das ließe sich auch in einem Satz sagen. Entweder durch eine syntaktische Unterordnung:

Der Erfolg ist die Marotte des Weltgeschehens, womit er am wenigsten zu schaffen hat mit dem Willen, der ihm nachjagt.

oder durch eine Koordination:

Der Erfolg ist die Marotte des Weltgeschehens und hat somit am wenigsten zu schaffen mit dem Willen, der ihm nachjagt.

Grammatisch ist an diesen beiden Varianten nichts auszusetzen, aber gegenüber dem Original sind doch größere Veränderungen eingetreten, als man erwartet hätte. Zumindest die untergeordnete Version scheint nicht nur in der Form sondern auch im Inhalt von Original verschieden; aber auch die Koordination sagt nur auf den ersten Blick dasselbe wie das Original.

Was sich durch die Verknüpfung von selbständigen Sätzen zu Teilsätzen in beiden Fällen ändert, ist die Perspektive, genauer gesagt, das Verhältnis zwischen Informationsschwerpunkt und Hintergrund. Jeder Satz, ob er nun einfach oder komplex ist, hat seine Gesamtperspektive, die ihm der Punkt begrenzt. Unabhängig von der Menge seiner Teilsätze ist das Ganze von seinem Anfang bis zu seinem Ende eine Einheit, und der Wert der einzelnen Elemente darin bestimmt sich durch das Verhältnis dieser Elemente zueinander. Mit dem nächsten Satz beginnt eine neue Einheit. Die Gesamtwerte von zwei selbständigen Einheiten sind im neutralen Fall gleichwertig. Jeder selbständige Satz beansprucht von uns dieselbe Menge Aufmerksamkeit. Das muß nicht heißen, daß ein konkreter Satz diesem Anspruch gerecht wird. Er kann für die Aufmerksamkeit, die ihm als Satz zukommt, zu viel oder zu wenig bieten. Darüber entscheidet sein Inhalt.

Teilsätze sind Einheiten, die ihrerseits Elemente in einer größeren Einheit sind. Während zwei selbständige Sätze nur inhaltlich, aber nicht formal miteinander verrechnet werden, sind Teilsätze inhaltlich und formal aufeinander bezogen. Während »Wille« und »Erfolg« im Original in zwei selbständigen Sätzen präsentiert werden, gehören sie in der subordinierten Version zu je einem Teilsatz und sind damit in die Perspektive des ganzen Satzes integriert, der sich aus den Teilsätzen konstituiert. Da uns die Perspektive des deutschen Satzes den Informationsschwerpunkt am Ende erwarten läßt, bewirkt die Reihenfolge der Teilsätze in einem komplexen Satz ihre Hierarchisierung, und zwar so, daß wir für den Teilsatz am Ende einen höheren Wert erwarten als für den am Anfang. Durch die Verknüpfung der beiden Sätze aus dem Original nimmt also der Satz über den Willen eine Stellung ein, die sich in unserer Erwartung mit einem höheren Informationswert verbindet. Die koordinative Variante

Der Erfolg ist die Marotte des Weltgeschehens und hat somit am wenigsten zu schaffen mit dem Willen, der ihm nachjagt.

unterscheidet sich vom Original genau in diesem Punkt. Die *Marotte des Weltgeschehens* und der *Wille* werden durch die Koordination so relativiert, daß wir der ersten Aussage kaum mehr einen eigenen Wert zuschreiben, sondern sie sogleich als Prämisse für die zweite verstehen. Die *Marotte des Weltgeschehens* wird zugunsten der Schlußfolgerung über den *Willen* noch im selben Satz in den Hintergrund gerückt.

Die subordinierte Variante

Der Erfolg ist die Marotte des Weltgeschehens, womit er am wenigsten zu schaffen hat mit dem Willen, der ihm nachjagt.

bewirkt gerade das Gegenteil. Dafür ist die Art der Verknüpfung, das »womit«, ausschlaggebend. Im Unterschied zur einfachen Addition durch das »und« bestimmt das »womit« eine spezifische Relation zwischen den beiden Teilsätzen und die syntaktische Unterordnung des zweiten Teilsatzes unter den ersten. Wie immer die Verrechnung dieser Faktoren im Einzelnen aussehen mag, das informationelle Ergebnis ist eine Hierarchie der Teilsätze, in der der zweite Teilsatz trotz seiner Stellung am Ende des Satzes einen geringeren Wert zugewiesen bekommt als der erste.

Allerdings sind wir in unserem Urteil ein wenig verunsichert. Der subordinierte Satz steht ja am Ende und enthält überdies noch einen extraponierten (ausgerahmten)

Strukturteil mit einem weiteren Teilsatz — »mit dem Willen, der ihm nachjagt«. In dem Satz über den Willen stehen zwei Schwerpunkte, der Superlativ »am wenigsten« und eben »der Wille, der ihm nachjagt«, deren normale Stellung den verbalen Rahmen überfordern würde:

Der Erfolg hat am wenigsten mit dem Willen, der ihm nachjagt, zu schaffen.

Die Ausrahmung schiebt die mit dem Relativsatz beschwerte Ergänzung des Verbs ans Ende und zerlegt dadurch die beiden Schwerpunkte in überschaubare Portionen.

Die Distanz des extraponierten Schwerpunkts zur informationellen Nahtstelle der unterordnenden Konjunktion »womit« scheint allerdings unsere Erwartung, daß am Ende des Satzes das Wichtigste steht, erneut zu beleben — umso eher als der ausgerahmte Strukturteil dem Verb folgt, also der Konstituente, die für uns im Deutschen das Ende einer Informationseinheit signalisiert. Da finden wir uns nun am Ende des ganzen Satzes im Nebensatz mit zwei Schwerpunkten konfrontiert gegenüber dem einen im Hauptsatz und sehen uns gedrängt, den Nebensatz in der Informationshierarchie des ganzen Satzes über den Hauptsatz zu stellen. Damit geraten wir aber in Konflikt mit dem, was uns das »womit« glauben machen will. Im Unterschied zur Koordination bleibt durch die Subordination der Wert des ersten Satzes uneingeschränkt erhalten, aber durch das »womit« ist der Nebensatz in seinem Wert gegenüber dem Hauptsatz verringert und stolpert am Schluß auch noch über seine zu großen Füße.

Der Punkt im Original sichert beiden Sätzen unsere ungeteilte Aufmerksamkeit, die dem Witz der beiden Gedanken gerecht werden kann, ohne sich von der Art der sprachlichen Verknüpfung in eine falsche Perspektive gedrängt zu sehen.

Von all den sprachlichen Mitteln, zwischen denen uns die Grammatik die Wahl läßt, mag uns der Punkt die größten Freiräume eröffnen. Doch kann auch er, wie das Beispiel zeigt, mehr oder weniger gut gesetzt sein, und das Urteil darüber ist, wie in allen anderen Fällen Sache eines Gefühls, das seine Wurzeln in der Eigenart unserer Sprache hat. Da wundert es uns nun schon gar nicht mehr, wenn wir hören, daß auch die Entscheidung über Satzgrenzen in verschiedenen Sprachen unterschiedlich ausfallen kann. Soweit die Erwartungen an Proporz und Perspektive von den Eigenschaften eines Sprachsystems bestimmt werden, muß selbst die Frage, wo man den Punkt setzen soll, mit unterschiedlichen Antworten rechnen. Aber wie spannend wir uns solche vergleichenden Betrachtungen auch immer vorstellen mögen, mit unseren Reflexionen über Deutsch sind wir nun eben doch bei dem kleinen aber bestimmten Zeichen für das Ende, beim Punkt angekommen.

Kleines Literaturverzeichnis

Da es im GRAMMATISCHEN VARIETÉ nicht um Fragen der Philologie und der Literaturwissenschaft geht, wollen wir uns nicht auf den wissenschaftlichen Nachweis der vorgeführten Kunststücke kaprizieren. Wir müßten dann ja auch den Leser auf ganz bestimmte Textausgaben unserer Artisten festlegen. Das wäre bei der Menge der vielen verschiedenen Ausgaben, die sich fast immer in den Seitenzahlen und gelegentlich sogar (bei der Bibel, Grimms Märchen, aber auch z.B. Frisch, Kafka oder Lichtenberg) im Textstand unterscheiden, wenig hilfreich. Deshalb werden hier nur die Werktitel beziehungsweise die Auswahl- oder Sammelausgaben der auftretenden Artisten ohne weitere bibliographische Angaben (Herausgeber, Auflage, Ort, Verlag und Jahr) genannt.

Walter Benjamin: *Schriften* (u.a.: Ibizenkische Folge, In der Sonne, Meine Bibliothek, Erfahrung und Armut)

Thomas Bernhard: *Billigesser*

- *Midland in Stilfs*

- *Der Untergeher*

Ernst Bloch: *Prinzip Hoffnung*

- *Spuren*

Bertolt Brecht: *Geschichten* (u.a.: Die Geschichten vom Herrn Keuner, Sokrates)

- *Politische Schriften* (u.a.: Widerstandskraft der Vernunft, Über eingreifendes Denken, Fünf Schwierigkeiten, Eine notwendige Feststellung, Über Philosophie)

Hermann Broch: *Der Tod des Vergil*

- *Die Schlafwandler*

Die Bibel oder die Heilige Schrift des Alten und Neuen Testaments nach der deutschen Übersetzung D. Martin

Luthers. Neu durchgesehen nach dem vom Deutschen Evangelischen Kirchenausschuß genehmigten Text (u.a.: 1. Mose, Prediger)

Albert Camus: *Die Pest*

Hans Magnus Enzensberger: *Deutschland, Deutschland usw.*
– *Clemens Brentano*

Max Frisch: *Ausgewählte Prosa* (u.a.: Geschichten, Der Mensch erschien im Holozän)
– *Stichworte*

Günther Grass: *Die Blechtrommel*

Peter Handke: *Nachmittag eines Schriftstellers*

Franz Kafka: *Die Erzählungen* (u.a.: Vor dem Gesetz, Der Hungerkünstler, Die Verwandlung, Heimkehr, Fürsprecher, Die Bäume, Die Sorge des Hausvaters, Forschungen eines Hundes, Beim Bau der Chinesischen Mauer, Der Dorfschullehrer, Der Ausflug ins Gebirge, Unglücklichsein)
– *Das Schloß*

Kinder- und Haus-Märchen. Gesammelt durch die Brüder Grimm

Georg Christoph Lichtenberg: *Gedankenbücher* (auch: *Aphorismen*)

Thomas Mann: *Joseph und seine Brüder*

Alexander Mitscherlich: *Krankheit und Konflikt*

Robert Musil: *Der Mann ohne Eigenschaften*

Patrick Süskind: *Das Parfum*

Ludwig Wittgenstein: *Tractatus logico-philosophicus*
– *Philosophische Bemerkungen*

Minithesaurus der wichtigsten Begriffe

Erster Teil: 19–148

Grammatische und informationelle Aspekte der deutschen Wortstellung:

Grundstellung, SOV (Subjekt-Objekt-Verb), Verbendstellung;

neutrale Stellung, markierte Stellung;

Umstellung: Nachstellung, Ausrahmung, Vorstellung;

grammatische Partner (fakultative Ergänzung, obligatorische Ergänzung), freie Ergänzung;

Adverbiale: evaluative, referentielle;

– modale, temporale, lokale, kausale, finale;

Informationswert, Informationshierarchie, Informationsschwerpunkt;

Thema, Rhema.

Zweiter Teil: Seite 151–305

Alternative Möglichkeiten im Gebrauch von syntaktischen Kategorien:

Wortarten;

Konfiguration, Kasus: Dativ, Genitiv;

Genus;

Pronomina: definit, indefinit;

– Koreferenz;

Artikel: definit, indefinit;

– plural, singular;

– artikellos;

– zählbar, nicht zählbar;

Tempus: Präsens, Futur, Präteritum;
- Perfekt;
Modus: Konjunktiv, Indikativ:
- kontrafaktisch;
Modalität: logisch, deontisch;
Modalverben;
Partikeln;
Sprechhandlung.

Dritter Teil: Seite 309–394

Das richtige Maß an struktureller Explizitheit:
Ellipsen: vorwärts, rückwärts;
Koordination;
Koordinationsreduktion;
Kongruenz;
Komparativ, Äquativ;
Infinitiv;
»es«;
Fokussierungselement (Gradpartikel)

Register

Inhalt

EINLEITUNG

ERSTER TEIL
Perspektiven

ZWEITER TEIL

Mögliche Welten

DRITTER TEIL

Proportionen

Wolf Schneider

Deutsch für Kenner

Die neue Stilkunde. 397 Seiten.
Serie Piper

In Wolf Schneider, dem journalistischen Profi schlechthin, begegnet man einem Lehrmeister der Spitzenklasse. Sein Katalog der Verfehlungen ist schier grenzenlos, sein Katalog der Hilfsmaßnahmen praktisch und einleuchtend. Am ausführlichsten widmet er sich dem obersten Gebot der Verständlichkeit – ein weites Feld! Mit »Deutsch für Kenner« gelang ihm wiederum ein überaus nützlicher Führer durch die deutsche Sprache, eine Fundgrube für jeden, der die deutsche Sprache liebt.

05/1258/01/L

Walter Krämer

Modern Talking auf deutsch

Ein populäres Lexikon. 277 Seiten.
Serie Piper

Ob in der Werbung, den Medien oder in der Alltagssprache – überall ist »Denglisch« auf dem Vormarsch: das bekannte Kauderwelsch aus englischen Wörtern und deutscher Grammatik. In diesem Lexikon hat Bestsellerautor Walter Krämer über 800 Begriffe zusammengestellt – von A wie adventure bis Z wie zipper. Augenzwinkernd erklärt er die Herkunft und Bedeutung der Wörter und führt vor, wie sich das pseudo-weltläufige Neusprech in allen Bereichen durchsetzt. Wer mitreden will über die hippsten hotlines und events, wer knowledge braucht über die interessantesten issues, die smartesten snacks und die coolsten locations, erfährt in diesem guide ganz easy alle nötigen essentials und basics fürs korrekte name-dropping – in den vacations am beach oder am round-table im office.

05/1419/01/R

SERIE PIPER

Rolf Degen

Lexikon der Psycho-Irrtümer

Warum der Mensch sich nicht therapieren, erziehen und beeinflussen lässt. 376 Seiten. Serie Piper

Dachten auch Sie, daß Psychotherapie seelische Störungen und Neurosen heilt? Daß die Persönlichkeit des Menschen durch Erziehung bestimmt wird und Kreativität sich durch geeignete Techniken erheblich steigern lässt? Alles falsch, sagt Rolf Degen und fegt die schillernden Mythen der Seele vom Tisch. Er brandmarkt vor allem die psychologischen Irrtümer, die sich besonders heimtükkisch in unserer Selbstwahrnehmung eingenistet haben, und zeigt, dass sie vor allem einem dienen – dem kollektiven Selbstbetrug. Seine provokante Erkenntnis: Unsere Erwartungen an die Formbarkeit des Menschen lassen sich empirisch in keiner Weise untermauern. Auch hundert Jahre nach Sigmund Freud ist der Schlüssel zur Seele noch nicht entdeckt und wird vielleicht auch nie gefunden werden. Sein Fazit: Der Mensch ist nicht zu ändern. Er ist, wie er ist.

05/1156/01/L

Walter Krämer, Götz Trenkler, Denis Krämer

Das neue Lexikon der populären Irrtümer

Weitere Vorurteile, Mißverständnisse und Denkfehler von Advent bis Zyniker. 387 Seiten. Serie Piper

Irren ist menschlich, und weil es bekanntlich jede Menge Möglichkeiten gibt, sich zu irren, haben Walter Krämer und seine Co-Autoren nach ihrem ersten Riesenbestseller nun im »Neuen Lexikon der populären Irrtümer« weitere Vorurteile, Mißverständnisse und Denkfehler aufgespürt. Hätten Sie gewußt, daß nicht erst in der Neuzeit, sondern schon bei den alten Römern mit Beton gebaut wurde? Oder daß bei einer Blinddarmoperation gar nicht der Blinddarm entfernt wird? Haben auch Sie bisher gedacht, die »Blaue Mauritius« sei die wertvollste Briefmarke der Welt? Dieses vergnügliche Lexikon klärt Sie auf über Lügen und Legenden zu Attila und Aschenputtel, Nationalhymne und Nasenbluten, Schweinefleisch und Schwarzarbeitern, zu Waldsterben und Weihnachtsbäumen.

05/1152/01/R

SERIE PIPER

Gustave Flaubert

Das Wörterbuch der Gemeinplätze

Nachwort von Julian Barnes. Zwischenblätter von Volker Kriegel. Aus dem Französischen von Gisbert Haefs, Irene Riesen, Thomas Bodmer und Gerd Haffmans. 158 Seiten. Serie Piper

In diesem boshaften Wörterbuch hat Gustave Flaubert Klischees, Platitüden und Halbwissen versammelt, mit denen man nicht nur in der besseren Gesellschaft seiner Zeit, sondern auch heute noch Eindruck schinden kann. Beim Stichwort »Autor« heißt es: »Man muß dies und das gelesen haben; von wem, ist nicht so wichtig.« So empfiehlt uns Flaubert etwa auch den Gebrauch von Wörtern wie fulminant (»prima Wort«) und Giraffe (»höfliches Wort, wenn man eine Frau nicht ›Kamel‹ nennen will«) und verrät uns, worüber man sich im Smalltalk entrüsten und worüber man sich lustig machen sollte. Hintergründig entlarvt er seine Zeitgenossen und hält der Gesellschaft den Spiegel vor.

05/1165/01/L

Platon

Drei große Dialoge

Phaidon · Das Gastmahl · Phaidros. Aus dem Griechischen von Arthur Hübscher. 320 Seiten. Serie Piper

»Phaidon«, »Das Gastmahl« und »Phaidros« zählen zu den wichtigsten Dialogen in Platons Werk. Im fragenden Gespräch mit Sokrates führen sie zur dialektischen Erkenntnis des Guten und der Tugend und schließlich zu den Ideen. In »Phaidon« berichtet Platon über die letzten Stunden seines Lehrers Sokrates und die Unsterblichkeit der Seele. Im »Gastmahl« spricht er von seiner Begegnung mit Diotima und vom Wesen der Liebe. Und in »Phaidros« schließlich, entstanden in der Reifezeit des Philosphen, sucht er das Wesen der Seele zu ergründen.

»Mit Platon fängt die philosophische Wissenschaft an.«
Georg Wilhelm Friedrich Hegel

05/1251/01/R

Peter D'Epiro, Mary Desmond Pinkowish

Sieben Weltwunder, drei Furien

Und 64 andere Fragen, auf die Sie keine Antwort wissen. Aus dem Amerikanischen von Thorsten Schmidt. 443 Seiten mit 8 Abbildungen. Serie Piper

Kennen Sie die 3 Hauptsätze der Thermodynamik, die 3 Instanzen der Psyche und die 3 Furien? Wer sind die 4 apokalyptischen Reiter, und was sind die 5 Säulen des Islam? Können Sie die 10 Gebote aufsagen und die Namen der 12 Ritter der Tafelrunde nennen? Dieses Lexikon gibt, nach der Zahl geordnet, unterhaltsam und fundiert Antwort auf 66 Fragen, die man einmal wußte, inzwischen wieder vergessen hat – und nun in diesem Buch nachschlagen kann.

»Eine amüsante Tour de force durch den klassischen Bildungsfundus.«
Die Presse Wien

05/1252/01/L

Ryszard Kapuściński

Die Welt im Notizbuch

Aus dem Polnischen von Martin Pollack. 336 Seiten. Serie Piper

Kaum ein Mensch hat so viel von der Welt gesehen wie Ryszard Kapuściński, einer der bedeutendsten Journalisten der Gegenwart. In »Die Welt im Notizbuch« beobachtet er globale Entwicklungen wie mikroskopische Details, stellt sie nebeneinander, verbindet oder reflektiert sie, bezieht sie in verblüffender Weise aufeinander. Aus Gedankensplittern, Reportagen, Fragmenten und Essays vieler Jahre formt sich eine Welt, die wir zu kennen meinten, die wir so aber noch nie gesehen haben.

»Manchmal ist Ryszard Kapuściński mehr als ein Reporter, sicher kein Soziologe, aber ein erzählender, reisender, phantasierender Geschichtsdenker.«
Frankfurter Allgemeine Zeitung

05/1420/01/R

Sven Ortoli
Nicolas Witkowski

Die Badewanne des Archimedes

Berühmte Legenden aus der Wissenschaft. Aus dem Französischen von Juliane Gräbener-Müller. 192 Seiten mit 25 Abbildungen. Serie Piper

Wußten Sie, daß Archimedes nicht nur in der Badewanne nachdachte, sondern auch in Waffengeschäfte verwickelt war? Und stimmt die Geschichte von dem Schmetterling und dem Wirbelsturm wirklich? Die berühmtesten Legenden aus der Wissenschaft werden in diesem vergnüglichen Buch zugleich entlarvt und ernst genommen.
Die beiden Journalisten gehen die Legenden ganz respektlos an: Sie haben eine Vielzahl von Geschichten und Mythen aus dem Poesiealbum der Forschung unter die Lupe genommen und auf ihren Wahrheitsgehalt untersucht. Ausgestattet mit feiner Ironie, totaler Skepsis gegenüber gängigen Klischees und mit viel Sinn fürs Paradoxe, zeigen sie, daß zwischen Wissenschaft und ihren Mythen kein Widerspruch bestehen muß.

05/1195/01/L

Michael Wittschier

Abenteuer Philosophie

Ein Schnellkurs für Einsteiger. 176 Seiten mit zahlreichen Abbildungen. Serie Piper

Philosophie macht Spaß, meint der Autor, und führt seine Leser in das Abenteuer des philosophischen Denkens ein. Dazu stellt er kurze klassische Texte vor – von Sokrates, Descartes, Kant – sowie moderne Autoren und illustriert seinen Philosophiekurs für Einsteiger mit amüsanten Beispielen, witzigen Comics und mit Denksportaufgaben, die es in sich haben.
Ein Reiseführer durch die Welt der Philosophie einmal anders – überschaubar und auf jeder Station voller Anregungen. Ausgehend von alltäglichen Lebenssituationen, animiert Michael Wittschier den Leser zu eigenen Fragen, zu Zweifeln und zu philosophischem Staunen. Zugleich stellt er die Ansichten und Einsichten großer Philosophen zu den Themen Wahrheit, Wirklichkeit, Erkenntnis und Moral so vor, daß man lähmende Schulerinnerungen getrost vergessen kann.

05/1253/01/R

»*Topologie ist sexy, Primzahlen sind bissig.*«

Dietmar Dath
Höhenrausch
Die Mathematik
des XX. Jahrhunderts
in zwanzig Gehirnen
340 Seiten
geb. mit Pappschlaufe
€ 27,50 (D) · sFr 54,–
ISBN 3-8218-4535-X
Der 224. Band
der ANDEREN BIBLIOTHEK

Keine Angst! Dies ist kein Fachbuch. Es verlangt keine mathematischen Vorkenntnisse – nur die Bereitschaft des Lesers, die Welt, in der er lebt, als eine zu entziffern, die mit Mathematik durchtränkt ist. Das zwanzigste Jahrhundert war ein goldenes Zeitalter dieser Wissenschaft. Ihre abstrakten Strukturen werden hier an Hand von Lebensgeschichten erzählt und »begehbar« gemacht.

Neben dem klassischen Essay verfügt das Buch über ein reiches Register von Darstellungsweisen: die Briefform, den Dialog, die Science-Fiction-Geschichte … Wer Formeln haßt, wird sie überlesen; mutige Leser werden sich daran ergötzen.